国家社科基金
GUOJIA SHEKE JIJIN HOUQI ZIZHU XIANGMU
后期资助项目

华严学与现代新儒学

Hua-yen Buddhism and Modern Neo-confucianism

许宁 等 著

陕西新华出版
陕西人民出版社

图书在版编目（CIP）数据

华严学与现代新儒学 / 许宁等著. —西安：陕西人
民出版社，2023.9
ISBN 978-7-224-14592-2

Ⅰ.①华… Ⅱ.①许… Ⅲ.①《华严经》—研究 ②新
儒学—研究 Ⅳ.①B942.1 ②B244.05

中国国家版本馆 CIP 数据核字（2023）第 011350 号

责任编辑：王 倩 慕鹏帅
封面设计：朵云文化

华严学与现代新儒学

HUAYANXUE YU XIANDAI XIN RUXUE

作 者	许 宁 等
出版发行	陕西新华出版传媒集团 陕西人民出版社
	（西安市北大街 147 号 邮编：710003）
印 刷	广东虎彩云印刷有限公司
开 本	787mm×1092mm 1/16
印 张	17.5
字 数	291 千字
版 次	2023 年 9 月第 1 版
印 次	2023 年 9 月第 1 次印刷
书 号	ISBN 978-7-224-14592-2
定 价	78.00 元

如有印装质量问题，请与本社联系调换。电话：029-87205094

国家社科基金后期资助项目出版说明

后期资助项目是国家社科基金设立的一类重要项目，旨在鼓励广大社科研究者潜心治学，支持基础研究多出优秀成果。它是经过严格评审，从接近完成的科研成果中遴选立项的。为扩大后期资助项目的影响，更好地推动学术发展，促进成果转化，全国哲学社会科学工作办公室按照"统一设计、统一标识、统一版式，形成系列"的总体要求，组织出版国家社科基金后期资助项目成果。

全国哲学社会科学工作办公室

论佛教与国学的融通(代序)

任何外来的文化对于中国人来说,都是"用",不可能成为"体"。中国人自己才是"体",无论古人留下的思想资源,还是外来的思想资源,都是"用",都不可能照着讲,而只能接着讲,即根据自己的精神需求来讲。对于佛教自然也是如此。佛教传到中国后,同国学相结合,逐渐形成有别于印度佛教的中国佛教。中国佛教不是印度佛教的移植,而是中国学者以国学为底色所取得的创新性理论思维成果。这些成果推进了国学的发展,并且已经成为国学的重要组成部分。佛教与国学融通的过程,既可以说是佛教的中国化,也可以说是国学的丰满化。

一、佛教被接受的原因

佛教虽然在魏晋之前就传入中国,但到魏晋以后才融入国学发展的长河。中国人之所以引进并接受佛教,根本原因在于当时有方方面面的精神需求。

(一)

中国人对于佛教的精神需求,来自文化精英层面。对于文化精英来说,精神解放是一种普遍的诉求。在先秦时期,中国的文化精英拥有独立的话语权,可以自由地思考;可是,进入独尊儒术时代以后,一切皆在皇权的掌控之下,文化精英已经丧失了独立的话语权。

经学衰微以后,玄学家讨论名教与自然的关系问题,试图突破名教的话语系统,找回不受皇权限制的独立的话语权,但是他们并未获得成功。除了少数玄学家之外,大多数人仍旧以名教为主流话语,仍被限制在政治哲学的范围之中。

佛教为文化精英们指出了一条寻回话语权的道路,那就是借助寺院的力量与皇权抗衡。僧侣出家之后,意味着不必再受纲常伦理的束缚,尤其不必受"君为臣纲"的限制,甚至可以站在皇帝面前,抬起头来说话,理直气壮地维护自己应有的尊严。慧远写了一篇《沙门不敬王者论》,讲的就是僧侣为什么不必向君王下跪的道理。僧侣们谈论佛法,拥有独立的话语权,不必像儒者那样,受到朝廷的干预。由于佛教有这样的优势,自然会对文化精英形成吸引力。即便不出家,在谈论佛法的过程中,也会体味到言论自由的快乐。

玄学家既追求言论自由,也追求精神自由。在如何实现精神自由方面,玄学家找到的办法,无非是清谈、喝酒、吃药,做一些与众不同、索隐行怪、放浪形骸、旷达任诞的事情。这些办法固然能暂时满足精神自由的需求,毕竟并不能从根本上解决问题。佛教为他们指出一条比较彻底的路径:放弃世俗生活,出家为僧,真正过一种另类的精神生活。由于这个缘故,魏晋以后,佛教的影响力很快超过玄学。一些文化精英放弃玄学,转而从佛教中寻找精神自由。如道安、慧远这样一些出生于望族的文化精英,出家当和尚,显然不是为生活所迫,也不是身陷逆境,就是为了找到精神自由。

(二)

中国人对于佛教的精神需求,拥有广泛的社会基础。

中国哲学在发端时期,就走上了精英文化的路向,只关注上层社会的理论需求,热衷于"治国平天下"之类的政治哲学问题,并不关心大众的精神安顿。先秦诸子百家学说,都属于精英文化类型,都是为上层社会着想的,没有为普通民众着想的。儒家鼓励人到朝廷去做官,对于精英有强大的激励功能。道家鼓励人到山林去修行,只是对文化精英有安慰作用,而对原本就在山林中辛苦劳作的贫苦大众来说,毫无意义。中国的原始宗教在春秋时期就被解构,既没有从中发展出理论形态的宗教,也没有形成独立的宗教组织系统。在中国早期的理论构成中,大众文化一直处在缺位的状态。

魏晋以前,政治哲学是主流话语;魏晋以后玄学兴起,转向人生哲学。但玄学家只讲出士大夫的人生哲学,没有讲出有普适性的人生哲学,普通民众的精神安顿问题,依旧无人问津。在古代社会,由于生产力水平低下,普通民众在生活上痛苦得很,在精神上也痛苦得很,特别需要用一种"精神鸦片"来安慰,来缓解一下精神上的痛苦。可是,在中国固有文化中,找不到这样一种精神安慰剂。由于这个缘故,当佛教传到中国以后,自然会受到劳苦大众的欢迎。它从生、老、病、死等人生中的痛苦讲起,形成一种适应大众精神需求的宗教文化。佛教所描绘的佛国、净土、极乐世界,有强大的精神安顿功能,可以暂时缓解人的痛苦,对深陷苦难之中的普通民众有极大的吸引力。

　　佛教的这种精神寄托功能决定了佛教在中国具有非常广袤的市场。人的精神需要有个寄托之所,佛教恰恰为中国人提供了这样一个寄托之所。

(三)

　　中国人对于佛教的理论需求,除了精英层面和大众层面以外,还来自上层统治集团。正是有了上层的大力推动,佛教才能在中国畅行无阻。

　　东汉灭亡以后,傍依着皇权的经学趋于衰微,儒家所倡导的纲常名教的根基已经动摇,社会影响力大大减弱,整个社会的道德水准下滑。为了解决这个问题,玄学试图引入道家的自然学说,希望以此加固名教的理论基础,可是并没有达到目的。道家原本是儒家伦理说教的批评者,怎么可能为名教提供理论支持呢? 玄学家纳道入儒的努力实际上是徒劳的。他们沉溺于过分思辨的哲学话语,对于提升名教社会影响力,没有任何帮助。以皇帝为首的统治集团,出于维系政治统治的需要,必须找到强化伦理约束力的有效途径。既然玄学无能为力,就不得不另辟蹊径。这个蹊径就是扶植佛教。

　　佛教有强大的精神安慰功能,还有强大的维护社会道德的功能。在佛教中,有一个以戒律为核心的完整的宗教伦理体系,发挥着劝善止暴的作用,对于净化社会风气极有帮助。佛教倡导不杀生、不奸淫、戒贪、戒嗔、戒痴等戒律,讲究善有善报,归根结底是劝人做一个善人,而不参与造反之类的事情。佛教虽然否认现实世界的真实性,但抱着一种顺世主义的生活态度。这对统治者来说,自然有益而无害。同纲常伦理相比,佛教伦理还有自身的优势。纲常伦理是一种权威主义的伦理诉求,建立在规范上面,侧重于他律,有强制力,但感召力差;佛教伦理是一种信仰主义的伦理诉求,建立在"觉悟"上面,侧重于自律,有很强的感召力。另外,佛教的地狱构想和报应理论,具有强大的威慑力,这也是纲常伦理所缺少的。由于佛教具有这样的优势,自然会吸引统治集团的目光。正是在统治者的扶植下,佛教才在中国迅速传播开来和发展起来。

　　佛教在中国大行其道,还有一个偶然的原因,那就是武则天作了皇帝。女人做皇帝,不可能从纲常伦理中找到"合法性依据",她求助于佛教伦理,自然在情理之中。

　　佛教不但能满足统治者的政治需求,也能满足统治者的精神需求。佛教关于极乐世界的构想以及关于来世的承诺,对于统治者同样有强大的吸引力。梁武帝曾三次试图出家为僧，并不仅仅是作秀，而是在他的眼里，和尚在精神上的高贵程度超过了帝王。统治集团的理论需求，对于佛教在中国"走俏"，起到了至关重要的作用。倘如没有统治者的扶植，佛教作为一种外来文化，不可能在中国扎下根来。

二、对教理的中国式诠释

中国僧人对于佛教教理的诠释，经历了一个由接受理解到创造性发挥的过程。这一过程发端于东晋的道安，中经僧肇和华严宗的实际创宗人法藏的推动，到唐代禅宗的实际创宗人慧能那里，达到了高峰。

道安的贡献之一，在于接受佛教"两个世界"的世界观，突破了固有哲学"一个世界"的世界观，把玄学中关于体用关系问题的探讨，引到关于真俗关系问题的探讨，引到关于彼岸与此岸关系问题的探讨，实现了固有哲学思维模式与佛教哲学思维模式的对接与转换。

玄学是道安接受佛教的前提，但他的理论思维深度显然超过了玄学。玄学家的本体论追问，涉及如何建构人的精神世界的问题。可是，他们沿袭"一个世界"的思路，仍然搭建不起单独的精神世界。玄学家所说的"无""有""独化"之类本体，尽管相当抽象，但还在实际世界之中，还是对世界的肯定，并没有充分地讲出超越性。他们没有树立永恒的价值目标，没有找到"终极关怀"之所，没有找到消解人生苦恼、净化心灵空间的有效途径。人既是一种肉体的存在，又是一种精神的存在。人需要精神生活，需要建构精神世界。正是出于这种精神需要，道安才会接受佛教。

道安的世界观同玄学家的世界观相比较，根本的区别在于，他选择的讲法，不再是"一个世界"的讲法，而是"两个世界"的讲法。他把佛教的教理归结为一个"无"，提出本无论。他说："明本无者，称如来兴世，以本无弘教，故方等深经，皆云五阴本无。本无之论，由来尚矣。"本无论与王弼的贵无论相比，似乎只有一字之差，其实意思完全不同。"贵无"论所讲的"无"不是对"有"的否定，而是对"有"的肯定。王弼《老子注》第四十章注写道："天下万物，皆以有为生；有之为始，以无为本；将欲全有，必反于无。"这样的"无"，显然不是虚无，而是"全有"的意思。本无论所讲的"无"乃是对"有"的否定。"无"属于彼岸世界，是绝对真实的本体；"有"属于此岸世界，是执取色、受、想、行、识等"五阴"（五蕴）生成的假象；二者不在一个层次。贵无论讲的是抽象本体论，而本无论讲的是超越本体论。

道安接受了佛教超越本体论思想，也接受了佛教缘起性空的论证方式,以分析的进路论证"无"的本体性,改变了玄学家综合的进路。佛教为了证成彼岸世界的真实性,势必否定此岸世界中事物自身的真实性。佛教否定事物自身真实性的主要手法,就是缘起性空。龙树在《中论》里说:"众因缘生法,我说即是空(无)。"宇宙万物既然都是缘起的,那就是没有自性、没有自体的,必须以"空"为体。"空"的意思是说,任何现存事物无自性、无自体,因而都不是真实的存在。道安在阐述本无论的时候,把事物的成因归结为五阴(五蕴)聚合,采取的也是分析的方法。本无论比贵无论的深刻之处在于,不仅树立"以无为本"的观点,而且找到论证的方法。王弼显然没有做到这一点。

道安接受佛教的超越本体论,用分析的方法论证本体的超越性,讲得比较到位。不过,本无论的讲法,以"无"为般若学的核心范畴,尚未把"空"放到核心的位置,多少还有一点格义的影子,有不够准确之嫌。他讲出了本体的超越性,树立起彼岸世界的观念,却未论及本体与实际事物之间的联系,未论及彼岸世界与此岸世界的关系,也未完全跳出玄学的话语系统。比道安晚一些的僧肇,对般若学的理解又加深了一步,找到了"解空"这样一种更新的理解方式。

按照僧肇的理解,佛教般若学的核心范畴不应该是"无",而应当是"空"。他不赞成道安提出的本无论,认为道安过分凸显"无"的超越性。他对本无论提出的批评和质疑是:"本无者,情尚于无多,触言以宾无。故非有,有即无;非无,无亦无。寻夫立文之本旨者,直以非有非真有,非无非真无耳,何必非有无此有,非无无彼无? 此直好无之谈,岂谓顺通事实,即物之情哉?"把本体说成"无",固然表达了般若学反对执取"有"的意思,却不能给实际事物提供哲学依据。"无"只能表示对"有"的否定,不能表示对"有"的肯定。倘若本体完全不对实际事物表示肯定的话,便切断了本体与实际事物之间的联系;而切断了这种联系,本体变成了无用之体、空洞之体。因此,不能把本体仅仅安置在彼岸世界,必须看到本体的此岸性。在僧肇看来,对本体的称谓,不能是"无",而应当为"空"。使用"空"这个本体论范畴,既可以表示对"有"的否定,也可以表示对"有"的一定程度的肯定。

在"解空"的时候,僧肇没有像道安那样采用表诠的方法,改用遮诠的方法,即从反面来讲本体不是什么,以此表现"空"的哲学意涵。在他看来,本体"非有非真有,非无非真无"。意思是说,万物"非真有",乃因缘和合而成,却没有自性和真实性可言;就万物不真实而言,本体为空。然而,万物又是"非真无",换句话说就是"假有"。"假有"毕竟不等于空无所有,也是一种"有"。对于无与有,不落任何一边,才符合佛教般若学的中观原则,才是"空"的确切意涵。他在《不真空论》中所表达的主要意思是,万物尽管存在,但不真实,故而本体为"空"。然而,"空"不等于"无",而是把"有"和"无"统一起来,把彼岸世界与此岸世界联系起来。僧肇既看到本体的彼岸性,也看到本体的此岸性,理论深度超过了道安。由此也反映出,僧肇的理论兴趣,已不放在论证本体的超越性,而转向论证本体的本根性;不在强调本体的彼岸性,而在强调本体的此岸性。他已把目光从彼岸世界转向此岸世界,贴近了中国哲学肯定世界的传统,启动了佛教中国化的进程。

法藏对般若学的理解,比僧肇更为重视本体的本根性。他把中国固有哲学的天人合一的思维模式,同印度的讲究超越的哲学思维模式结合在一起,实现了佛教般若学的中国化,创立了法界缘起说。

法藏认为,每种事物只存在于全部事物所构成的整体之中,不可能单独存在,因而才没有"自性"。处在整体普遍联系中的任何事物,皆由因缘构成,呈现为虚幻的"事相"。就具体事物自身来说,没有本质的规定性可言,但它存在于整体的普遍联系之中。世界万物作为客体,又同主体相联系,"尘是心缘,心为尘因。因缘和合,幻象方生"。通过否定世界万物自身的真实性,来凸显本体的绝对性,在这一点上,法藏同佛教是一致的,但他并没有停留在这一点上。他并不着意凸显本体的超越性,而着重强调本体与现实世界同在。他指出,法界有四相,即事法界、理法界、理事无碍法界和事事无碍法界。事法界相当于形式繁复、多种多样的现象世界,理法界则是规定现象世界的本体界;理事无碍法界表示本体界与现象界之间的圆融关系,事事无碍法界表示现象与现象之间的圆融关系。法界虽有四相,其实还是一体,这叫做"一即一切,一切即一"。

法界缘起说强调本体与现象同在,强调现象只有与本体相联系才成其为现象。法藏以金狮子为例说,"一一毛中,便摄尽无边狮子"。金狮子好比是本体,每根金狮子的毛都是金狮子的体现。法界缘起说的特色在于论证本体与现象的同一性,强调"理彻于事""事彻于理"。二者相彻相存,理就是事,事就是理,融为一体。在这里,法藏已经成功地把佛教的超越本体论改造为本根本体论。他的哲学思路,不再是印度式的真俗对立,骨子里是中国式的天人合一;不再是印度式的条分缕析,而是中国式的整体综合。他在不违背佛教教理的前提下,强调此岸世界与彼岸世界的整体性,不再把人们的目光引向彼岸世界,而是拉回归到此岸世界。按照法藏的法界缘起说,诸佛与众生的关系,不再是对立的关系,而是同在的关系。诸佛不在虚幻的彼岸世界，就在此岸世界之中，就在众生之中。诸佛与众生交彻，净土与秽土熔融，彼岸世界与此岸世界相即相入，生死即涅槃，烦恼即菩提。法藏已把印度式的出世的佛教，改造为中国式的入世的佛教，开启了中国特有的人生佛教或人间佛教的发展方向。

法藏完成了对佛教般若学的中国式诠释，而禅宗的实际创宗人慧能则完成了对佛教涅槃学（或称解脱学）的中国式诠释。同华严宗相比，禅宗又向前迈进了一步。他们所关注面对的问题是：如何把超越的本体转化为内在的本体，如何从内在性的角度领悟佛性，如何看待佛与众生的关系。为了解决这些问题，他们不再把理论重心放在本体论方面，而转向了价值论，以"佛性"为核心范畴。禅宗的哲学思考，更加贴近天人合一的模式，突出了"价值主导"的意向。在中国哲学天人合一的视域中，从"天"的角度看，本体是宇宙万物存在的终极依据；从"人"的角度看，本体是人生意义价值的终极依据。价值本体对于人来说，不可能是外在的关系，而只能是内在的关系。

禅宗在人生佛教或人间佛教的向度上，走得比华严宗更远。他们不但要把超越的真如本体根植于此岸世界，还要进一步根植于人的内心世界，化超越于内在。慧能对印度佛教外在超越路向提出质疑："东方人造罪，念佛求生西方，西方人造罪，念佛求生何国？"在慧能看来，佛性作为本体，作为成佛的依据，不能在众生的本性之外。倘若设想佛性在众生的本性之外，岂不意味着众生不必以佛性为本体、为归宿了吗？岂不意味着众生没有成佛的可能性吗？岂不意味着佛教对于众生没有价值范导的意义了吗？因此，不能设想佛性在众生的本性之外，必须承认佛性就在众生的本性之中。慧能的结论是："我心自有佛，自佛是真佛；自若无佛心，何处求真佛？"由于佛性内在于众生的本性之中，因此佛和众生的关系是统一的，而不是对立的。"自性迷，佛即众生；自性悟，众生即佛。"这意味着，修行者成佛的路径，不能选择外求，只能选择自悟。于是，慧能便从印度佛教外在超越的路向，转向中国式的内在超越的路向。

三、佛教融入国学

被禅宗纳入内在超越路向的佛教，与其说是一种宗教，毋宁说是一种精神安顿方式。这种精神安顿方式，不仅可以为佛教信众所接受，也可以为佛教外的人所接受。就其受众的广泛性来说，已经成为国学的组成部分。

关于中国佛教的精神安顿方式，禅宗的概括是"放得下"。这种提法来自一则禅宗编写的故事。有一个富家子弟，带了一大笔钱，为了成佛遍访名师，终于遇到了一个高僧。这个高僧是一位禅师，他告诉那个小青年："你不想成佛吗？我告诉你有一个地方，你到那里就能成佛！"小青年迫不及待地问："在哪儿？"禅师说："你没看见远处有一个粗木竿子吗？你爬到那竿子顶上，你就成佛了。"小青年信以为真，把钱袋子放在地上，赶紧就往上爬。等他爬上竿子的顶端，回头一看，那个老禅师把他的钱袋子背起来走远了。老禅师回头问那小青年："成佛了吗？"小青年一下子领悟到：把什么都放得下（包括成佛的念头），那就是成佛了！在禅宗那里，"放得下"的精神安顿方式有以下三层意思。

第一，"放得下"就是"不执着"。一方面去掉对"小我"的执着，开启对"大我"的仰慕；另一方面去掉对"有限"的执着，开启对"无限"的仰慕。只有放得下、不执着，方能进入"涅槃寂静""常乐我净"的精神境界，在那里找到人生终极的、永恒的安顿之所。把精神追求的目标定位在彼岸的极乐世界，也就是对世俗世界"放得下"。"诸行无常，诸法无我，涅槃寂静"为佛教的三法印，"放得下"就是把三法印落到实处。

第二，"放得下"就是"去无明"。"无明"是对世俗世界观和价值观的称谓，"明"是对佛教的世界观和价值观的称谓。放得下同看破红尘、跳出六道轮回是一个意思。"去无明"的不二法门就是"顿悟成佛"。慧能指出，不必借助于坐禅、布施、诵经、做功课等佛教通常的修行方法，只要从自心本有的佛性出发，去掉种种妄念，就可以"见性成佛"。顿悟是一种自悟，即自己认同佛教世界观和价值观，而不必向别人求教。

第三，"放得下"就是保持"平常心"。"放得下"的心态，既是超越的，又是内在的。马祖道一说："若欲直会其道，平常心是道。谓平常心无造作，无是非，无取舍，无断常，无凡无圣。"领悟佛教真谛的人，不需要作与众不同的事情。慧能指出，佛与凡夫的区别，仅在于所信奉的世界观和价值观不同而已。修行者成佛之前，担水砍柴；顿悟成佛之后，依旧担水砍柴。不过，这时担水砍柴有了新的意义："担水砍柴，无非妙道。"

经过中国僧人创造性的诠释，佛教对国学的走向产生极大影响。由于出现了中国化的佛教，国学的主题因之发生了改变，即从以政治哲学为主题，进展到以人生哲学为主题。中国佛教构成国学发展必不可少的中间环节。

从先秦到两汉，国学一向以政治哲学为主题。哲学家探讨哲学问题，通常以"治国平天下"为落脚点。讲政治哲学着眼于人的群体性，而不是人的个体性,主要讲社会现象学,可以不必顾及个人的精神世界如何搭建的问题。讲人生哲学着眼于人的个体性,主要讲精神现象学,当然不能不论及个人的精神世界如何搭建的问题。可是,在中国固有哲学中,主要话题是政治哲学,其理论基础为"一个世界"的世界观。按照这种思路,只讲此岸世界,不讲彼岸世界。而没有彼岸世界的观念,便没有独立的精神世界的观念。换句话说,中国固有哲学没有搭建出一个个人的、独立的精神世界。没有搭建出这样的精神世界,对于人生中遇到的一些困惑,就难以化解。王充无法化解"福德不一致"的困惑,就是一个例证。为什么道德高尚的人未必得到好的回报?而品行低下的人反倒可以小人得势?对于这个中国固有哲学无力回答的问题,佛教却可以拿出一种解答方式,那就是"三世报应"说。佛教突破了实际的时间观念,虚构出往世、现世、来世三个时间观念,以此解释福德不一致的情形:现世中做好事未得到好报,原因在于往世做过坏事;现世做坏事未得到恶报,来世定会得到报应。佛教倡导彼岸世界的观念,为人们提供了一个精神安顿之所。中国人原来只看重现实世界,追求福禄寿,佛教帮助人们拓展出一个彼岸世界、一个精神的空间。佛教认为,人生的终极价值目标不在此岸,而在彼岸;彼岸世界才是一个心灵净化的世界,一切烦恼在那里都能得到化解。在彼岸世界中,无所求,故而也就无所得,烦恼自然随之消散。佛教给人的告诫是:不要把现实世界或此岸世界当成真实的世界。讲人生哲学不必接受佛教哲学中此岸与彼岸对峙的观念,但可以借鉴佛教搭建独立的精神世界的理论思维成果,从精神生活的视角化解人生中的困惑。

佛教为中国人提供了一种新的哲学思维模式,一种有别于中国固有哲学的哲学思维模式。中国固有哲学的思维模式是天人合一,认为天与人都是真实的,以肯定世界为特征。但是,采用这种模式无法在现实世界之上搭建超越的精神世界。佛教的思维模式强调真与俗的对立、此岸世界与彼岸世界的对立,认为此岸世界不真实,认为人生是不值得过的,真正讲出了一个超越的精神世界。这种讲法对中国学者颇有启发。佛教在中国大行其道之后,宋明理学家把天人合一同真俗对立两种讲哲学的讲法结合起来,完成了精神世界的搭建,从儒家政治哲学讲出有普适性的人生哲学。倘若没有佛教哲学的引进,他们不可能从政治哲学话语,直接转到人生哲学话语。玄学家从政治哲学话语转向人生哲学话语,把如何搭建精神世界的问题突出出来了。可是他们无法解决这个问题,必须引进外来的思想资源。这个资源就是来自印度的佛教。宋明理学家之所以能超越玄学家,一个重要的原因在于,他们吸收了中国佛教的理论思维成果,经过深入的思考，终于把"两个世界"合成"一个世界"，告别宗教哲学，重新返回人生哲学，把国学发展推向高峰。

以往儒学注重关于"生"的学问，而不重视关于"死"的学问。子路向孔子请教鬼神问题，孔子回答说："未能事人，焉能事鬼?"子路又向孔子请教关于死的问题，孔子的答复是："未知生，焉知死?"对于鬼神以及死后的情形，孔子讳莫如深，"敬鬼神而远之"，不愿意谈论怪、力、乱、神之类的事情。佛教的诉求与儒家正好相反，注重关于"死"的学问，而不重视关于"生"的学问。宋明理学家把两者融会贯通，既谈论关于"生"的话题，也谈论关于"死"的话题，讲出了生与死的辩证法。他们拓宽了儒学的论域，讲出了更为丰满的国学。张载在《西铭》中说："存，吾顺事；没，吾宁也。"这可以说是对国学视阈中健全心态的写照。他所说的"事"，就是干事，涵摄儒家"拿得起"的趣旨；他所说的"顺"，是指化逆为顺，涵摄道家"想得开"的趣旨；他所说的"宁"就是无所求、无愧疚，涵摄佛教"放得下"的趣旨。他主张"为天地立心，为生民立命，为往圣继绝学，为万世开太平"，比较成功地把儒释道三教整合在一起了。

儒家好比是粮食店，为人们提供常态下的精神支柱；道家和道教好比是药店，构成人们非常态下的精神安慰系统；中国佛教好比是精品店，为人们指示超常态下的精神寄托之所在。三者共同构成的国学系统，可以满足中国人方方面面的精神需要。儒家告诉人如何堂堂正正地度过一生，道家告诉人如何轻轻松松地度过一生，而中国佛教则告诉人如何干干净净地辞别尘世。经过约二千年的互动，三家相互融合，相得益彰，各以其自身的文化特质发挥着各自的优势，相互补充，都成为培育中华民族精神不可缺少的文化资源。

宋志明

2022 年 12 月

目 录

导　论

　　佛教的东渐是中国哲学史的"一大事因缘"，由此儒释道三教关系构成了哲学思潮发展的核心内容，到了近现代，儒释道三教作为"国故"的重要内容不可避免地受到质疑和冲击。现代新儒家为了应对西方文化的挑战，在更广泛的意义上"援佛入儒"，重新整合儒释道三教文化资源，其中华严学以其突出的理论气质获得现代新儒家的普遍重视，对于现代新儒学的时代拓展发挥了积极的作用。

一、华严学概述

（一）华严学的概念

　　华严学是历史上中国佛教围绕《华严经》及其系列经典而形成的以强调宇宙万物生成的根据（即真如、法界、法性或佛性与宇宙万物），以及宇宙万物相互之间毫无隔阂、不分彼此、圆融和谐、机体统一的宗教哲学思潮。它的形成和发展与中国化佛教宗派华严宗同频共振。

　　中国佛教华严宗以《华严经》为宗经。《华严经》在浩如烟海的佛教典籍中素有"众经之王"的盛誉。它体系宏富，庄严华贵，义海赡博，气势恢宏。在大本《华严经》汉译之前，先是其支品经如《兜沙经》等在中土传播流行。史载，《华严经》规模相当宏大，共有十万颂，因此又名《百千经》。法藏指出，实际流传的《华严经》，在内容上只有十万颂的三分之一多，所以称为"略本"①。

　　《华严经》的华贵表现在它塑造的理想境界上。《华严经》用优美的笔法、丰富的语言、高超的想象、严整的逻辑，描绘出一片光明遍布、熠熠生辉、华丽高贵的庄严国土。其环境是金刚构地、宝华严饰、光明常出、宝树成行，十方诸佛、众多菩萨和一切众生及其莲花座台、楼阁宫殿、房屋宅居，森罗万相，交相辉映。如此奇特伟岸、相互映射、优雅庄严、高贵和谐的华

---

　　① 〔唐〕法藏：《华严经探玄记》卷1，《大藏经》第35册，台北：新文丰出版有限股份公司，1981年版，第120页。

藏世界,此间全是积极、正面、光明的气象,没有一丁点的黑暗、痛苦与罪恶,鸟语花香、波光粼粼、宝树周匝、繁花点缀,亭台有序,楼阁勾连,俨然是一片超脱现实种种痛苦与遗憾的安乐圣地,清净祥和,圆满富足,洒脱超越,其雍容华贵、富丽堂皇的气质显露无疑。

《华严经》的恢宏表现在它的价值追求上。《华严经》对清净庄严的理想国土做极富想象力的夸张刻画,是为了强调不仅菩提道场如此,一切世间也是这般不二。在《华严经》中,觉悟的佛陀超越了具体时空的限制,是最高智慧、义理和价值的集合体,"身恒遍坐一切道场,菩萨众中。威光赫奕,如日轮出,照明世界"①,"其身充满一切世间,其音普顺十方国土。譬如虚空含众像,于诸境界无所分别。又如虚空普遍一切,于诸国土平等随入"②。这是说,佛陀无影无形,像太阳、像虚空、像空气、像微风,随时随地遍布在世间所有层级和角落。也即佛陀的法身充斥三世十方一切世间。《华严经》认为,正是作为世界中心的佛陀在世间的遍布无碍、任运自在,最高的精神、价值、道德、智能等,如水银泻地一般浸入世间一切层级、贯穿世间所有角落、关照世间全部万象,"光明照耀靡不及"③。所以,大千世界、森罗万象因为摄受它的无限光辉,从而变得闪烁灿烂,充满意义与价值。最终世间原有层级、类别之间的差异和界限随之泯灭,形成一个平等和谐、浃洽熔融、福德备至、清净光明的美好境地。

《华严经》无非是要表达,佛陀经过累世修持,福德广备、心性清净、智慧光明,任运自如、充溢法界、流布周匝,万物因此相该互彻、勾连融摄,世间因此光明遍在、价值恒冲、庄严和合。它不遗余力地对庄严华贵的境界进行渲染,而且不断强调这个境界不在来生、不在彼世、不在天上、不在西方,不是虚无缥缈,并非遥不可及,它就是普罗大众生活于其中的现实世界。因为《华严经》的基本立场是"心佛众生,三无差别",世界上的每个人天生都具有一颗像牟尼宝那样光明纯洁、清净晶莹、圆满无瑕的佛心。每个人都是成佛的主体,最终也都将成为佛。

这既是《华严经》不断强调庄严华贵的世界就是众生云集的现实世界的根本原因,也是整部《华严经》的核心思想和终极追求。它的一切宣说和教义都是紧密围绕世人都有佛性,只要通过合适的修行,便均可成佛这一宏愿而展开的。正因为《华严经》不遗余力地唤醒世间的每一位众生,

①　〔唐〕实叉难陀译:《大方广佛华严经》卷1,《大藏经》第10册,第2页。
②　〔唐〕实叉难陀译:《大方广佛华严经》卷1,《大藏经》第10册,第1—2页。
③　〔唐〕实叉难陀译:《大方广佛华严经》卷2,《大藏经》第10册,第9页。

竭尽所能地帮助每一位众生认清生命的真实面目,促使每一位众生回归生命的本来意义。可以说,与其他佛教经典相比较,《华严经》对人佛差异的破斥、对成佛主体的肯定、对成佛范围的认定、对成佛可能的坚定是最为突出的,因而经常被视为佛陀所说众多经典当中,最为究竟圆满的一部。所以,以此为源头活水的华严学正是以破除因"我、法"二执而视世间万物为相互隔阂、互相滞碍的错误认识为前提,以突显世界本质无不是佛性的变现,大千宇宙在佛性的照耀下一际圆融、平等和谐这一主旨建构起来的理论体系。

(二)华严学的发展脉络

华严学与华严宗是一体两面的关系,一部华严宗的发展史也就是华严学的展开史。华严宗实际创立于唐代,它首先得益于晋宋之际(418—421)北天竺僧人佛陀跋陀罗(汉名觉贤)于建康(南京)将《华严经》成功汉译,之后则又经历了由华严经学向华严宗学的转变过程。[①]《华严经》翻译完成后,起初是不同的学者根据各自信仰、修行的具体需求,自发、零散地对它展开相应的讨论和研究,久而久之则对它的义理学说逐渐形成较为自觉、明确的解释方向,形成系统成熟的理论框架和哲学概念,从而促成了华严宗的最终创建。

最早对《华严经》展开研究的,是为觉贤翻经担任笔受的法业,他曾撰写《华严旨归》以概括《华严经》要义,可惜未能流传。[②] 之后中国佛教界对《华严经》的传习和研究日益兴盛,逐渐产生了一批擅长华严的学者,并撰述了一批重要的华严学论疏。中天竺僧人求那跋陀罗(汉名功德贤)元嘉十二年(435)来到中国后,受到执政者的热烈欢迎,在他们的支持下,求那跋陀罗在翻经之余曾为刘义宣等王公贵族讲解《华严经》十余遍。同样来自中天竺的勒那摩提(汉名宝意),于正始五年(508)到达北魏都城洛阳后,在翻经译论的同时,多次为北魏宣武帝讲解《华严经》。[③] 除印度僧人外,中国僧人对此经的关注度也日渐高涨。北魏并州(今山西太原)高僧灵辨,专门以研习《华严经》为主业,曾撰写一百卷的《华严论》,对《华严经》的研究和弘传产生了重要影响。[④] 北魏僧人慧炬,积极响应北魏朝廷派僧人到乡间弘法讲经、教化百姓的政策,在下层民众中宣讲《华严经》五

---

① 参见魏道儒:《中国华严宗通史》导论部分,南京:凤凰出版社,2008年版。
② 〔唐〕法藏:《华严经传记》卷2,《大藏经》第51册,第158页。
③ 〔唐〕道宣:《续高僧传》卷1,《大藏经》第50册,第429页。
④ 〔唐〕慧英:《大方广佛华严经感应传》,《大藏经》第51册,第173页。

十余遍,闻者甚众。

北魏历经短暂的分裂局面后,北方地区进入北齐、北周统治时代。新政权在意识形态领域延续了北魏的崇佛政策,因此《华严经》在这一时期得到了进一步的关注和传播。北齐名僧慧光,因为参加勒那摩提在洛阳翻译华严支品经《十地经论》的工作,对各家思想有了深入了解,之后博采众长,将自己对《十地经论》和《华严经》的体会撰述成书,从而推动了《华严经》的传播和弘扬。① 慧光后,享有"裕菩萨"之称的高僧灵裕,因入内庭讲《华严经》而名震海内,他撰写过阐发华严大义的《华严经疏》和《华严旨归》等,②影响甚大。

正是在中外高僧的持续推动下,《华严经》由南向北不断得到传播和弘扬。除以上代表性高僧外,后续还有一大批僧侣、学者将研究华严思想视作自己佛学事业的重要组成部分。隋代著名僧人净影寺慧远,撰有专门的华严著作《华严疏》;初唐时的慈恩寺灵辨,他认为能代表大乘佛教精髓的经典,除《华严经》外,罕有其比。当获悉终南山至相寺有华严名师后,他便立刻前去拜师学习,终成为一代宗师,从学弟子一千多人,弘讲《华严经》四十八遍,撰写华严学相关著作十余部。③

正是在《华严经》汉译后的两三百年间,由于僧侣、学者们持续不断地研究和弘传,华严思想逐渐成为中国佛教史上一股重要的学术思潮,为日后华严宗的建立奠定了坚实的基础。周、隋交替之际,随着享誉全国的佛教学术中心——终南山至相寺的建立,一大批学有专长、兼通华严的高僧、学者,比如灵裕、彭渊、静蔼、普安、智正等,逐渐聚集于此,切磋交流、讲法授徒,后来再经杜顺、智俨、法藏等人的努力和贡献,直接催生了华严宗的诞生。一般认为华严宗的传法世系是:初祖杜顺、二祖智俨、三祖法藏、四祖澄观、五祖宗密。

杜顺(557—640),名法顺,俗姓杜,雍州万年(今陕西西安杜陵)人,后人称他为神僧。他曾把《华严经》的主要思想概括为真空观、理事无碍观、周遍含容观等三个方面,后经智俨、法藏等的补充发展,构成了华严宗著名的"四法界"理论。杜顺因而被追尊为华严宗第一代祖师。

智俨(602—668),俗姓赵,天水(今甘肃天水西南)人,又称"至相尊者""云华和尚"。智俨阐发"六相""十玄门"等义理,奠定了华严宗的理

---

① 〔唐〕道宣:《续高僧传》卷21,《大藏经》第50册,第607页。
② 〔唐〕道宣:《续高僧传》卷9,《大藏经》第50册,第496页。
③ 〔唐〕法藏:《华严经传记》卷3,《大藏经》第51册,第163页。

论基础,因此被追尊为华严二祖。弟子主要有法藏、义湘等。法藏是真正把华严宗发扬光大的一代宗师;义湘(625—702),海东新罗人,龙朔二年(662)入唐求法,来云华寺礼拜智俨,与法藏同学。回国后,大弘《华严》,史称“海东华严初祖”。

法藏(643—712),字贤首,毕生以阐释、弘讲华严思想为要务,他一生解释、阐发《华严经》大义的著作和论疏高达百余卷,以开阔的视野、宏富的著述、渊深的理论,构建了华严宗系统的思想学说,为华严宗的创立奠定了坚实理论基础,所以说法藏是华严宗的实际创立者。

澄观(738—839),字大休,俗姓夏侯氏,越州山阴(今浙江绍兴东南)人。澄观前后讲《华严经》五十多遍,著述丰硕,总计四百余卷,被誉为“百部疏主”,其思想累经传扬,成为后世华严思想的主流。澄观门下弟子、门人共计达上千人,无一不是“虚心而来,实腹而去”,继承法统的则是圭峰宗密。

宗密(780—841),俗姓何,果州西充(四川西充县)人,因晚年驻锡终南山北麓圭峰山下,被尊称为“圭峰宗密”。宗密不仅继承了法藏和澄观的思想,将华严佛教的义理发扬光大。实际上,他又以华严为宗,力争调和佛教各家说法,以期将佛教思想的核心价值和超越精神凝练并豁显出来,后被华严宗人尊为五祖。

综上所述,从公元5世纪初《华严经》在南朝刘宋王朝的翻译,历经北朝及隋代的经学化发展,再经杜顺、智俨的初创,法藏的集大成,澄观、宗密的继续融合,几代塑造与系统传承,最终形成了具有高度抽象思辨性和圆融思维特征的核心思想的中国化佛教宗派华严宗。宗密死后不久,华严宗同其他佛教宗派一道,受到会昌法难的沉重打击迅速式微,再历经唐末五代的纷乱后,直到宋初经子璿和净源二人的提倡与努力,才得以复兴。

辽王朝统治期间,佛教的主流是华严和密教。辽朝弘传华严佛教最著名的僧人是鲜演,他的代表作是《华严经谈玄抉择》六卷,后来流传至宋地、高丽及日本。金朝弘传华严的著名僧人有宝严、义柔、惠寂和苏陀室利。宝严俗姓康,成纪(今甘肃天水)人,金完颜亮天德三年(1151),宝严住上京会宁府兴正寺时,两度开讲《华严经》,听受者达500余人。惠寂(1148—1226),俗姓王氏,西河(今山西汾阳)人,史载惠寂直到逝世前还在讲《华严经·世界成就品》。

元王朝的宗教政策是崇奉喇嘛教、尊教抑禅,因此曾向江南禅宗盛行的地方专门派遣宣讲大乘经典的讲经僧。借此机缘,宣讲《华严经》的弘法活动遍布全国。比较有名的传法中心包括元大都、五台山和江浙地区,最突出的是五台山的善柔(1197—1269)、文才(1241—1302)及其门人弟子。此外,江南有丽水盘谷、云南有苍山普瑞等弘讲华严。

明清时期,华严宗的流传更加式微。明末值得注意的有,方泽《华严经合论纂要》,李贽(1527—1602)《华严经合论简要》。另外晚明研习传承华严学的还有云栖袾宏(1535—1615),著有《华严经感应略记》。憨山德清(1546—1623),曾宣讲《华严悬谈》,蕅益智旭(1599—1655)用华严宗理论阐发《大乘起信论》。

明末清初,华严的传播主要有江南地区的苍雪读彻(1587—1656)、为霖道霈(1615—1688),其中续法(1641—1728)在杭州一带弘扬《华严经》五十余年,一时称盛。逮至清末,杨文会(1837—1911)自称"教在贤首,行在弥陀",华严古德著述,经他搜集后十得五六。因此,杨文会被誉为近代复兴华严宗的大德。与杨文会为莫逆之交的月霞(1861—1918),以"教弘贤首,禅继南宗"为大江南北所称许。月霞晚年在上海创办华严大学,对近代华严学的传播发挥了重要影响①。民国佛教界的领袖太虚法师,在他讲经弘法生涯中,也经常对华严宗进行判释、研究、运用和宣说,这对扩大华严学的现实影响具有积极作用②。另外,华严佛学强调"心佛众生,三无差别",从理论上最大限度地突显了个人的能动主体地位,这对康有为、章太炎等人都产生过直接影响③,这也是华严学在近代传播的一个面向。

(三)华严学的学理特征

佛教的理论大厦以缘起论为核心。先后出现过业感缘起(十二缘起)、阿赖耶识缘起、真如缘起等既联系又区别的缘起学说。一方面,它强调宇宙世界没有恒常不变的本性,万物都是因缘和合的产物,万法皆空,依此发展出佛教"空"的思想。另一方面,它又强调轮回、因果、业力不空,佛所说法不空、法性不空,大千世界无不是佛性、法性、真如、法界的生起和变现,据此发展出佛教"有"的思想。"空""有"之间的内在矛盾,成为佛教各

---

① 游有维:《华严宗的起源、传承、演变与复兴》(下),《法音》1986 年第 5 期。

② 韩焕忠:《太虚大师的华严思想》,《2013 华严专宗国际学术研讨会论文集》,第 455—466 页。

③ 从康有为日记可见他 30 岁之前曾熟读《华严》,参见康有为撰,姜义华、张荣华编校:《康有为全集》第八集,北京:中国人民大学出版社,2007 年版,第 67—68 页。章太炎认为华严的自力思想有助于个人道德的建设,"佛教里面有许多他力摄护的话,但就华严法相讲来,心佛众生,三无差别。我所靠的佛祖仍是靠的自心,比那基督教教人依傍上帝,扶墙摸壁,靠山靠水的气象岂不强得多吗?",《章太炎演讲集》,转引自丁海虎《论华严学在近代中国思想史上的复兴》,《2013 华严专宗国际学术研讨会论文集》,第 488 页。

种思潮必须面对和解决的关键问题。华严宗依据《华严经》，通过对佛教史上缘起论、佛性论、判教论等思想的抉择创造、综合发挥，再经杜顺、智俨、法藏、澄观、宗密的递次演绎、踵事增华，凝练和发展出以法界缘起论为基本理论，以六相圆融和十玄无碍为具体内容，对佛教史上的空有矛盾进行整合的佛学思想体系。

1. 四法界说

所谓四法界：一是事法界，指宇宙万象，彼此各有差别；二是理法界，指诸法平等的理性，即真如、佛性；三是理事无碍法界，指有差别的事物与平等的理性互相融通无碍；四是事事无碍法界，指一切各有差别的事法，由于理性同一，故而能够相互融通，重重无尽。

为阐释四法界的精义，华严宗人用"月印万川"予以说明。晴朗的夜晚，一轮明月高悬夜空，这时地面上的江河湖海、池塘溪涧、井泉沟渠当中，无一例外都可以看到月亮的倒影。不管水中的月亮有多少，大小如何，它们每一个都不过是天上那一轮明月的倒影。"峨眉山月半轮秋，影入平羌江水流。"因为映照同一轮明月，所以水中无数的月影都是相同的、没有差别的。这里，空中的一轮明月好比佛性、真如、理法界，水中不可穷尽的月影好比是宇宙世间的万事万物、事法界；夜空的皎皎明月和水中任何一个月影的关系，正好比是理事无碍法界，互相融通，参差互入；以此为基础，水中所有月影之间的关系正好比是事事无碍法界，相互融通、重重无尽。

2. 十玄无碍

"十玄无碍"，是从多种角度阐发事物之间不是隔阂、对峙、分别的关系，而是相即相入、浃洽和合的圆融关系。华严宗认为，了达此义，自然可进入《华严经》的玄海，故称"玄门"。具体如下。(1)同时具足相应门，十方三世一切诸法从时间上看同时产生，相依相资；从空间上看，一即一切，一切即一。(2)广狭自在无碍门，每一现象既能普遍适应一切现象，又能保持自身本性。"潜巨刹以入毫端"，"容极微以周法界"。(3)一多相容不同门，"一"为整体，"多"乃部分。整体与部分既差别又联系，一物与多物相容相摄，如一室千灯，光光涉入，各自光线，不失自用。(4)诸法相即自在门，现象与现象之间相即又相异。"相即"，彼就是此，此就是彼，物物不二，事事一如。(5)秘密隐显俱成门，事物同时具备隐和显两种形相，隐不离显，显不离隐，隐显俱成如秋空片月，晦明相并。(6)微细相容安立门，毛端集刹国，须弥纳芥子，即使是极其微细的事物也都能包容庞大的事物，大小不同，相融无碍。(7)因陀罗网境界门，一事物包含无数事物，小与大、少与多互相渗透，彼此包容，交互涉入，重重显映，无穷无尽，如同因陀罗网。(8)托事显法生解门,"显法",显现一切事法;"生解",产生事事无碍的悟解。随意托举一事,便显现一切事物互为缘起的道理,产生事事无碍的圣解,洞见重重无尽的法界。一花一世界,一叶一如来。(9)十世隔法异成门,"十世"指过、现、未三世各自有过、现、未三世,合而为九。九世既相隔有别(隔法),又互相包容成为一体(异成),总别相合计为十。(10)主伴圆明具德门,一种现象生起(主),其他现象也必然伴随着生起(伴),形成互为主伴的关系。主伴没有绝对的分别,是相依无碍、交融互摄,任何一法都圆满具有一切功德。

可见,"十玄无碍"从十个方面讲法界缘起的内容,从各个角度强调圆融,以证成一切缘起之法,不管空间上的广狭还是时间上的长短,都圆融无碍。

3. 六相圆融

所谓"六相"是从总别、同异、成坏三对范畴,论述现象的构成及现象与现象的关系,从而阐明全体与部分、同一与差异、生成与坏灭的无尽缘起关系。六相,指总、别、同、异、成、坏。华严宗认为,世间的任何事物都具有这六个方面的相状。事物的全体是总相,事物的各个部分是别相。事物及其各部分都有原因和条件和合而起是同相,各部分各自独立是异相。各部分和合成此事物,则此事物是成相,各部分若不和合而只是各部分,则此事物为坏相。

法藏在《华严金师子章》中以金狮子为比喻,来阐说六相义,"师子是总相,五根差别是别相;共从一缘起是同相,眼、耳等不相滥是异相,诸根会合是成相,诸根各住自位是坏相"。可见,"六相圆融"要求人们从总别、同异、成坏三方面看待一切事物,认识到每一事物都处于总别相即、同异相即、成坏相即的圆融状态。

基于"四法界""十玄无碍""六相圆融",华严佛学的理论旨趣在于,认为宇宙世间的万事万物都是由纯洁光明的真如、法界、法性、佛性缘起而成的,所以大千世界的万事万物相互之间不是相互隔阂、冲突、抵触、对抗的关系,而是平等同一、相互关联、相互转化、相互影响的关系。正如法藏所谓"一切缘起法不成则已,成则相即,镕融无碍,自在圆极"①。所以说"圆融"是华严佛学最大的思想特征。

---

① 〔唐〕法藏:《华严一乘教义分齐章》卷4,《大藏经》第45册,第508页。

二、现代新儒学概述

（一）现代新儒学的概念

现代新儒学，是一种试图对儒学进行重新建构，使其在新的历史条件下获得生机，并能够源源不断地为中国社会步入现代化提供精神动力的学术思潮。其要点有二：一是"现代意识"或"时代意识"，即对历史进入到现代社会，或者说对西方文化、现代化有一定的自觉和省察，并试图基于儒学的立场加以回应；二是"儒学重建"，即面对近代以来中西文化会通的时代要求，站在民族文化的立场上，以宽广的理论视野和开放的文化心态，积极主动地重构传统儒学，冀期获得新的思想活力，进而成为中国社会顺利进入现代化的核心精神资源。[①]

郭齐勇认为："现代新儒学思潮是从中国文化自身的大传统中生产出来的、面对强势的西方文化的挑战应运而生、20世纪中国最具有根源性的思想文化的流派，是在现代中国反思与批判片面的现代性（包括全盘西化或俄化）的思想流派，也在现代中国积极吸纳西学、与西学对话，又重建传统并与传统对话的最有建设性与前瞻性的思想流派。"[②]

关于现代新儒学的具体构成。方克立认为，现代新儒家包括三代15人：第一代有梁漱溟、张君劢、熊十力、马一浮、冯友兰、贺麟、钱穆、方东美；第二代有唐君毅、牟宗三、徐复观；第三代有余英时、杜维明、刘述先、成中英。

刘述先则以三代四群的架构把握现代新儒家的脉络。第一代第一群有梁漱溟（1893—1988）、熊十力（1885—1968）、马一浮（1883—1967）、张君劢（1887—1969）；第一代第二群：冯友兰（1895—1990）、贺麟（1902—1992）、钱穆（1895—1990）、方东美（1899—1977）。第二代第三群：唐君毅（1909—1978）、牟宗三（1909—1995）、徐复观（1903—1982）。第三代第四群：余英时（1930—2021）、刘述先（1934—2016）、成中英（1935—　）、杜维

---

① 陈鹏：《现代新儒学研究》，福州：福建人民出版社，2006年版，第2页。

② 郭齐勇：《现当代新儒学思潮研究》，北京：人民出版社，2017年版，第1页。同时，郭齐勇还对"新儒家""新儒学"定义的学术史进行了考察。正如已有研究指出的：现代新儒家的定义，讨论较多，代表性的有方克立、李泽厚、宋志明等人的说法。方克立从宏观角度，从学脉源流、崇尊理学、文化思潮等方面对新儒家做出限定；李泽厚则从哲学的角度对现代新儒家进行限定和解读；宋志明主要是从新儒家产生和发展的脉络及其共同的思想特征对现代新儒家进行定义。参见徐建勇：《现代性与新儒家》，北京：人民出版社，2019年版，第21页。

明（1940—　）。①

　　郭齐勇认为，在第三代第四群中，还应加上蔡仁厚（1930—2019）。同时，他指出，现代新儒家阵营中，实际上还应该包括陈荣捷（1901—1994）、陈大齐（1886—1983）、谢幼伟（1905—1976）、张其昀（1900—1985）、胡秋原（1910—2004）等人，因为他们具有杰出的学术成就和贡献。②

　　当然，不管具体以哪种方式进行划分，现代新儒学"就反思现代化，强调中国文化的主体性，肯定儒学的深层价值及其现代意义来说"③，作为现当代一个极具影响的学术共同体是毫无争议的。

（二）现代新儒学的发展脉络

　　一般认为现代新儒学思潮形成于20世纪20年代和30年代的"中西文化论战"与"科玄论战"时期，这是现代新儒学的开始阶段。最早的代表人物有梁漱溟、熊十力、马一浮、张君劢等。

　　这一时期，由于西方科学、文化的强势冲击，如何认识和处理中西文化的关系成为摆在中国知识分子面前的迫切问题。对中西文化的关系，有持文化调和论者，有持文化替代论者，最有影响的莫过于告别传统、全盘西化的风潮。正如梁漱溟描述的："我们现在的生活，无论精神方面、社会方面和物质方面，都充满了西方化，这是无法否认的。所以这个问题的现状，并非东方化与西方化对垒的战争，完全是西方化对于东方化绝对的胜利，绝对的压服！这个问题此刻要问：东方化究竟能否存在？"④正是有感于西方文化对中国社会的全面压迫，梁漱溟才提出中国文化是否会被西方文化推翻和代替？西方化对于东方化"是否要连根拔掉"、西方文化是否要"将中国文化根本打倒"，"中国人是否要将中国化连根的抛弃"？⑤

　　梁漱溟对东西文化的本质进行了整体探究。他认为：西方化以意欲向前要求为其根本精神。或说，西方化是由意欲向前的精神产生"赛恩斯"与"德莫克拉西"两大异彩的文化。⑥中国文化是以意欲自为调和、持中为其根本精神的。印度文化是以意欲反身向后要求为其根本精神的。⑦

　　①　陈鹏：《现代新儒学研究》，第4页。
　　②　郭齐勇：《现当代新儒学思潮研究》，第12页。
　　③　郭齐勇：《现当代新儒学思潮研究》，第17页。
　　④　梁漱溟：《东西文化及其哲学》，北京：商务印书馆，2010年版，第13页。
　　⑤　梁漱溟：《东西文化及其哲学》，第16页。
　　⑥　梁漱溟：《东西文化及其哲学》，第33页。
　　⑦　梁漱溟：《东西文化及其哲学》，第68页。

据此,梁漱溟既反对庸俗的东西文化调和论,也反对全盘西化论。他在承认西方文化先进性的同时强调,西方文化的发展必然以中国文化为旨归。"现今西方思想界已彰明的要求改变他们从来人生态度;而且他们要求趋向之所指就是中国的路。"①进一步,他将东西方文化置于同一框架,对其各自位次和格局做出安排,意在强调,在充分吸收西方文化以实现中国社会现代化的同时,必须要彰显中国传统文化所具有的独特优势。"人类文化有三步骤,……先着眼研究者在外界物质,其所用的是理智;次则着眼研究者在内界生命,其所用的是直觉;再其次则着眼研究者在无生本体,其所用的是现量;初指古代的西洋及在近世之复兴,次指古代的中国及其将在最近未来之复兴,再次指古代的印度及其将在较远未来之复兴。而此刻正是从近世转入最近未来的一过渡时代也"②。正如贺麟评价的,梁漱溟没有陷入中西文化优劣的狭隘争论。他一方面重新提出儒家的态度,另一方面又主张全盘接受西方的科学和民主,不管错与对,"这种说法在当时颇足以使人对整个东方文化的前途,有了无限的乐观和希望"③。这也可看作现代新儒学的整体特征。

从抗日战争爆发到新中国成立这段时间,为现代新儒学的第二阶段。这一时期,现代新儒家在特殊历史境遇的感召下,以为民族续慧命的心态著书立说,借以凝聚民族精神,抵抗外来侵略,谋求民族复兴。

比如熊十力在《新唯识论》中强调,中国文化的核心精神就是传统儒家的心性之学,这是一套自觉实践的道德哲学,完全不同于西方以理性和逻辑见长的思想和文化。不过这一独具特色的精神传统,在近代以来西方文化的冲击下,却尽显颓势。"斯学归趣,唯其复其本心。吾国儒道及自梵方输入之佛法,其要归皆在复其本心。但诸家对于本心之体认,颇有见浅见深见偏见全之不同,此意难为不知者言。……从上诸先哲发明心学,确不同西洋哲学家徒以一番知见与一套理论为其对于宇宙人生之一种说明而已;却是从日用践履中,默识本原。……清季迄民国学子,已将先哲精神荡尽,剥极必复。"④

此外,冯友兰以《新理学》为核心的"贞元六书",梁漱溟的《中国文化要义》,贺麟的《文化与人生》,马一浮在四川创办复性书院并刊刻《复性书

---

① 梁漱溟:《东西文化及其哲学》,第197页。
② 梁漱溟:《东西文化及其哲学》,第196—197页。
③ 贺麟:《五十年来的中国哲学》,北京:商务印书馆,2002年版,第11页。
④ 熊十力:《新唯识论》(删订版),《熊十力全集》(第六卷),武汉:湖北教育出版社,2001年版,第215页。

院讲录》等,无不期望在艰苦困境中赓续中华民族的精神传统。比如对于马一浮,贺麟曾这样评价道:"复性书院主讲马一浮先生,本系隐居西子湖畔的一位高士,也是我国当今第一流的诗人。自倭寇内侵,离开杭州后,方有意发布其学术思维以绍国人。"①

此间以1941年贺麟发表《儒家思想的新开展》为契机,标志着"现代新儒学"明确提出了自己的口号与宣言。贺麟指出:"就民族言,如中华民族是自由自主、有理性有精神的民族,是能够继承先人遗产,应付文化危机的民族,则儒化西洋文化,华化西洋文化也是可能的。"否则"中国将失掉文化上的自主权,而陷于文化上的殖民地"。② 并且认为,所谓中华民族文化的复兴,其实就是传统儒家文化的复兴,"假如儒家思想没有新的前途、新的开展,则中华民族以及民族文化也就不会有新的前途、新的开展"③。可见,在民族危难之际,现代新儒学自觉地将以儒学为主体的传统文化与中华民族的命运紧密相连。

第三阶段以20世纪50到70年代移居中国港台地区的钱穆、方东美、唐君毅、徐复观、牟宗三等为代表,可称之为港台新儒家。其中1958年元月,由唐君毅起草,由唐君毅、牟宗三、张君劢、徐复观共同讨论并署名发表的《中国文化敬告世界人士宣言》成为他们最著名的学术事件。该宣言要点有四:(1)中国文化在本原上是自我充足的;(2)心性之学是中国哲学思想的核心;(3)中国文化对于世界文化具有重要价值;(4)在吸收外来文化时,要坚持中国文化的主体性。④

当时,西方世界对中国文化的误解和否定的声音不绝于耳,认为中国文化无法像西方文化那样滋生出现代社会所需要的民主制度和科学技术。另一方面,许多中国人对以儒学为主体的中国文化不抱有积极的态度和信心。有鉴于此,港台新儒家首先高度肯定中国文化的时代意义。他们认为"儒家思想,是凝成中国民族精神的主流""内圣与外王,是一事的表里""伦理与政治不分,正是儒家思想的特色"。⑤ 进一步指出,对于中国文化的态度,既不能像五四那样全盘否定,也不能毫无条件地一味维护,"而是要从具体的历史条件后面,以发现贯穿于历史之流的普遍而永恒的常道;并看出这种常道在过去历史的具体条件中所受到的限制。……今后在新

---

①　贺麟:《五十年来的中国哲学》,第15页。
②　宋志明:《贺麟评传》,北京:中国青年出版社,2017年版,第171页。
③　郭齐勇:《现当代新儒学思潮研究》,第13页。
④　陈鹏:《现代新儒学研究》,第12—13页。
⑤　徐复观:《学术与政治之间》,《徐复观全集》,北京:九州出版社,2014年版,第46页。

的具体的条件之下,应该作何种新的实践,使其能有更完全更正确的显现,以汇合于人类文化之大流"①。与此相应,他们态度坚决地拒绝一切对中国文化的污蔑和压迫。徐复观曾自述道:他从 50 年代开始的文化发声,实际上"只是一个中国人在文化上的反抗。这是指向任何性质的洋教对中国文化的污蔑、压迫所提出的反抗,也是对中国人的心灵、人格、及合理的生存权利的污蔑、压迫所提出的反抗。没有'中国人',当然没有中国文化;没有中国文化,实际也便没有中国人。两者是不能分割的。……中国人,中国文化,决不允许任何洋人洋教加以污蔑、压迫"②。

在港台新儒家看来,中国文化固然已是"千疮百孔",但是"千疮百孔里面有活着的生命"。所以,绝对不能把毒疮与活着的生命等量齐观。正确的态度应该是,有病吃药、割疮疗伤。如此,才可以做到对中西文化平等视之,正确了解,有效吸收③。显然,这一时期的现代新儒学,更加注重从更广阔的背景疏通中西文化,并且格外深入到文化的背后,即从哲学层面展开对中西文化的调适与会通。

此后,活跃于国际学术界的基本是港台新儒家培养的弟子与后学,"如蜚声海内外的余英时、杜维明、刘述先、成中英、蔡仁厚等学者是当代新儒家的第三代代表人物。他们在美国或中国港台地区的知名大学或学术机构执教,思想更加开放,反省现代性与全球化,思考传统与现代、人文与科技、东方与西方、全球化与本土化之间的诸多问题,积极参与文明对话与全球伦理的建构"④。

(三)现代新儒学的学理特征

现代新儒学既是近代中西文化冲突的产物,又是对这一冲突进行反思的产物。它的产生是直接作为近代科学主义、实证主义的对立面出现的。所以其学理特征首先表现为对近代科学主义思潮的反动。

五四以后,科学主义思潮高歌猛进。在提倡科学主义的人看来,科学与哲学没有界限,科学就是哲学。甚至认为,宇宙间的一切事物都受科学因果律的支配。以此为据,传统儒学提倡的价值哲学、道德哲学无不被斥为玄学鬼。面对科学一元论对传统儒学造成的强烈冲击,张君劢在清华发

---

① 徐复观:《学术与政治之间》,《徐复观全集》,第 46 页。
② 徐复观:《一个中国人在文化上的反抗》,《论文化》,《徐复观全集》,北京:九州出版社,2014 年版,第 804 页。
③ 徐复观:《一个中国人在文化上的反抗》,《论文化》,《徐复观全集》,第 805 页。
④ 郭齐勇:《现当代新儒学思潮研究》,第 16—17 页。

表了题为《人生观》的著名演讲。他强调,科学无论再发达,也只是一种物质文明,像人生观这样的精神文明,科学无论如何是无能为力的,"人生观之特点所在,曰主观的,曰直觉的,曰综合的,曰自由意志的,曰单一的。惟其有此五点,故科学无论如何发达,而人生观问题之解决,绝非科学所能为力,惟赖诸人类之自身而已。……自孔孟以至于宋元明之理学家,侧重内心生活之修养,其结果为精神文明。三百年来之欧洲,侧重以人力支配自然界,故其结果为物质文明"①。

可见,对新儒家而言,世界包含两个层面的划分,经验的事实世界和价值的意义世界。他们强调,科学以还原分析为基础,它只能在事实的世界发挥作用,以增加人关于经验世界的认识和知识。对于意义世界、价值世界、精神世界这一层面,无论如何这是它的禁地。"盖人生观,既无客观标准,故惟有返求之于己,而决不能以他人之现成之人生观,作为我之人生观者。"②正如冯友兰所讲:以人生为对象而思之,就是对于人生的觉解,而对于觉解的觉解就是哲学,它属于"纯思的观点",不同于实际的学问,属于形上学。实际的学问即科学,冯友兰认为科学的目的就是对经验做积极的解释,解释其中蕴含的义理,因此它采用的是实验的方法,结论的成立自然也要依靠经验的证实,正所谓"形上学的工作,是对经验作逻辑的释义。科学的工作,是对于经验作积极底释义"③。所以说,对科学和哲学进行区分,给科学划定界限,是现代新儒学的学理特征。

郑家栋总结道:"他们(现代新儒家)认为,科学与哲学具有完全不同的性质和功能。研究科学的目的在于使人认识自然宇宙,获得关于外部世界的具体知识,增强人们改造自然和增强实际生活的技能;研究哲学的目的则主要的不是为了帮助人们获得关于外部世界的真知识,而是为了引导人们追求更高的人生境界和塑造完美的人格。这一认识成为现代新儒家哲学的基本出发点"④,"这是现代新儒家哲学的一个突出特征"⑤。

现代新儒学认为,文化问题的实质是哲学问题,哲学问题的关键则在形而上学。西方哲学传统上过度推崇理性,将人的理性和情感一分为二,"结果是割裂了知与行、真与善的关系","中国哲学则不然,它从认识主体的知、情、意的内在统一性出发,……人只能在认知、尽性、践形的整体活动

①　张君劢、丁文江等:《科学与人生观》,济南:山东人民出版社,1997年版,第38页。
②　张君劢、丁文江等:《科学与人生观》,第39页。
③　冯友兰:《新知言》,《三松堂全集》第五卷,郑州:河南人民出版社,2000年版,第143页。
④　郑家栋:《现代新儒学概论》,南宁:广西人民出版社,1990年版,第46页。
⑤　郑家栋:《现代新儒学概论》,第44页。

中……把握对象、达到认识的目的。这本身就是一个求真与求善、认识与修养的内在统一的过程"①。概括而言，西方哲学的形而上是真、善、美相互割裂，属于典型的"二元分立"，中国哲学的形而上属于真、善、美统一的"内在超越"。正如方东美所谓："中国哲学的各派学说可以会归在一个共同点上，就是形上学与价值学的联系。"②这成为中西形上学最大的区分。

梁漱溟认为，中国的形上学在问题和方法上与西方包括印度完全不同。西方的形上学"所讲的都是静体问题，而因为方法的不讲求，所以陷于错误。……至于中国的形上学全然不谈静体，并且所用的方法与西洋印度不同，所以近世批评形而上学可讲不可讲与方法适用不适用的问题，都与中国的形而上学完全不相干涉"。这"两点实在甚关重要，如果不能认清，我们没有法子说中国形而上学可以站得住"③。冯友兰强调："形上学是哲学中底最重要底一部分。因为它代表人对于人生底最后底觉解。"④因此，他对柏拉图、亚里士多德、近代英国哲学、欧洲古典哲学等西方形而上学的主要代表分别进行了考察和分析，指出西方的形上学主要是"正的方法"，中国则不然，主要是"负的方法"。

方东美认为，中国哲学的特点正在于它极具特色的"超越形而上学"，之所以称之为"超越的形上学"，是因为中国哲学追求的目标和境界虽然以现实世界为资粮，但并未被现实世界所束缚，而是通过对现实世界的不断突破以实现对理想境地的追求。同时，当哲学追求达到无限理想的境地之后，又必须调转回头，将理想境地的价值和精神落实到现实世界，以提升现实世界的黑暗、痛苦和罪恶。因此他又称之为"内在形而上学"，"'超越形上学'在理想价值的完全实现方面看来，又一变而为'内在形而上学'，一切理想价值都内在于世界的实现、人生的实现"⑤。当然，方东美对中国形上学内在超越性的阐释，是以对西方形上学二元分立特征的批判为参照的。

其实，现代新儒家念兹在兹的"既内在又超越的形上学"，就是以传统儒家心性学说为主要内容的"道德形上学"。对此，牟宗三阐释最为详尽。他说：西方哲学言本体，"大体或自知识论之路入，或自本体论（存有论）之路入，或自生物学之路入，或自实用论之路入，……皆非自道德的进路入。

---

①　郑家栋：《现代新儒学概论》，第54页。
②　方东美：《原始儒家道家哲学》，台北：黎明文化事业股份有限公司，1983年版，第188页。
③　梁漱溟：《东西文化及其哲学》，第133页。
④　冯友兰：《新知言》，《三松堂全集》第五卷，郑州：河南人民出版社，2001年版，第144页。
⑤　方东美：《原始儒家道家哲学》，第17页。

故其所讲之实体、存有或本体皆只是一说明现象之哲学(形上学)概念,而不能与道德实践使人成一道德的存在生关系者"①。

可见,梁漱溟、熊十力、冯友兰、贺麟、方东美、牟宗三等批评西方哲学形上学的"二元分立",努力重建中国哲学既内在又超越的形上学,是贯穿于整个现代新儒家思潮的主线。所以说,"有关形而上学问题的讨论",即"在新的历史条件下重建儒学传统最核心的内容就是儒家的形而上学",这成为"现代新儒学全部理论的核心和出发点"②。

三、现代新儒学"以佛解儒"的问题意识和诠释路向

(一)现代新儒学的问题意识

两汉之际,随着佛教思想的持续传入,中国传统思想发展的固有模式被逐渐打破。作为域外的文化因素,佛教在中土的传播不断受到传统儒道两家思想的质疑、排斥和挑战。为了争取发展空间和话语权,佛教不断地与原始儒、道两家思想发生不同程度的冲突、调适和融汇,由此为中国思想史上的"三教合一"奠定了基本架构。正是儒释道三家的互相批判、互相学习、互相借鉴、互相吸收,使得中国传统哲学的思辨更加深邃,内容更加充实,形式更加多样,特点更加突出。尤其在经历了隋唐时期三教思想的深度整合后,中国传统哲学迎来它的理论高峰,促成了宋明理学思潮的崛起。"佛教哲学比起欧洲中世纪的神学和中国的封建主义哲学都更精密。正是由于佛教的输入,才使得中国的宋明理学改变了它的面貌,完整地构造了儒教的思想体系。"③这一结果同时也标志着佛教中国化的完成,即佛学思想已经由原来的异域文化积淀成为中国传统文化不可或缺的思想因子,深入到传统文化的内部,植根于传统文化的心田,流淌在传统文化的血脉里,为后世思想的发展奠定了基础,提供了资源,使得传统哲学思想得以承续并以此维系着社会和人心。正如任继愈先生所论,"唐宋以后,直到鸦片战争,这种儒、佛、道三教融合的总格局没有改变。这种思潮,对于中国后期的封建社会起了稳定作用,从而延缓了中国封建社会向近代资本主义社会过渡的速度。三教合一思潮,构成了近千年来中国宗教史、中国思想

---

① 牟宗三:《心体与性体》,上海:上海古籍出版社,1999年版,第33页。
② 郑家栋:《现代新儒学概论》,第58页。
③ 任继愈:《中国佛教史》第一卷,北京:中国社会科学出版社,1985年版,第17—18页。

史的总画面。"①

近代以来,中国传统社会遭到了西方列强以坚船利炮为标志的器物、制度、思想、文化等各个方面的冲击,自足封闭的千年传统社会结构坍塌、秩序崩溃、伦常失范、价值失效。中国社会随之陷入国衰族殆的"三千年未有之大变局",民族危机空前高涨。因此,救亡图存、谋求现代化,成为近代中国最关键的时代议题。

对此,各阶层站在不同的立场,思索总结中国落后的原因,纷纷针对中国的前途进行探讨,并提出主张不一的各式方案,也推行一系列改革和救亡的思想运动与社会实践。总体经历了三个阶段:

第一,在国门洞开的初期,一大批有识之士认为中国落后的根源在于舰炮利器的层面。因此提倡广开学校,大兴教育,大力发展现代西式工业,寄希望迅速提升中国的综合国力以抗衡西方列强,以曾国藩、张之洞等督抚大臣为主导的洋务运动是这一时期的典型代表。

第二,随着中国人对西方认识的逐渐增强,以及日本明治维新后一跃成为世界强国,尤其是中日甲午战争战败的刺激。中国人转而认为,西方之所以强盛,根源不在于表面的坚船利炮,而在于其背后的政治制度、政治文明。因此积极鼓吹政治变革,希望通过变革政治制度、政治体制以重整旗鼓,改变落后挨打的被动局面,其结果是虽然轰轰烈烈但最终归于沉寂的戊戌变法运动。

第三,伴随中西沟通的进一步加强,以及对一系努力失败的反省与总结,国人进而认为,西方强大的基础,不在器物层面,也不在政治制度层面,最基本的在于它以"理性""自由""民主""平等"为特征的文化及精神层面。因此,一时之间"德先生""赛先生"成为中国思想界的主角,"向西方学习""全盘西化"等思潮蔚然成风,结果就是影响深远的新文化运动。它寄希望于卸下中国封建社会的沉重负担,以崭新的面貌拥抱西方的精神文明,"强身健魄",使中国逐渐摆脱空前的民族危机、社会危机和文化危机,步入世界现代民族之林。

康有为对近代中国的救亡图存历程有过这样的概括:

> 乙未、戊戌以前,举国鼾睡,无可言也。至庚子以后,内外上下,非不知吾国之短而思变法以自立矣,则举措茫然,不知欧美富强之由何道,而无所置足也。议者纷纭,各自以其测天之识而猖狂论之,谓天圆

① 任继愈:《汉唐佛教思想论集》,北京:人民出版社,1998年版,第288—289页。

覆犹笠也,谓地平方犹块也。当同光之初,曾文正、李文忠、沈文肃诸公,草昧初开,得之太浅,则以为欧美之强者,在军兵炮舰,吾当治军兵炮舰以拒之,而未知彼军兵炮舰之有其本也。至乙未东败之后,知之渐进,以为欧美之强在民智,而开民智在盛学校也。于是十年来,举国争事于开学矣。至戊戌之后,读东书者日盛,忽得欧美之政俗学说,多中国之所无者,震而惊之,则又求之太深,以为欧美致强之本,在其哲学精深,在其革命自由,乃不审中国病本之何如,乃尽弃数千年之教学而从之。……医论日以多,药方日以难,脉证日以乱,病势日以深。当此危命如丝、弥留喘息之时,……而我举国上下,尚复瞽者论目,盲人骑马。危乎哀哉,其可畏也![1]

在康有为看来,中国已到"危命如丝、弥留喘息"的时刻,仍然拿不出有效的方案,"医论日以多,药方日以难,脉证日以乱,病势日以深",只能是"瞽者论目,盲人骑马"。这既反映出 19 世纪末 20 世纪初中国人遭受危机的深刻与沉重,又折射出中国人寻求出路的迫切与茫然,同时也说明中国的社会、政治、文化环境跌宕起伏,风云变幻,复杂纷乱。原有的秩序被彻底打乱,历史的根基被彻底动摇,传统的价值被彻底摧垮,国家和社会犹如无根的浮萍,风雨飘摇。近代高僧太虚曾概括道:"然在最近二、三十年以内之情形,则大不然,海禁既开,交通遍达,社会人心因受外来之政治、宗教、科学、哲学及其他一切思想风俗之影响,对于以前之教化已失其信仰之作用!"[2]这正是近代中国的现实处境。

通过这三个阶段可以看出,在艰难曲折的探索和尝试后,中国知识分子逐渐意识到近代中国的民族危机其实昭示了严重的文化危机,现实层面的问题无不是背后文化问题的映射。这亦成为现代新儒学全部学说的起点,他们认为民族命运与文化之命运息息相关,近代以来的民族危机本质上是一场文化危机。既然如此,民族危机的彻底解除,当然要以深层次的文化危机的合理化解为前提。所以说,现代新儒家思潮,正是围绕对传统文化的重构和复兴以解决中国近代以来的文化危机而展开的。

面对西方的强盛和科学、文化、哲学思潮的汹涌而至,中国传统文化处于劣势地位,难以抵挡凌厉猛烈的欧风美雨。以往的道统尊严和至高地位

---

① 康有为撰,姜义华、张荣华编校:《康有为全集》第八集,第 63 页。

② 太虚大师全书编委会编辑:《太虚大师全书》第十九卷,北京:宗教文化出版社,2005 年版,第 170 页。

遭遇全面的质疑、挑战和批判。在以胡适为代表的自由主义者看来,文化是具有世界性、普遍性、进化性的。因此他们认为,西方的文化代表了人类社会发展的未来方向。也就是说,古今问题本质上无非是中西问题,这就将时代性问题置换为民族性问题。所以,中国要想在列强环伺的境况下富强振兴、实现现代化,一方面,必须摆脱自身传统文化的束缚,表现为激烈的反传统主义思潮,全面否定传统文化,批判所谓的"国民劣根性",自认"百事不如人";另一方面,倡导向西方学习,从器物到制度,再到思想文化,不仅"师夷长技",而且以夷为师,尊西方为先生,主张"拿来主义",急切地拥抱西方的科学精神和价值观,甚而形成了"全盘西化"思潮。如康有为所论,不啻"尽弃数千年之教学而从之"。

现代新儒家与此不同,他们虽然也承认西方在科学技术、政治制度等领域的现代性与先进性,但是在内心深处却坚决否认西方文化的普世性和优越性。他们在承认文化具有普遍性的前提下,坚决捍卫文化的民族性和独立性,坚决捍卫中国传统文化的精神、价值和意义。并且深信从比较的视野出发,对中西传统文化进行整体和深入的梳理与对比,自然可以使中国文化相对于西方文化的特点得以明晰、使它长期被湮没的精神得以彰显、对现代社会的价值得以发明。继而,一方面可以为中国的发展提供源源不竭的精神动力,带领中国摆脱亡国灭族的危机,顺利实现中国社会的现代转型,最终达到国家强盛、民族复兴的目标。另一方面,可以有效纠补西方文化的固有弊端和缓解内在的社会危机,从而为世界提供以中国文化为主导的融合中西文化各自优势为一体的文化蓝图。为此,现代新儒学以中西文化的比较沟通为视域,以重构和复兴民族传统文化作为自身学术的使命。

(二)现代新儒学的诠释路向

如前所述,现代新儒学认为文化的核心是哲学,而哲学的核心是"形而上学"。西方哲学最大的弊端在于,传统形而上学是在理性的指导下,将宇宙世界的本原设置在人自身以外,如此不仅割裂了事实世界与价值世界的联系,也割裂了道德根源与宇宙根源的联系,无法实现真、善、美的统一与融合。因此,属于"外在的形而上学""超绝的形而上学"。相反,他们认为,中国传统哲学的主要内容是心性之学。心性之学的实质,就是讲求如何通过人的修为和实践,以实现道德的本原和宇宙本原的统一。因此,中国哲学的形而上学是以道德为本体的形而上学,是一种既内在又超越的形而上学。为了在西方文化的参照下突显中国哲学既内在又超越的理论特征,现代新儒家学者如梁漱溟、冯友兰、熊十力、方东美、牟宗三、唐君毅等,在建构自己哲学体系过程中,无一例外地采取了"以佛解儒"的话语策略。

现代新儒学的"以佛解儒",就是现代新儒家对佛学思想、思维方法进行借鉴和吸收,在新的时代境遇下对中国传统文化做出新的诠释,揭示和阐发以儒学为主要代表的中国传统文化超越时空的精神价值和人文意义。冀期为中国传统文化在新的历史条件下争取更大的生存空间,提升它和异域文化的对话能力,使之在面对外来文化冲击时可以做出积极的回应。

"以佛解儒"是唐宋以后三教合一思潮的固有传统,正如任继愈先生所论,宋明理学之所以生发出新的理论活力,正得益于对佛教思想的积极吸收。其成果尤其体现在宋明理学的道德形上学方面,这已成为学界共识。"宋明儒学所以能发展先秦儒学的心性论,并成就一道德形上学的义理规模,很重要的是受到佛学的刺激与影响。中国佛学的天台、华严、禅宗才把'心'提到绝对的精神本体、道德本体的高度,所以'心体'即是'性',即是人之所以为人的内在本性和终极根据。就洞见到人的道德本体和道德主体这一根本性而言,儒佛是相互补充与促进的。"①

历史上不仅儒家以佛解儒,佛家也是如此。憨山德清倡导"孔老即佛之化身",蕅益智旭主张"儒以孝为百行之本,佛以孝为至道之宗"。近代,康有为认为,佛教与儒家相比除了轻人事、尚浮虚之外,二者本质并无差别。"孟子用六祖之法,直指本心,即心是佛。……佛学除人伦外,其余道理与孔子合。"②欧阳竟无的学术取向"便在于融会儒、佛"③。

现代新儒学之所以援佛入儒,一方面是因为佛学本身的特点,如高度的思辨性、发达的概念系统、细致严密的论证说明、独具特色的思维方式等,可以促使传统文化的核心思想得以理论化、系统化,从而对其传承和弘扬产生积极的促进作用。比如,冯友兰的哲学体系就深受禅宗思想的影响。他提出人生境界论,以"觉解"作为区分自然境界、功利境界、道德境界、天地境界的关键。他承认,所谓"觉解",其实正是佛教讲的"明"和"无明"。"觉解是明,不觉解是无明,觉解是无明的破除。无明破除,不过是无明破除而已。并非于此外,另有所获得,另有所建立。佛家说,佛虽成佛,而'究竟无得'。"④在解释天地境界时,他指出达到天地境界的人,因为自同于大全无所分别而貌似混沌。但这种混沌并非真正意义上的混沌,本

---

① 郭齐勇:《熊十力对佛教唯识学的批评》,《世界宗教研究》2007年第2期。
② 康有为撰,姜义华、张荣华编校:《康有为全集》第二集,第182页。
③ 贺麟:《五十年来的中国哲学》,第7页。
④ 冯友兰:《新原人》,《三松堂全集》第四卷,第477页。

质正是佛教讲的"无分别智"，"所以自同于大全者，其觉解是如佛家所谓'无分别智'。因其'无分别'，所以其境界又似乎是混沌。不过此种混沌，并不是不及了解，而是超过了解。超过了解，不是不了解，而是大了解"①。在论及中西形而上学的特征时，他认为西方哲学的主流是以正的方法讲形而上学，在历史上对促进人的觉解发挥了积极作用。与此不同，中国的形而上学，如禅宗用的是负的方法讲，依然可以对觉解人生，发挥别样的作用，而"这些方面是正的描写和分析无法说出的"②。当然，对冯友兰而言，不论是正的方法还是负的方法，"不是矛盾的，倒是相辅相成的"，对于哲学形而上学而言，它们都是不可或缺的。因为，好的形而上学一定要始于正的方法，终于负的方法。如果不以负的方法为归宿，"它就缺少作为哲学的实质的清晰思想"。根源在于，负的方法"不是反对理性的，它是超越理性的"③。

　　另一方面，中国佛教的圆融思维可以为现代新儒学重建既内在又超越的道德形上学提供思想资源。比如，现代新儒学的重要奠基者熊十力，"得朱、陆精意融会儒释"④。他哲学体系的核心即"体用不二"论，正是通过对传统唯识学的"创造性误读"建构起来的。他"沿着《大乘起信论》——天台、华严、禅宗——宋明理学的路子走下来"，"淡化了佛学的宗教氛围，强调自性自发、人人成佛、直取自心、不假外求等方面，简化修养方法，加深人生意味，肯定齐家、治国、平天下等大群社会生活方面，以心性本体为核心，以'体用不二'为架构，建立道德形上学的哲学体系"。⑤因为，中国佛教的真常唯心系统，核心正是强调"三界所有，唯是一心"，"心佛众生，三无差别"，"明心见性，当下成佛"，"成佛由己，迷悟在心"等。这从理论上最大限度地将人心与佛性的差别、众生相互之间的差别、愚与智的差别、凡和圣的差别、迷和悟的差别、烦恼与菩提的差别、娑婆世界与庄严国土的差别等，消除殆尽，泯灭如一，整个世界尽显祥和与圆融。正如方东美所论，中国佛教的圆融特征在华严学里表现得最为突出，"我们可以把它们（华严宗）的含义归结到一个字上来说明，这一个字就叫作 apratihata（无碍），就是所谓'无碍'，这个无碍是什么呢？就是拿一个根本范畴，把宇宙里面千差万别的差别境界，透过一个整体的观照，而彰显出一个整体的结构，然后

---

①　冯友兰：《新原人》，《三松堂全集》第四卷，第504页。
②　冯友兰：《中国哲学简史》，《三松堂全集》第六卷，第287页。
③　冯友兰：《中国哲学简史》，《三松堂全集》第六卷，第288页。
④　贺麟：《五十年来的中国哲学》，第12页。
⑤　郭齐勇：《熊十力对佛教唯识学的批评》，《世界宗教研究》2007年第2期。

再把千差万别的这个差别世界,一一化成一个机体的统一"①。他反复强调,华严宗在佛教史上最为圆满地实现了心、佛、万物三无差别,真如无明相即相伴,烦恼涅槃非一非二、真空妙有一际圆融的哲学追求。因此,他自己"广大和谐"的机体哲学,正是通过对华严圆融思想的吸收、融摄建构而成的。

所以说,"以佛解儒"是现代新儒学重要的致思路径和话语策略。从纵向看,这是中国哲学传统"三教合一"思潮的新发展;从横向看,这是中国传统文化在近代遭遇西方文化强烈冲击后一次重振的努力与实践。对华严学的吸收和援引又是其中的重要一环,这在马一浮、熊十力、方东美、牟宗三、唐君毅等现代新儒家学者身上均有丰富的体现。因此,对华严学与现代新儒学关系的讨论,既可以为认识现代新儒学提供视角,又可以为理解近代"三教合一"思潮提供资料,还可以为探讨中国传统文化的历史复兴提供参照。

---

① 方东美:《华严宗哲学》(下册),台北:黎明文化事业股份有限公司,1981年版,第3页。

第一章 六艺圆融:马一浮华严思想研究

马一浮、熊十力、梁漱溟被后世誉为"现代儒家三圣",徐复观则把他和熊、梁、张(君劢)并称为"当代四大儒者"。但马一浮学术思想的特色,正如刘梦溪先生指出的那样是儒佛兼治、儒佛并重、儒佛会通。"马先生固然是伟大的儒者,其对'六艺'之学和儒家理论所做的贡献,可以视他为宋明以后之第一人。但他同时又是不可有二的现代佛学学者。他长期浸润涵永释氏载籍,精通梵夹道藏,深谙禅悟之理。"①

从马一浮的学思进路看,亦曾有过出入释老,返归六经的为学经历,其中佛学成为其学术思想的重要组成部分。马一浮自认颇具佛教宿缘,根据他自己的记忆,四岁发蒙时,从塾师何虚舟先生背诵唐诗。何先生问最喜爱唐诗中哪一句,他脱口而出道:"茅屋访孤僧。"②何先生非常诧异,以为马一浮素具慧根,久必游于方外。十岁时,马一浮母亲何定珠夫人手指庭前菊花,命作五律诗,限"麻"字韵。马一浮应声而就:

> 我爱陶元亮,东篱采菊花。
> 枝枝傲霜雪,瓣瓣生云霞。
> 本是仙人种,移来高士家。
> 晨餐秋更洁,不必羡胡麻。③

何夫人评价道:"儿长大当能诗。此诗虽有稚气,颇似不食烟火语。"颇为巧合的是,马一浮虽未出家为僧,却过着不食烟火、实同方外的生活,有着深沉浓厚的佛禅情怀。这种半由佛缘宿因、半由后天修养而来的精神气质和人生境界一直伴随着马一浮生命的全过程。

1967 年 6 月 2 日,马一浮与世长辞,生前留下绝笔诗《拟告别亲友》

---

① 刘梦溪:《"花开正满枝"——马一浮的佛禅境界和方外诸友》,《文艺研究》2005 年第 7 期。

② 此乃唐代李商隐《北青萝》之第二句,全诗曰:"残阳西入崦,茅屋访孤僧。落叶人何在,寒云路几层。独敲初夜磬,闲倚一枝藤。世界微尘里,吾宁爱与憎。"

③ 马一浮:《马一浮集》(第三册),杭州:浙江古籍出版社,浙江教育出版社,1996 年版,第 759 页。

一首：

> 乘化吾安适,虚空任所之。
> 形神随聚散,视听总希夷。
> 沤灭全归海,花开正满枝。
> 临崖挥手罢,落日下崦嵫。①

大意是:我死后顺其自然,空寂的宇宙就是归宿,可以任运驰骋。人的形体精神随着生死或聚或散,就像道家所讲的视而不见、听而不闻的"希夷"之境。又像佛家所讲的破灭的水泡,最终归于大海,而盛开的鲜花绽放于枝头。在人生的尽头向亲友挥手告别,便如夕阳西下淡定从容。这表明马一浮在临崖挥手、舍报往生时,已得大欢喜、大自在、大解脱,获证无上的极乐光明、涅槃寂静之境界,充分反映了"一代儒宗"(梁漱溟语)的人格气象。

第一节　马一浮对华严学的研究与推重

马一浮的佛学造诣极为深厚。1903—1904 年,他赴美时经常翻阅释典,还曾阅读日本佛教学者村上专精所著的《佛教原理论》,自号"一佛",其留美日记也名之为《一佛之北米居留记》。尤其是在从 1917 年到 1927 年的十年中,马一浮几乎通读了"三藏十二部"的佛学典籍,组织居士团体,广交方外之友,为寺僧修撰碑铭,阐述佛学思想。他对儒佛关系采取的是互摄的观点和立场。例如,1918 年他在《与蒋再唐论儒佛义》中提出的"儒佛互摄"说:"故六艺之文显于此土,三藏之奥演自彼天。法界一如,心源无二,推其宗极,岂不冥符。……若定以儒摄佛,亦听以佛摄儒。"②这实际上构成了他关于儒佛关系的总体判断和根本看法,也是我们在研究其华严思想时需要把握的基本立场。

一、与华严高僧的交游

杨文会通过广泛搜求华严遗籍,使华严宗在近现代的调整和复兴获得了较为可靠的思想材料和文献基础。以月霞法师为代表的一批华严僧众

---

① 马一浮:《马一浮集》(第三册),第 758 页。
② 马一浮:《马一浮集》(第二册),第 502 页。

讲经布道,广弘宗风。同时华严宗强调自度度人、自化化他的菩萨行精神也为当时救亡图存的爱国人士所激赏,从而产生了一定的积极社会影响。

月霞(1858—1917),俗姓胡,名显珠,黄冈人。10岁时应童子试未就而发心出家,父母不许,1876年方于南京观音寺剃度出家,后又参学潜修于名山大刹,后至河南太白顶结茅安居,躬耕自食。后参谒法忍长老,初习天台,后研华严,对杜顺大师的法界观、澄观大师的《华严疏钞》等典籍均有契悟,遂以"教弘贤首、禅继南宗"为己任。1894年在安徽九华山宣讲《华严经》八十卷本,达三年之久。1900年任安庆迎江寺主持,后赴日本、泰国、缅甸、锡兰、印度等地考察,在东京为留学生开讲《楞伽经》《维摩诘经》《圆觉经》等,弘传华严。1911年在江苏、湖北创立僧教育会多处,在南京创办僧立师范学堂。辛亥革命后,月霞受邀到上海讲《大乘起信论》。1912年,受犹太裔房地产商人哈同资助,在上海哈同花园创办华严大学。但其青楼出身、笃信佛教的夫人罗迦陵过生日时,哈同欲使僧众拜寿。月霞以沙门不敬王者,拂袖而去之杭州,生徒悉从之。因假海潮寺为校址续办华严大学。就在此时,马一浮结识了在杭州海潮寺续办华严大学的月霞法师,对其"沙门不敬王者"的僧品十分敬重。而且其好友程演生、陈撄宁皆被聘为该大学的教授,因此使马一浮对月霞法师及华严大学的僧学教育有了更深入的了解。同时,他还在月霞法师的影响下,研读华严宗的基本典籍,由此构成了其佛学思想的学理化和知识化的路径和特色。月霞法师曾入都弘法,由于反对袁世凯称帝,几遭逮捕,不果而还,养疴于清涟寺。1917年10月3日入寂时,马一浮曾亲往吊唁,表达崇仰敬重之心。月霞对于杜顺的法界观、法藏澄观的章疏,均有深湛的研究,是近代华严宗的代表人物。尤其值得称道的是,月霞法师在近代最早提倡僧学教育,是知名的佛教教育家,他通过创办华严大学,培育出一批弘扬华严的学者,如常惺、慈舟、持松、戒尘、了尘、霭亭、智光等。

就在往吊月霞法师时,马一浮得以与高旻寺楚泉法师晤谈,极为相契。正是在楚泉法师的引导下,马一浮从"看教而疑禅"转而开始略知"棒喝下事",通过重新研读《五灯会元》等禅宗灯录,"始渐留意宗门"。楚泉法师虽然颇为称许马一浮的资质和悟性,认为可学禅,从文字可入于禅道。①但他也曾直下针砭,切中马氏之病痛所在。楚泉说:"居士所言无不是者,但说天台教是智者的,说华严教是贤首、清凉的,说慈恩教是玄奘、窥基的,

---

① 马一浮在1942年所作的《忆方外三友》诗中写道:"慧明叹我祖师相,楚泉哂我文字禅。独有肇安旁不肯,贺予佛祖一时捐。"(《马一浮集》第三册,第832页。)

说孔孟是孔孟的,说程、朱、陆、王是程、朱、陆、王的,都不是居士自己的。"①于是,马一浮"闻而爽然,至今未尝忘之"。

马一浮先后住过灵隐寺、永福寺、广化寺、海潮寺、地藏庵,与灵隐寺慧明法师、海潮寺楚泉法师、香积寺肇安法师关系融洽。而且在马一浮的影响下,李叔同剃度出家,皈依佛门,成为轰动一时的社会文化事件。

二、创办般若学会

在与高僧大德交游的同时,马一浮还积极参与创办佛学研究团体,如1914年成立在家居士组织般若会,亲自起草了学会章程《般若会约》。这是一份颇能体现马一浮当时佛学思想倾向的资料,其中制定《会约》的主要依据就包括了华严教法。《会约》分为六部分:一标名字,二明宗趣,三摄海众,四推善友,五示轨法,六显行布,涉及称谓缘起、社团宗旨、会员资格、推选程序、持戒义务、组织机构等。

马一浮特别说明之所以不采用一般所谓的"佛学会"名称,是为"简滥"之故,同时也缘于诸佛皆从般若出,诸善法,一切治世语言,文辞工巧,入俗顺机,悉为般若所该摄,因而命名为"般若会"。"般若会"本为诸同道研习参学的民间性组织,凡发心趣向大乘的在家居士皆可入会,其宗旨是"以入佛知见、圆悟自心为宗,转化含识、同证法界为趣"②。要求会众行十善、持五戒,发四弘誓愿、修四无量心、观四念处,精研教乘,行于佛道。般若会的主要活动有四类:一是劝信门,包括设立阅藏处、刻藏处和法藏流通处;二是开解门,具体开展定期和不定期讲会,举办善知识开示、疏释经论等活动;三是正行门,设置念佛堂、观堂、禅堂,并另行制定三堂规制;四是实证门,包括参访尊宿,酬对法语,勘辨机缘,发明心要,有实证实悟、撰集记录之类。我们看到,《般若会约》是按照信、解、行、证四门来展开的,而这恰恰是大乘佛学修证传统的主要内容,既反映了止观并重、定慧双修的修持进路,又体现了行布圆融无碍、同证一真法界的华严心法。

他在该会约的附言中特意阐明若干原则:"随顺今世语言解释,本会系以个人自由意志,本于正当宗教之趣向,为纯粹道德、哲学上之集合,不含何等政治社会之意味,不受任何方面权力之干涉,为现今世界共和国法律所共许,故无呈请官厅立案之必要。"③这里所体现和强调的尊重个人意

---

① 马一浮:《马一浮集》(第三册),第108页。
② 马一浮:《马一浮集》(第一册),第863页。
③ 马一浮:《马一浮集》(第一册),第867页。

愿,反对政治干预的原则也被吸收成为后来复性书院建院时他所拟想的三原则之一。由此,《般若会约》也就成为他在撰写复性书院章程时的重要理论经验来源和感性总结。直到晚年,他还夫子自道:"予游心大乘,笃好般若。"似乎也隐隐透露出他对民国初年成立之般若会的追忆和感怀。

三、以华严教理撰述著作

马一浮罕有专门的撰著,往往述而不作,以述为作,述中见作。《泰和宜山会语》乃是其思想成熟期应浙江大学校长竺可桢之邀,为浙大师生演讲之整理;《复性书院讲录》也是在四川乐山复性书院讲学之记载;另有《尔雅台答问》等皆为师生问答之因病与药、临机施设。其佛学专著现仅存一部《法数钩玄》五卷,弥足珍贵。"法数"系佛教术语,指法门之数,如三界、五蕴、四谛、十二因缘等。"钩玄"是言简意赅地解释佛经中的术语含义。该书资料搜集十分广泛,亦无宗派门户之见,计有《阿含经》《佛遗教经》《法华经》《华严经》《圆觉经》《楞伽经》《大庄严经》《瑜珈师地论》等大小乘著作,以及《法华文句》《天台玄义》《涅槃经玄义》《法界次第法门》等中土僧人的论疏,着重对基本的佛学名相进行了概括和阐释。

《法数钩玄》实际上反映了马一浮对名相概念的高度重视。因为在他看来,"要学者引入思惟,不能离名相"①。哲学思考必须依赖概念展开逻辑推理,概念的内涵和外延应当予以明确的界定,否则哲学思考就会漫散无着。例如,他区分了"楷定""确定""假定"的不同含义。"楷定"是佛学家释经用字,主张每下一字,须有法式,类似哲学所谓"范畴"。学术乃天下之公器,用"楷定"可以见仁见智,切磋讨论;而如果用"确定"则不容商榷,易流于专断独裁,用"假定"则姑且如是,缺乏理论说服力。马一浮在义理与名相的关系上坚持义理决定名相,名相反映义理的观点。同时又认为义理是自心本具之理,通过真实践履、体证自性的内在超越,以心性本同消弭语言概念的矛盾。马一浮以六艺之道为义理,认为全部人类生活皆其演变和体现。他指出,自古圣人见性是同,然从缘起教,临机施舍,故垂语有别,但最重要的不在于辨歧异,而在于观会通,这样才可透过纷繁的名相彻见心源。这是我们把握《法数钩玄》撰述原委的主旨。熊十力在1936年也写成一部《佛家名相通释》,分为上、下两卷。上卷依据《五蕴论》,概括法相体系;下卷依据《百法明门论》等,论述唯识体系。不难看出,熊十力的名相解释主要是依据法相唯识学,而马一浮则从垂语有别、观其会通的

---

① 马一浮:《马一浮集》(第一册),第38页。

高度对佛教经典进行了宏观解读,不自设畛域,不专主一家,反映了他力求义理与名相彼此圆融的态度和立场。

马一浮还写过一些与佛教相关的塔铭传记,如《〈印光法师文钞〉序》(1920)、《〈楞严正脉科会〉序》(1920)、《重修祥峰禅师塔铭》(1922)、《香积佛智禅师传》(1924)、《虎跑定慧寺五百应真造像石刻后记》(1925)、《〈楞严开蒙〉小引》(1927)、《〈昭庆同戒录〉书后》(1931)、《跋弘一大师〈华严〉集联墨迹》(1937)、《弘一律主衣钵塔记并铭》(1943)、《万慧法师塔铭》(1960)、《唐高僧鉴真法师赞》(1963),以及《〈护生画集〉序》《重刻莲池大师〈戒杀〉〈放生〉文序》《重刻〈宗鉴指要〉序》《旭光室记》等,其中不乏运用华严义理阐述的佳构。他在《大方广佛华严经普贤行愿品写本自跋》中深入揭示了儒佛会通的思想旨趣:"儒者无终食之间违仁,造次必于是,颠沛必于是,言行动天地,孝弟通神明,自佛氏言之,皆普贤行也。躬行君子,则吾未之有得。三灾弥纶,而行业湛然,人能志普贤之所志,行普贤之所行,庶可以践形尽性矣。"①

马一浮在 1957 年曾作《法界颂》一首:"一真法界,事事无碍。金翅飞空,牯牛逐队。氓虫过前,日月相代。当生不生,成即是坏。何将何迎,非内非外。优哉游哉,无乎不在。"②他曾根据《大方广佛华严经·净行品》编辑删节偈语一首,可见他对华严学的推重。对于弟子询问佛学入门途径,马一浮也提出要读《华严经》《楞严经》《法华经》《般若经》《涅槃经》等。除此以外,马一浮的讲录、答问中以佛释儒、以佛解老、以佛解庄的论述随处可见,华严思想亦占有相当的比重。

第二节　华严学与马一浮哲学思想体系的建构与展开

马一浮对佛学的研究是建立在对儒学的资助和阐发上的。因为他始终认为圣道广大,佛老实有助于义理的开发,然而一些俗儒不明宋明儒之机用,摒二氏于外,造成儒学在现代的衰微。正因为如此,他着力于学理层面的探讨,在尊儒的前提下挖掘佛教思想体系中与儒家心性义理契合一致的地方。

华严宗作为中国佛教宗派中最富有浓厚理论色彩的宗派之一,与马一浮深厚广博的学术思想产生了多向度的互动,与其哲学思想体系的建构有

---

① 马一浮:《马一浮集》(第二册),第 109 页。
② 马一浮:《马一浮集》(第二册),第 1260 页。

着密切的思想关联,在一定程度上,我们可以说,华严思想构成了马一浮哲学思想体系的重要理论来源和有机思想组成。陆宝千剀切地指出:"(马一浮)深讨三藏,遍读四库。纳西学于六艺,融华严于通书。"①所谓的"融华严于通书"向我们提出了马一浮哲学思想中鲜明的"援佛入儒"的华严学特征和向度。

一、法界缘起与六艺圆融

"法界缘起"是华严宗的核心教义,主要包括三个理论组成:四法界、六相圆融、十玄无碍。其中最重要的是"四法界"。

首先,什么是"法界"?"法"是指事物,包括世间法和出世间法,泛指宇宙一切现象。"界"是界限、类别、分齐等义,指分门别类的事物各有着不同的界限。"法界"即是宇宙万有的本体和总相,融摄一切事物称为法界,即万有皆由法界所生起变现。澄观在《华严经略策》中指出:"法界者,是总相也,包理包事,及无障碍;缘起者,称体之大用也。"

所谓"法界缘起"是指诸法相即相入的缘起,也即整个宇宙的诸法都处于普遍的圆融无碍、相即相入、重重无尽的缘起关系之中。法藏在《修华严奥旨妄尽还源观》中说:"当知一尘即理即事,即人即法,即彼即此,即依即正,即染即净,即因即果,即同即异,即一即多。"

根据华严宗的理解,"法界"可以分为"理"和"事"两个层次。"理"是法界之"体"(本体),"事"是法界之"相"(表相)与"用"(作用),二者互为依托,相即不二。如果用现代哲学语言来分析,"理"具有本质、一般、普遍性、统一性、同一性等含义;而所谓"事",则具有现象、个别、特殊性、差别性、特异性等含义。华严宗强调的不是理、事的对立和差异,而是二者的融通与不离。所谓一般、普遍性、统一性、同一性等,与个别、特殊性、差别性、特异性等是互相依存的,前者存在于后者之中,后者体现前者,二者彼此融通,同时又在一定因缘条件下互相转化。华严宗力图以此表明烦恼与解脱、佛与众生、净土彼岸与世俗此岸之间彼此融通,没有不可超越的鸿沟,从而坚定了追求觉悟解脱的人们的信念和意志。

华严宗的四法界包括事法界、理法界、理事无碍法界和事事无碍法界。事法界指殊相万千的现象界;理法界指一切法的共同本质;理事无碍法界指理与事、本质与现象、实相与诸法是二而一的关系,水波交彻,圆融无碍;事事无碍法界指一切诸法都相即相入,合彼此,齐物我,一色心,现象之间

---

① 见陆宝千所整理的《马一浮先生遗稿初编》之前言,台北:广文书局,1992年版,第1页。

混然融通。理事关系可以通过水波之喻来表述："如全大海，在一波中而海非小，如一小波匝于大海而波非大，同时全遍于诸波而海非异，俱时各匝于大海而波非一。又大海全遍一波时不妨举体全遍于诸波，一波全匝大海时诸波亦各全匝互不相碍。"①

马一浮认为儒家六艺之学内契四法界："佛氏华严宗有四法界之说：一事法界，二理法界，三理事无碍法界，四事事无碍法界。孔门六艺之学实具此四法界，虽欲异之而不可得，先儒只是不说耳。"②

马一浮的根本观点是"六艺统摄一切学术"，下分列若干子命题加以论证。首先，他就六艺何以能统摄一切学术提供了心性论的证明，以心之同然推证六艺之当然；继而，他又从六艺统摄诸子，六艺统摄四部逐步扩张开去，直至六艺亦统摄西方学术，最终完成了六艺统摄一切学术之文化系统的论证过程。

（一）六艺统摄于一心

在《大乘起信论》的"一心二门"框架下，一心具有不变随缘、随缘不变义，因此理事无碍被收摄到心体上来予以说明。澄观《华严经行愿品疏》卷一明确地说"法界"即是"一心"，曰："然其法界，非界非不界，非法非不法，无名相中强为立名，是曰无障碍法界。寂寥虚旷，冲深包博，总该万有，即是一心。"③宗密据此指出："其中所说，诸法是全一心之诸法，一心是全诸法之一心"，如此自然"性相圆融一多自在，……法法皆彼此互收，尘尘悉包含世界，相入相即无碍熔融，具十玄门重重无尽"。④可见，马一浮所谓的"六艺统摄于一心"与上述澄观、宗密等华严大师的思想有着极紧密的关联。

1. 六艺是自心本具之理

马一浮指出六艺本是吾人性分内所具的事，不是圣人有意安排出来的。吾人性量本来广大，性德本来具足，所以六艺之道即是此性德中自然流出的。既然性德包蕴万有，所以形色差别，举一全该则曰仁；开而为二则为仁智，为仁义；开而为三则为智、仁、勇；开而为四则为仁、义、礼、智；开而为五则为仁、义、礼、智、信五常；开而为六则并智、仁、圣、义、中、和而为六德。就其真实无妄而言，则曰"至诚"；就其理之至极言之，则曰"至善"。

---

① 〔唐〕法藏：《华严发菩提心章》，《大藏经》第45册，第653页。
② 马一浮：《马一浮集》（第一册），第25页。
③ 〔唐〕澄观：《大方广佛华严经普贤行愿品别行疏》，见西义雄、玉城康四郎监修，日本国书刊行会出版《新纂续藏经》卷5，第62页。
④ 〔唐〕宗密：《禅源诸诠集都序》，《大藏经》第48册，第407页。

所以一德可以备万行,万行始终不离一德。上述诸德可谓是仁的属性集合,表征着仁的多维价值取向和丰富文化内蕴,其中智是仁中之有分别者,勇是仁中之有果决者,义是仁中之有断制者,礼是仁中之有节文者;信即实在之谓,圣则通达之称;中则不偏之体,和则顺应之用。诸种德性皆是自心本具且自然流出的,所以也称为天德,见之于事迹功业,则为王道,故六艺即是此天德王道之表显发用。

2. 六艺即一心全体大用

六艺如何统率于一心,并成为一心之全体大用?马一浮指出心兼理气、统性情,其中性是理之存,情是气之发。所谓"存"是指普遍存在,所谓"发"是指开显流行。理行乎气中,有是气则有是理。但在气禀化生万物的过程中,必然会有偏歧,故而产生刚柔善恶,先儒称之为气质之性。圣人立教的宗旨,即是使人自易其恶,自至其中,从而变化气质,复其本然之善。这个本然之善,即是与气质之性相对应的天命之性,纯然是理,此理自然流出诸德,从而彰显出全体大用的功能。

3. 六艺摄归于一心

马一浮进一步就六经与诸德的关系作了对应比拟。他指出,《易》本天道而见人事,是从体起用;《春秋》尽人事而昭天道,是摄用归体,所以《易》是全体,《春秋》是大用。他引用程伊川之《明道行状》加以佐证:"穷神知化,由通于礼乐;尽性知命,必本于孝弟。"认为上句指《易》言神化,即礼乐之所从出;下句指《春秋》明人事,即性道之所流行。《诗》《书》并是文章,而文章不离性道,所以《易》统礼乐,《春秋》统《诗》《书》。具体析分,以一德言之,皆归于仁;就二德而言,《诗》《乐》为阳是仁,《书》《礼》为阴是智,也是义;就三德而言,则《易》是圣人之大仁,《诗》《书》《礼》《乐》并是圣人之大智,而《春秋》则是圣人之大勇;就四德而言,《诗》《书》《礼》《乐》即是仁、义、礼、智;就五德而言,《易》明天道,《春秋》明人事,皆是实理,故为信;就六德而言,《诗》主仁,《书》主智,《礼》主义,《乐》主圣,《易》明大本是中,《春秋》明达道是和。

马一浮还以《中庸》和《经解》作为文本依据证实了六艺的具体德相。指出:"总不离别,别不离总,六相摄归一德,故六艺摄归一心。圣人以何圣?圣于六艺而已。学者于何学?学于六艺而已。大哉,六艺之为道!大哉,一心之为德!学者于此可不尽心乎哉?"[1]此处,他运用华严宗"六相圆融"的教理加以申说,既然总别、同异、成坏六相是彼此相即不离,摄归一

---

① 马一浮:《马一浮集》(第一册),第21页。

德,那么同理,六艺也是相即不离,摄归于一心,凸显了六艺与心体的密切关系。

他通过六艺是自心本具之理,六艺即一心全体大用的推理,达成了六艺统摄于一心的逻辑结论,使六艺通过多元的价值纲维展布,进而涵摄中外一切学术和古今优秀文化。

(二)六艺统摄诸子

马一浮指出,欲明确诸子出于六艺,先须明了六艺之流失。《经解》曾经言及六艺之流失:"《诗》之失愚,《书》之失诬,《乐》之失奢,《易》之失贼,《礼》失烦,《春秋》之失乱。"由性而言,六艺本无流失,"学焉而得其性之所近",皆可适道;由习而言,心习总有所偏重,便向习熟的一边倾侧,而于所不习的一边便有所遗漏忽失,高者成贤、智之过,下者流为愚、不肖之不及,遂成流失。佛教称之为边见,庄子谓之往而不反,皆是对六艺流失的真实描述,"学焉而得其习之所近"。但马氏强调,值得注意的是,流失因习而生,六艺之本体却不曾流失。

马一浮反对先秦诸子学出于王官的说法,也甚为不满章实斋在《文史通义》中倡"六经皆史",以之为先王政典的言论。他质疑道,假使六经为先王政典,那么如何解释三王不同礼,五帝不同乐的历史事实?孔子又为何扬《韶》抑《武》,评论十世,知其损益,并祖述尧舜、宪章文武,不专主于"从周"呢?故先王之道一以贯之,无有不同,孔子删订六经,即在于承传六艺薪火,绵延不绝。而诸子学却各有得失,可谓之六艺之流失。在这个意义上,马氏赞同《庄子·天下》篇中关于"道术"和"方术"的区别。指出"道术"为该遍之称,盖指六艺之道;"方术"为一家之技,泛称诸子之学。

关于诸子学的具体指谓,马一浮认为《汉书·艺文志》所列的九流十家,举其要者,不过儒、墨、名、法、道五家。儒者必通六艺,墨家统于《礼》,名、法亦统于《礼》,道家统于《易》。为与佛氏判教相区别,马氏特意避开权实、偏圆、大小等常用术语,而采取得失作为评判标准,通过判其得失,马氏总结出四种类型:一,得多失多;二,得多失少;三,得少失多;四,得少失少。关于第一种类型,马氏以老庄为代表,指出道家体大,观变最深,故老子得于《易》为多,却流为阴谋,其失亦多,可谓"《易》之失贼";庄子《齐物》篇,善为无端涯之辞,得于《乐》之意为多,却不免流荡失检,也是得多失多,可谓"《乐》之失奢"。荀子属于第二种类型,作为儒家思想文化在先秦时期的总结者,身通六艺,却放言"性恶""法后王",难辞其咎。第三种类型以墨、法为典型,如墨子虽然倡非乐,而《兼爱》《尚同》篇却实源于《乐》,《节用》《尊天》《明鬼》诸篇出于《礼》,而《短丧》一文又与《礼》相悖,所以墨子之与《礼》《乐》,是得少失多;法家受道家思想影响甚深,例如《汉书·艺文志》视《管子》为道家类著作,法家代表人物韩非也有《解老》《喻老》等作品,所以他之与《礼》《易》,也是得少失多。最后一种类型可归于名家、杂家,名家如惠施、公孙龙等极逞口舌之术,徒施巧辩之才,与道无所增益,是得少失少;杂家亦是如此。至于纵横家谈王霸皆游辞,实无所得,更兼诬与乱之失;农家与阴阳家虽出于《礼》《易》,而末流愈下,鄙陋无足判。

总而言之,判诸子学,其得,皆可以从六艺中推证;其失,亦可以从因习熟而流失、遮蔽六艺中获得解答和认定。所以,他断定:"观于五家之得失,可知其学皆统于六艺,而诸子学之名可不立也。"①

(三)六艺统摄四部

关于经部。马一浮批评了传统经部立十三经、四书,并附以小学的体例,指出这仅是图书分类法,而不能标示思想之统类。六经之中只有《易》《诗》《春秋》是完书;《尚书》今文版不全,古文版是依托;礼类中《仪礼》仅存士礼,《周礼》亦缺冬官;《乐》经本无其书;《礼记》是传,不宜仅取小戴礼记而遗大戴礼记,《左氏春秋》《公羊传》《穀梁传》也难以称为经;《尔雅》释群经名物,属于工具书;《孝经》是经,又与《礼记》诸篇类同;《论语》为孔子门人所记;《孟子》《荀子》虽言醇语精,亦应在诸子之列。对经部结构进行全面颠覆后,马氏以佛教之宗经与释经体例,范围诸经,条理秩然。宗经系列包括《论语》《孝经》《孟子》及二戴《礼记》中所采曾子、子思子、公孙尼子诸篇,指出六艺之旨,散在《论语》而总在《孝经》。释经系列包括三传、《尔雅》及《仪礼·丧服传》等。这样经学、小学之名皆不能成立,由六艺尽统摄之。

关于史部。司马迁作《史记》,开二十四史之先河,而自附于《春秋》,班固写《汉书》,循其旧例,后世史学巨制如《通典》《通志》《通考》《通鉴》等,凡编年纪事者皆出于《春秋》;多存议论者则出于《尚书》;详记典制者出于《礼》;但史实衍漫,记事芜杂,易生弊端,判其失有三:曰诬,曰烦,曰乱。由此,"则知诸史悉统于《书》《礼》《春秋》,而史学之名可不立也。"②

关于集部。古今文章体制流别众多,而皆统于《诗》《书》。"《诗》以道志,《书》以道事",文章极尽其变,不出《诗》《书》二门。志有浅深之别,故言有粗妙之分;事有得失之验,故言有纯驳之判。由知言而知其人,由知

---

① 马一浮:《马一浮集》(第一册),第15页。
② 马一浮:《马一浮集》(第一册),第16页。

人而论其世,所以通过观文章之正变而了解一定历史时期的治乱情形。据史考评,马氏认为两汉文章质朴,辞赋虽然沉博绝丽,而多以讽喻为主,故得于《诗》《书》者最多,为历代之冠。唐代以后,集部卷册浩繁,汗牛充栋,可观者一代不过数人。故去繁就简,直抉根源,"欲使诸生知其体要咸统于《诗》《书》,如是则知一切文学皆《诗》教、《书》教之遗,而集部之名可不立也"①。

(四)六艺统摄西学

如果说六艺统摄中华学术毕竟有根脉可寻,那么六艺统摄西学似乎颇有扞格,难以属配。西方文化不仅拥有近代工业革命的生产力背景,而且自身形成了较为完备的现代学科体制,理论的系统性和逻辑性远超尚在前工业社会文化形态的中国文化。马一浮并没有简单地采取张之洞等人的体用思维策略,以"中学为体,西学为用",因为这种提法本身就割裂了体用一元的本质联系,是对"中学"的侵蚀和破坏。马氏也没有沿用陈序经等的价值遮覆模式,对民族文化进行全盘西化,因为这不仅缺失了心性论的价值依托,而且否定了传统文化在现代转生的可能性。

他首先运用"一即一切,一切即一"的华严圆融思维,打破西方健全的学科建制,指出健全即是偏狭,完备即是封执,以证明"六艺不唯统摄中土一切学术,亦可统摄现在西来一切学术"②。举例而言,自然科学可统于《易》,人文社会科学可统于《春秋》。因为《易》明示天道,所以凡研究自然界一切现象者皆属之;春秋剀切人事,所以凡研究人类社会一切组织形态者皆属之。正如董仲舒所阐明的"不明乎《易》,不能明《春秋》"的二者关系,人文社会科学和自然科学不可各立封域,而应融通互补。

马氏进一步论证指出,如自然科学之基本学科是数学和物理学,因其言皆源于象数,而其用在于制器,所以皆是《易》之分支流裔。人文社会科学之基本学科如史学、社会学等,研究人类社会由野蛮而至文明,由乱而趋治的历史进程以及探寻其中盛衰、兴废、分合、存亡的发展规律,欲了解其因应之宜、正变之理,需要通过比拟类推以说明其故,这即与《春秋》比事、属辞同一性质。"属辞以正名,比事以定分,社会科学之义,亦是以道名分为归。凡言名分者,不能外于《春秋》也"③。概括地说,文学、艺术统于《诗》《乐》,政治、法律、经济统于《书》《礼》,宗教虽然信仰不同,亦可统于

① 马一浮:《马一浮集》(第一册),第17页。
② 马一浮:《马一浮集》(第一册),第21页。
③ 马一浮:《马一浮集》(第一册),第22页。

《礼》。哲学思想派别众多,内容庞杂,浅深大小各有所见,其中本体论近于《易》,认识论近于《乐》,经验论近于《礼》,至于唯心主义是《乐》之遗,唯物主义是《礼》之失。马氏认为凡言宇宙观者皆有《春秋》之意,批评其各有封执,不能观其会通。正如庄子所描述的那样,由于习气偏差,"各得一察焉以自好","各为其所欲焉以自为方"。(《庄子·天下》)若能进之于圣人之道,其实都是六艺之材。六艺之道,广大悉备,周遍全该,但有得失,故生同异,同者得之,异者失之,贵在"睽而知其类,异而观其通"。

经过这样一番比附论证,马一浮终于完成了"六艺统摄一切学术"的理论说明。但这对于人类整体来说,仍然只是表面化的命题,马氏从更深的层面上探讨了该命题的实质:"全部人类之心灵,其所表现者不能离乎六艺也;全部人类之生活,其所演变者不能外乎六艺也。"①在这个意义上,他接受了陆九渊"道外无事,事外无道"的观点,指出正因为心智有明有昧,故见诸行事必有得有失。而《易》所谓"百姓日用而不知"即指大众或得或失皆在六艺之中,而不自知其为六艺之道。

对六艺论的评价,涉及对"统摄"一词的理解,而这恰恰是其中的关键所在。"统摄"不是取代或排斥其他,而是涵融包容,与华严宗的"圆融"相一致。这里,他发挥华严宗"一即一切,一切即一"的义理来论证六艺之间普遍涵摄关系的理解和认识。但六艺何以又能统摄一切学术?本文认为六艺实际上具有两个层面的含义:一是作为经验性历史文本的六经,一是作为超越性价值原则的六艺。六经作为具体知识形态的载体,自然不可能说明和包罗世间万象,但马一浮将六经转换为具有普遍性和永恒性的价值原则,则是可以超越并且涵摄无限丰盈的事物的。用他自己的话来说就是:"'经'字就字义言,是线装书,佛经谓之修多罗 sutra,亦以贝叶为书,以线贯之,略如中土之竹简韦编。就义理言,则是常道,所谓'人伦日用之间所当行'者也。"②

中国台湾学者杨儒宾先生也指出六艺具有博与约或历史与意义两个主要面相:"六艺可以涵博,又可以返约,万事万理由它流出,万事万理又可回归于它,我们认为这样的六艺已经不能从'历史文献'的角度解释,它只能是种原则,或是种象征,而且是种原型的象征;换言之,它已跨过了其具体内容之阈域(treshhold),而参与到神圣的领域。"③马一浮既看到了六经

---

① 马一浮:《马一浮集》(第一册),第22页。
② 马一浮:《马一浮集》(第三册),第938页。
③ 杨儒宾:《马浮"六艺统于一心"思想析论》,《鹅湖学志》1994年第12期。

中保存、积淀了具体而丰厚的文化内涵,又指出无限的文化内涵又是"理一分殊",是同一本质的开显与实现。那么,马氏为什么不采用四书作超越性价值原则?可能他认为四书心性论述较多,而于人类整体精神世界有所偏狭,不如六艺所表现文化样式之丰富,范围价值原则之完备,促进人类发展之全面,可以摄四书于六艺大道之内,达到"尊德性而道问学,极高明而道中庸"的全体大用,故"盈天地间皆六艺也"。

这样,"马一浮的六艺变成了一种原型的象征,它是人类普遍心灵最基本的架构,它一方面参与了唯一的道(宇宙心),但一方面又扎根于每个人的意识之中。它一方面载录了具体的经文,但每一具体的经文同时也都指向了经文以外的道。它一方面是离经验世界很远的表德,但它又可强将人世间所有的经验内涵,举凡人文、社会、自然各层面的实相融为一炉,自然形成一种贯通的体系"①。在此意义上,马氏充满信心地表示,六艺之教是中国至高特殊的文化,说它至高,是因为可以普遍施行于全人类,放之四海而皆准;说它特殊,是因为大多数现代人尚未明了于此,日用而不知。所以今天来弘扬六艺之道,并不是狭义的保存国粹,仅仅发扬自己的民族精神,马氏的志愿是"要使此种文化普遍的及于全人类,革新全人类习气上之流失,而复其本然之善,全其性德之真,方是成己成物,尽己之性,尽人之性,方是圣人之盛德大业"②。

马一浮预料会有怀疑和反对意见,故他指出如有怀疑,是对六艺之道未有深入理解,对此至高而特殊的文化尚无真正明确的认识。在时空的无限性上讲,世界无尽,众生无尽,圣人的愿力亦无有尽。人类的未来是无限,逝去的历史是无限,天地之道只是个"至诚无息",圣人之道只是个"纯亦不已",往者过,来者续,一切都在运动发展变化中。六艺之道作为人类内心本具之理贯穿于人类发展的全过程是不会中断的,假使西方有圣人出,行出来的也是这个六艺之道,只是名言施设不同而已。

马一浮再三强调:"六艺之道是前进的,决不是倒退的,切勿误为是开倒车;是日新的,决不是腐旧的,切勿误为重保守;是普遍的,是平民的,决不是独裁的,不是贵族的,切勿误为封建思想。要说解放,这才是真正的解放;要说自由,这才是真正的自由;要说平等,这才是真正的平等。"③

至于西方哲人所谓的真、善、美三种价值反倒皆包含于六艺之中,其中

---

① 杨儒宾:《马浮"六艺统于一心"思想析论》,《鹅湖学志》1994 年第 12 期。
② 马一浮:《马一浮集》(第一册),第 23 页。
③ 马一浮:《马一浮集》(第一册),第 23 页。

《诗》《书》是至善，《礼》《乐》是至美，《易》《春秋》是至真。马氏论证道："《诗》教主仁，《书》教主智，合仁与智，岂不是至善么？《礼》是大序，《乐》是大和，合序与和，岂不是至美么？《易》穷神知化，显天道之常；《春秋》正名拨乱，示人道之正，合正与常，岂不是至真么？"①把真善美纳入六艺价值系统，显示了六艺之道的至上与恒常，所以尽虚空，遍法界，尽未来际，更无一事一理能出于六艺之外。不仅如此，马氏还断定"世界人类一切文化最后之归宿必归于六艺，而有资格为此文化之领导者，则中国也"②。他批评某些人舍弃自家无上珍藏，拾人土苴余绪以为宝，自居于下劣，而奉西洋人为神圣，是"至愚而可哀"③。劝勉青年学子慎勿安于卑陋，而以经济落后为耻，以能增高国际地位遂以为可矜。

由此可见，六艺所要表达的是一种普遍主义和世界主义的价值。马一浮并不认为中西文化之间存在着巨大的价值鸿沟，具有完全的不可通约性。恰恰相反，他力图以内在于人类心灵的普遍价值为终极依据，消解中西文化的冲突与紧张。他的方法是普遍主义的，他的视野是世界主义的。

马一浮揭橥的六艺宗旨，既是对传统价值学说的全面综合和高度概括，又是在长期涵养、浸润中对中国文化精神的悉心体贴和深切证验，更是对中西文化价值的全面而深入的时代重构。他以华严圆融为精神旨归，使六经（《诗》《书》《礼》《乐》《易》《春秋》）从经验性历史文本上升为超越性价值原则，从而能够囊括统摄古今中外一切学术部类和文化现象。

马氏认为"六艺统摄于一心"，又称"六艺是自心本具之理"，显示了六艺与心性的紧密联系，表明心性乃是六艺价值系统的内在依据和本体根基。而且，六艺价值系统对传统的道德价值、自然价值等的统汇，对西方的真、善、美诸价值的聚摄，只有在心性层面上方可得到理解和沟通。所以陈永革认为："通过对华严教义学的评判，华严六相圆融与马一浮新六艺之论，颇具义理建构上的相通性。"④

二、教相判释与六艺判教

判教，亦称教相判释，指在保证佛教统一性的前提下，判别佛教各类经典及各宗派学说、教理所显示佛说圆满程度，确定其在佛教思想体系中的

---

① 马一浮：《马一浮集》（第一册），第23—24页。
② 马一浮：《马一浮集》（第一册），第24页。
③ 马一浮：《马一浮集》（第一册），第24页。
④ 陈永革：《马一浮对佛教心法的知性诠释：以华严禅为例》，《马一浮思想新探》，上海：上海古籍出版社，2010年版，第295页。

性质、地位和价值，并以本门、本派、本宗的宗经为佛教发展的最高阶段。

它具有两个特点：一是各派的学说、教理、宗经都被统摄在佛教思想的总体架构下，只是因为佛在不同时间、地点，根据不同根机的受众，从缘起教，临机施设，故而产生差异。但不管差异有多大，仍然皆为佛说，具有各自独立的价值和意义，不是彼此矛盾的，而是互为补充的，这就保证了佛教思想体系的统一性和完整性。二是以本宗的理论为参照标准，对各宗派作系统的判别，明序统，定高下，辨权实，分小大，别偏圆，断浅深，而确立己说为最崇高、最圆满、最优越的教理。

中国佛教的判教早在南北朝时期就已出现，有南三北七之说。南地诸家多侧重佛说法的形式，根据历时性加以排列，辅之以教理的层阶；北地诸师多侧重佛说法的内容，根据教理的层阶性加以融贯，辅之以时间的序列。

判教至隋唐时期始大备，而且成为创宗立派的重要手段。天台宗集"南三北七"之大成，据《法华经》为宗经，判佛教为五时八教，五时是指佛说法经历了五个时段，各以经命名，依次是《华严》时、《阿含》时、《方等》时、《般若》时、《法华》时、《涅槃》时。而五时又依"仪"和"法"的标准，判为化仪四教和化法四教。"仪"譬如药方，是佛教化众生的方式，据此判为顿、渐、秘密、不定四教；"法"譬如药味，是佛说法起教的内容，据此判为藏、通、别、圆四教，合称"五时八教"。

法相唯识宗据《解深密经》判三时教，依次为初时、第二时、第三时。初时是"有教"，指四《阿含经》等的小乘教；第二时是"空教"，指《般若经》类的大乘空宗；第三时是"中道教"，指《华严经》《解深密经》等，奉非有非无的中道之理为最高教法。

华严宗以《华严经》为宗经，判五教十宗。按佛教理论发展的时间顺序，分为五教，即小乘教、大乘始教、大乘终教、大乘顿教和一乘圆教。按照佛说的不同义理特点，分为十宗，即我法俱有宗、法有我无宗、法无去来宗、现通假实宗、俗妄真实宗、诸法但名宗、一切皆空宗、真德不空宗、相想俱绝宗和圆明具德宗。

尽管以上各家判教都具有中土传统文化的背景和影响，但他们从未尝试判别佛教文化和其他文化系统的关系，视野仅仅局限于释典之内。直至华严五祖宗密，方开始将本土儒家、道家道教与佛教合在一起判教。他把各种思想判摄为三个部分，六个层次：第一部分为迷执之教，即儒道；第二为偏浅之教，不了义教，包括人天教、小乘教、大乘法相教和大乘破相教；第三为直显真源教，了义教，具体指以荷泽禅解释的华严宗。由此构成六个层次：儒道、人天教、小乘教、大乘法相教、大乘破相教和一乘显性教。董群先生对宗密的判教做了深入的研究,他认为宗密大大推进了中国判教理论的发展,"从而使得其判教不仅是传统的佛教史观,也是更广泛的文化观,或者说是中印思想史观,因此可以说,宗密的判教达到了中国判教理论的最高阶段,包罗的范围最广,融合的特色最明"①。

因此,判教之于佛教中国化的进程以及中国化佛教的产生和发展无疑具有十分重要的作用,在某种意义上甚至可以说,没有判教的思维方式和建构手段,就不可能产生隋唐佛学的繁荣和兴盛。正如方立天先生所指出的:"从理论创新和文化批判的视角来审视,中国佛教的判教乃是各宗派组织自家学说的理论建构方法,是佛教中国化的学术创建方式。中国佛教学者的判教活动,是对佛教理论思维的反思,是文化批判意识的张扬。判教具有的文化批判功能,体现了中国佛教学者对佛教文化的自觉与自决。由于佛教内部存在文化价值观念的差异与理论思维水平的高下,以及判教活动涉及了对各类佛教经典的世界观、人生观和价值观的整体评价,因此,中国佛教各宗派判教的成果客观上也反映了佛教义理史观与价值观的历史演变。"②

值得一提的是,面对欧风美雨的强势文化,现代新儒家们以承续民族慧命和圣贤血脉为崇高使命,希望从传统中获得可以凭借的思想资源,平衡中国文化业已倾斜的价值架构和精神世界。他们极为重视佛教的判教方法,认为由此而形成的文化史观对三教合一的历史趋势起到了巨大的推动作用,因此积极展开了对判教的研究,并以此为指导进行中西文化的判教活动。

(一)总别相即与统类一也

受华严学的影响,马一浮将六艺之道作为判教的依据,佛教存在显性、破相二宗,而儒家纯为显性,老子只是破相,佛氏大乘圆教是与儒家相应的,在此意义上,"儒佛周孔等是闲名"③。关于中西文化,马氏指出西方文化从希腊演变而来,其学无不以分析为能事,故是二体之学;中土圣贤之学,道理只是一贯,体用一源,显微无间,故是不二之学。以权实判,则中国以权说显真教,西方以权说为实体。

他指出统类是条理之粲然,判教之目的。"统",《说文》谓之"纪也",纪是别丝,俗称丝头,理丝者必引其端称为纪,而总合众丝之端则称为统,

---

①　董群:《融合的佛教——圭峰宗密的佛学思想研究》,北京:宗教文化出版社,2000年版,第51页。

②　方立天:《天台判教论》序,成都:巴蜀书社,2005年版,第1—2页。

③　马一浮:《马一浮集》(第三册),第1054页。

故引申为本始之称,又兼该摄义。至于"类"则有两层意义:一是相似义,如"万物睽而其事类也";一分别义,如"君子以类族辨物"。而就具体意义而论,统是指一理之所该摄而言,类是就事物之种类而言。在他看来,"统类"与华严宗的"六相"存在对诠互释的可能。

法藏《华严一乘教义分齐章》卷四结尾处指出:"一即具多名总相,多即非一是别相;多类自同成于总,各体别异现于同;一多缘起理妙成,坏住自法常不作;唯智境界非事识,以此方便会一乘。"①这就是说,一种缘起事物具有各种属性谓之总相,各种属性互有差别、彼此不一谓之别相;各种属性和合形成一个总体谓之同相,同相中各种属性具分别差异谓之异相;各种属性因缘和合而生起事物谓之成相,各种属性因缘分离而坏灭事物谓之坏相。一切现象事物皆可通过总别、同异、成坏这三对范畴来加以分析,其中总、同、成三相是从事物的统一性上说的,表示世间一切事物呈现为整体和总相;而别、异、坏三相是从事物的差别相上说的,指世间一切事物各自都有其差别之形相,当知世间一切事物虽各自形相差别而能形成一宇宙。三对范畴之关系可表述为离总无别,离别无总,总即是别,别即是总;离同无异,离异无同,同即是异,异即是同;离成无坏,离坏无成,成即是坏,坏即是成。从而论证了全体与部分、同一与差异、生成与坏灭是相即相入、圆融无碍、重重无尽的缘起关系,世间诸法亦是如此。

马一浮将华严宗"六相圆融"思想吸收到对判教的分析上,指出统是总相,类是别相,"总不离别,别不离总,举总以该别,由别以见总,知总别之不异者,乃可与言条理矣"②。总别相即反映了"统类一也"的辩证关系。由此"内外本末,小大精粗,统之有宗,会之有元,备而不遗,通而不睽,交参互入,并摄兼收,错列则行布分明,汇合则圆融无碍"③。错列是别,是类,是目;汇合是总,是统,是纲,其内在的核心是条理,外在表现和最终目的则是统类。

马氏进一步阐述了判教对于展现出对象内在的条理、秩序,实现其统类的重要作用:"今言判教者,就此条理之粲然者而思绎之,综合之,其统类自见,非有假于安排造作,实为吾心自然之分理,万物同具之根源。"④此处"统类"不出于安排造作具有两方面的含义:一方面它不是主观意识的臆造猜测,而是思维活动的逻辑呈观,出于"吾心自然之分理";另一方面,它

---

① 〔唐〕法藏:《华严一乘教义分齐章》,《大藏经》第45册,第508—509页。
② 马一浮:《马一浮集》(第一册),第150页。
③ 马一浮:《马一浮集》(第一册),第150页。
④ 马一浮:《马一浮集》(第一册),第151页。

具有对象本身的客观依据,是"万物同具"的事实存在。这样,通过对逻辑和事实关系的把握、思绎和综合,统类得以实现,条理得以粲然,价值得以确证。

判教应有其判定的内在依据和基本标准,儒家判教理论如何可能的合法性关键即在于此。马氏自设答问,驳疑析理:"或曰:天台据《法华》判四教,慈恩依《深密》《楞伽》判三时教,贤首本《华严》判五教,然则判教之名,实始于佛氏之义学,儒家亦有之乎? 答曰:实有之,且先于义学矣,后儒习而不察耳。"①

此一答问意在指出两个判断:一是肯定儒佛皆有判教,而且基本相同,有关涉,有联系;二是否认判教始于佛教,认为儒佛各成独立之判教系统,并且儒先于佛,只是后儒习焉不察而有此误解。确立第一个判断并无实质性意义,因为尽管佛教始创判教之名,儒家亦有判教之实,但仍未能摆脱儒家模仿佛教判教体系牵强附会的嫌疑,一如韩愈依照佛教"法统"重构儒家思想文化传承谱系——"道统"的情状。这样第二个判断便成为论证的重点,即儒家判教早于佛教判教,虽无其名,已有其实。

他还指出判教至华严宗已登峰造极,而儒家六艺与华严教理并为圆顿之教:"凡教皆就机立名,机有顿、渐,故教有顿、渐。天台所立化仪四教,尚有秘密、不定两门,此不由安排,不容拟议。如《华严》唯是顿教,《阿含》《方等》《般若》同为渐教非顿。以化法四教配之,藏、通、别,皆渐而非顿,圆则是顿而非渐。贤首判五教,小、始、终即当藏、通、别,皆渐也。于圆教外别出顿教,以收达摩一宗,其实圆即顿也。若不分顿、渐,则成笼侗。以顿唯摄圆,其余悉归渐摄,教相不得混滥也。后二门:秘密、不定,则于此悟彼,不可思议。乃统化法四教而言之。此依佛氏教乘言之,义学至贤首而极,后来更不能增损。若儒家本无是说,约义而判,六艺皆属圆宗,即并可说为顿教。'一以贯之',非顿而何? 洒扫、应对、进退,即是'精义入神',与咳唾、掉臂皆为佛法,举足、下足莫非道场,其旨是一。"②

马氏认为《诗》《书》《礼》《乐》《易》《春秋》六经不仅是基本的儒家文献,负载着大量的具体性知识,而且代表着囊括全部人类知识的六大知识部类,进而透显了人类精神生活的超越性价值原则,体现了中国的根本文化精神。"六艺之教,通天地、亘古今而莫能外也。六艺之人,无圣凡、无贤否而莫能出也。散为万事,合为一理,此判教之大略也。彼为义学者之,有

①　马一浮:《马一浮集》(第一册),第 151 页。
②　马一浮:《马一浮集》(第一册),第 608 页。

小有大,有偏有圆,有权有实;六艺之教则绝于偏小,唯是圆大,无假权乘,唯一实理,通别始终,等无有二,但有得失而无差分。此又儒者教相之殊胜,非义学所能及者矣。"①

(二)据六艺判释

判因乱起,乱以判息。先秦时期,儒分为八,墨离为三,已经出现了"道术将为天下裂"的情况。至汉代佛教东传之后,文化现象更加淆乱,演变为儒佛之争、释老之争的争鸣与论战。

马一浮认为近现代西学东渐,使这种文化分裂斗争现象愈演愈烈,于今为甚:"儒者排二氏为异端;佛氏亦判儒家为人天乘,老、庄为自然外道;老佛互诋,则如顾欢《夷夏论》,甄鸾《笑道论》之类;乃至佛氏亦有大小乘异执、宗教分途,道家亦有南北异派;其实与佛、老子之道皆无涉也。儒家既分汉、宋,又分朱、陆,至于近时,则又成东方文化与西方文化之争、玄学与科学之争、唯心与唯物之争,万派千差,莫可究诘,皆局而不通之过也。"②在这段文字中,马一浮可谓将此种历史上的思想文化之"乱"展示得淋漓尽致,并进行了深入的反思。

我们必须看到,"乱"实际上是文化发展演进过程中必然出现的一种现象。对前说有所增益、侧重、发挥和明晰,得以充分地丰富和实现潜在的思想意蕴,是文化创新能力的表现,而且学派之间的正常思想交流和学术争鸣,也有助于文化的整体提升与社会的全面进步。但思想文化中的"乱"往往有其他因素的影响,背离了其发展规律和合理限度,因此成为不正常的状态,反而扰乱和破坏了思想文化的自身发展进程。马氏认为这会造成三个方面的不良后果,即杂、烦、固。"既见为多歧,必失之杂;言为多端,必失之烦;意主攻难,必失之固。"③观点多有歧解,必失之于纷杂;言论各持一端,必失之于烦琐;意见务求攻讦,必失之于固执。所以要竭力避免出现上述情况,就应当以判治乱。

马一浮依据六艺判教对中国传统文化以及中西文化的未来走向进行全面的清理,从其论述看,大致表现为三个层面的判教,一是判儒家文化,二是判儒、释、道三教,三是判中西文化,总体上构成了其整体文化判教活动。

---

① 马一浮:《马一浮集》(第一册),第154页。
② 马一浮:《马一浮集》(第一册),第132页。
③ 马一浮:《马一浮集》(第一册),第132页。

1.判儒家文化

儒家文化是中国传统文化的重要组成部分,以六经为经典文献,在历代的注解阐扬活动中获得逐步丰富和发展,成为封建社会治国安邦的官方意识形态,直到现代仍然发挥着其深远的影响。但先秦时儒便一分为八,后世传承不同,歧异丛生,攻讦不断。马氏列举其主要方面,分别予以判之。

其一,判今古。

孔子删订、编纂上古文献后,由于秦始皇焚书坑儒,这些文献便被埋藏保存,西汉王朝建立后,依靠记忆口诵而默写成书的便成为今文经。汉武末,于孔子故宅壁中发现古文字书写的文献,被称为古文经。这样就形成了今文学派和古文学派,而各有尊奉。到东汉末期,郑玄于马融之后,遍注群经,开始并用今古文。清代学者皮锡瑞在《经学历史》中总结说:"郑君博学多师,今古文道通为一,见当时两家相攻击,意欲参合其学,自成一家之言,虽以古学为宗,亦兼采今学以附益其义。"①迄至清末,以康有为为代表,今文经学开始复兴,与章炳麟为代表的古文经学并立相较,各守封疆,马氏皆视之为局而不通。

马氏认为今古文之分源于经学家之间的解释差异,由此引起的争论纯属门户之见,专己守残,已演变为与经术无关的事情。他强调以义理作为判断根据,不应放大甚至夸大今古文的差别,并用事实证明,今文出于口授,古文出于壁中,偶有异文,无关宏旨,《周礼》既非刘歆所能伪造,《古文尚书》亦非梅赜所假托,即便是辑纂而成,也应有文本依据,只要以义断之,便截然分晓:"故必以经为主,而后今古文之见可泯也。"②究其根源,今文多为博士之学,古文多为经师之学,其末流出现了许多务于攻伐、失在专锢的现象。

马氏充分肯定今古文各有擅胜,所以当观其会通,而不可偏执。对于郑玄今古文并用,尽管有人疑其坏乱家法,但他认为郑实通博可宗。而相比之下,清代经学家今古文各立门户,多以胜心私见出之,著述虽多,却往往乖于义理。"总之,六经皆因事显义,治经当以义为主,求其当于义而已,不必硁硁于今古文之别。"③

其二,判汉宋。

①　[清]皮锡瑞:《经学历史》,北京:中华书局,1959年版,第149页。
②　马一浮:《马一浮集》(第一册),第511页。
③　马一浮:《马一浮集》(第一册),第512页。

汉儒治经,多偏重章句注释和名物训诂。经籍由于历史的原因而产生编简残缺、纪年失序、文句窜乱、概念模糊等阅读障碍,因此汉学强调的训诂、考据方法是重要的基本工作。但汉学末流由于过分追求经文的真实,而忽视了对义理的把握,形成了繁缛细琐的不良学风。《汉书·艺文志》便严词批评道:"后世经传既已乖离,博学者又不思多闻阙疑之义,而务碎义逃难,便辞巧说,破坏形体;说五字之文,至于二三万言,后进弥以驰逐,故幼童而守一艺,白首而后能言,安其所习,毁所不见,终以自蔽。此学者之大患也。"①唐儒治经,上承汉师,依汉注作疏。《五经正义》便确立"疏不破注"的解经原则,这样就严重桎梏、束缚了思想的发展。所以治学方法至宋代为之一变,宋儒改造汉唐"传注"结构,大胆地疑经、破经,既舍传求经,又疑经改经,实现了偏重训诂的汉学向强调义理的宋学的范式转换。但宋学发展到后期,尤其是王学末流,走上了另一极端,转变为"束书不观,游谈无根"的空疏学风。所以清儒重新标榜汉学,重视训诂考据,形成乾嘉朴学的学术时期。

马氏认为汉学与宋学代表着两种不同的治学方法,片面地强调汉宋的歧异也就割裂了二者的内在统一性,对于推进学术研究的深入以及研究范式的转换是不利的。他指出"汉儒非不言义理,宋儒非不言训诂"②,只是侧重不同而已,其目的都在于阐发六经义理,以此判之,歧议自灭。

其三,判朱陆。

朱熹着重格物穷理,陆九渊主张发明本心,此种分别扩大开来,朱、陆之争又代表了程朱学派与陆王学派的理论路向的不同,表现为宋明时期理学和心学两大哲学思潮的鼓荡交锋,具有重要的思想史意义。黄宗羲指出:"(朱、陆)二先生同植纲常,同扶名教,同宗孔孟。即使意见终于不合,亦不过仁者见仁,知者见知。所谓'学焉而得其性之所近'。原无有背于圣人,矧夫晚年又志同道合乎!"③

马一浮指出欲辨朱陆异同,要从其源流处加以考察。二程的门人中以杨龟山为最笃实,以谢上蔡为最高明。龟山之学一传罗豫章,再传李延平,教人先涵养而后察识;上蔡之学一传胡安国,再传胡五峰,三传张南轩,教人先察识而后涵养。朱熹先后受教请益于李、张,故主张涵养与察识并重,但须从涵养中察识,着重涵养。陆象山仍然秉承上蔡之意,主张先察识而

① [汉]班固:《汉书·艺文志》,上海:商务印书馆,1955年版,第1723页。
② 马一浮:《马一浮集》(第三册),第969页。
③ [清]黄宗羲:《宋元学案·象山学案》卷五十八,北京:中华书局,1986年版,第1887页。

后涵养,着重察识。

马氏认为把握涵养与察识的关系,才是提领朱、陆异同悬案的主线和关键。他指出,事实上,朱、陆并非各执一端,如象山、阳明虽教人重察识,其涵养工夫亦极深。例如象山门下杨慈湖,一生行履,朱熹誉之为"斋明俨恪"。但察识不能一悟便了,悟后也应有涵养工夫以收摄保任,然后察识方能精纯。如果一味察识而不涵养,那么物欲夹杂,废书不观,便认人物为天理,流为狂禅了。对于涵养之弊,朱熹认识得也很清楚,如他称许象山门人能立得起,自己门下则多执言语、泥文字,这便揭出了朱学末流的病痛。然而,"后儒不知源流,又不明古人机用,妄生同异,只是瞎汉赃诬古人,自己全不曾用力,安能知古人造诣邪?"①。

所以在深入了解朱陆异同后,便知晓"先儒临机施设,各有抑扬,皆是对治时人病痛,不可执药成病。程、朱、陆、王,并皆见性,并为百世之师,不当取此舍彼"②。他又说:"程、朱、陆、王,岂有二道?见性是同,垂语稍别者,乃为人悉檀,建化边事耳。"③"为人悉檀"是佛教说法的一种方式,指传法时由于对象根机和具体环境的不同,因材施教各有侧重而生差异。马氏据此强调的是,程朱陆王对心性的体认是毫无二致的,区别只在于义理表述和垂教语言上,倡导从整体和大局上全面把握各派的思想实质。

如上,马一浮本着"睽而知其类,异而观其通"的判教原则,抛弃门户宗派之见,充分吸收宋明理学的思维成果,博采众长,参以己意,在今古、汉宋、朱陆的判教基础上,对儒家文化作了全面重构和价值整合。

2. 判儒释道三教

唐代以后,儒、释、道三教并立,虽各有攻伐,而渐成合一之势,共同组成中国传统文化的主流,深刻影响着中华民族深层文化心理结构。马一浮就是在这样的历史背景下展开儒、释、道的判教活动的,但他判三教与判儒家文化又是不一样的。简言之,对于判儒家文化,他以儒家为宗,其判教是为了化解内部派别思想冲突,破除理论对峙壁垒,抽绎出六艺之道作为价值取向,使儒家由时间性的历史绵延置换为空间性的思想实存;而判三教是试图在西方文化处于强势地位的情况下,以儒家六艺之道统摄佛、道二家,重新凝聚、整合中国传统文化,展现其内在的思想条理和文化秩序,这就必然涉及如何定位三教,贯通一体,而又凸显六艺之道的重要问题,因此

---

① 马一浮:《马一浮集》(第一册),第542页。
② 马一浮:《马一浮集》(第一册),第512页。
③ 马一浮:《马一浮集》(第一册),第542页。

他的判教呈现出以往不曾有的新特点。

首先,他批评了以前的诸家判教活动,认为他们以拒斥的心态来判教,必然不肯深入地了解各派思想,否定其价值存在,自然只会收获自己的对立面。"前贤以异端屏释,古德以外道判儒,遂若体物有遗,广大不备,其犹考之未尽密耶。"①所以要穷究力索,溯本探源,才不至于造成妄断雌黄,遗其大体的问题。马氏更以出世入世具体说明之。例如佛教说法有了义和不了义,但儒家所批评攻伐的,往往是其不了义教。而出世在佛教也只是权教说法,其用意在于破人执着。如《坛经》三十六对,对执有者则说空,及至执着空无,又为之说有,总非究竟了义。唯至究竟了义,只有一真法界,无世间可出,无世间可入,空即是有,有即是空。世人恐惧空无寂灭,因此多以此斥责佛教,其实空无寂灭并不可怕,如孔子所谓"寂然不动",张载所谓"没吾宁也",显示儒家亦有此境界。故所谓出世入世,都只是一种计较罢了。马氏简洁明快地指出:"佛出世亦是入世,儒入世亦是出世。今人以出世、入世判佛、儒,未当。"②

其次,马一浮以心性论为衡准,使三教之判确立了牢固的基石。他认为:"教相多门,各有分齐,语其宗极,唯是一心。"③根据心性论,他把佛教分为破相、显性二宗。破相宗以破相为主,破相所以显性;显性宗以显性为主,性显自能破相。先是依性说相,后要会相归性,破中有显,显中有破,所以破显不二,性相亦不二。诸如佛家权始偏小各教,因破除当时外道需要而临机施设,全属破相一宗,至于圆教、顿教,抉示根源,直显真如法界,才是显性宗。据此,马氏又判老子是破相宗,孔子是显性宗。老子主静以制动,尚有个机心,与儒家主静之旨悬殊,言辞亦非尽善,如"圣人无私,所以成其私","将欲取之,必先予之"之类,到后来就流为法家,重视权谋,崇尚机诈,皆由此辗转而来。孔子则唯显性而不破相,相当于佛教的圆教,但儒家直显实理,言语简要,不像佛老以破相为能事,立言繁博,典籍浩瀚。因此不离视听言动,不出日用伦常,皆是道之流行发用,不必破相,而诸相又都是性体之显现发露。如此,马氏以心性为本,"法界一如,心源无二,推其宗极,岂不冥符"④,从本、迹二门判别三教,由迹而知本,会相以归性,使儒家处于文化体系中的至尊地位。

再次,马一浮提出"儒佛互摄"论以提供六艺之道的合法性与合理性

---

①　马一浮:《马一浮集》(第二册),第502页。
②　马一浮:《马一浮集》(第三册),第1132页。
③　马一浮:《马一浮集》(第一册),第526页。
④　马一浮:《马一浮集》(第二册),第502页。

的证明，并以六艺之道统贯中国传统文化，使之不至于在西方文化的冲击下动摇甚或崩溃。马氏认为"儒佛互摄"的前提是同本异迹，如果是异本同迹，则互摄之说便不能成立。按照马氏的话来说就是："故存迹以明非即，举本以明非离，则不失于二，不违于一。是以儒佛得并成也。"①上文已证其心性本同，马氏还进一步在二家互摄中论证六艺之道的精义。他以佛氏五教（小乘教、大乘始教、终教、顿教、圆教）与儒家六艺（诗、书、礼、乐、易、春秋）一一比勘，如礼、乐以人道合天地之道，犹如一心开二门，可以终、顿教准之；《易》以天地之道昌人道，犹如一法界总收一切法，可以圆教准之。就具体表述而言，以《华严经》为例，"行布"相当"礼主别异"，"圆融"相当"乐主和同"，"文殊表智"相当"惟深也，故能通天下之志"，"普贤表行"相当"惟几也，故能成天下之务"。马氏在理论风格上体现的这种"儒佛互摄"已成为学者的共识，如郑大华就指出："（马）采取的是以儒融佛，又以佛证儒的进路，这并且构成了他学术方法上的一大特点。"②

3. 判中西文化

今之中西，乃古之华夷。因此，马一浮先考究华夷之辨，他继承前人以文化区分华夷的观点，并将此标准具体化为六艺之道。《礼记·王制》认为："中国戎夷，五方之民，皆有性也，不可推移。……五方之民，言语不通，嗜欲不同。"主要从语言和生活习惯加以判分民族，因此，"裔不谋夏，夷不乱华"，"非我族类，其心必异"，夷夏关系充满了内在的紧张和不可调和的矛盾。但随着民族交流的扩大和融合的加深，更主要的从文化礼义的层面来理解夷夏关系，如孔颖达在《五经正义》中指出："中国有礼义之大，故称夏；有服章之美，故谓之华。"陆九渊认为："圣人贵中国，贱夷狄，非私中国也。中国得天地中和之气，因礼义之所在。贵中国者，非贵中国也，贵礼义也。"③从而将中国从地理概念转换为道德概念，等同于礼义之道。对此，钱穆先生总结道："在古代观念上，四夷与诸夏实在另有一个分别的标准，这个标准，不是'血统'而是'文化'。所谓'诸侯用夷礼则夷之，夷狄进于中国则中国之'，此即是以文化为'华'、'夷'分别之明证。"④

在此基础上，马一浮亦指出中国与夷狄的根本区别，不在于地域和种族上的差异，而在于是否具备六艺之道。具备六艺之道，则为中国；无之，则为夷狄。反过来说，中国行不仁无义之道，则沦为夷狄；夷狄立重德尚礼

---

① 马一浮：《马一浮集》（第二册），第502页。
② 王寿南主编：《中国历代思想家》（现代）（二），北京：九州出版社，2011年版，第24页。
③ ［南宋］陆九渊：《陆九渊集》卷二十三，北京：中华书局，1980年版，第277页。
④ 钱穆：《中国文化史导论》（修订本），北京：商务印书馆，1994年版，第41页。

之制,则成为中国。面对西方优越的物质文明的挑战,马氏更将华夷之辨提纯为义利之辨,指出中国尚义,夷狄尚利。如果中国悖义尚利,则地虽中国,人犹夷狄;如果外国人能尚义去利,则地虽荒蛮,亦可谓中国。究本探源,这是中西先哲立教不同所导致的。西方学者以满足欲望为人生的最高境界,故贪求物质享受乃至于争夺残杀;中土圣贤教人以行仁由义为人生的最高境界,故不重视物质欲求。而六艺之道是人人自然本具,圣凡所同的,所以只要能反求诸己,个个圆满,无亏无欠,用不着厮杀争夺。可见,财富积聚,物质昌明、生产发达并不是文明的全部内容,如果孜孜以餍利欲,反受其害,今日中国的病痛正在于此。马氏指出,近世朝野上下,各色人等,沉溺功利,不知义理,是自甘沦为夷狄,缺乏至大至刚之气,又怎能不被夷狄所侵略、欺凌呢?

从文化的源流看,西方文化从希腊演变而来,其学无不以分析为能事,故是二体之学。中土圣贤,道理只是一贯,体用一源,显微无间,故是一体之学。以权实判,中国以权说显真教,西文则以权说为实体。

可见,马氏判中西文化,实以六艺之道为主轴和依据,重义轻利,重精神文明轻物质文明,重中国文化轻外国文化,但这又不是国家主义或民族主义。因为国家主义或民族主义是独尊某一国家或民族,而在马氏的眼中,中国是一个道德概念,华夷是可以互变的,中国也可能由于道德水准的降低而成为夷狄。至于六艺之道,本是心性本具,西方有圣人出,说出来也是这个六艺之道,只是立言不同罢了。

总之,据六艺之道判教,中国文化及其与西方文化的关系便可廓然而清,纷争由此而息,中国文化得以以新的面貌呈现于世界,否则,"何堪更存汉宋今古之争,立朱陆门户之见,辨夷夏之优劣,持禅教之异同,陷身不拔之渊,转增进罔之过邪?"①。

判教作为一种衡准、评判佛教内部不同思想派别差异、冲突的理论体系,曾经产生过重大的历史作用,尤其是隋唐时期,判教已成为中国特色的佛教创宗立派的重要手段,形成了较为严整、严密的判教理论体系。马一浮在新的历史条件下,面对着西方强势文化的冲击,在认真研究佛教判教理论的基础上,不仅勾勒出儒家判教这一历史线索,而且综合儒佛二家建构起自己的判教理论以回答中西文化的时代主题,可以视为是自华严五祖宗密以来判教理论的重大发展。

在逐次对儒家文化、儒释道三教和中西文化所做的判教活动过程中,

---

① 马一浮:《马一浮集》(第二册),第35页。

马氏进一步丰富和完善了关于判教的阐释和论证,并通过判教的彻底贯彻,形成哲学思想体系,重点阐发了以《诗》《书》《礼》《乐》《易》《春秋》为核心的六艺之学,统摄一切学术文化,有助于确立民族文化自信,发掘传统思想价值。

三、以华严释儒的诠释学向度

"以佛释儒"是马一浮佛学思想的主要特色,也是其深受华严宗思想影响从而形成知识化和义理化倾向的具体表现。如郑大华提出:"(马)认为儒佛心源同一,可以互摄。既然儒佛心源同一,可以互摄,所以,他在建构他的'义理名相论'时,所采用的一个重要方法,即既以儒融佛,又以佛证儒。……他从主、客两方面超越儒佛对立,努力实现儒佛会通的方向无疑是正确的,值得我们认真地总结和借鉴。"[①]韩焕忠也认为:"马一浮运用华严宗的四法界义诠释儒家经典,从而将他主张的儒家之理贯彻到日常事为之中。马一浮有时会运用华严宗的三圣圆融观诠释儒家经典中所说的知(智)行关系,委婉地表达了一种知(智)行合一的思想倾向。马一浮解说儒家经典的功能与作用时,最喜借用华严宗五教的范畴,通过运用华严宗的五教判释之义,马一浮阐明了每一部儒家经典的功能、作用及基本特征,颇多新奇之思及闻所未闻之论,极大地丰富和拓展了人们对儒家经典体系的理解和认识。"[②]

(一)诠释的目的:撷彼教之卮言,证儒家之孤义

学界大都着意马一浮有浓厚的经学色彩,从讲经实践到六经要旨都是围绕经学这个主轴而展开的。因为马一浮认为以六艺为代表的经学成就是传统文化的精华,亦是新的理论创造的源泉。以此为指导思想,他在复性书院从事的讲经活动就呈现出与传统经学显著的差别。

马氏指出传统经学发展至清代已经陷入了局而不通的困境,迫切需要方法论的变革,亟待突破今古、汉宋的局限与束缚。在理论资源的凭借上,他否定了西方哲学支援经学的可能性,因为在他看来哲学停留于概念思辨,并非见性之学,自然不能为强调穷理尽性的经学提供助益。佛学不仅铲除知见,潜行密证,从而达到"无心于宰物而后能应物,无事于立知乃可以致知"的诠释境界,而且具有极为细密的释经程序,恰可对治佛家解经"教相未晰,条理不举"的病痛,这既可弘扬圣学,又可排斥西洋科学方法:

---

①　郑大华:《马一浮新儒学思想研探》,《中国文化研究》2006 年第 4 期。
②　韩焕忠:《马一浮对儒家经典的华严学解读》,《中国文化》2019 年第 2 期。

"儒者说经尚未及此,意当来或可略师其意,不必尽用其法,如此说经条理易得,岂时人所言科学整理所能梦见?"①。由此,他希望通过佛学思想对儒家经典的再诠释,能够刷新文本,重昭义理,焕然成彩,为儒学的未来提供一条切实可行的发展途径。而且"撼彼教之卮言,证儒家之孤义"②,亦是马氏在《与蒋再唐论儒佛书》中提出的"儒佛互摄"观点的具体文本实践,提供传统儒学再生于现代中国思想世界的合法性证明。具体而言,马一浮指出佛教有四依之说,可以作为治经的基本原则。"一谓依法莫依人,二谓依义莫依文,三谓依智莫依识,四谓依了义莫依不了义。"③从客观与主观、所诠与能诠、智慧与知识④,究竟与方便的关系入手,强调了治经必须以前者为依据,才能把握文本的精神实质和根本特征,从而确立"以佛释儒"的基础和前提。⑤

(二)诠释的依据:见性则横说竖说

马一浮着重从心性依据论证"以佛释儒"。六艺作为人人自心本具之理,兼有内在性和普遍性,而儒佛二家皆是见性之学,即是以穷理尽性,明心见性为宏纲要旨的学问。孔子与释迦牟尼亦是证验本心、彻悟大道的圣人,在这个意义上,儒佛周孔,等是闲名,"无论儒佛,凡有言教,皆以明性道为归"⑥。正因为价值趋归的一致性,所以儒经和释典可以构成文本的交叉转换,作为共同秩序和昭显六艺之理。"此理是活泼的,见性则横说竖说,无往而不是。"⑦儒释圣人垂言立教,都是随机施设,因病与药,意在使人从分别相中见无分别相,从生灭门中入不生不灭门。但是,马氏指出:"后人不明此旨,舍其两头话语,执着一边,留在胸中,转成障碍,遗毒众人,真是罪过。"⑧总之,不泥文字,不拘门户,圆融无碍,见性是同。

马氏还以宋明理学家的治学经历作佐证,指出"先儒多出入二氏,归而求之六经。佛老于穷理尽性之功,实资助发。自俗儒不明先儒机用,屏而不讲,遂使圣道之大,若有所遗。墨守之徒,不能观其会通,渐趋隘陋而儒

---

① 马一浮:《马一浮集》(第一册),第226页。
② 马一浮:《马一浮集》(第二册),第505页。
③ 马一浮:《马一浮集》(第一册),第635页。
④ 马一浮解释道:"识是现前分别揣量之知,智则是自然照了无碍之知,前后截然不同。"(《马一浮集》第一册,第635页。)
⑤ 马一浮指出不能片面地理解"四依"原则,例如依文诚然有得有失,得在比傅,失在穿凿;单纯的依义也有得有失,得在玄解,失在近专。
⑥ 马一浮:《马一浮集》(第一册),第682页。
⑦ 马一浮:《马一浮集》(第三册),第966页。
⑧ 马一浮:《马一浮集》(第三册),第1140页。

学益衰"①。尽管宋明诸家皆从义学翻过身来,汲取了大量佛教理论成果,提升了传统哲学的思辨水平,但他们对佛教却抱有十分排斥的态度,以儒家伦理抨击佛教谢世出家,辞亲割爱,违背孝道伦常的行为。正因为这种矛盾的心态误导了后儒,伴随着对佛教的拒黜,于是发生了圣道的昏昧遮蔽。马氏指明欲要推进儒学的进一步发展,必须积极调动佛学思想资源,通过儒佛的文本转换,使教相明晰,义理昭著。在《复性书院讲录》等学术著作中,马氏关于儒佛比较和协调之处比比皆是。正如李明友先生指出的那样:"他将理学中的佛学成分揭示出来,又使理学更富有佛学色彩;如果说,宋明儒者通过融合佛学将儒学变成理学,马一浮则是通过融合佛学使理学进一步佛学化。"②

(三)诠释的向度:圆融不二与神会心解

圆融是中国佛教独特的辩证关系范畴,它不仅在历史上促进了中国化的佛教宗派的形成,而且也创造性地提出了一系列富有圆融统一精神的思辨理论,其中以华严宗最富有圆融精神。

1.圆融与和同

马一浮认为华严宗的"圆融"与《老子》的"和同"具有共同的精神实质,可以互诠互释。

在对《老子》第四章的注释中,"挫锐解纷"被理解为总别关系,锐是别相,纷为总相。总别是六相说中的一对关系范畴,其理论要点是"以总成别""以别成总""总别相即","若不相即者。总在别外故非总也。别在总外故非别也"③。华严宗认为整体不能脱离部分,部分不能脱离整体,从整体和部分的彼此扭结、相互联系中得出了部分即整体的结论。因此"一微空,故众微空;众微空,故一微空"④。马一浮就此发挥道:"总不离别,离别不成总;别不离总,离总则别亦不成。然总不碍别,综合总时别未尝亡;别不碍总,分辨别时总亦存在。交参互入,不即不离。……克实言之,六相原是一相。"⑤而"和光同尘"是指本影不碍,"和同"是不坏不杂,圆融具德。离世间即无佛土,佛土即是世间。故"一切声自是佛声,一切色自是佛色。毛中现刹,尘中现身。一入一切,一切入一。如帝网珠,其光交参,重重无

① 马一浮:《马一浮集》(第二册),第831页。
② 李明友:《马一浮的"三教"圆融观》,《闽南佛学》1996年第1期。
③ 〔唐〕法藏:《华严一乘教义分齐章》,《大藏经》第45册,第508页。
④ 马一浮:《马一浮集》(第一册),第773页。
⑤ 乌以风:《问学私记》,《马一浮集》(第三册),第1135页

尽"①。马一浮还以"混成"说明之。"混"是"一入一切，一切入一"②，彼此融通互摄；"成"是"一切不坏一，一不坏一切"③，相即而不相碍。同样，第二十五章"域中有四大"之所以言四大而不言三大，是即三而一，即一而三。"道"弥天盖地，和同天人。"天地人即道，道即天地人，非离道有天地人，亦非离天地人别有道。一大遍于三大，故举一即三；三大同摄一大，故在三恒一。"④佛教把融摄一切万物称为"法界"。华严宗以"法界缘起"说明世间诸法由"法界"或"如来藏自性清净心"生起，互为因果，相容互摄，彼中有此，此中有彼，彼即是此，此即是彼，相即相入，圆融无碍，并进一步剖析出事法界、理法界、事理无碍法界、事事无碍法界以概括一切事物及其相资相待、重重无尽的关系。马一浮认为佛之"法界"即《老子》之"自然"："自佛言之，总一法界；自老子言之，总一自然。"⑤并且纠正"目老子计自然为因，能生万物"的旧说，揭橥"老子所言自然，即同法界缘起不思议境"⑥。"法界"之所以可以对释"自然"，是因为它们都反映了宇宙万物间的交参混成的圆融关系："自然者，自无所自，然无所然，不生不灭，不常不断，不一不异，不来不去，非有为，非无为，非非有为，非非无为，超过一切言思境界。"⑦这样便为成佛证道提供了宇宙论依据，诸法实相，本无差别，"人外无道，道外无人。心外无法，法外无心。心即是佛，佛即是心。悟则为佛，迷成众生。在佛为道，在心为德，在众生为失。心、佛、众生，三无差别。道者道此，德者德此，失者失此"⑧。

2. 圆融与不二

马一浮十分注意治经过程中的"心通于道""神会心解"，也就是在义理层面善于用佛学思维去推求、思考、诠解。马一浮注意到："老氏言有无，释氏言空有，儒家言微显，皆以不二为宗趣。"⑨这里的"不二"实际上既是指对立面的彼此综合，又是对双方的超越，摆脱了内在的片面性和对立性，从而转生为新的形态。"不二"标志着此进程的逻辑关系，既相破又相成，既对立又融通，既包含又超越，而且这一逻辑转换关系在儒释道三家是同

---

① 马一浮：《马一浮集》（第一册），第773页。
② 马一浮：《马一浮集》（第一册），第796页。
③ 马一浮：《马一浮集》（第一册），第796页。
④ 马一浮：《马一浮集》（第一册），第797页。
⑤ 马一浮：《马一浮集》（第一册），第797页。
⑥ 马一浮：《马一浮集》（第一册），第794页。
⑦ 马一浮：《马一浮集》（第一册），第793—794页。
⑧ 马一浮：《马一浮集》（第一册），第794页。
⑨ 马一浮：《马一浮集》（第二册），第526页。

值的。在儒曰理气不二,知行不二;在佛曰体用不二,理事不二;在道曰性命不二。马氏经常举示的一个例子是《大乘起信论》的"一心二门"与张载的"心统性情",认为二者有异曲同工之妙,心有真如门和生灭门,犹如性情乃心之体用,包蕴着微妙高深的"不二"的逻辑内涵。在这个意义上,他提出:"《起信论》'不生不灭,与生灭和合,非一非异,名为阿赖耶识,张子'心统性情'之说,及《通书》'无极之真,二五之精,妙合而凝'三者可同会。"①

马一浮解释《大学》首句"大学之道,在明明德,在亲民,在止于至善"时提出:"大以充周为义,学乃觉悟之称。大则同天,学以阶圣。若准佛义,犹言遍知,亦名圆觉。……学即始觉,大即本觉;学是方便,大即实智。约性言大,约修言学。始本权实性修,此二不二,体用合举,故云大学。"②将大学之道作了义理的融通,是对"大学"思想的补充和丰富。

有弟子问澄观《华严悬谈》相即相入的体用思想。马一浮是这样解释的:"'相即'明即体是用,'相入'是摄用归体,总显体用不二,非有别也。又摄、入无碍,本华严家常谈。'相即'义同相摄,'即、入二门'义同摄、入。应知如一即一切,即是一摄一切,一切入一义。亦同于一切入一也。"③因此,马一浮理解的体用不二深得华严宗"一即一切,一切即一"的理论精髓。

类似的论述比比皆是:"不二法门正是一贯之道"④;"性修不二,儒佛一真。同得同证,无我无人";"戒定慧三,佛根本学……法界一性,理事不二"。⑤ 所谓的"一贯之道"也包含了华严宗事理相贯、总别不二的道理:"'一以贯之',只是以一理贯万事。在文句上,一、贯皆是虚字,非实字。先儒如此说者,乃是以'一'表理,以'贯'表事;以'一'表总相,以'贯'表别相耳。"⑥

3. 圆融与圆数

《华严经》内在包含着十位制的特殊解释结构,表现为善于用"十"来论述教义、教理。如论证"十玄无碍"观点时,智俨立"古十玄",法藏立"新十玄",以此显示华严义理重重无尽的意蕴。法藏指出:"答依《华严经》中

---

① 马一浮:《马一浮集》(第三册),第967页。
② 马一浮:《马一浮集》(第一册),第814页。
③ 马一浮:《马一浮集》(第一册),第616页。
④ 马一浮:《马一浮集》(第一册),第840页。
⑤ 马一浮:《马一浮集》(第一册),第723—724页。
⑥ 马一浮:《马一浮集》(第一册),第600页。

立十数为则以显无尽义。""所以说十者,欲应圆数显无尽故。"①他撰述的《华严金师子章》亦是十门释经的程序:"初明缘起,二辨色空,三约三性,四显无相,五说无生,六论五教,七勒十玄,八括六相,九成菩提,十入涅槃。"②

马一浮极为叹赏华严宗释经的精细严密,其有一整套的进行文本解析的程序。他说:"中土自有义学,始用科分以释经论,朗若列眉,虽钝根可喻,其法最善。"③他指出天台宗释经确立五重玄义:一释名,二辨体,三明宗,四论用;而华严宗则用十门释经:"一教起因缘,二藏教所摄,三义理分齐,四教所被机,五教体浅深,六宗趣通局,七部类品会,八传译感通,九总释经题,十别解文义。"④其方法比天台更为缜密完善。因此他十分留意总结华严宗的释经程序并付诸文本实践。"十"是华严宗推崇的圆数,以十门释经反映了华严宗对圆满真理的追求。在马一浮看来,通过十门释经的程序,亦可对儒经作深层的文本解读。

(四)诠释的实践:以华严释儒经

马一浮还在儒学经典文献的解释中力求阐明华严学的"一体圆融之义"⑤。

1. 以华严释《孝经》

"六离合释"是澄观在《华严经随疏演义钞》提出的一种研读内典的解释方法。澄观指出:"谓一名之中,有能所等,互相混滥,故须明此六种之释。复以依主等,皆有离合之意,故云六离合释。"⑥分说为"离",通说为"合"。该方法强调从能所关系中进行概念的辨析和厘清,它包括依主释、持业释、有财释、相违释、带数释、邻近释等六种。其一,依主释是以所依为主,如辨眼识,眼是所依,识是能依,能所不二,识是眼的根本属性,而成依主释。其二,持业释指任持业用,如辨藏识,识是本体,藏是业用,摄用归体,体能持用,藏即是识,故为持业释。其三,有财释指从他所有,故得其名。如金刚之名,金刚本是护法神,以执持金刚宝杵,得金刚名。又如华言藏,藏有含藏义,犹如世间库藏,能积聚财物,故名藏。这种用他名以显己的命名原则,称为有财释。其四,相违释从分别着手,如言阴阳刚柔,虽为

---

① 〔唐〕法藏:《华严一乘教义分齐章》,《大藏经》第45册,第505页。
② 〔唐〕法藏:《大方广佛华严金师子章》,《大藏经》第45册,第667页。
③ 马一浮:《马一浮集》(第一册),第631页。
④ 马一浮:《马一浮集》(第一册),第226页。
⑤ 乌以风:《问学私记》,《马一浮集》(第三册),第1142页。
⑥ 〔明〕一如等编:《大明三藏法数》卷二十六。

一理，析义时分其体相，则成相违，不相随顺，两别双举，是为相违释。其五，带数释是指带数量词的概念，如两仪、四象、五行、八卦、五蕴、二谛等，法上度量，以数显义。其六，邻近释指概念间具有因果联系性，可互为诠释，如慧是拣择照了，念是明记不忘，四念处之所以本为观慧而称为念，是缘于慧与念的因果关联度。类似的有敬与礼、信与义、和与乐等。

马一浮在分疏《孝经》时运用了这一方法，他指出"德即是性，故曰性德，亦曰德性"，其中"即性之德，是依主释；即德是性，是持业释"①，"阴阳、刚柔"是相违释，"两仪、四象、八卦、五行"等是带数释，"'信近于义'、'恭近于礼'之类，举敬则该礼，举和则该乐也"②。

华严宗以"法界"为宗，因此又称为"法界宗"。在对《孝经》的诠释中，马一浮也注重运用法界来展开讨论："以佛义通之，天经是体大，地义是相大，民行是用大。'孝为德本'是法性，故谓之天经；'教由所生'是缘起，故谓之地义；'终于立身'是具足法、智二身，故谓民行。行，所证，故举因以该果也。又民行是能证，天经地义即是所证。三才合言，总为一法界性也。若配四法界，则行是事法界，经是理法界，义是理事无碍法界，合而言之，则是事事无碍法界也。《华严》以法界缘起不思议为宗，《孝经》以至德要道顺天下为宗。今说三才，亦即三大，亦即三德、三身，总显法界缘起，顺天下以为教，亦是不思议境。非特《华严》可以准《易》，《孝经》亦准《华严》。此非执语言、泥文字者所能了，心通于道者自能得之。"③

马一浮认为六艺之旨散在《论语》而总在《孝经》，推崇《孝经》为圆教，以"圆融门"准之，指出："《孝经》以德摄行，故言'人之行莫大于孝'，而又言'圣人之德，无以加于孝'。是孝行即是孝德，孝德即是至德明矣。《周礼》，师氏之教，是行布门，故德行分说为三。《孝经》，圣人最后之言，是圆融门，故经归于一德。教有顿渐，说有先后，不可执碍。"④他还用《华严经》"依正二报"的相关论述来阐发"五孝"的深意。"又五孝之义，当假佛氏依、正二报释之。佛氏以众生随其染净、业报所感，而受此五阴之身，名为正报。此身所居世界国土，净秽苦乐不同，亦随业转，名为依所。依正不二，即身土不二，此义谛实。以儒家言之，即谓'祸福无不自己求之者'。人之智愚贤否，正报也。国之废兴存亡，依报也。"⑤

① 马一浮：《马一浮集》（第一册），第 220 页。
② 马一浮：《马一浮集》（第一册），第 226 页。
③ 马一浮：《马一浮集》（第一册），第 240 页。
④ 马一浮：《马一浮集》（第一册），第 223 页。
⑤ 马一浮：《马一浮集》（第一册），第 233 页。

马一浮的诠释着重于"神会心解""心通于道",泯除语言文字的歧异,而获证义理上的圆满和贯通。对于马一浮的《孝经》诠释,陈永革认为已经超越了古代的章句训诂之学,而属于现代诠释学的范畴:"《华严》与《孝经》相互配解,其实是释义学上的配解,而非经文本义的配解。"①

2. 以华严释《论语》

《论语》是圣人之言,然东圣西圣,心同理同,《华严经》与《论语》同样存在着内在的"一"与"一切"的义理关联。"又复当知文不能离质,权不能离经。此谓非匹不行,用之通变者,应理而得其中,从体起用,谓之自内出。夷必变于夏,刑必终于德。此谓非主不止,用之差忒者,虽动而贞夫一,会相归性,谓之自外出。……又法从缘起为出,一入一切也;法界一性为至,一切入一也。此义当求之《华严》而实具于《论语》。"②

非但如此,《华严》、《论语》、《中庸》、佛法皆是"一真法界"之所现。"《华严》曰:'知一切法,即心自性,成就慧身,不由他悟。'《论语》曰:'一日克己复礼,天下归仁。为仁由己,而由人乎哉?'《中庸》曰:'其为物不贰,则其生物不测',佛曰'天上天下,唯我独尊',是一法界性之谓也。"③

从总别不二的观点看,内在仁德是总相,外在表现是别相,究其实质,尧舜孔佛等圣贤的精神追求是一致的。"仁是总相,孝弟、忠恕是别相。如来室者,众生身中大慈悲心,是仁也。孝弟、忠恕是一事,出入是一时,菩提、涅槃是一性,尧、舜、孔、佛是一人。"④

3. 以华严释《中庸》

马一浮阐述《中庸》明、行义,指出:"贤智分属知行,可见知德为智,行仁为贤,犹《华严》以文殊表智,普贤表行也。贤智愚不肖,即凡圣迷悟二机,君子小人二道。佛有四圣二凡,儒家只明二道,但简贤智之过实无异。为二氏预记,释氏弹偏斥小,叹大褒圆,知以大拣小,以圆拣偏,未知圆大之中亦有过者,此孔子所以叹《中庸》之德也。"⑤

所谓《中庸》《普贤行愿品》《灯录》的主旨在马一浮看来皆是一事,需要切己体究,潜心玩味,勿执于文字而匆匆放过。"看《中庸》,看《普贤行愿品》,看《灯录》都好,且宜潜心体究,勿以语言增益之,文义尤须仔细看。

① 陈永革:《马一浮对佛教心法的知性诠释:以华严禅为例》,《马一浮思想新探》,第293页。
② 马一浮:《马一浮集》(第一册),第209页。
③ 马一浮:《马一浮集》(第一册),第836页。
④ 马一浮:《马一浮集》(第一册),第834页。
⑤ 马一浮:《马一浮集》(第一册),第225页。

若文义尚隔碍,义味何从得之?《灯录》机语为解者,且置之,切忌猜度。但看古德接人风范,为益已不浅矣。"①又如,"《华严》云'佛成道时曰:奇哉! 一切众生皆具如来智慧德相,但以妄想执著而不证得',此是《中庸》'征诸庶民'的实注脚"②。

4. 以华严释《易》

马一浮讲经善于以六经文本与释典作比较和转换,认为它们在义理精神方面,可以实现内在的沟通。儒经与释典的文本转换关键在于"得意忘言于文字之外,则义学、禅宗悟道之言,亦可以与诸儒经说大义相通"。马一浮的弟子记载了马氏在复性书院宣讲六经的情形:"先生尝谓《华严》可以通《易》,《法华》可以通《诗》。……先生讲六经常引释典经论相印证,如理而说,恰到好处。"③

这里,马一浮提出了"《华严经》可以通《易》"的重要观点,并多次加以申述。他肯定程颢所谓"看《华严经》不如看一《艮卦》"即是讲《华严》可以通《易》。因为二程认为,《华严经》讲止观,与《大学》知"止"而后有定、静、安、虑、能、得等"成圣"意蕴相仿佛。而且"一真法界"与"理一分殊"的思想也颇为相当:"程子曰:'人即天,天即人。言天人合者,犹剩一合字,方为究竟了义。'是义唯佛氏言一真法界分齐相当。……彼言法界有二义:一是分义,一一差别有分齐,故即分殊也;一是性义,无尽事法同一性,故即理一也。于一理中见分殊,于分殊中见理一,即是一即一切,一切即一,如性融通,重重无尽。全事即理,全人即天,斯德教之极则也。"④如以三才而言:"三才合言,总为一法界性也。若配四法界,则行是事法界,经是理法界,义是理事无碍法界,合而言之,则是事事无碍法界也。"⑤

任何一种文本的解读过程都必须确立某种解释框架,以作贯通性的客观把握和整体提炼,马一浮认为运用佛学治经,存在着不同解释框架的矛盾状态,指出应从互动融合中开辟出一条新的解释之路。例如表示变易、不易、简易的"三易"框架与表示体大、相大、用大的"三大"框架就可以互相对应、涵摄:"三易之义,亦即体、相、用三大:不易是体大,变易是相大,简易是用大也。"⑥又如唐僧杜顺在《华严法界观门》中的"三观"与"三易"的

① 马一浮:《马一浮集》(第一册),第648页。
② 马一浮:《马一浮集》(第一册),第838页。
③ 马一浮:《马一浮集》(第三册),第1064页。
④ 马一浮:《马一浮集》(第一册),第243页。
⑤ 马一浮:《马一浮集》(第一册),第240页。
⑥ 马一浮:《马一浮集》(第一册),第188页。

若合符节："真空观当不易义,理事无碍观当变易义,周遍含容观当简易义。"①

不易	变易	简易
体大	相大	用大
涅槃德	解脱德	般若德
法身	应身	报身
天命之谓性	修道之谓教	率性之谓道
不生不灭	生灭	不变随缘,随缘不变
位	气	德
诚	万物资始,乾道变化	诚之源,诚斯立
无极而太极	动而生阳,静而生阴	阴阳一太极,太极本无极②

5. 以华严释《礼》《乐》

他还从华严"行布"与"圆融"的立场分说《礼》与《乐》。"如《华严》所言,'行布'即是'礼主别异','圆融'即是'乐主和同',……彼此印证,固无往而不合也。"③"行布是礼,不碍圆融,故表行即该礼乐。仁则浑然,义有差别,故表智即该仁义也。"④

从六艺彼此该摄的观点看,《易》也兼摄《礼》《乐》二门,贯通"行布"和"圆融"的义理。"《礼》主别异,是行布;《乐》主和同,是圆融。《易》则兼统二门,故向以《易》统《礼》《乐》二教。乾知坤能,乾德坤业,乾乐坤礼。如此分配,亦是行布。《易》行乎其中,乃是圆融,即知能、德业、礼乐皆为一矣。今以《易》与《礼》对说,义亦可通。"⑤

后在与弟子答问中,马一浮就行布、圆融与礼、乐做了进一步引申。指出"行布是礼,圆融是乐。……'礼者天地之序,乐者天地之和。'无序则不和,故序和同时。然序非人为,和贵自然。勉强而为之序,终不能和,人为之和,亦不能久"⑥。

艺术是《乐》之事。"心通乎道,则其发用流行之妙,无施而不可。以

---

① 马一浮:《马一浮集》(第一册),第 427 页。
② 马一浮:《马一浮集》(第一册),第 817 页。
③ 马一浮:《马一浮集》(第三册),第 1052 页。
④ 马一浮:《马一浮集》(第三册),第 1061 页。
⑤ 马一浮:《马一浮集》(第一册),第 616 页。
⑥ 马一浮:《马一浮集》(第三册),第 1044 页。

是而为艺,艺必精,亦非俗之所谓艺者所能梦见也。"①马一浮作为近代文人印的代表人物,印风"朴茂高雅,纯用汉法,……古意新姿,韵味无穷"②,不仅具有丰富的篆刻实践,而且通由《华严》悟解刻印之道。他在《题马万里题印册》一文中就提出了由华严思想而发挥出的独特的印学理论:

> 吾于《华严》悟刻印之道。《华严》家有要语二,曰:"行布不碍圆融,圆融不碍行布。"刻印之道尽此矣。自近世周秦古珍间出,益以齐鲁封泥,殷墟甲骨,而后知文、何为俗工,皖、浙为小家,未足以尽其变也。印人之高者,皆弃纤巧而趋朴茂,愈拙愈美,愈古愈新,斯其术益进。凡艺事之胜劣,每因世俗为升隆。今俗益蔽,人之所好益卑,独治印者乃超然入古,一洗凡陋,斯能远于俗而全其好者也。……道无乎不在,他日君由治印而悟《华严》,则同证海印三昧,知必由斯道矣。③

马一浮以华严证篆刻,提出治印中正确处理行布与圆融的辩证关系以及多样统一的美学原则,以古拙朴茂为审美标准,是对现代印学理论的重要推进,指明了由艺见道的发展方向。马一浮认为,就马万里先生治印而言,其字画排列有当然之序,既有其序,内在的便体现和谐之美。

6. 以华严释《春秋》

马一浮运用"托事表法"解释《春秋》。他指出:"《春秋》天子之事,即圣人之事。拨乱反正,用夏变夷,皆用是道而已。……《公羊》家谓《春秋》借事明义,此语得之,犹释氏托事表法也。"④

"托事表法"系华严宗进行义学解释的重要方法之一,源出于"十玄门"。所谓"十玄门"即是从十个方面来说明法界缘起之"重重无尽、圆融无碍"理论。其中在《华严五教章》中的第十门即为"托事显法生解门"。该门指一切事法既然互为缘起,即随意托举一事物,便能显现一切事法互为缘起的道理,而能产生事事无碍的胜解,如因陀罗网,影现重重,不须遍观诸法,但随托一事而观,便显一切无尽之法,所托之事与所显之理无别无二。马一浮在此意在透过《春秋》的历史事实来把握"微言大义"之旨。

马一浮系统总结了华严宗释经规律,为传统经学文本的时代阐释提供

---

① 马一浮:《马一浮集》(第一册),第549页。
② 沙孟海:《蠲戏斋印存题跋》,马镜泉、毕养赛主编:《马一浮学术研究》,杭州:杭州师范学院马一浮研究所,1995年版,第254页。
③ 马一浮:《马一浮集》(第二册),第29—30页。
④ 马一浮:《马一浮集》(第一册),第191—192页。

了一种新的解读视角。我们知道,自辛亥革命尤其是新文化运动、五四运动以后,批孔废经成为一时潮流,经学亦成为复古、保守的代名词,被摒除于文化教育制度之外,马一浮在尊孔读经并劝设通儒院的建议未被当局采纳后,于是沉潜研究,终于在儒佛互摄、以佛释儒的理论路线上重建以六艺之道为代表的传统价值本体,为儒学的现代复兴提供扎实、可靠的文本依据和现实导向。

马一浮的以佛释儒的实践也为当代诸文化系统的对话、融通提供了具体的文本参照和范式借鉴。文化学的研究表明任何一种民族文化系统都必须在与其他文化系统的交流、融摄中互补共济,汲取有用的思想文化成分,促进自身的良性发展,僵化保守、故步自封、闭锁隔绝只会导致文化的沉沦衰落乃至死亡。因此,马一浮的"以佛释儒"的文化学意义就在于采取新的诠解工具,赋予传统经典文本以时代内涵和文化意蕴,这也是中西文化融会贯通的一个富有启示性的发展路向。

第三节　马一浮华严思想的价值与意义

马一浮对华严学的研究与阐发实际上产生了两个方面的学术影响,一是知性佛学的转向;二是现代新经学的建构。就前者而论,陈永革指出:"马一浮对佛教义学的知性化探究,成为他诠解佛教义理以会通儒佛的重要方法立场。"[1]就后者而言,马一浮通过对佛教的知识化、义理化的解读与方法运用,对其建构现代新经学有积极的促进作用。

本文着重讨论马一浮在现代新经学方面的理论建树,表现为本体论、教化论和境界论诸层面的展开。

一、六艺之道:现代新经学的本体论

马一浮指出,国学即是六艺之学。因为在他看来,所谓"学",即是通过名言诠表,使人能够彻悟义理,洞烛幽微。为学的目的不仅在于认知外在的事物之理,更重要的是要体证自己内在的性德,不断充养、涵育,最终完成道德自我的人格塑造和境界提升。马一浮认为六艺即是孔子之教,中华民族两千余年来普遍承认一切学术之原皆出于此,其他都是六艺之支流。所以六艺可以该摄诸学,诸学不能该摄六艺。楷定国学即是六艺之

---

① 陈永革:《马一浮对佛教心法的知性诠释:以华严禅为例》,《马一浮思想新探》,第304页。

学，以此代表一切固有学术，广大精微，无所不备。可见，马一浮从儒学本位的文化立场提出"六艺该摄一切学术"的命题，鲜明体现了其现代新儒家的理论品格与价值取向。

马一浮的发明在于拈出六艺之道，以统摄古今中西一切学术，而究极六艺之根源，则在心性。他发挥陆九渊"东圣西圣，心同理同"的心学主张，既然六艺乃人人本心同具之理，那么天地一日不毁，人心一日不灭，六艺之道自是炳然长存。而且因为六艺是自家珍藏，并非外得，所以通过一番穷理尽性、格物致知工夫，便会当下悟解，识取自性，由六艺之道，行六艺之教，而证成六艺之人。故心性是六艺之潜藏，六艺是心性之开显，证人是心性之实现。在此意义上，马一浮明确提出"六艺统摄于一心"，肯定了六艺的心性基础。他综合了宋明理学中关于心性的不同理解，创造性地提出了"心兼理气、统性情"的观点，力求弥合和化解程朱与陆王心性论的历史纠葛。

马一浮一向认为中国文化是建立在心性上的，将性与习作为中西文化的根本分判。因而梁以"意欲"所形成的人生态度解释三大系文化，在马氏看来，仍然属于习气层面的安排形迹，尚未透达心性本原的"根本之谈"。马一浮以"六艺该摄一切学术"为总命题，阐发了其对于中西文化关系及其未来走向的具体主张。他指出作为六经之本的六艺具有永恒、普遍的价值，是自性本具之理，可以该摄一切人类文化，尽管不能蕴含全部知识内容，却表征着基本的价值理念和文化精神。"全部人类之心灵，其所表现者不能离乎六艺也；全部人类之生活，其所演变者不能外乎六艺也。"[1]六艺之间互相统摄，如《易》可以统《礼》《乐》，《春秋》可以统《诗》《书》；而且一艺中亦包含其他诸艺，如《诗》有《诗》之《易》，《诗》之《诗》，《诗》之《书》，《诗》之《礼》，《诗》之《乐》，《诗》之《春秋》。

至于西方哲人所谓的真、善、美三种价值反倒皆包含于六艺之中，其中《诗》《书》是至善，《礼》《乐》是至美，《易》《春秋》是至真。把真善美纳入六艺系统，显示了六艺之道的至上与恒常，所以尽虚空，遍法界，尽未来际，更无一事一理能出于六艺之外。不仅如此，马氏还断定"世界人类一切文化最后之归宿必归于六艺，而有资格为此文化之领导者，则中国也"[2]。

马一浮再三强调六艺之道是前进的，绝不是倒退的，切勿误以为是开倒车；是日新日成的，绝不是腐朽的，切勿误以为重保守；是普遍的，是平民

---

① 马一浮：《马一浮集》（第一册），第22页。
② 马一浮：《马一浮集》（第一册），第24页。

的，绝不是独裁的，不是贵族的，切勿误以为封建思想。"要说解放，这才是真正的解放；要说自由，这才是真正的自由；要说平等，这才是真正的平等。"①对此，郑大华指出："马一浮的这种既认同和维护传统，又不固守传统的思想特质，在民国思想文化史上具有典型的代表意义。"②

二、六艺之教：现代新经学的教化论

马一浮极为重视六艺的教化和弘扬。他一生两次出山讲学，一次是仓皇避寇，颠沛流离，为安身计而为浙大聘任，筚路蓝缕于泰和宜山间；另一次是创办复性书院，宣传儒学主张，培养文化种子，光风霁月于乐山乌尤寺。如果说前一次讲学，尚属为避难而出于无奈；那么第二次则是他自愿主动，贯彻儒学教育理念的一次重要实践，"当思如何绵此圣学一线之传，如何保此危邦一成一旅之众，如何拯此生民不拔之苦"，他所讲的即是六艺宗旨。

马一浮认为以朱熹《白鹿洞学规》、刘宗周《证人社约》为代表的书院学规与现代学校之校训有着本质的不同。后者是"树立鹄的"，前者是"因其本具，导以共由"。③ 这也反映了学规和教条的区别，教条重在制裁，有待于外物的约束；学规示人以义理，为自性本具，有待于自己的返求。他指出书院的培养制度和教育目标与一般学校是截然不同的，特别提出"主敬为涵养之要、穷理为致知之要、博文为立事之要、笃行为进德之要"四条学规，自认"内外交彻，体用全该，优入圣途，必从此始"。④

书院院事由主讲马一浮总摄，下设都讲，外聘讲友。逢五开讲，逢十谈话。从学制上看，一般以三年为限。他提示书院讲学宗旨不分今古、不分汉宋、不分朱陆，打破门户偏见，以六艺为教授内容，统摄一切学术。课程设通治、别治二门，前者为必修，后者为选修。通治明群经大义，别治可专注一经，举凡诸子、史部、文学之研究，皆统于群经。从儒佛周孔，见性是同的角度，另设玄学、义学、禅学三讲座，延聘精通三学的大师，"敷扬经论旨要，以明性道"⑤。本着"六艺皆所以明性道"的认识，马氏在复性书院分别讲述了《论语大义》《孝经大义》《诗教绪论》《礼教绪论》《洪范约义》《观象卮言》，基本上对六艺做了较为完整的论述。

---

①　马一浮：《马一浮集》（第一册），第23页。
②　郑大华：《马一浮新儒学思想研探》，《中国文化研究》2006年第4期。
③　马一浮：《马一浮集》（第一册），第106页。
④　马一浮：《马一浮集》（第一册），第107页。
⑤　马一浮：《马一浮集》（第二册），第1169页。

马一浮的新经学教化理念在复性书院的讲论实践中得到了一定程度的贯彻和体现。由于对现代大学制度的失望,他转而借助古典书院的传统形式,从儒释的教育思想中寻求理论支持和经验借鉴,以办学三原则和四条学规为基本架构,以儒学经典为主要内容,以圣贤人格为培养目标,形成了特定历史条件下的教育模式。马一浮的讲学产生了很大的社会影响,他对六艺的揭示提振了抗日战争时期民众的民族精神和光复热情,亦在短时间内培养了一批深有国学根基的人才,所刊印的传统典籍为保存文化遗产做出了贡献。

三、六艺之人:现代新经学的境界论

马一浮提出六艺的最终目标是成就人格,落实到具体的人性、人格建设上来。从通儒院的最初构想到浙大的国学讲座,再到复性书院的讲学实践,无不寄托和铭刻着他对健全、完满人格的期待。他认为通过六经的学习和熏陶,可以使人培养认识能力、判断能力、创造能力,在人生境界上获得提升,人生价值上获得确证。马一浮着重以六艺之道诠释君子,认为古之君子往往是通六艺而言的,明确指出:"须认明君子是何等人格,自己立志要做君子,不要做小人,如何才够得上做君子,如何才可免于为小人。"①

在详细辨明君子与小人两种人格类型之后,马一浮期望诸生能孜孜以求,成为君子,尤其是在外敌入侵、民族患难、国家危亡的历史关头,君子被赋予了新的时代内涵和精神特质,而完成人格也就更为艰难和可贵,更要挺立人格,抖擞意志,竖起脊梁,猛著精彩,堂堂正正地做一个人。他特别拈出张横渠之四句教,作为人格典范的基本原则,在担负救国救民的历史使命中成就个人的完满人格,"须知人人有此责任,人人具此力量,切莫自己诿卸,自己菲薄"②。

马氏认为书院求师应着重养成博洽精醇的通儒:"学者所以学为圣人也,穷理尽性即学者分上事。"③他在致友人赵香宋的信中具体阐发了冀书院成就圣贤的用心:"三十年来,学绝道丧,……后生小子几不知圣贤为何人、经籍为何物。今因寇乱之余,当路诸贤一念之发,因得于现行学制之外,存此书院。思籍此略聚少数学子,导以经术,使返求义理,冀续先儒之坠绪于垂绝之交,此亦人心之同然,有不可泯灭者在也。"④六艺的归宿和

---

① 马一浮:《马一浮集》(第一册),第31页。
② 马一浮:《马一浮集》(第一册),第5页。
③ 马一浮:《马一浮集》(第一册),第510页。
④ 马一浮:《马一浮集》(第二册),第665页。

实现也即在于人格的生成和完善,在人类社会的进步与提升,由六艺之道,行六艺之教,最终证成六艺之人。

　　作为一位长期浸润在中国文化中的知识分子,他对本国文化具有天然的亲切、认同和信念,用马氏本人的话来说,是"信吾国古先哲道理之博大精微,信自心身心修养之深切而必要,信吾国学术之定可昌明,不独要措我国家民族于磐石之安,且当进而使全人类能相生相养而不致有争夺相杀之事"①。这种"信"不是丧失主观意志,转为对某种宗教偶像的崇拜和寄托,而是对儒学复兴理念的执着,是对传统文化价值的坚守,是对人类和平事业的期待,是人格力量丰沛的表现。所以,马一浮的现代新经学是从六艺之道经六艺之教到六艺之人一体平铺的逻辑体系。

---

① 马一浮:《马一浮集》(第一册),第4页。

第二章　体用不二：熊十力华严思想研究

　　熊十力(1885—1968)，湖北黄冈人，原本世族，家道中衰。他性格猖狂而豪放，不受世俗束缚，从革命军人到经世儒者，从援佛入儒到归宗大易，在他由军转学的关键转折点上，佛学成为他进入哲学堂奥的首选，而中、西、印会通则是其治学的主要脉络，虽然他驳斥唯识、批判空有，但佛学对其思想体系的构建与形成所产生的影响是不容忽视的。

　　蔡元培为熊十力的《新唯识论》文言文本作序时便充分肯定了他的哲学思辨特质，并且进一步明确了其中"一而二、二而一"和"一多相容、三世一时"的华严宗的思想特征。蔡序称："熊先生认哲学（即玄学）以本体论为中心，而又认本体与现象不能分作两截，当为一而二、二而一之观照。《易》之兼变易与不易二义也，《庄子》之《齐物论》也，华严之一多相容、三世一时也，决不能以超现象之本体说明之，于是立转变不息之宇宙观，而拈出翕、辟二字，以写照相对与绝对之一致。"①

　　孙道升曾就此书的宗旨概括："全书宗旨，则是'站在本体活动的领域内，直探大乘空宗骨髓，而以方便立说'。一言以蔽，'诸行无常'，反复引申，'翕辟成变，刹那生变'八字可以尽之。"②孙道升肯定熊著的基本立场属于大乘空宗，认为"翕辟成变，刹那生变"命题就是对佛教"诸行无常"思想的阐释，诚然慧眼独具。太虚大师更为明确地指出："倾熊君之论出，本禅宗而尚宋明儒学，斟酌性、台、贤、密、孔、孟、老、庄而隐遮及数论、进化论、创化论之义，殆成一新贤首宗。"③太虚大师精辟地指出，熊十力的新唯识论会通儒释，乃至西学，构建了"新贤首宗"的思想体系，明确地将熊氏归属为现代华严学。郭齐勇亦有相同见地："在思想倾向和学术路径上，（熊论）接近于真如系统，即中国化的佛学宗派台、贤、禅宗。"④从太虚法师到郭齐勇所形成的熊氏华严学的理论定位极具启发性，下文将结合熊氏新唯识学的学术转变对此详加说明。

---

①　熊十力：《新唯识论》（文言文本），《熊十力全集》（第二卷），武汉：湖北教育出版社，2001年版，第4页。
②　孙道升：《现代中国哲学界之解剖》，《国闻周报》1935年第45期。
③　太虚：《略评新唯识论》，《熊十力全集》（附卷上），第32页。
④　郭齐勇：《熊十力哲学研究》，北京：人民出版社，2011年版，第128页。

而语体文本的《新唯识论》作为熊十力整个哲学思想的代表作,其所取的正是华严思想中"一多相即""理事无碍"的辩证的问题处理方式,以此为基础,熊十力创立了自己的"体用不二"思想。熊十力所谓本体便是其所说的"本心",他曾举华严宗澄观法师《华严经疏钞》中偈云:

> 我今解了如来性,如来今在我身中;
> 我与如来无差别,如来即是我真如。

熊十力谓"此偈极亲切,初学宜深体之",他借此偈来阐明"我即本体即主体"的思想。在《十力语要》卷二的《与汤锡予》一文中,我们可以看到,熊十力对华严诸师甚为推崇,尤其是对杜顺、法藏的"法界玄镜""理事圆融"之说。

不管是即体即用、心造如来,还是华严宗与其他佛教宗派所不同的义理风格和入世特色,华严宗的思想都很好地契合了熊十力当时构建自己哲学体系的理论需求。因此,熊十力借助华严宗"即体即用"思想来斥破唯识宗"种现二分",在圆融无碍的思想原则指导下,创立了以"体用不二"为核心的哲学思想体系。

第一节　华严学与熊十力的思想转折

一、从革命到革心

熊十力自小便是敢作敢为、狂傲不羁的性格,一贯自学、自识,由于没有受到旧私塾陈规陋习的束缚,他的思想放得开,善于独立思考。

熊十力少年时代接触的多为儒家正统思想,后来,他受到新知识、新思想的影响,开始用新眼光审视儒家的正统思想,并萌发了反叛的意识。熊十力曾这样描写当时的思想变化:"得一部《格致启蒙》,读之狂喜,后更启革命思潮。六经诸子,视之皆土苴也;睹前儒疏记,且掷地而詈。"①虽然此时的熊十力开始重新思考儒家正统思想,但对于顾炎武、王夫之等明末清初启蒙思想家却保持着浓厚的兴趣,他不仅阅读这些思想家的著作,更钦佩他们的人格,这也是他最终投身革命事业的一大契缘。新文化的思想冲击以及顾、王等人的学说推动着熊十力走上旧民主主义革命的道路。1902

---

① 熊十力:《答张东荪》,《十力语要》卷一,《熊十力全集》(第四卷),第111页。

年至1906年间,熊十力一腔热血,投身于反清的革命事业之中,为了民族复兴、政治革新,积极奔走于武昌军、学界,这是他走出的重要一步。

1912年,与熊十力为同乡的华严宗月霞法师从江南回到武昌,熊十力前去拜谒。1913年,熊十力以"黄冈熊升恒"或"黄冈熊升恒子贞"的名义,在《庸言》发表了五篇笔札,分别是《证人学会启》、《答何自新书》、《健庵随笔》(两则)、《翊经录绪言》,这是目前我们所知的他最早发表的一组文字,也是他最初的学术尝试。熊十力在此时已经看到了传统文化学绝道微的趋势,由此,他的现实关怀逐渐从政治转向学术。在这些文章中我们可以看出,尽管他对儒释道及汉宋诸学的比较和研究还不甚成熟,但已可以视作他日后《新唯识论》的思想雏形。同时,在革命激情之后的他似乎更倾向于认同"精义入神""圆满中正"的孔子之道,而对"了尽空无"的佛教则大加攻伐。

1913年至1916年间,熊十力主要居住德安,潜心学术。他用了一年多的时间钻研子学、经学、佛学和商务印书馆翻译的西方哲学书籍,这为他后来整理国学、研究哲学打下了坚实的根基。1917年,华严宗月霞法师再次回到湖北,熊十力与法师晤谈甚欢,共同探讨唐代佛教玄奘和那提之间的历史疑案。据《续高僧传》记载,那提三藏为中印度僧人,曾远渡锡兰,精通诸国语言,听闻东土佛教兴盛,便携带大、小乘经典来华,却受到玄奘的阻挠而未能翻译付梓。此一桩疑案到底是确有其事,还是出于反玄奘势力的伪造和污蔑呢?熊十力撰有一篇《唐世佛学旧派反对玄奘之暗潮》的论文回顾了此一学术公案。"民国初期,吾乡月霞法师自江南还武昌。余偕乡人晤霞师。是时,章太炎以相宗之学倡导一世。同人中有好阅《高僧传》一类古籍者,颇以那提事盛诋奘,并疑相宗不必学。霞师谓:'以此疑相宗则不可。'至若奘师是否摒斥那提,厄之至死。霞师云:'无可考定。'余亦疑信参半。后来详审《开元》诸录之辞,颇觉其种种虚造,逢露奸诈。盖当时旧派反对奘师新译,借那提之事,以造作谣言,诬陷奘师,群情如风波,转相传播,而奘师遂受千古不白之冤。"[1]受月霞法师的启示,熊氏对此作了详细的辨析,指出玄奘所传译的属于佛教新学,而中土的旧学势力深远,二者自然产生了思想上的冲突。因此"那提一案,不止是空有之争,确是广泛的新旧之争"。是年春,熊十力的岳父傅晓榇及其友人在黄冈县成立问津学会,特嘱托熊十力作《问津学会启》。在该文中,熊十力指出,近世学者不足之处乃为物欲所累,以至气不自振,他由此认为,邦人君子宜深

---

[1] 熊十力:《唐世佛学旧派反对玄奘之暗潮》,《熊十力全集》(第八卷),第372页。

研诸先哲之思想,并学习佛家禅宗明心见性之法,摆脱对物欲的执着,挺立气节和人格。

面对辛亥革命之后道德沦丧、风气败坏的危局,熊十力对党人无有在身心上做工夫的现状感到痛心疾首,党人犹如此,民众何以堪,社会风气何以拨乱反正? 他的心志逐渐由最初坚定的革命者而发生了改变。"念党人竞权争利,革命终无善果;又目击万里朱殷,时或独自登高,苍茫望天,泪盈盈雨下;以为祸乱起于众昏无知,欲专力于学术,导人群以正见。自是不作革命行动,而虚心探中印两方之学。"①此时的熊十力已经深感"革政不如革心","于是始决志学术一途。时年已三十五矣。此为余一生之大转变,直是再生时期"。② 他甚至以"再生"来形容他人生道路的转变,可见,他十分看重这次由政向学的转变。1917 年底至次年 5 月在广州的这半年,可谓是熊十力一生的重大转变时期。他慨然弃政向学,最终决定不再从事政治活动,全心研读中印之思想学术,加强自身修养,但他身上的救时弊、教国民的革命精神却没有丢弃。他秉持"学术救国"的宗旨,力求通过复兴传统文化的途径来改变人们的思想观念和价值取向,进而去影响世界,帮助灾难深重的中华民族走出困境。

虽然熊十力已经有了弃政向学的决定,但是他并未想好弃政之后到底该学什么,后经过梁漱溟的规劝,熊十力的思想发生重大转变,一改对佛教的批判转为对佛学的研习,从战士成为学者,从革命转向"革心"。

二、从唯识到真心

1920 年,熊十力经梁漱溟介绍,正式师从欧阳竟无。从对佛教的大加攻伐到叩问佛法,熊十力的转变似乎很大,但实际上却隐含着某种内在的必然性。

熊十力求"为己之学",目光自然是转向中国传统的学术思想,起初他对于儒、释、道三家并没有偏重,后来之所以选择佛学,直接原因是与梁漱溟的结识与交往,但其实他的这一选择背后有着更为复杂的原因。

首先,从外在原因来看,辛亥革命看似成功,成立了共和政体,但却被袁世凯篡夺了革命果实,甚而裹挟封建思潮复辟登基,辛亥革命的实际发展让熊十力大失所望,深刻体会到了"兄弟丧亡略尽"的"人世之悲",这些心理上所遭受的家国之痛让他希冀从佛教中找到一丝慰藉。在辛亥革命

---

①　熊十力:《与𠈰非武》,《十力语要》卷四,《熊十力全集》(第四卷),第 542 页。
②　熊十力:《黎瀚玄记语》,《十力语要》卷三,《熊十力全集》(第四卷),第 425 页。

时期,熊十力曾将谭嗣同、章太炎等人奉为精神导师。谭嗣同、章太炎为了寻找能够批判封建礼教、与西方哲学相抗衡的思想武器,把目光对准了思辨性很强的佛学,因此,熊十力也就顺着他们的思想轨迹而倾向于佛学了。

其次,从内在根本动因来看,这恰恰是其革命事业的继续,是在新的历史形势下对革命事业与自身认识双重深化的表现。① 熊十力对佛教的态度由轻视变为重视,由对人生旨趣的感悟到理论层面的把握。在支那内学院学习的三年间,熊十力潜心于唯识宗的浩繁经卷之中,学习异常刻苦,虽然熊十力称美其师"愿力宏,气魄大",但是随着对唯识学的深入研究,他也逐渐开始对所宗教义有所动摇和怀疑,形成了自己独特的问题意识。

1932 年,宏大的"新唯识论"体系横空出世,署名"黄冈熊十力造",表现出了熊十力超凡而卓越的思辨力和原创性,也正是这部《新论》引起内学院师生的不满与责难,形成了佛学界又一大著名公案。

此时,熊十力的学术立场还是佛学的,但通过对印度传统空、有二宗的分析,熊十力已然开始对中国化的佛学——台、禅、贤产生浓厚的兴趣。熊十力治学是从大乘入手,对空、有二宗都有所驳斥与吸收。他曾明确表示:"然余之思想确受空有二宗启发之益。倘不由二宗入手,将不知自用思,何从悟入《变经》乎?"②正因为熊十力是从大乘空有二宗入手,我们才能从他的论著中看到他借用空宗遮诠之法证明世间万物的"幻有"。熊十力在这部论著中遮拨境执、涤除识执,扫相显性,在证见本体之后,则可了知"用"乃为刹那幻现,即是外境本无,故说为空。而他又以"缘生"来解释我们所看到的存在的世间万物。他说:"缘者,借义。众相互相借待,故说为缘。生者,起义。识相不实而幻起故,姑说为生。"③很显然,识相只是众缘互相借待而诈现一种幻起,而缘相亦是我们假设出来的存在。因此,"假设缘相,明识相空。识相空故,缘相亦空。众缘相待,唯幻现故。原假施设,以遮执故"④。但我们可以发现,他在空相之后并没有否定本体的存在,这显然与大乘空、有二宗的教义都有所不同。在这一点上,华严宗的教义与此形成圆满的契合。法藏在《华严金师子章》"辨色空第二"中说:"谓师子相虚,唯是真金。师子不有,金体不无。故名色空。又复空无自相,约色以

———————————

① 丁为祥:《熊十力学术思想评传》,北京:北京图书馆出版社,1999 年版,第 17 页。
② 熊十力:《赘语》,《熊十力全集》(第七卷),第 7 页。
③ 熊十力:《新唯识论》(文言文本),《熊十力全集》(第二卷),第 27 页。
④ 熊十力:《新唯识论》(文言文本),《熊十力全集》(第二卷),第 37 页。

明,不碍幻有,名为色空。"①从法藏的论述中可以看出,华严宗认为万物是诈现的相,"师子相虚""师子不有";但是事物相状的不实有并不能代表事物本体的虚空,"唯是真金""金体不无",可见华严宗是反对本体彻底虚无的。熊十力空现象而不否认本体存在的理路是与华严宗这一思想一脉相承的。

进一步来看,熊十力在吸收了华严宗"即体即用""圆融无碍"思想的基础上,针对唯识学关于种子与现行二分关系的论断进行斥破。因此,华严宗"即体即用"的思想不仅成为他批判唯识旧学的武器,也成为他日后构建其新唯识哲学体系的基点。熊十力选择华严宗的另一个原因是他认为华严宗的思想与其他佛教思想相比,更具有"入世"精神。对于华严宗不舍世间的精神,熊十力曾明确说:"(《华严经》)又示人以广大的行愿,可以接近入世的思想。佛家演变殊繁,此经却别具特色。"②在《华严经》中,"法界"是出现频率最高的名词之一,而《入法界品》作为全经的总结,提供了如何深入法界和随顺法界的典型例证,这一品即可概括《华严经》入法界、随顺法界理论的全貌。在《入法界品》中,我们可以很明显地看出,"入法界"实质是"入世间"。善财童子所寻访的善知识,既有人,又有诸夜天、大天、地神,还有文殊、普贤、弥勒三位大菩萨。除了三位大菩萨,其他善知识都不是跳出三界外、不在五行中的"圣",而是处于生死轮回中的"凡"。善财进入法界,即是走向人间,走向世俗。因此,作为成佛依据的佛法总合"真实妙法界",并非超脱于世俗世界之外,而是体现在世俗生活之中。世间就是法界,成佛修行即在世俗生活之中,世间就包含和拥有了一切。③

当时,马一浮已注意到熊十力与华严宗之间存在的微妙联系,他在文言文本《新唯识论》的序言中指出:"十力精察识,善名理,澄鉴冥会,语皆造微。早宗护法,搜玄唯识,已而悟其乖真,精思十年,始出境论。将以昭宣本迹,统贯天人,囊括古今,平章华梵。其为书也,证智体之非外,故示之以《明宗》;辨识幻之从缘,故析之以《唯识》;抉大法之本始,故摄之以《转变》;显神用之不测,故寄之以《功能》;徵器界之无实,故彰之以《成色》;审有情之能反,故约之以《明心》。其称名则杂而不越,其属辞则曲而能达。盖确然有见于本体之流行,故一皆出自胸襟,沛然莫之能御。尔乃尽廓枝辞,独标悬解,破集聚名心之说,立翕辟成变之义。足使生、肇敛手而咨嗟,

① 〔唐〕法藏撰:《金师子章云间类解》,《大藏经》第45卷,第663页。
② 熊十力:《转变》,《熊十力全集》(第三卷),第136页。
③ 参见魏道儒:《中国华严宗通史》,第32页。

夔、基挢舌而不下。拟诸往哲,其犹辅嗣之幽赞《易》道,龙树之弘阐中观。"①这段序言概括了熊十力的学思进路,分析了篇章结构和思想主旨,点明了熊十力已意识到待缘而起的识相只是空幻,物质宇宙亦并非实存,应当透过这些虚空万相来反观本心。马一浮将熊氏比诸阐发周易义理的玄学家王弼和印度大乘佛教中观学派创立者龙树菩萨,以竺道生、僧肇等佛学大师相高,真可谓推崇备至。这从另外一个方面说明此时熊十力的思想立场还属于佛家,并且接近受到中观学派影响的华严思想。

虽然《新论》得到了马一浮等人的肯定和褒扬,却也引发了以此书为焦点的长达数十年的儒佛论战的公案。论战由内学院院刊《内学》第六辑发表的刘定权的《破新唯识论》而开始,欧阳竟无大师亲自为刘文作序,直斥熊十力"逞才智""乳臭牖窥""灭弃圣言量"。

在众多对熊十力《新论》的批评中,太虚大师的评论显得格外殊异。1933年,《海潮音》十四卷第一期发表了太虚法师的《略评〈新唯识论〉》,此文与欧阳竟无学派关于《大乘起信论》的论战相联系,认为南京支那内学院掊击《起信》,几乎将宗《起信》立说的华严宗哲学一蹴而掊之。太虚认为:"大乘佛学分唯识、性空、真心三宗。中国之禅、贤、台属真心宗,熊论近之,于佛学系应名真心论,不应题唯识论。"②他认为熊十力的哲学思想旨在"直明实体,不在依幻用而彰性相","主反求实证相应,鞭辟入里"③,更靠近真如宗之宗门,进而,他明确指出熊十力之哲学思想可称为"新贤首宗"。

要理解太虚大师的这一界定,我们就要厘清华严宗的派别归属。华严宗无疑是佛教中国化之后产生的宗派,因此作为佛教中国化产物的华严宗与印度传统佛学中空、有二宗既有联系又有区别。首先,华严宗提倡世间万物的幻有,自是不属于大乘有宗一脉。其次,华严宗与大乘空宗亦有所区别。前面我们已经提到法藏对有、空的诠释,可以看出华严宗是讲法空性不空的。姚卫群在《华严宗与般若中观思想》一文中认为华严宗"受般若思想发展的主要形态——中观派思想的重要影响"④,但华严宗在发展过程中对吸收的中观派思想都有所扩充和发展。尤其与空宗中观派不同的一点是,中观派明确反对说事物有自性,但是华严宗却指出世间万相都

①　熊十力:《新唯识论》(文言文本),《熊十力全集》(第二卷),第7页。
②　熊十力:太虚《〈新唯识论〉语体文本再略评》,《熊十力全集》(附卷上),第157页。
③　熊十力:太虚《略评〈新唯识论〉》,《熊十力全集》(附卷上),第46页。
④　姚卫群:《华严宗与般若中观思想》,《中华文化论坛》1996年第4期。

是真如本体的显现。通过以上的分析,我们就可以否定华严宗属于空、有、中的任何一派。那么,在华严宗的派别划分上,本书赞同太虚大师的看法的。太虚大师按照窥基的说法,将佛教分为法性空慧宗、法相唯识宗和法界圆觉宗这三个流派,即是般若学、唯识有宗和真如宗,而阐发如来藏大义的台、禅、贤即属于真如宗。按照印顺的划分,则是真常唯心系。《大乘起信论》对真常唯心系的佛学思想之建立有着甚为关键的影响,并且对台、禅、贤的建宗立教亦发挥了重要作用,而在这三个宗派之中,华严宗对《起信》的吸收是最为全面的,因此,华严宗的教义最能代表真常唯心系思想。熊十力曾指出:"华严诸师,似以真谛为宗主,于《起信》特别尊崇。谓其学问,即以《起信》为骨子可也。"[1]

在深入剖析华严宗的派别归属之后,我们可以明确,太虚大师谓熊十力哲学为"新贤首宗"表现了深刻的哲学洞见。

三、从归儒到造道

从《新唯识论》文言文本成稿以来,熊十力就开始了他新哲学体系构建的思辨之旅,新体系的构建是以斥破唯识旧学为开端的,构建的过程中不仅吸收了中国传统儒、释、道的思想,也对印度佛学、西方哲学等思想有所扬弃。

1936 年,《佛家名相通释》成稿,这是一部包含了熊十力哲学、佛学思想的佛学辞典。在该书的《撰述大意》中,熊十力对佛教哲学给予了充分的肯定。在宇宙论方面,佛学主张摄物归心,并不是不承认客观外物,只是认为外物客体离开了主体就失去了意义。人生论方面,佛学辨明染净,以转识成智、舍染成净、离苦得乐为最高的人生旨趣。在认识论方面,佛学由解析而归趣证会,证会即是超越了寻思与知解的境地。在这些方面,熊十力就佛教对哲学的贡献给予了高度肯定和表彰。[2]

1944 年,语体文本《新论》被"中国哲学会"纳入《中国哲学丛书》甲集,由重庆商务印书馆出版。此书凝结了熊十力近二十年的心血,标志着他的思想体系的建立与成熟。郭齐勇认为,语体文本的《新论》才是熊十力哲学的第一代表著作。语体文本《新论》在扬弃唯识的基础上,会通儒佛,归宗于大《易》,并努力抉择、吸收西方哲学的理性智慧,以"体用不二"

① 熊十力:《与汤锡予》,《十力语要》卷二,《熊十力全集》(第四卷),第 235 页。

② 郭齐勇:《天地间一个读书人——熊十力传》,上海:上海文艺出版社,1996 年版,第 76 页。

立宗,拓展出"心物不二、能质不二、吾人生命与宇宙大生命本来不二"等旨趣,他以区别于"习心"的"本心"作为万化之源、万有之基的"仁体",是永恒绝对的本体,不仅主乎吾身,而且遍为万物之主。此一本体不仅是万物的主体,而且是流行变化、化生万物的一个过程。本体显现为万殊的功用,既有由摄聚而成形相的动势,名为翕;也有刚健而不物化的势用,名为辟。翕辟相反相成,是一个整体的两个方面,在本体的生生不息、大用流行方面,他借鉴了《易》的"健动"的思想,而在体用关系方面,他则吸收了华严宗"即体即用"的义理。熊十力在书中反复强调"无体即无用,离用原无体",认为"离用言体"即是于"性体无生而生之真机不曾领会",工夫要在即用显体,从用中悟出本体。语体文本《新唯识论》高扬了道德理性,强调精神生命的自发自开与活泼洒脱,着重于儒学的形上之维的豁显与澄明,将现实关怀的传统视域和形上思辨的理论建构在时代高度上达到新的统合和贯通。

　　除了语体文本的《新唯识论》,《十力语要》和《〈十力语要〉初续》也陆续得以出版发行。宋志明强调:"这三部书可以说是熊十力表达'新唯识论'思想体系的力作。"[1]

　　从1932年文言文本《新论》诞生到1944年语体文本《新论》问世,熊十力经历了立"新唯识"到自成体系的过程。在这个过程中,他扬弃佛学的理论思维成果,参证西方哲学的思想材料和方法,在此基础之上再归宗儒家、整理国故,最后创立起推陈出新的"一家之言",构建起以"体用论"为中心的哲学体系。

　　熊十力认为儒家思想的精髓在于"尊生健动"的哲学精神和生命态度。儒家重视生命的刚健有为和参赞化育,既反对消极遁世,亦不赞成功利主义,而要求对现实的境界超越,这种哲学精神的确是儒学所特有的,也是它具有普遍价值和积极意义的地方。熊十力以哲学化的表述和系统性的建构,深刻揭示了儒学的真精神和独特性,充分肯定了儒学在现代社会的价值和作用,有助于提振民族自信和凝聚民族精神。熊十力的理论体系具有宏大的规模、深湛的学思、精致的推演和思辨的魅力。牟宗三予以高度颂扬:"儒学之复兴,中国文化生命之昭苏,至先生始真奠其基,造其模,使后来者可以接得上,继之以前进。彼之生命,直是一全幅是理想与光辉之生命。"[2]所以身后子弟弥众,由牟宗三、唐君毅、徐复观等传续薪火,产

①　宋志明:《熊十力评传》,南昌:百花洲文艺出版社,2014年版,第28页。
②　牟宗三:《生命的学问》,桂林:广西师范大学出版社,2005年版,第93页。

生了重要而持续的学术影响。

第二节　熊十力对华严思想的会通

从熊十力的一生来看,他与佛教颇有渊源,在支那内学院学习的三年间,他翻阅了大量佛教典籍。后来他批判唯识学、归宗大《易》、创立自己的哲学体系,而此体系构建的基点与核心即是体用论。在这一核心论点上,熊十力会通、诠释了华严宗思想中的"法界缘起"与"即体即用"的义理,并将这一核心扩展到其整个思想体系之中。

一、熊十力对华严本体论的会通

熊十力的体用观"以体用不二为宗极",其中的"体"即是他所谓的"本心",心本体恒转而当下显现为世间万殊。这种显现并不待缘而起,是其自身自然而然的发用,亦所谓"即体即用",并不是在"本心"之外而别有一个万物之境。"体用不二"作为整个哲学体系的主线,贯穿了熊十力整个哲学思想体系。若我们以华严宗"法界缘起"的视角来看待熊十力的思想,则可以更好地理解其宏大体系的主要特色。

郭齐勇指出,熊十力"不二"的理论架构来自佛学。从佛学的发展历程上溯,"不二"的理论架构起源于《大乘起信论》。前面已经提到,《大乘起信论》对华严宗的立教起到极为重要的作用,智俨、澄观等华严大师对《大乘起信论》也都做过华严视角的阐发。法藏更是将《大乘起信论》的核心"一心二门"诠释为华严的"一体二用"之教义。除此之外,华严宗以真如论为基础,融摄如来藏缘起理论,进而形成华严宗特有的"如来藏—法界缘起"思想。从立教基础、思想来源来看,华严宗无疑有着浓厚的真常唯心论的色彩。华严宗讲"法界缘起",其实质是"即体即用"。华严宗以如来藏真心为佛性,即为本体,除了以水波之喻来阐述心即世间的道理,法藏更是在《华严经义海百门》中确切的提到"心境无二"的观点。

相比于华严宗真常唯心系的派别归属,当我们反观熊十力的哲学思想时,我们也看到"本心"在其体系中的"一本万殊"的重要地位。正因熊十力在以"本心"为本体构建其"体用不二"的本体论时对华严宗相关教义有所会通,王恩洋才会在《评〈新唯识论〉者之思想》中认定熊十力的哲学为"一元的唯心论",而郭齐勇在《熊十力哲学研究》中则更进一步称熊十力的思想为"心物合一的泛心论"。石峻先生亦认为熊十力"比较接近于华严宗'一切有情，皆有本觉真心'的所谓'了义实教'"①。这些观点都指向了熊氏哲学本体论与华严学的内在关联。

(一)体用不二

华严宗的核心教义"法界缘起"又被称为"无尽缘起""性起缘起"，"以不起为起"是该思想的应有之义。华严宗认为，一切事物或现象都是本体直接的、全部的显现，它们的生起是无条件的、绝对的。"一心"或"佛性"作为世界的本原，是真实、永恒、无条件的一种存在，那么，作为它的作用或表现的一切现象也是真实、永恒、无条件的存在。在这种把本体与现象完全重合为一的方法论指导下审视现实世界，它的所谓的"起"自然是"不起"，因为世间万物的产生和存在都是同时而具足的，它们在产生的时间上没有先后之分，叫作"同时"，而把它们没有增减变化的状态称为"具足"。② 也就是说，在华严宗看来，本体是直接的、全部的显现为一切事物或现象的，这样的显现是绝对的、无条件的，并且，本体与现象是"一即一切"的不可分离的整体，各种事物或现象之间也是亦相即亦相入的融合关系。华严宗用一多关系来说明："于一切法中知一切诸法，于一切法中，亦知一切法。"③"观缘起法，于一法中解众多法，众多法中解了一法。"④

"法界缘起"中讲到"一"与"一切"的关系问题，主要包含两个方面：其一是相容关系，即"一中多，多中一"；其二是等同关系，即"一即多，多即一"。华严宗用"一"与"一切"解释本体与作用、本质与现象的关系。此时的"一"是抽象的，是生起万有的本原，也是一切现象的本质规定，而"一切"则指"事""法"等无穷尽的个体和现象。"一即一切"表述了本体显现为各种各样的事物，"一切即一"则体现了各种各样的事物具有共同的本质。华严宗把"一"与"一切"的关系概括为四法界，即事法界、理法界、理事无碍法界和事事无碍法界。事法界指殊相万千的现象界；理法界指一切法的共同本质；理事无碍法界指理与事、本质与现象、实相与诸法是二而一的关系，水波交彻，圆融无碍；事事无碍法界指一切诸法都相即相入，合彼此，齐物我，一色心，现象之间混然融通。他们用水波之喻来更为形象地表述理事关系："如全大海，在一波中而海非小，如一小波匝于大海而波非大，同时全遍于诸波而海非异，俱时各匝于大海而波非一。又大海全遍一波

---

① 石峻：《熊十力先生的学术道路》，《玄圃论学集》，北京：生活·读书·新知三联书店，1990年版，第55页。

② 魏道儒：《中国华严宗通史》，第6页。

③ 〔晋〕佛驮跋陀罗译：《金刚幢菩萨十回向品》，《大藏经》第9册，第530页。

④ 〔晋〕佛驮跋陀罗译：《十明品》，《大藏经》第9册，第580页。

时，不妨举体全遍于诸波，一波全匝大海时，诸波亦各全匝，互不相碍。"①
我们在熊十力的思想体系中便可窥见华严宗思想中这种相容相等的关系。

　　熊十力在区别哲学与科学时认为："只有本体论是哲学的范围，除此以
外，几乎皆是科学的领域。"②因此，他的哲学体系是以本体论为基点构建
起来的，而其中"体用不二"的命题不仅是熊十力本体论思想的核心，也是
其整个哲学思想体系的中心，这一论点的提出是基于他对旧唯识学"种子
说"的斥破，在批判唯识学种现分离的过程中逐渐建构起"体用不二"的理
论体系。熊十力"体用不二"的思想与华严宗的核心教义——"法界缘起"
不谋而合，事实上，熊十力的"体用不二"正是基于对华严宗思想的吸收与
诠释。

　　熊十力"体用不二"思想的核心是"即体即用""即用显体"，他曾多次
借用水波之喻对其"体用不二"的思想进行诠释。他以大海水比喻本体，
万物喻为海水显现的众沤，即每一沤都是大海水的全整的直接显现。站在
大海水的观点上，大海水是全整地现为一个一个的具体的沤，是超脱于无
量的沤之上而独在的。若站在沤的观点上，即每一沤都是揽大海水为体，
这每一沤实际上都是大海水的全整的直接显现者。③ 这即是他所说"即体
而言用在体""即用而言体在用"，用是体的完全的显现，体本是"一"，却遍
现为"一切"；"于兹万化皆是一真"，即是说这"一切"都共同具有"一"的
本质，用完全地体现了体。如上，我们已经看到华严宗用水波之喻来描述
其理事关系，事实上，熊十力用来诠释体用关系的水波之喻便是承袭华严
宗，华严初祖杜顺曾以水波关系比喻"事理圆融"，不一不殊。他说：

　　　　其犹水波为喻，高下相形是波，湿性平等是水。波无异水之波，即
　　波以明水；水无异波之水，即水以成波。波水一而不碍殊，水波殊而不
　　碍一。不碍一，故处水即住波；不碍殊，故住波而恒居水。何以故？水
　　之与波别而不别故。④

　　法藏也曾用百川与大海的关系，来说明"理事互融，体用自在"以及
"用即体""体即用"的道理。

————————————

　　① 〔唐〕法藏：《华严发菩提心章》，《大藏经》第45册，第653页。
　　② 熊十力：《明宗》，《熊十力全集》（第三卷），第14页。
　　③ 熊十力：《明宗》，《熊十力全集》（第三卷），第13页。
　　④ 〔唐〕杜顺：《华严五教止观》，《大藏经》第45册，第511页。

　　熊十力之所以会提出"体用不二"的本体论思想作为其立论之宗极，除了有他对华严宗"即体即用"思想的吸收，亦是因为他看到了中外哲学家在对体用问题的解答方面存在的"谬误"。第一，谈到本体，绝大多数人似乎都是要向天地之外寻求一个宇宙的本源，这种错误的观点是最为典型和普遍的。此一观点割裂了体用之间"不一不二"的关系，硬要在"用"之外求个"体"，这便是要在宇宙万有之外而纯任想象去构建一个宇宙实体。第二，"西学不谈本体者且勿论，即在谈本体者，亦是徒逞偏见，终成无体之论"①。即是说西方哲学家更为推崇理性思辨的客观分析，在无法证得实体的情况下便容易走向不可知论，这种无体之论直接抹杀体用之间的关系，与熊十力"体用不二"的本体论思想大相径庭。因此，熊十力说："有用而无体，则用乃无原而凭空突现，如木无根而生，如水无源而流，高空无可立之基而楼阁千万重居然建筑，宇宙间哪有此等怪事？应知，无体则用之名亦无由立。"②第三，"西学蔽于用而不见体"，这是熊十力所批评的第三种错误观点。熊十力认为，西方哲学虽然学派众多，但归结起来不外唯物与唯心，唯物论者视物质为世界的本原，唯心论者则认为精神才是万有之元。但在熊十力看来，物质和精神都属于现象范畴，"精神物质都是本体之功用"，是本体大用流行的两个方面。因此，唯物唯心都犯了以体为用的错误，本质上来说亦是一种"无体论"，这种观点取消了本体的存在，本体不存，体用之名则亦不可成立。熊十力之所以在讨论本体与现象之关系时选用传统中国哲学中的"体"与"用"，正是因为本体与现象在西方哲学中往往无法融为一体，易将二者截为两段而走向"无体论"，或是误导人们在现象之外而另寻一个所谓本体。熊十力认为，若以"现象"名之，则有执着于万物实有之相之嫌，以"用"名之则可以更好地体现出本体现起的势用。他解释道："现象界即是万有之总名，而所谓万有，实依本体现起之作用而假立种种名。故非离作用，别有实物可名现象界，是以不言现象而言用也。"③

　　基于对华严宗思想的吸收与对体用谬误观点的剖析，熊十力提出自己对"体"与"用"的定义及对体用之关系的看法。

　　　　用者，作用或功用之谓。这种作用或功用的本身只是一种动势

①　熊十力：《体用论》，《熊十力全集》（第七卷），第126页。
②　熊十力：《体用论》，《熊十力全集》（第七卷），第96页。
③　熊十力：《卷中后记》，《熊十力全集》（第三卷），第276页。

(亦名势用),而不是具有实在性或固定性的东西。易言之,用是根本没有自性。体者,对用而得名。但体是举其全身现为分殊的大用,所以说它是用的本体,绝不是超脱于用之外而独存的东西,因为体就是用的本体,所以不可离用去觅体。①

　　体是要显现为无量无边的功用的,用是有相状诈现的,是千差万别的,所以,体不可说,而用却可说。用,就是体的显现。体,就是用的体。无体即无用,离用元无体……我们赵就大用流行,诈现千差万别的法相上,来作精密的解析,便见得大用流行不住,都无实物,即于此知道他只是真实的显现。易言之,我们即于无量的分殊的功用上,直见为一一都是真实的显发而不容已。②

从熊十力的这两段话可以看出,他把一切现象看作本体的功用,由于本体是无量无边、无形无相的,因此无法言说,不可思议,而现象则是千差万别的诈现的相状,因此,我们要认识本体,必要通过本体的大用流行及作为本体之显现的万事万物。无"异体而独存之用",即用即体;亦无"异用而独存之体",即体即用。

1. 破相显性

熊十力论证其"体用不二"思想的首要任务是"破相显性",如此才能如其所说"空现象而后可见体"。他说:"站在玄学或本体论的观点上来说,是要扫荡一切相,方得冥证一真如法界。(一切物的本体,名为法界。一者,绝对义,非算数之一。真者,真实。)如果不能空一切相,那就不作见真实了。(真实,谓本体)"他以麻绳之喻来阐释"空现象而见本体",用绳子比喻现象,用麻来比喻本体,要空了绳子的相,方能直接见它只是一条麻,若绳子之相未空,那我们认识到的就只是一条绳子。由此可见,在本体论上来说,我们是要扫荡一切相的。哲学家谈本体,往往会把本体与现象相对立,把现象看作实有的,同时,把本体看作是现象背后或者超越于现象之上而成为现象之根源的一种存在。或许有的哲学家能够认识到本体并不是超越于现象之上的一种存在,但依旧不可避免将本体与现象说成二片。认定现象为实有,则不能空现象。不能空现象,则只把他当作现象,就不能深刻认知到它就是本体的呈现。所以,在本体论的观点上,熊十力认为,我们是不可以承认现象为实有的。

---

① 熊十力:《功能(上)》,《熊十力全集》(第三卷),第151页。
② 熊十力:《唯识(下)》,《熊十力全集》(第三卷),第79页。

熊十力运用"缘生"一词来扫相，但是他反对无著和世亲两位大师对"缘生"之意义的改变。他认为，有宗把诸多的缘看作一个个的分子，于是，"心"就成为由众多的缘和合而构成的一种实有，这与当初印度佛家所说的"缘生"几乎是背道而驰的。印度佛家认为，"心"只是众多的缘相互藉待而诈现的相状，它是没有自体的，亦非实在。熊十力认同印度佛家对"缘生"的看法，反对将其看作构造论。在熊十力看来，"缘生"一词只是遮拨那些执着于现象实存之谬见，绝不包含众缘实有的含义。他借用空宗的遮诠法对此进行解释："缘生一词，是对那些把心或识看作为有自体的一般人，而和他说，所谓心或识只是众多的缘互相藉待而诈现的一种虚假相，叫作缘生。……根本不是表示心或识由众缘和合生故，而恰是对那些执定心或识为有自体的一般谬见，假说缘生，以便斥破。"①换句话说，就真谛而言，对于一切事物，如果我们不把它们当作任何事物来想，就可见到它们绝对的、真实的本体，那么缘的观念自然不复存在，如此便达到了空相而见本体的目的。

扫相之后，我们所见的本体并非是万有的共相，若是把本体看作共相，那它便已物化，就不可能显现为宇宙万殊，对我们而言，本体是我们无可措思的。熊十力认为，本体应含有六义：其一，本体是备万理、含万德、肇万化、法尔清净本然，即是说本体无待而成，并且永不改变；其二，本体是绝对的；其三，本体是幽隐的，无形相的，即是无空间性；其四，本体是恒久的，无始无终的，即是无时间性；其五，本体是全的，圆满无缺的，不可剖割的；其六，本体是难以言说的。

2. 翕辟成变

熊十力赞同华严宗理事无碍、即体即用的教义，他从"即体而言用在体"和"即用而言体在用"这两个方面来延伸阐释体用不一不二的关系："摄动有归寂无，泊然无对；会寂无归动有，宛尔万殊。"②他认为，体至寂而善动，至寂是体现"其德恒常而不可易"，善动则表明本体"化至神而不守故"。因此，他为本体安立一个"恒转"之名，以显本体非断非常之特征，这种恒转的动势即是一翕一辟之功用。翕，是由摄聚而成形相的动势，以此来形成一一的实物；辟，是刚健而不物化的势用，运于翕中却能自为主宰，显其至健，使翕随其转。在熊十力的思想体系中，本体必须是能动的，具有生化功能的，即是他所说"无为而无不为"，只有这样才能当下转化，显现

---

① 熊十力：《唯识（下）》，《熊十力全集》（第三卷），第 75 页。
② 熊十力：《功能（下）》，《熊十力全集》（第三卷），第 240 页。

为万用,这样的转化不是通常的含义,而是法尔如是、自然而然的"恒转"。这便是"即体即用"中"即"字内涵的体现,同时本体还要生而具有真实且纯善的特性。如此看来,只有华严宗最符合熊氏的理论期望,所以,熊氏"体用不二"的思想能够处处显现出与华严宗法界缘起思想的承续相接之处。

"依恒转故,而有所谓翕,才有翕,便有辟。唯其有对,所以成变。"①本体要显现为万殊的功用,就不能不有所谓的"翕"。本体是无形无相之存在,要显现为万有则必经过物化之功用,"翕"的势用将使本体几乎完全物化,似将不守其自性,此时,"辟"的势用即起,谓与"翕"俱起,即是同时而起、无分先后之意,它与"翕"相对,用以保证体之自性不被物化。也就是说,"翕""辟"势用虽是变动的,然本体则是不变的。"翕"的势用是与本体相反的,是将实有而非物的本体摄聚成物的一种势用,是物化的。而"辟"虽不是本体,却也不是物化的,它依本体而起,是本体自性的显现,即谓"举体成用"。熊十力认为其中"举体"二字颇为吃紧,"本体之现为功用,是举其全体悉成为一切功用。这种用是流行无碍的,是能运于翕而为翕之主宰的"②。

"恒转,即本体之别名。举体云者,谓恒转举其全体而显现为翕和辟也。"③简单来说,就是本体显现为大用,则必经一翕一辟之势用。所谓"翕",是辟的势用所运用之具。这方面的动向,是与其本体相反的。而所谓"辟",才是称体起用。此中称字,甚是吃紧,谓此用是不失其本体的德性。熊十力以冰水为喻,冰不失其水之本性,故云称也。辟与翕反,而其流行无碍,能运用翕,且为翕之主宰。翕虽成物,其实亦不必果成为固定的死东西,只是诈现为质碍的物,只是一种迹象而已。翕辟相反相成,毕竟是浑一而不可分的整体,若能明白熊氏所言"翕辟",则可明白万变的宇宙的内容是含有内在的矛盾而发展的。④

熊十力对其所谓"恒转"之"变"的解释中更可以处处显见"十玄门"的影响,尤其是他对"变"之"活义"的诠释,完全就是以他自己的语言描绘出华严宗——相容相摄相入、各具重重无尽境界的事事无碍法界。

熊十力对"变"的"活义"解释主要分为六个方面,用以说明他的"变"并非所谓通常"动"的含义。第一,无作者义,体为恒常,故无造作,体之翕

---

① 熊十力:《转变》,《熊十力全集》(第三卷),第99页。
② 熊十力:《转变》,《熊十力全集》(第三卷),第103页。
③ 熊十力:《转变》,《熊十力全集》(第三卷),第113页。
④ 熊十力:《转变》,《熊十力全集》(第三卷),第105页。

辟势用是自然而然发生的,是体自身之显现;第二,幻有义,如前所说,本体显现为大用流行,其实就是翕辟动势刹那诈现的,是没有暂住的,这种变动的动势之本体即是恒转,如果抛开恒转,则动势是没有自体的,所以把这种动势说为"幻有";第三,真实义,虽然变动的势用为"幻有",但这种动势的根本是绝对的恒转的显现,换言之,恒转即是变的实体,所以,我们若从变的实体上来理解,那么这种变就是至真至实的;第四,圆满义,举全体而成的一事一物莫不各各圆满,均无亏欠,如海水显现为众沤,每一沤都以大海水之全量为体,毫无亏欠;第五,交遍义,恒转已举其全体为万殊妙用,如帝网重重,众生无量,世界亦无量,各人有各人的宇宙,却是亦一亦多,亦是多不碍一、一不碍多,譬如张千灯于一室,这千灯的光是各各遍满这一室的,却又互不相碍,因此谓之"交遍";第六,无尽义,恒转之变乃是无穷的妙用,是绝对真实的显现,法尔万德具足,无有所待,故无竭尽。由以上六义之阐释,我们明显可以看到华严宗"十玄门"中因陀罗网境界门、同时具足相应门、一多相容不同门等对熊十力思想的影响。

(二)心物不二

在《大乘起信论》的"一心二门"框架下,一心具有不变随缘、随缘不变义,因此理事无碍被收摄到心体上来予以说明。澄观《华严经行愿品疏》卷一明确地说"法界"即是"一心",曰:"然其法界,非界非不界,非法非不法,无名相中强为立名,是曰无障碍法界。寂寥虚旷,冲深包博,总该万有,即是一心。"事实上,法藏对《大乘起信论》"一心二门"的思想继承更为显著。

智俨讲"性起缘起",他在对《宝王如来性起品》中的"性起"一词作解释时说:"性者,体;起者,现在心地耳。"法藏也在《妄尽还源观》中指出:"依体起用,名为性起。"[1]从体用关系方面立论,是法藏性起说的显著特点,他所谓的体与用,其实可概括为"一体二用"。

首先,他对"一体"进行了说明:

> 一显一体者,谓自性清净圆明体,然此即是如来藏中法性之体。从本已来,性自满足;处染不垢,修治不净,故云自性清净。性体遍照,无幽不烛,故曰圆明……亦可在圣体而不增,处凡身而不灭……《起性论》云:"真如自体,有大智慧光明义故,遍照法界义故,真实识知义故,自性清净心故。"

---

① 〔唐〕法藏:《修华严奥旨妄尽还源观》,《大藏经》第45册,第639页。

可见,法藏所讲的"一体"便是"自性清净心",它是具足一切、恒常不变、绝对静止的实存,它是产生世间和出世间一切现象的本原,遍在于一切现象中,成为一切现象的本质。关于"心"为本体的说法,华严宗中并不少见,《十地品》中就曾提出过影响颇为深远的"三界虚妄,但是心作"的命题,《夜摩天宫菩萨说偈品》中亦说到"一切从心转""心造诸如来","诸如来"包括了世间一切应化佛,而一切应化佛的总和就等于卢舍那佛,虽然并未明确说卢舍那佛亦是"心"所创造的,但也已暗含了这样的倾向性。华严宗的"心"从智俨开始便被定义为以如来藏为性体的究竟自性清净心,但法藏是第一个将这如来藏的真如心解释为"动态真如"的。他明确提出:"真如有二义:一、不变义,二、随缘义。"

> 虽复随缘成于染净,而恒不失自性清净,只由不失自性清净故,能随缘成染净也。……非直不动性净,成于染净。亦乃由成染净,方显性净。非直不坏染净,明于性净。亦乃由性净故,方成染净。是故二义全体相收,一性无二。①

法藏在此段叙述中指出"不变"与"随缘"都是真如心所具有的特性,并且特别强调正因为真如心本具净性,才能起染起净。通俗地来讲,即是说这万事万物的本体是本自清净无染的,但由于很多客观原因会因熏习而有"染",即便此心由于世俗豁染而蒙尘,却依旧不改其清净自性,就像法藏以明镜蒙尘来对真如心之染净进行说明一样。"随缘成染净",从法藏的这一描述中我们可以看出,法藏对印度佛学中传统认为"心"是绝对寂静之存在有所改观,真如心虽不改其至纯至善之本性,但却随顺众缘而产生变化。

法藏对"二用"作了如下描述:

> 依体起二用者,谓依前净体起于二用。一者,海印森罗常住用。言海印者,真如本觉也,妄尽心澄,万象齐彰。……经云:森罗及万象,一法之所印。言一法者,所谓一心也。是心即摄一切世间、出世间法。即是一法界大总相法门体。唯依妄念而有差别,若离妄念,唯一真如,故言海印三昧也。……二者,法界圆明自在用,是华严三昧也,谓广修万行,称理成德,普周法界而证菩提。

---

① 〔唐〕法藏:《华严一乘教义分齐章》,《大藏经》第 45 册,第 499 页。

法藏所讲的这"二用"是依据《贤首品》中讲到的两种禅定，即"海印三昧"与"华严三昧"，显然，法藏在此论述的已与原经相去甚远。法藏所说的"海印三昧"是从理论形态上来讲体与用的关系，强调本体就是现象；而"华严三昧"则是从解脱论的角度阐述体的"圆明自在"，心体具有成佛的一切，因此，修心就可以达到解脱，即是法藏所说"普周法界而证菩提"。

在语体文本《新唯识论》开篇第一章的《明宗》中，熊十力就提纲挈领地强调："今造此论，为欲悟诸究玄学者，令知一切物的本体，非是离自心外在境界，及非知识所行境界，唯是反求实证相应故。"①

熊十力的"体"是指宇宙之本体，其体用论意在说明本体不是共相，不是宇宙万有的总计、总和或总相，而是宇宙万有的法性，他认为现象世界里每一事物都是"本心"之全体，这主要还是华严宗的理路。② 熊十力将"本心"称为体，并把体用关系与心物关系联系在一起，强调"这是哲学上的根本问题"，他主张"心即是本体"，物质世界为用。

熊十力将翕名为物、辟名为心，"心"亦有本心与习心之区别，只有"吾人的本心，才是吾身与天地万物所同具的本体"③，断不可以习心作本体。习，指的是官能的作用，我们因为要获取万物用以维续生活，因此会习于追求种种物，这种迷逐万物是惯习的、不自觉的，于物而起追求，就会把一切物看作外在的境，亦复由此，则更加驱使自己的内心去向外追求种种境，这种闭环式的追求与驱使周而往复，自然随日久而成为一种惯习，我们每一动念，都会由此来操控，换言之，这种惯习的势力就逐渐地成了我们的心，这就是所谓的"习心"，乃为物化者也，与物相对，在这种心的操控下，人们会认定一切物都是外在的境，从而执定境为心外独存。习心亦即是妄执的心，是取境的识。取字有三层含义：其一，心行于境；其二，心于境起思虑等；其三，心于境有所粘滞，如胶着然，即名为执。④ 很多人不承认有本来的心，正是因为妄执的心占据了本心的地位，因此，人们才会把妄执的心看作实有，进而把境或识亦当作实在的，这是十分错误的。

对这种认为离心之外别有实存之境的谬见，熊十力认为主要有两种原因。第一，应用不无计。"计"乃是推求之意，这是从妄计产生的原因方面来讲的，在日常生活中，由于存在应用事物的惯习，从而认为有外在实存的境。第二，极微计。此观点认为世间万物由极细微的颗粒构成，这些颗粒

---

① 熊十力：《明宗》，《熊十力全集》（第三卷），第13页。

② 郭齐勇：《熊十力哲学研究》，第44页。

③ 熊十力：《明宗》，《熊十力全集》（第三卷），第18页。

④ 熊十力：《唯识（上）》，《熊十力全集》（第三卷），第24页。

是真实存在的,因此万法不虚。熊十力认为外道和小乘首先创见的这种"极微"是在世间极成的范围里设定为实有的,世间极成即是说在日常生活方面,承认物理世界是实在的,这与科学家曾在经验界和物理世界设定原子、电子等为实有是一个道理。但从玄学的角度来看,这些极微的实在性就值得怀疑了,玄学穷究一切物之本体,这种本体是绝对的、真实的、整全的,而世间极成、物理世界里的这些极微的事物,在玄学看来都不是独立而实在的,它们都只是绝对真体现为大用而假名事物罢了。

相对"习心"而言,"本心"则是无对、先形气而自存的。它有两个特点。一、本心是虚寂的,无形无相为虚,性离扰乱为寂。寂,"其化也神;不寄则乱,恶乎神,恶乎化"。虚,则"其生也不测;不虚则碍,奚其生,奚其不测"。二、本心是明觉的。离暗谓明,无惑谓觉。"明觉者,无知而无不知。无虚妄分别,故云无知。照体独立,为一切知之源,故云无不知。备万理而无妄,具众德而恒如,是故万化以之行,百物以之成。群有不起于惑,反之明觉,不亦默然深喻哉"。① 熊十力认为:"此真性之存乎吾身,恒是虚灵不昧,即为吾身之主,则亦谓之本心。故此言心,实非吾身之所得私也。乃吾与万物浑然同体之真性也。然则反之吾心,而即已得万物之本体。吾心与万物本体,无二无别。"②此本心并无形相,却可遍现为一切物,悠然无待,能够完全地显现为一切无遗之物,成为世界万物之本体,却又能够不役于物,不产生物化之变,可谓此心"至无而妙有"也。

熊十力之所以将其思想称为"新唯识",即是对"唯识"之义有别样理解。首先,在熊十力看来,"唯"乃特殊之义,而非唯独义。"心是能了别境的,力用特殊,故于心而说唯……心是了别的方面,境是被了别的方面,境必待心而始呈现。③"因此,或许将此称为唯心更为恰当。其次,唯为特殊义,识乃心之异名,宇宙万化之本原乃是本心,此即为最特殊之处,从大用流行的方面来说,本心宰物而不为物役,也足以称得上特殊。熊十力指出:"《新论》究万殊而归一本,要在反之此心,是故以唯识彰名。"④在旧的唯识论中,识是与境相对的妄执之心,而在熊十力的新唯识论中,识则是万物本体之本心。熊十力又进一步从会物归己与摄所归能来说明心为本心、与境不可分之深意。第一,会物归己,入无待故。若万物真是离心独在的境,那么万物即与其自身对待,便不能与绝对精神即本体为一了,因此,唯识即是

---

① 熊十力:《明宗》,《熊十力全集》(第三卷),第18页。
② 熊十力:《明宗》,《熊十力全集》(第三卷),第20页。
③ 熊十力:《唯识(上)》,《熊十力全集》(第三卷),第43页。
④ 熊十力:《新唯识论全部印行记》,《熊十力全集》(第三卷),第3页。

融摄万物归于自己，当下便是绝对的。第二，摄所归能，入实智故。心能了别境，而且可以改造境，故心说为能；境是被心所了别的，且随心转，故名之以所。熊十力的唯识旨趣便是境从属于心，以显心能运一切境且为其主宰，并且是独立而不役于境的。因此，"一言乎心，即知有境，一言乎境，知不离心"①。我们说无物、无外境，只是我们为了斥破执境为离心外在的谬见，并不意味着境无或是无物存在。由前面所讲翕辟可知，熊十力将辟名为心，境即是经过翕的势用而产生的诈现的物相，这物或境并非实存，只是心之显现的一种迹象，是刹那生、刹那灭的假有。

从心的方面来说，心是无对碍的，而境则是有形成对碍的趋势的。境和心是互相对待却又互相和同的，境对心有作用力，因此能引发心与境同时现起，心对于境能够当机立应。也就是说，我们在自心上即刻出现似境的相，我们的本心能识别和处理这现前的境，从而使境随心转，自在无碍。这样，境和心是互相和同的，断不可把境看作是心外独存的。我们不应该于境起妄执，只可随顺世间，设定一切物是外在的境，从而加以处理及思维等等。仅如此设定，这是无过的。但必须知道，就真理上说，境和心是浑融而不可分的，即是物与心不可分作两截来看。

通过对熊十力心本体的分析，我们可以看出华严宗之"心"论对其产生的影响。二者都认为具足一切的"自性清净心"乃是世间本原、万物本体，世间万法均由心造，但万物之存在皆是虚妄而非实存，要参透本体亦都需要反观本心。

二、熊十力对华严认识论的会通

华严宗以真如理性为佛性，主张理想与现实相即，烦恼即菩提，生死即涅槃，将佛性视为"觉心"，强调的是"反观心源""反观心性"，提倡"自性菩提"②。华严宗讲求"境随心转"，即是通过修心、通过对心的认知来得见真如。熊十力虽然把认识分为性智与量智，但根本上还是倾向于性智的。他认为只有通过性智才能得见本体，而性智的核心即是本心的自识自知，要真正识得、把握本体，向外求是错误的，唯有反求本心，才可得见本体。这种反观本心的做法，与华严宗通过修心来证见真如的教义是一脉相承的。

熊十力的"本心"与"习心"、"性智"与"量智"、"玄学真理"与"科学真

① 熊十力：《唯识（上）》，《熊十力全集》（第三卷），第47页。
② 郭齐勇：《熊十力哲学研究》，第125页。

理"的二分,正是"一心开二门"的活用,也可以说是承自华严宗"一体二用"的思想。"一体二用"是清净自在心通过"海印三昧"与"华严三昧"而证得真如,通过修心认识到理事无碍、即体即用的法界。熊十力虽然在认识论中分别了性智与量智,但他讲"分"的最终目的还是在"合",他是想以对本体的认知去统摄、主导对现象的认识。而这种对本体的认知恰恰是通过对本心的体认而达到的,即做到性修不二,并且,性智与量智本身就是不可完全划分清楚的。因为量智其实就是性智的发用,是本心本体通过官能对事物的认识,是本心在日常生活中借助经验而派生出来的,我们亦可将量智看作本心认识世界不可缺少的一个途径。

(一)性量不二

熊十力曾有创作"境论"与"量论"的设想,"境论"涉及法相、法性,义关"所知";"量论"主要阐述知之奥义,理涉"能知"。更为通俗地来说,"境论"是探讨本体论和宇宙论,而"量论"主要阐释知识论和修养工夫。熊十力最终虽然并未如愿写成量论专著,但是,在《新唯识论》中,我们还是依然可以看到很多量论的端绪。而且,他晚年在《原儒》(1956)一书中曾对量论做出概要性的描述。

熊十力讲体亦讲用,因此,他的认识论是对体用分而论之的,"性智"是对"体"的认识,"量智"则是对"用"的认识,由此,他从研究对象的角度区分了科学真理和玄学真理。"科学尚析观,得宇宙之分殊,而一切如量,即名其所得为科学之真理。……玄学尚证会,得宇宙之浑全,而一切如理,即名其所得为玄学之真理。"[1]他对科学真理和玄学真理有着相当明确的划分,他将玄学真理视作实体的代名词,而认为科学真理只是事物间的法则。很显然,玄学真理是绝对真实的,而科学真理只在经验界才具有真实性,他对科学真理作了自己的理解:"一、必设定有客观的存在之事物,即所谓日常实际生活的宇宙,或经验界。……二、此理之发现,必依据感官经验,得有证据。……三、如上所说,则此理之获得,必由纯客观的方法,又能为一般人所公认。四、此理之自身,在其所以存在之条件下必有不变性。……五、此理虽有不变性,而非绝对无变易性,非绝对故。即是分殊的。……六、此理虽说是在物的,是纯客观的,实亦离不开主观的色彩。"[2]与科学真理依赖感官经验、认知纯客观的经验界不同,熊十力认为,玄学真理是"遍为万法实体"的,认识的对象是宇宙本体,而且玄学真理是法尔本

---

① 熊十力:《答唐君毅》,《十力语要》卷二,《熊十力全集》(第四卷),第184页。
② 熊十力:《科学真理与玄学真理》,《熊十力全集》(第八卷),第140—142页。

然的,不能靠思议而获得,亦不可靠"言诠"进行表述,它只能依靠体证、证会来获得。

量智的产生,是由于我们在日常生活中把我们官能所感受到的事物都看作离心实有的存在,因此我们会进行辨识和处理,量智就是从我们向外看物而发展来的。所以,量智只是一种向外求理的工具。思议发自量智,思乃是心的行相,凭量智来思议的时候,总会做出种种的构画,免不了就会产生许多的臆测,即使运思有则,也不可能深入所思议事物的本质,最多只是了解一个大概。虽然思议只能把握对世间万物的认知,并不能深入认识本体,但熊十力依旧肯定了思辨的作用,他曾明确表示不曾主张废绝思议,我们不可否认思议的能力,因为我们曾经凭借思议而发现了很多的道理,但我们亦不可把思议的能力推崇得太过。万物的本真、变化的奥秘,毕竟不是仅仅通过思议就可把握的。熊十力认为思议是"极万有之散殊,而尽异可以观同;察众理之通贯,而执简可以御繁;研天下之几微,而测其将巨;穷天下之幽深,而推其将著。思议的能事,是不可胜言的。并且思议之术日益求精。稽证验以观设臆之然否,求轨范以定抉择之顺违,其错误亦将逐渐减少,我们如何可废思议? 不过思议的效用,不能无限的扩大。如前所说,穷理到极至处,便非思议可用的地方。这是究玄者所不可不知的"①。

量智是性智的发用,因此是从属于性智的,不能独立地发挥作用,而且,量智只是知性,不能回应本体问题,我们要认知、把握本体,必须依靠性智。

性智,在熊十力看来才是"真的自己的觉悟","真的自己"即是指代本体,"在《量论》中说名觉悟,即所谓性智。此中觉悟义深,本无惑乱故云觉,本非倒妄故云悟。申言之,这个觉悟就是真的自己。离开这个觉悟,更无所谓真的自己"。② 真理唯在反求,即是说本体是要反求自得的,从另一个角度来说,本体就是我们所固有的性智。本体唯是实证相应,不是用量智可以推求得到的,本体冥然自证的状态其实就是本心自己知道自己。"这种自知自识的时候,是绝没有能所和内外及同异等等分别的相状的,而却是昭昭明明、内自识的,不是浑沌无知的。我们只有在这样的境界中才叫做实证。而所谓性智,也就是在这样的境界中才显现的,这才是得到本

---

① 熊十力:《转变》,《熊十力全集》(第三卷),第146页。
② 熊十力:《明宗》,《熊十力全集》(第三卷),第15页。

体"①。而要达到这样的境界，就要本心不受障碍才行，这种不受障碍的本心，其实就是华严宗所说的"自性清净心"。

虽然性智与量智存在差别，但他亦认为要到达证会的天人相合之境界是必须经过思议的工夫的，他之所以将量智与性智进行区分，强调我们"不可思议"，只是因为他"唯恐学者滞于思议之域，不复知有向上一机，所以说不可思议"。② 所以，从本质上来说，熊十力认为不可将性智与量智相互对立起来，而应当把二者交互使用，即是他所说"思修交尽"，"思"即是量智，"修"便是性智。我们的认识活动是始于思辨之工夫的，而最终会达到体认的最高境界，但在我们体认得本体之后，亦不可荒废思辨的工夫。量智对我们最终认知本体有着很重要的辅助作用，但是在见体之后，我们亦不能停止量智的作用，这即是昔日儒家所谓不废格物穷理之功。始于思、极于觉，证而不废思，这才是熊十力认识论的核心旨趣与原则，用熊十力的话说即是："资于理智思辨，而必本之修养以达于智体呈露，即超过理智思辨境界，而终亦不遗理智思辨。"③

（二）性修不二

熊十力说："天人合德，性修不二故，学之所以成。"④程志华认为，"性修不二"是熊十力以儒家"即工夫即本体"的角度而言的，"体用不二"的"体"即是"性"，"用"即为"修"，这是本体论在人生论方面的显现。主要概括为两层含义。第一，"性"不离"修"。也就是说，"性"只有通过"修"的工夫才能展现自己，"修"是"性"得以被人们认知的一种手段或工具。第二，"修"离不开"性"。"性"是"修"的本体，若没有"性"，那么"修"也就无从谈起了。⑤ 很显然，程志华将熊十力"性修不二"中的"性"视为本心，而将"修"理解为修习，这样的理解是没有错误的。但熊十力的"性修不二"还应当有另外一种诠释："性"即是熊十力所谓"性觉"，是华严宗所说的"智慧自在不思议"，是默识证会；"修"则是"修习"，是儒家所谓于人伦日用中实践而证得真理，是返本之学。

在华严宗的"一体二用"中，"一体"是华严宗的"自性清净心"，"心造如来"，华严宗认为世间万物的本原是心，这一点在华严宗十玄门中的"唯

① 熊十力:《明宗》,《熊十力全集》（第三卷),第21页。
② 熊十力:《转变》,《熊十力全集》（第三卷),第147页。
③ 熊十力:《与张君》,《熊十力全集》（第三卷),第548页。
④ 熊十力:《新唯识论》（文言文本),《熊十力全集》（第二卷),第144页。
⑤ 参见程志华:《熊十力哲学研究——"新唯识论"之理论体系》,北京:人民出版社,2013年版,第218页。

心回转善成门"中也有很好的表达,此门是从"心"体的方面来讲一切佛法的由来及其转化。"所言唯心回转者,前诸义教门等(指十会),并是如来藏性清净真心之所建立。若善若恶,随心所转,故云回转善成;心外无别境,故言唯心。"①"海印三昧"与"华严三昧"均是华严宗的禅定方法。"海印三昧"侧重于从理论形态的方面来讲体与用的关系,强调本体即现象;而"华严三昧"则从解脱论的角度阐述"自性清净心"这一本体的"圆明自在",指明心体具有成佛的一切,因此,达到解脱的方法便是修心,即是所谓"普周法界而证菩提"。《华严经》卷六《贤首品》云:"不可思议庄严刹,恭敬供养一切佛,光明庄严难思议,教化众生无有量,智慧自在不可议,说法教化得自在,施戒忍辱精进禅,方便智慧诸功德,一切自在难思议。华严三昧势力故。"②《华严游心法界记》释"华严三昧"云:"华者,菩萨万行也。何者?以华有生实之用,行有感果之能。虽复内外两殊,生感力有相似。今即以法托事,故名华也。严者,行成果满,契合相应,垢障永消,证理圆洁。随用赞德,故称曰严也。三昧者,理智无二,交彻镕融,彼此俱亡,能所斯绝,故云三昧也。"③

我们在前面已经说过,本体是无可措思的,也就是说,我们无法通过通常所说的思维的作用来认识本体,要真正认知本体,要依靠另外"一种胜殊的思"。它能够"涤除实用方面的杂染,而与真理契会"④,熊十力将之称为"冥思",亦名性智、证会。这种思维方式可以直接悟入本体,从而达到儒家所谓天地合德的境,亦是佛教所谓得见真如的境界。作为熊十力所认为的学问的极诣,我们很难准确地为"证会"下一个定义。熊十力说:"能证即所证,冥冥契会,而实无有能所可分者,是名证会。"⑤要达到这种境界,必须涤除一切情见,真实可靠地把握住"寂寥无匹"的性智。

归宗本心、崇尚直觉、主默识证会,这是熊十力性智的主要意旨,亦是他认识论的核心所在。我们已明了性智不离量智,那我们此时说默识证会,便是在量智为我们提供经验认知的基础之上来说的。

默识证会源自本心的澄明之几,最为不可思议、妙不可言,这种豁然贯通、脱然超悟的境界亦被熊十力称为"神解""乍见""傥悟"。熊十力说:

---

① 〔唐〕杜顺说,智俨撰:《华严一乘十玄门》,《大藏经》第45册,第518页。
② 〔晋〕佛驮跋陀罗译:《贤首菩萨品》,《大方广佛华严经》卷60,《大藏经》第9册,第434页。
③ 〔唐〕法藏:《华严游心法界记》,《大藏经》第45册,第646页。
④ 熊十力:《转变》,《熊十力全集》(第三卷),第94页。
⑤ 熊十力:《转变》,《熊十力全集》(第三卷),第145页。

"凡学问家之创见,其初皆由倪然神悟而得。但神悟之境,若有天启,其来既无端,其去亦无踪,瞥尔灵思自动,事物底通则,宇宙底幽奥,恍若冥会。然此境不可把捉,稍纵即逝。必本此灵感继续努力,甄验事物,精以析之,而观其会通。又必游心于虚,不为物挂,方令初觉所悟得以阐发、得以证实,而成创见,且推衍为系统的知识。如其虽有灵机,恒任乍兴乍灭,而无努力,久之心能渐驰废,尚有何发见可言耶?"①

　　我们之所以可以通过默识证会而得见本体,最主要是由于本心可自知,即是所谓"性觉",与"性觉"相对的是"性寂"。吕澂曾执有"性寂"的观点而与熊十力展开论辩,认为熊十力提出"性觉"之说只是建立在他对欧阳竟无旧唯识学说并未深刻认知基础上的反驳,是对正统佛学的歪曲。我们暂且不管吕澂与熊十力辩论的细节,吕澂肯定熊十力的"性觉"的观点是承自《大乘起信论》的"一心二门"教义。事实上,在涉及义理问题时,熊十力认为"性寂"与"性觉"是不可分的。他说:"般若实相,岂是寂而不觉者耶? 如只是寂,不可言觉,则实相亦数论之暗也。佛家原期断尽无明,今冥然不觉之寂,非无明耶? 而乃谓自性如是,毋乃违自宗乎? 吾以为性寂性觉实不可分,言性觉,而寂在其中矣。言性寂,而觉在其中矣。性体原是真寂真觉,易言之,即觉即寂,即寂即觉。"②事实上,熊氏更贴近华严宗的"一体二用",华严宗的"二用"是"海印三昧"和"华严三昧","海印"乃是真如本觉之意,心具有成佛的一切,因此,"华严三昧"就讲"智慧自在不思议,说法教化得自在",即是我们要通过修心来达到解脱成佛的境界,这与熊十力认为我们人本心能够显现为万殊、本心即是本体即是理,因此,我们需要转识成智,在思议的同时更注重心性修养。可见熊十力在其认识论的核心思想——默识证会方面是与华严宗教义相契合的。

　　默识证会并不意味着我们"无为"便可使本心自识其身。我们的本心原本是"真净圆觉,虚彻灵通,卓然而独存"③的,但人们在向外追求的时候就会使本心受到惑染的遮障,好比自性蒙有客尘,而我们的本心最终能够不受惑染的影响而得以显发,是因为我们自身所做的"保任"的工夫,此工夫的目的是使我们的本心不受惑染之障,而我们需要做的知识随顺本心而存养之,也就是说,在日常生活当中,一切都任本心来做主,不可使妄念或习心窃发,更不可起意去造作此本心。但是要达到这样的境界,则需要不

　　① 熊十力:《与高碉庄》,《熊十力全集》(第四卷),第137页。
　　② 吕澂、熊十力:《辨佛学根本问题》,《中国哲学》第十一辑,北京:人民出版社,1984年版,第183页。
　　③ 熊十力:《明心(上)》,《熊十力全集》(第三卷),第375页。

断地努力修行或是进修。熊十力说："工夫诚至，即本体呈显。"①熊十力很看重"工夫"的重要作用，认为这是其返本之学的重要一环，"返本之学，初则以人顺天而自强，久则即人而天，纯亦不已"②。此处的"人"是谓修为的工夫，而"天"则代指本体，也就是说，顺应本体显发、主宰的修为，是达成最终天人合德境界的重要途径，换言之，于人伦日用工夫中，涵养得本体显露，被熊十力推崇为"圣学至当而不可移易处"③。

三、熊十力对华严判教论的会通

严格说来，熊十力并无明确的传统佛学判教理论，因为他曾说："判教之说，吾素不取。"④因此，熊十力的判教其实是基于文化层面对中西、儒佛等思想的判释与会通，他的这种会通也正是在受到华严"圆融无碍"思维框架影响之下形成的。不仅理事无碍，各种思想亦是万有交徧、杂糅会通。熊十力对中西、儒佛等思想都各有斥破又有所吸收，各家思想相互融通，再被加以新的诠释，才有了熊十力自成其说的体用不二哲学体系。熊十力这种对中、西、印思想博采众长的融摄，与华严宗判教有异曲同工之处。

判教是佛教的一个传统，准确地来说应称为"教相判释"，教即是说教，是佛教对普罗大众所宣讲的经论言述；相是相状，是听闻佛法之后的众生对佛经言述的判分。就华严宗而言，其判教理论至法藏才建构完备。法藏融法华、唯识、华严等判教理论而形成自己"五教十宗"的判教体系。就五教来说，华严宗属于"圆教"，教义为"圆融无碍"，故称圆教；就十宗而言，华严宗是圆明具德宗，"谓如别教一乘，主伴具足、无尽自在所显法门"，"别教一乘"是特指《华严经》之义超越于其他经教，为诸教之本。"圆教中所说，唯是无尽法界、性海圆融、缘起无碍、相入相即、如因陀罗网重重无际，微细相容，主伴无尽"⑤。从法藏融摄各宗判教理论创立自己的判教体系我们就可以看出，华严教义是在对佛教诸多派别融合和创新的基础之上产生的。因此，华严圆教融摄诸教而创建，这与熊十力会通中、西、印三方思想而构建其哲学体系十分契合。

（一）判教观

在华严宗"一多相容""圆融无碍"的判教思想的影响下，熊十力将众

---

① 熊十力：《明心（上）》，《熊十力全集》（第三卷），第395页。
② 熊十力：《明心（上）》，《熊十力全集》（第三卷），第418页。
③ 熊十力：《明心（上）》，《熊十力全集》（第三卷），第414页。
④ 熊十力：《功能（上）》，《熊十力全集》（第三卷），第204页。
⑤ 〔唐〕法藏：《华严探玄记》卷1，《大藏经》第35册，第116页。

多思想圆融无碍地整合在一起,创立自己的哲学体系。他说:"《新论》自成体系,入乎众家,出乎众家,圆融无碍也。"①

在会通的过程中,熊十力十分重视"立言"的核心与基础。他认为,要吸收各家学说之所长,若没有自己的根底,没有统类,而只是经过简单的比附、糅杂拼合而成,只可称为"混乱"。他提出,真正采百家之长而创建新论的核心在于"会通",这要求"神智非滞于物",也就是说在对事物的认识上不能只停留在表面,要透过表象的文字看到更深层次的含义,此"非小知可能也"。熊十力指出:"体真极而辨众义,辨众义而会真极,根据强而统类明,是故谓之会通。……会通则必自有正见,乃可以综众家而辨其各是处,即由其各是处以会其通。夫穷理之事,析异难矣,而会通尤难。"②在熊十力看来,会通的前提是必须要树立起自己的核心观点,并且对各种思想有着很明确的类别划分。在初步体认到哲学义理之后去辨析各方思想,而在以自身观点为基础而衡定各方思想之后,反过来又能促进自己对哲学义理更深入的把握。熊十力认为,要分析各种思想的不同之处并不困难,难的是要将各种思想中与自身观点相契合的部分相融通,进而融汇到自己的思想创建当中,创造性地提出自己的哲学见解。

在会通方面,熊十力出入儒佛、平章华梵、学贯中西,对中、西、印的思想文化都有所涉猎,他在吸收这些思想的时候皆有所取舍与侧重。他借鉴的原则主要有三点:首先,本体与现象不可分作两截;其次,本心本体不是枯寂的,而是生生不息、大化流行的;最后,我们主要依靠证会、冥思来体认本体。在这三个主要原则的指导下,熊十力文化判教的核心就是"会通",换句话说,就是在三原则的框架内,对中、西、印文化中与其契合的思想进行吸收与融摄。

刘虎生等在《印行十力丛书记》中就曾提到,熊十力教学生治哲学,当从西方哲学入手,然后研习印度大乘之学,最终则应当回归到我们本土的儒家学问。熊十力曾言:"夫思辨精密,莫善于西洋;极论空有,荡除知见,莫妙于印度佛法;尽人合天,体神化不测之妙,于人伦日用之中,莫美于中国。游乎西洋,慎思明辨;游乎印度佛法,荡一切执;归乎吾儒,默与道契。三方者备,而学乃大成。"③从这段话中我们就可以看出,熊十力在驳斥中、西、印思想之后,能够看到这三方思想与其自身的可会通之处。西方哲学

---

① 熊十力:《十力语要初续》,《熊十力全集》(第五卷),第28页。
② 熊十力:《功能(上)》,《熊十力全集》(第三卷),第203页。
③ 熊十力:《印行十力丛书记》,《熊十力全集》(第四卷),第3页。

精于理论思辨,他们的思想都有严格的科学规范与律则,通过分析实存之物得出的结论来猜测世界之本原,这在熊十力看来是作茧自缚。即便如此,我们依旧需要学习西方哲学严谨的理论思辨方法。传统的印度佛学分为小乘、大乘,小乘由于只超脱自身而被熊十力所不屑提及,因此,熊十力在论著中多提到的是大乘佛学。大乘又分为空、有二宗,要证见本体则必须破除迷执,这便是空宗之破相显性。熊十力认为,空宗之空有二义:其一,借缘生义,且析物至极微,用以表明物皆无实体,进而证明宇宙万象都非实在;其二,众生闻空义,可能会堕入空见,即是妄计一切皆空,因此空宗又以俗谛而说"有",是为了空众生的妄执。儒家讲"天人合德",要体认到"天人不二"之境界,熊十力说,要体认到"即人即天"的义理,则是要深入体会儒家六经、四子之学。

从熊十力对学生治学的指导上,我们就可以看出熊十力"会通"的路径。首先要通过对西方哲学的学习来培养自己整体的思辨性,但也要注意辨别西方哲学终究无法真正认识本体的弊病;其次,主要通过对空宗遮诠之法的学习和运用,破除自己的物执,认识到世间万物并非我们所看到的实实在在的存在,同时,为了防止我们堕入空见,亦要空掉这样的妄执;最后,即是治学的落脚点,是要回归到儒家学问,研读儒家经典之后,体认天道之神妙,最终证入"天人合一"之境界。

由上分析可见,熊十力对"会通"十分推崇。他曾说:"哲学所贵在会通,要必为是学者,能自伏除情见,而得正见,然后可出入百家,观其会通。……会通的境地,是超出一切情见和戏论的。只有会通,才可发明真理。"①

(二) 判教实践

1. 判空有

就大乘有宗来看,其根本错误在于"堕二重本体"和"划成种现二界"。就大乘空宗来看,它虽在"见性"方面有深刻见地,但它有"谈体而遗用"的缺失。

在破相显性、涤除知见的方面,熊十力与空宗可谓颇有契合之处。知见是人们在日常生活中熏习产生的,是向外求物之理的,它会影响人们反窥内在从而认识到真正与天地万物同体的实在本性。因此,破相是必须的,破相即是破除法相、斥破知见,面对众多纷繁复杂的知见和说法,我们就应当取用空宗这种涤除之法,以此斩尽葛藤,方能回机向上、直透本原。除了破相显性,熊十力对空宗遮诠之法也颇多认同,他在《新论》(语体文

---

① 熊十力:《功能(上)》,《熊十力全集》(第三卷),第199页。

本)中也是多次使用遮诠法来阐释他的思想。佛教言说有表诠与遮诠之分,表诠即是对事物和道理做直接的阐述,而对于有些无法直表的事物和道理,遮诠就更为适合了,遮诠是想办法来攻破人心迷妄执着的地方,使其自悟,熊十力认为,这种方法意趣是颇为微妙的。他在书中举例:好比一间暗屋中放有一把椅子,一个人却并不能看出它是何物,此时,若告知屋中放的是一把椅子,这就是表诠的方法;但若是从物件形状上来启发他,又从其有实在形状方面来肯定此物实有,即是一一斥破这人的迷惑,使其自悟此物是椅,这便是遮诠之法。在佛家各派之中,熊十力认为,遮诠之法的使用"尤以大乘空宗为善巧。他们的言说,总是针对着吾人迷妄执着的情见或意计,而为种种斥破,令人自悟真理"①。正因大乘空宗使用遮诠之法破相显性,他们对外道许多解释宇宙的见解一概予以遮拨,依空宗的说法,是没有所谓的宇宙论的,因此,空宗只是从认识论的角度入手,扫除一切知见,不作宇宙万象看,直见真如,绝不肯说真如实性显现为一切法相,此乃熊十力所言空宗之大旨。

　　熊十力虽然将空宗"破相显性"的核心教义看作神睿、稀奇的大业,但与空宗亦有相异之处,主要有两个方面。首先,空宗讲真如即是诸法实性,换言之,是指诸法的实性便是真如,离开真如便没有别的诸法之自性可得,可见,诸法都无自性,说为空。与此不同,熊十力的讲法是"真如显现为一切法",诸法虽无自性,却并非无法相可说,可将一切法会入真如实性,即是所谓"摄相归性"。二者对比即可看出,空宗是完全否定、毁坏法相的,而熊十力则做到了不坏法相而谈实性。其次,空宗以真如为万法之源,此真如是真实、不可变易、清净的,"极真极实,无虚妄故,说之为真。恒如其性,无变易故,说之为如。一极湛然,寂静圆明,说为清净"。在这些特征之中,熊十力与之不同之处恰在对"寂静"一词的理解上。熊十力并不否认性体之寂静。他认为:"至寂即是神化,化而不造,故说为寂;……至静即是谲变,变而非动,故说为静;……夫至静而变,至寂而化者,唯其寂非枯寂而健德与之俱也,静非枯静而仁德与之俱也。"②从前面对熊十力"翕辟成变"的阐述,我们已经可以看出,在熊十力看来,本体并非是寂静不变的,本体显现为万殊的途径就是"变",本体以大用流行的方式显现为世间万物,因此,本体具备的最基本的特征便是具有"生生"之德,本体的生生不息在熊十力看来亦是真、亦是如。本体变动不居,虽然显现为万物,但不改本心之

---

① 熊十力:《唯识(下)》,《熊十力全集》(第三卷),第78页。
② 熊十力:《功能(上)》,《熊十力全集》(第三卷),第171页。

澄澈明净，不被惯习所熏染。而且，万物虽由本体显现，却并不是本体有意而为之，是法尔自然的生起，这些生起的事物虽有相状，却都非实存，生即是无生，这生生化化自然就与本体之"寂静"并不相悖了。"生而无染，本圆明故。生而不有，本寂静故。"①空宗对性体之寂静认识得十分深刻，但是在空万物法相之后又认定性体亦是空幻，认为性体虚寂，非为实有，这就陷入"于恶取空"的误见，把生生之机遏绝了。熊十力赞同空宗杜绝知见、透悟性体之机，但对空宗空一切法相、性体的做法却并不认同。他说："空宗应该克就知见上施破，不应把涅槃性体直说为空、为如幻。如此一往破尽，则破亦成执。"②

相比于对空宗的扬弃，熊十力对大乘有宗却多见批判。他认为："有宗全盘错误，只于其谈缘起或依他起性处便可见。"③有宗将宇宙分为现界、种界及真如，现界是众生各各别具的，并不是所有人共同拥有的，而且现界还被析为各个独立的分子，名为八识。这样的现界并不是无因而生的，因此有宗又建立种界，万殊而亲生现界的种子就成为现界的因，法尔本有种，即是现界之根源。但是，有宗却又立真如为万法的实体，真如是不生不灭的恒常法，没有现起之作用，因此真如是不可能显现为法尔种的。既将法尔种视为现界的根源，又立不生不灭的真如为现界的实体，如此，大乘有宗就出现了二重本体的错误。种子是个别的、无量数的，熊十力认为，从本体论的角度来说，有宗的"种子论"是一种多元论。有宗建立种子为八识之因，即是认为"种子"是现行之本体，然而，他们同时又认同佛家一贯的真如本体，即以所谓的真如为万法之源。

有宗之所以会堕入二重本体的误见，其实是有两方面的原因。首先，佛家亦称真如为无为法，即是说真如本身是寂静的、是无起作的，因此真如就不可能生生化化、流行不已。其次，既然真如是无起作的，那么被有宗视为实在存有的万物就需要有一个生起它们的本体，有宗因此建立"种子"为万殊之本体，将佛教的缘起说转变成了一种构造论。故而熊十力说："真如本身既不可说是生生化化或流行的物事，种子之中如本有种法尔有故，不可说是真如现起的，以真如自体无起作故。后来以习气名新熏种，并非真如所显，尤不待言。据此所说，种子自为种子，真如自为真如，此二重本体。"④

① 熊十力：《功能(上)》，《熊十力全集》(第三卷)，第173页。
② 熊十力：《功能(上)》，《熊十力全集》(第三卷)，第177页。
③ 熊十力：《功能(下)》，《熊十力全集》(第三卷)，第221页。
④ 熊十力：《功能(下)》，《熊十力全集》(第三卷)，第232页。

除了堕见二重本体，熊十力认为有宗"最大的谬误，就是划成种、现二界"。有宗将一切识、相、见统称为"现行"或"现行界"，现是现前显现之意，行则意味着相状之迁流，有宗进而建立种子作为现界的根源，种子是潜藏在阿赖耶识之中的，为"种界"。"现界虽从种子亲生，但现行生已，即离异种子而别有自体，如亲与子，截然两人。所以，种、现二界，元非一体。……种子与其所生现行果法，一为能生、一为所生。……种、现对立，成为二界。"①

熊十力的理论最初发轫于他对旧唯识论的斥破，也就是说，他在反对有宗二重本体、种现二分的过程中，摒除空宗"谈体而遗用"的缺憾，创立兼顾体与用的本体论，而正是华严宗"一即一切""即体即用"的思想给了他引导，不仅启发他构建其思想体系中最核心的"体用不二"理论，"圆融无碍"的不二思想亦成为贯穿其整个思想体系创建过程的思维原则。

2. 判儒佛

对于熊十力思想中的儒、佛内容，历来都有很多不同的评价。熊十力认为他自己的学问是介乎佛儒之间，亦佛亦儒，非佛非儒，却保持着自足的独立性。熊十力认为华严宗与儒家思想有相通之处，他说："华严四法界归于事事无碍。到此，与儒家无二致。会通四子、六经，便见此意。"②在对儒、佛思想的吸收上，我们的确可以明显地看出熊十力哲学思想所彰显的"事事无碍"的宏阔气象。

关于儒佛的异同，熊十力认为："儒佛二家之学，推其根极，要归于见性而已。诚能见自本性，则日用间恒有主宰，不随境转。此则儒佛所大同而不能或异者也。"③也就是说，熊十力认为儒佛的一致之处在于"明心见性"，即是都肯定并高扬精神与意志的主宰力。二者的共同点主要集中在本体论及认识论方面，他们都以"心"为本体，讲究精神至上，不反对理智的作用却又都能超越于理智，归本证量。以"心"为本体的方面在前面已经有了详细的对比和论述，现在主要介绍一下在认识论方面二者的异同之处。从儒家的角度来说，《论语·述而》中曾讲"默而识之"，到后来王阳明心学时，更是推重"致良知"的回复本心之工夫；佛教在体认本心方面就更是如此了，"证会"一词本就源于佛教，禅定、顿悟等亦是直指本心的体认方法。不管是儒家还是佛家，这种证会本体的工夫都是无意识的，是本心

①　熊十力：《功能（下）》，《熊十力全集》（第三卷），第224页。
②　熊十力：《再答张东荪》，《十力语要》卷二，《熊十力全集》（第四卷），第173页。
③　熊十力：《韩裕文记》，《十力语要》卷二，《熊十力全集》（第四卷），第287页。

自然而然的发用。熊十力对《庄子·在宥》中"尸居而龙见，渊默而雷声"一句颇为赞同，认为这一句道出了本心动静一如的状态，并且巧妙地揭示出默识本体时于静中见动的意旨。与此相类，熊十力也喜欢引征禅宗玄觉禅师《永嘉集》中的一段话来说明"证会"是一种无意识的思维活动："恰恰用心时，恰恰无用心时，无心恰恰用，常用恰恰无。……忘缘之后寂寂，灵知之性历历，无记昏昧昭昭，契真本空的的。惺惺寂寂是，无记寂寂非；寂寂惺惺是，乱想惺惺非。"①惺惺寂寂才是本心，在我们默识证会本心本体的时候，也不能忽略生生真几，这才是熊十力想要强调的重点。

儒、佛的不同之处主要体现在宇宙论和人生论的方面，核心点在于，熊十力认为儒家能够于空寂而识生化之源，但佛教则只讲空寂、不讲生化创造。两家虽然看起来都讲万物刹那生灭，但是，佛家更侧重"灭"的方面，而儒家则注重"生"的方面，按照《周易》来理解，刹那生灭即是指"灭灭不住，生生不已，故故不留，新新而起"②，也就是《周易》所讲的"生生之谓易"。佛家证明本体"空寂真常"，"离一切相故，名空。离著惑染故，名寂。本非虚妄故，名真。本无变易故，名常"。这是佛家的讲法，儒家讲的"无声无臭"亦是空寂的意思，儒家也说诚、恒性，熊十力认为"恒"当有三层意思："曰不易义，性恒是善，不可改易故。曰不增减义，一味平等故。曰不息义，无间断故。"这是儒佛两家对本体空寂之共同的认知，但是佛家特别着重于这种空寂，就不免会有"耽空滞寂"之病，如此就不识本体之生生化化，就是"谈体而遗用"。但儒家《大易》却是从生化处显空寂，儒家对"空寂"有不同于佛的解释："夫空者无碍义。无碍故神，神者言乎化之不测也。寂者无滞义，无滞故仁，仁者言乎生之不竭也。故善观空者，于空而知化，以其不耽空故。妙悟寂者，于寂而识仁，以其不滞寂故。"③有趣的一点是，熊十力却通过佛家的"刹那生灭"来进一步强调儒家的"生生化化"。

"刹那生灭"与"翕辟成变"是熊十力讲"变"的两个方面。张光成曾在其《中国现代哲学的创生原点——熊十力体用思想研究》一书中指出，在熊十力看来，儒佛在"刹那生灭"上的相异之处在于儒家讲"生"而佛家重"灭"，儒家是前续相接而佛家是前后间断。本书对张光成的后一种观点持不同意见，因为我们若从熊十力对佛家"刹那"一词的分析即可看出，熊十力并不认为佛家"刹那"有前后间断之嫌。"印度佛家分析时分，至极小

① 〔唐〕玄觉撰：《禅宗永嘉集·奢摩他颂第四》，《大藏经》第48册，第389页。
② 郭齐勇：《熊十力传论》，北京：中国社会科学出版社，2013年版，第166页。
③ 熊十力：《功能（上）》，《熊十力全集》（第三卷），第187页。

量,方名刹那。"①我们现在把"刹那"看作是时分极小极促而不可更析,但实际上,佛家的"刹那"并不是以我们世俗的时间观念来说的,也就是说,"刹那"并不是一个时间的概念,熊十力在其著书中引用窥基大师所著《唯识论述记》卷十八中的一句话来说明佛家"刹那"之义:"念者,刹那之异名。"根据窥基大师的说法,"刹那"就是我们心中一念起之际,这一念才起,即便谢灭,是绝对没有留住的,由此可见,"刹那"不是我们平时理解的时间的概念,熊十力对窥基大师不以时间观念来说刹那的主张十分赞同,因为时间亦即是空间的变相,而时间、空间都是物质宇宙存在的形式,这样就会使"刹那"有了间隔。以此反观,我们就可以明显地看出,熊十力与佛家都不认为"刹那"是前后间断的,换句话说,"刹那"即是前后相续的。

"从法本来无有,而今突起,便名为生。……凡法已生,绝不留住,还复成无,名之为灭。"熊十力对佛家"一切法都是刹那灭"的见解十分认同,"刹那灭"即是说"凡法于此一刹那顷才生,即于此一刹那顷便灭,所以说,生时即是灭时"②。一切法都无一忽儿的留住,也就是说,我们在世间所看到的存有的物,都是一种"倒见"。熊十力认为,佛家的"刹那生灭"在形容事物不守故常的方面是最为生动、明了的,没有任何一个学派的说法能够出乎其右。但是,佛家讲刹那生灭,并没有着重化机不息的意思,只是想要通过"刹那灭"来凸显"无常"而已。熊十力从理论上传承了佛学的生灭法,但是他在借用此词时进行了改造,他阐发的是灭与生是同一过程的意思,用来揭示宇宙生化不停、万物常新。他说:"当物暂住时,即是大化革故创新之机已经中断,云何得有新物续起?应知,凡物才生即灭。刹那刹那,前前灭尽,后后新生,化机无一息之停。故万物恒相续起,不断绝也。"③他认为,一切物是"才生即灭"的,刹那刹那,故故灭尽、新新突生,一切物没有常,也无有断。佛家的刹那生灭会有堕入空见的弱点,但在熊十力的哲学中,这种生灭相续其实是真实本体的大用流行,即是生生寂寂的大用流行。关于儒佛生灭的异同之处,熊十力曾强调指出:

> 余尝言,佛典与《易经》同发明刹那生灭义,而有根本不可同者。佛氏见到刹那生灭,而通观无量刹那之相续不已,惟是灭灭不住。《大易》见到刹那生灭,而通观无量刹那相续不已,惟是生生不测。是故佛

①　熊十力:《转变》,《熊十力全集》(第三卷),第116页。
②　熊十力:《转变》,《熊十力全集》(第三卷),第119页。
③　熊十力:《体用论》,《熊十力全集》(第七卷),第27页。

氏说刹那灭,《大易》唯言生生。

"不灭则自无始有生,便守其故,向后将无生新之机,卒归于无生也。"①儒家虽言生,但熊十力亦清楚地认识到,"无灭即无生",有灭才可有新生,也就是说,熊十力认为,儒家所说"生"其实就已经蕴含了"灭"。同时,《大易》从万物的共相之处着眼,"灭灭不住,生生不已"亦即是"故故不留,新新而起",事物的生灭是同一个过程,生灭相续无有间断。

可见,熊十力从本体全部显现为大用的基点出发,将佛家"刹那"与儒家"生生"相会通,形成其不同于儒佛却又不离儒佛的新型宇宙观。

3. 判中西

熊十力处于一个西学东渐的时代,西化思潮汹涌而至,致使出现很多盲目崇拜西学的论调。在五四运动时期,钱玄同曾主张"废除汉字",吴稚晖则声称要把线装书丢到茅厕中去,"礼教吃人""打倒孔家店"等更是成为当时流行的口号。熊十力叹息,自清末以来,国人在西方思想的冲击下变得自卑起来,竟开始轻视甚至否定自家故有的学术传统,更有人在全盘西化的旗号下甚至妄图以科学完全取代哲学,他们盲目崇尚西方的所有学术观点,甚至宣扬"科学万能"论,熊十力对此十分反对。他认为,不管科学如何昌明发达,都无法完全取代哲学。哲学研究的核心恰恰是科学无法做出解答的本体论方面,因此他创立"体用不二"的本体论思想,以此来对治西方科学思想。在熊十力看来,西方的哲学思想存在诸多的缺陷和不足。

由于受到科学和宗教的影响,西方哲学形成唯物主义与唯心主义两大主流流派,唯物主义将世界的本原看作物质,例如水、火、原子等,而唯心主义则把绝对精神视作本体,二者在对待本体的观点上完全相反。但熊十力认为,二者都不能算是"见体"之学,它们都只是停在"用"的层面上,并未真正深入本体。西方哲学"不识"本体是由西方哲学固有的思维结构和认识方法所导致的。熊十力认为,主要存在两方面的原因。首先,西方哲学家往往把本体看作外在于人的"物事"来推求,"哲学家谈本体者,大抵把本体当作是离我的心而外在的物事,因凭理智的作用,向外界去寻找。由此之故,哲学家各用思考去构画一种境界,而建立为本体,纷纷不一其说。不论是唯心唯物、非心非物,种种之论要皆以向外找东西的态度来猜度,各

---

① 熊十力:《体用论》,《熊十力全集》(第七卷),第79页。

自虚妄安立一种本体"①。熊十力认为,这种错误的根本原因在于他们认为世间万物都是实有存在的,在为这些"物事"寻找生起之原因、为宇宙寻找本原的时候,就自然会从自身角度出发而向外去推求一个本体,此时,不仅将本体视为离我而存的一种东西,更是将本体与现象分为两截。其次,西方哲学家在把握本体时主要依赖理智的作用,依靠理智的作用,西方哲学在本体论方面必然会出现两条错误的进路,其一就是将本体视作外在的东西而去推求,仅凭借量智去猜度本体,以为本体是依靠思议便可把握的,把本体看作是离心而外在的境界;其二便是彻底否认本体的存在。

在熊十力看来,虽然西方哲学存在一定的不足之处,但其悠久的宇宙论、知识论的传统,还是让西方哲学具有一些可以吸收的长处。对宇宙论的探讨可称得上是西方哲学的起源,他们很早就用朴素的经验论来解释世界,展开对世界本原的探讨,与宇宙论相辅相成的是西方哲学注重逻辑思辨的知识论。熊十力就曾言:"西哲之理论,是从艰深之思辨得来,吾决不轻视。"②熊十力没有对西方哲学全盘否定,他承认西方哲学中确有精义在。因此,他的《新论》"不唯含摄儒家《大易》,其于西洋哲学,亦有借鉴"③。从熊十力的论著中我们可以看到,他对罗素、柏格森等人的哲学思想都有所借鉴。罗素曾经提出"事素说",认为"世界上只有一件接着一件连续不断的'事'是实在的,而没有不依赖于人们的主观经验而独立存在的物质世界"。④ 罗素的这一观点被认为是唯心主义经验论的宇宙观。但是,熊十力认为,"事素"说将物质世界看作连续的流变的过程,即是否定了物质世界的实在性,这与新论所讲的"现象只是诈现的迹象"相合。因此,熊十力认为,在表明物质宇宙非实存的层面来说,"事素"说是具有借鉴意义的。在否定了现象界非实有的同时,熊十力也注重本体生化、流行的特性,他的本体不唯是"本心",有时他也用"生命"来表示本体。"浑然全体,即流行即主宰,是乃所谓生命也。"⑤本体的这种生生不息不仅是他对《大易》"健动"的吸收,也是他吸收柏格森生命哲学观点的体现,而他还借鉴了柏格森直觉主义的思想,柏格森的"直觉"亦是熊十力所谓"性智",二者的含义基本类似,都是指与理智相区别的某种自我体认的能力。

虽然熊十力对西方哲学有所融摄,但他依旧以中国哲学为主阵地,认

①　熊十力:《功能(上)》,《熊十力全集》(第三卷),第17页。
②　熊十力:《新唯识论》(删定本),《熊十力全集》(第六卷),第300页。
③　熊十力:《功能(上)》,《熊十力全集》(第三卷),第200页。
④　宋志明:《熊十力评传》,第54页。
⑤　熊十力:《转变》,《熊十力全集》(第二卷),第83页。

为只有通过中国哲学中形而上的认知方法，才能够认识本体。他说：

> 哲学大别有两个路向：一个是知识的，一个是超知识的。西洋哲学大概属前者，中国与印度哲学大概属后者。前者从科学出发，他所发现的真实，只是物理世界的真实，而本体世界的真实他毕竟无从证会或体认得到。后者寻着哲学本身的出发点而努力，他于科学知识亦自有相当的基础，而他所以证会或体认到本体世界的真实，是直接本诸他的明智之灯。易言之，这个是自明理，不倚感官的经验而得，亦不由推论而得，所以是超知识的。①

不管是对中、西文化的衡定，还是对儒、佛思想的吸收，熊十力都是立足于其哲学思想的核心——"体用不二"进行取舍与判释，其基本精神与华严圆教立足本宗教义而融摄别派义理是相通的。

第三节　熊十力华严思想的特征与影响

熊十力哲学体系的构建受到华严宗很大的影响，因此我们可以看到，在他的著述中对华严宗思想是十分推崇的。他曾指出："杜顺之法界玄境，理事圆融。龙树无著两家，于此似都未及详。……此须大着眼孔，能于空、有二家学各会其总要，然后知理事圆融之旨。……要至中土杜顺诸师圆融理事（理即法性，事即法相），然后玄旨畅发无余矣。……言即于一微尘中而不坏此一微尘之相，却即此已是全法界也。此义深微，学者宜忘怀体之。于一尘如是，一切法亦尔。略举此门，已足会意。谁有智者玩心高明，而于此等妙义，乃不能契入耶？……觉其中自有许多胜义，甚可推崇。"②不仅如此，熊十力还认为华严宗与儒家思想有相通之处，他认为："华严四法界归于事事无碍。到此，与儒家无二致。会通四子、六经，便见此意。"③

从熊十力对华严宗的推崇中我们可以看出，他不仅对华严宗理事圆融的法界观给予高度评价，更认为儒佛本有融通之处。熊十力对华严宗思想进行了全面的会通，而这种会通对熊十力之后的学者也产生了深远

---

①　熊十力：《高赞非记语》，《十力语要》卷四，《熊十力全集》（第四卷），第487页。
②　熊十力：《与汤锡予》，《十力语要》卷二，《熊十力全集》（第四卷），第235页。
③　熊十力：《再答张东荪》，《十力语要》卷二，《熊十力全集》（第四卷），第173页。

影响。

在熊十力的时代,中国传统文化受到西方思想的冲击,有的人支持"国粹论",彻底反对西方文化,而有的人提倡"全盘西化",对中国传统文化予以彻底否定。在这样的时代背景下,治学就容易走上视野狭隘、学术单一的路径,而这样的治学方法是不利于新思想的产生的,更不能建立新的哲学体系。熊十力正是看到了这样的时代弊病,才探索出"会通"之法来融合中、西、印的不同思想,以启示学者,唯有旁征博引、融会贯通多种哲学思想,才能取其中各种精华而启发出自己的新的哲学体系。

一、熊十力华严思想的特征

熊十力对华严宗思想的会通有着与以往学者不同的特征。以往学者在对华严宗思想进行吸收的时候大多只是侧重某一方面的借鉴,但熊十力对华严宗思想的会通可以说是全方位的。我们在分析熊十力对华严宗思想的会通的时候就可以发现,熊十力的这种"会通"是亦全面亦具体、有纵向有横向的融摄,而这种总分、纵横互相交错的会通方式织就出熊十力哲学的思想架构。

我们首先从熊十力对华严宗思想有总、有分的会通方面进行分析。就思想体系整体来看,熊十力总体上会通华严宗"圆融无碍"的教义,使其哲学思想融为一体。"不二"是华严宗"一即一切、一切即一""圆融无碍"思想的另一种体现,而这种"不二"的思想则贯穿于熊十力整个思想体系,亦成为他哲学体系的一个思维范式。在这种"圆融无碍"的思想原则指导下,他用"不二"来统摄其本体论、宇宙论、认识论、人生论等问题,他提出时空、有无、数量、同异及因果这五对范畴,这些范畴不仅是熊十力会通中西印思想的结果,亦是其"圆融无碍"思想的体现,因为熊十力对这些范畴的两面是无有偏废的,即此即彼,彼此都有所差别却又相互不离。

其次,从具体的思想来说,熊十力从本体论、认识论、判教论三个主要方面对华严宗思想进行会通。

本体论方面,华严宗"即体即用"思想对熊十力产生举足轻重的影响。熊十力哲学体系是以"体用不二"为基石进行构建的,"体用不二"亦是整个思想体系的核心所在,而"体用不二"的提出正是熊十力会通华严宗"即体即用"思想才得出的结论。我们甚至可以说,华严宗"即体即用"思想对熊十力以"体用不二"立宗、建立自己的哲学体系起到决定性的作用。熊十力会通华严宗的本体论思想,将现象看作本体全部的显现,称为"举体成用",现象是本体"翕辟"势用之后乍现的相状,并非实有。本体与现象是不可分为二截的,在现象之外并没有另一个独立存在的本体。而这个与现象为一的本体即是吾人之"本心",这个本心与华严宗"自性清净心"一样具有"造如来"的功用。认识论方面,熊十力会通华严宗的"反观心源"而提出"思修交尽"。熊十力看重性智在认识本体过程中的决定性作用,认为只通过思辨的方法是无法获得真正的真理的,关于本体的真理只有借助性智的发用才能得到。熊十力提到具体的性智发用的工夫包括冥思、默识、证会等,这些都建立在熊十力认为性本觉的基础之上,即是熊十力认为人之本心是自明自觉的,这与华严宗认为"一切众生,皆有佛性"的教义是一样的。华严宗虽然对"反观心性"十分提倡,但与熊十力不废量智一样,华严宗亦注重修习的进阶过程,《华严经·十地品》就阐述了菩萨修行的阶段和过程,修、入、住、出等方法和境地其实亦是众生领悟佛法的思辨过程,众生最终通过证见"自性菩提"而得见真如。熊十力亦指出,通过思辨的知识积累,我们在人伦日用中自我体会,最终通过认识到本心之明觉而把握本体,达到"天人合一"的境界。在判教论方面,熊十力"万有交徧"的文化判教很好地诠释了华严宗"一多相即"的教义。

如上分析,即是熊十力对华严宗思想整体的和具体的会通,而具体会通的部分其实亦是在进行纵向的融摄。那么,横向的会通就体现在熊十力对中、西、印思想的文化判教方面。

华严宗以义分教、以理开宗,形成"五教十宗"的判教体系,华严即是一乘圆教。意味着华严宗经超越诸佛家经义之上,融会众家佛法义理,"圆"即有"包含"之义。虽融摄诸家佛法,但华严宗也进行了自己的诠释,因此形成华严宗自己的教义思想,"多不碍一、一多相容",各种佛学思想被华严宗融摄、内化,而自成一新的、有独特佛法体系的佛学思想。熊十力正是会通了华严宗这种"一多相容"的判教理论,才完成了对中、西、印三方思想的吸收与诠释。对各方思想的会通是在熊十力"体用不二"的哲学框架下进行的。熊十力通过辨析各方思想的优劣之处,进而吸收与自身理论相契合的思想,对自身的哲学体系进行扩充与丰富,最终构建起成一家之言的熊十力哲学体系。

通过对华严宗思想有统有分的纵横会通,熊十力的哲学体系体现出四个较为明显的特点。第一,会通中、西、印诸家哲学。也就是说,熊十力对中西印哲学思想的吸收是以对本体的形上探究为出发点和基准的。他不赞成激进主义的全盘西化,也不与考据训诂的保守主义为伍,他斥破空宗、有宗的耽空寂静、种现二分,却也吸收他们的破相显性、遮诠之法,他分析中、西、印哲学思想的差别之处,实则是为了更好地将他们之中契合他思想的部分融摄进来,"观异"实际是为了"会通",因为在本质上,他认为中西文化"合之两美,离则两伤"。第二,整个哲学体系以本体论的构建为核心,凸显出其"哲学化"的特征。熊十力曾严格区分了科学与哲学的研究范围,他指出,哲学的研究内容应当是本体论,因此,他以本体论的构建作为其整个哲学体系的核心。第三,更注重心性修养、反观本心。从儒家的角度来说,"内圣"与"外王"是两个不同向度的为学路径,熊十力对二者都很看重,但更侧重"内圣"的方面,因为在熊十力的哲学体系中,"本心"是万物之本体,它是不可措思的,是无法仅仅依靠经验而得的"量智"来获取的,只能通过反观本心、默识证会的方式去把握。第四,具有现实关怀和家国责任。这是熊十力哲学体系中很容易被忽视的一个特点,但我们从熊十力求学、从戎、革心的历程中就可以看出,对现实、对国家的责任与关怀早已融入其血脉,不管是力主"体用不二",还是坚持以中国哲学为主要立场,都体现出了他深沉的民族精神和家国情怀。

二、熊十力华严思想的影响

程志华认为,熊十力与"现代三圣"中的马一浮、梁漱溟都有所不同,马一浮深研"义理型"的经学,而梁漱溟更注重道德的实践,只有熊十力是致力于纯粹的哲学,"质言之,马一浮所持的是经学的路子,梁漱溟所持的是文化的路子,而熊十力走的是哲学的路子"[1]。

熊十力从最初会通华严宗的"即体即用""一多相容"的思想开始,逐渐在华严宗"圆融无碍"的影响下开始对中、西、印三方思想予以会通。周通旦认为熊著"融通儒佛、出入先秦诸子,旁及宋明诸师,所谓会六艺之要归,通三玄之最旨,约四子之精微,极空有之了义者也"。由于善于观其会通,冶于一炉,"解决了历来哲学上对于心物问题的大纠纷"。[2] 熊十力的这种"会通"治学的方法不仅让他解决了哲学中的心物问题,更重要的是对其学生乃至整个现代新儒学产生影响。

熊十力弟子众多,但最后能够在哲学领域有所建树的还要数唐君毅、徐复观与牟宗三。他们承袭了熊十力的学术脉络,成为现代新儒家中影响深远的哲学家。而熊十力这种"会通"的治学思路,也在他们三人身上得到不同程度的体现。

在治学的会通方面,唐君毅是与熊十力最为相似的。唐君毅哲学的核

---

① 程志华:《熊十力哲学研究——"新唯识论"之理论体系》,第453页。

② 周通旦:《读〈新唯识论〉》,《哲学评论》1954年第4期。

心在"心通九境"，这一理论融合了华严宗的思想。"心"即是"道德自我"之本体，亦是华严宗的真如心；"九境"是唐君毅判教观的体现，这种判教观是在融摄华严宗五教十宗的判教理论之上形成的；而"通"体现的正是华严宗"圆融无碍"之境界。从这个角度来看，唐君毅对华严宗思想的融摄几乎与熊十力相同。除了对华严宗思想的吸收，唐君毅也受到熊十力融合儒佛、统贯中西的影响，对西方哲学唯心论的观点，尤其是对黑格尔的思想甚为关注，并试图将黑格尔的思想纳入自己的哲学体系之中。在唐君毅的哲学体系中，"体"就是道德自我，而"用"就是文化活动，因此，他对东西方的各种思想及文化都十分重视。在面对中国文化时，他对中国的各种传统文化都有深入研究，但最为推崇的是儒学，在唐君毅看来，儒家思想融摄了西方一神教和佛教的教义，其学说是最为圆融的。唐君毅有时甚至会"借助宗教信仰，吸收超越意义，来诠释心性天命等形上实体的内涵"①。可见，唐君毅对熊十力"会通"之旨趣是领会得最为深刻而践行得最为全面的。牟宗三则特别重视对儒、释、道的辨析与会通，他曾说："吾人若不能洞晓道家'无'之性格与佛家'般若'之性格之共通性，则不能解除后世学者对于佛、老之忌讳，此一忌讳是儒家义理开发之大障碍。"②他的佛学造诣是很高的，他在《佛性与般若》一书中就曾对佛学做出过详细而深刻的分析。牟宗三早期治学主要是对西方逻辑和知识论较有兴趣，最终转向康德，认为康德所谓的自由自主自律而绝对善的意志与儒家所说"本心即性"是义理相通的。而且，在对心体与性体的梳理和诠释上，牟宗三还曾以康德的道德哲学作为融摄的主体。与唐君毅、牟宗三专心治学不同，徐复观的一生徘徊在政治与学术之间，因此他的哲学更倾向于"外王"学的研究，而他自己也更擅长对思想史和艺术哲学的研究。正因为他研究领域的特点，徐复观以包容心态面对传统文化的多元性，并且对文化中产生的多元价值亦给予认同。除了对多元文化和思想的会通与梳理，或许徐复观最核心的"会通"即是对学术与政治的会通了。他试图通过对中国思想史中自由和民主思想的研究，与当时他所处时代的政治制度相会通，建立起真正的民主政治。

虽然唐君毅、牟宗三、徐复观对"会通"的继承和诠释与熊十力不尽相同，但无疑都受到熊十力以"会通"为核心融摄思想、构建体系的影响。

通过对各方思想的"会通"，熊十力进一步完善了自己的哲学体系。

---

① 郭齐勇：《熊十力哲学研究》，第258页。
② 牟宗三：《圆善论》序，台北：联经出版社，2003年版，第15页。

谢幼伟认为,熊十力"不惟保存了中国哲学的优点,而且改正了中国哲学的缺点"。足以代表现代中国哲学的如下特征:"其主张为唯心的,其精神则理论与实践并重,其方法则直觉与理智相辅,而其态度则只为哲学的(非宗教的)。"①

不管从哪个层面来说,"圆融无碍"是熊十力哲学体系的总特征,"体用不二"是其整个哲学体系的核心所在,从对唯识论"种现二分"的斥破出发,熊十力以"即体即用"解决了本体与现象之间的关系问题,以兼容并蓄的治学方法会通了中、西、印的哲学思想,虽然他的某些哲学思想受到质疑甚或挑战,但他对中国哲学的正确发展路向、现代新儒学研究模式的开启都有着很重要的推动作用。

20世纪上半叶的中国受到西方思想文化的极大冲击,国人开始寻求思想文化上的改革,激进主义应运而生,而与此相对亦出现了保守主义。前者持有"反传统"的文化心态,对西方的思想文化亦步亦趋,甚至提出"全盘西化"的主张,根本不属意于传统经典;而后者虽是针对前者出现,但保守主义者只是一味考据训诂,对"慎思明辨之学"的不理会,导致了理论资源的枯竭。熊十力对这两种主义均不赞同,他认为,"要解救民族危亡,必须另辟蹊径,从中国文化之根上做起,并会通中西印,建立起新的哲学形态"②,他的"新唯识论"正是这样一种哲学体系。

综观熊十力的一生及其哲学思想,我们可以发现,他是一位颇有现实关怀和家国责任的哲学家,同时,他也是一位敢于挑战传统、富有创新精神的哲学家。他在新思潮的影响下毅然从军,在看清当时令人扼腕叹息的时局之后也能断然弃军从文,经历了唯识学的浸润,却能够理性地在对唯识学进行斥破的基础上一步步建立自己的"新唯识论"哲学思想体系。

以"体用不二"为贯穿整个哲学体系的主要脉络,熊十力将本体论、认识论、判教论等融为一体。从他的学思历程中我们可以梳理出他的学术路线,即是由儒转佛,出入空有二宗,深契华严,最终归宗大易。这从另一个方面说明熊十力治学并不在意学派的拘束,更注重自家主宰。他也曾多次强调,学者治学当不囿于固有学说,要敢于打破学派之别,不拘泥于一家之言,要博采众长,深刻判定学术思想之异之短,进而吸取相通的优长之处。熊十力将外来的思想文化吸收到中国传统文化之中,在"体用不二"的核

① 谢幼伟:《抗战七年来之哲学》,贺麟:《五十年来的中国哲学》,上海:上海人民出版社,2012年版,第228页。
② 程志华:《熊十力哲学研究——"新唯识论"之理论体系》,第439页。

心义理基础之上构建起自己的哲学体系。石峻曾说："（熊十力）博采各家之长，重新全面地加以改造，构造出一种具有中国特色的新哲学思想体系。"①的确，熊十力不落传统文化之窠臼，亦不局限于一种思想体系，而是能够勇于对唯识论提出质疑，进而会通中、西、印的哲学思想，创立其自成一派的哲学体系。

但在对中、西、印三方思想融摄的同时，熊十力所会通的核心其实是对华严宗思想的会通。从本文的分析即可得出，熊十力在整体思辨方式、本体论、认识论及判教论方面都对华严宗重要教义有所会通。换句话说，对华严宗"圆融无碍""即体即用""反观心源""一多相容"等教义的会通是熊十力得以构建其哲学体系的关键。

目前，学界已有学者能够看到华严宗思想与熊十力哲学之间关联，但却只是意识到法界缘起对熊十力本体论具有启发作用。经过分析我们可以看出，熊十力哲学体系中核心的本体论以及居于重要地位的认识论、判教论，都是通过对华严宗思想的会通和诠释而产生的。以华严宗的"法界缘起""即体即用"为起基点，以"圆融无碍""一多相容"为衡定标准，我们就可以更加清晰地把握熊十力哲学思想的脉络。

熊十力对华严宗思想的会通，不仅让我们看到华严宗与传统印度佛教相区别之处，也凸显出华严宗作为中国化佛教的一派而具有的中国传统思想的特色。这种以"会通"之思路创建自己的哲学体系的方法对后世学者影响甚广，引导后世学者扩展视野，在区别各类思想异同之处之后，能够以自身观点为主导，广泛融摄与自身观点相契合的思想。

熊十力说他自己的哲学体系"亦佛亦儒"，那么，从其会通华严宗思想的方面来看，我们确可以称其为现代华严学意义上的"新贤首宗"。

---

① 宋志明：《熊十力评传》序，第2页。

第三章　广大和谐:方东美华严思想研究

方东美(1899—1977)名珣,字德怀,后改字东美,曾用笔名方东英,安徽桐城人(今安徽省枞阳县人)。作为 20 世纪著名的哲学家,他被誉为"一代诗哲"。关于为学旨趣,他自己是这样归纳的:"在家学渊源上,我是个儒家;在资性气质上,我是个道家;在宗教兴趣上,我是个佛家;此外,在治学训练上,我又是个西家。"方东美的思想历程以 20 世纪 50 年代为分界,在此之前他的学术重心主要是关注西方文化,20 世纪 50 年代以后则呈现出向中国传统思想复归的趋势。对此,他曾自述:"我从小三岁读诗经,在儒家的家庭氛围中长大,但是进了大学后,兴趣却在西方哲学,后来所读的书和所教的书多是有关西方哲学的。直到抗战时,才有了转变,觉得应当注意自己民族文化中的哲学,于是逐渐由西方转回东方。"[①]

在经过抗战的磨砺后,方东美深感决定一个国家和民族兴旺发达的最关键因素是民族文化精神的挺拔与高扬。但是自从任教台湾大学,以及 20 世纪 60 年代几次赴美讲学的经历,使其深刻感受到,西方人对于东方文化的陌生感逐渐褪去,相反中国自己的青年人对民族传统文化却日渐生疏。因此,他曾在课堂上痛惜慨叹:"鸦片战争后,中国以被侵略的方式遭遇西方文化的冲击,此时西方最精华的思想并未传入,只是以飞机大炮为后盾来摧毁我们国家的民族统一,加以近代教育之错误,使青年总以为外国月亮圆,在精神上萎靡不振;后来虽想迎头赶上,却又食古不化,相继模仿日本、欧洲、美国,而一一失败了,五十年以来使得青年的文化意识、民族精神、人格尊严都丧失殆尽。"[②]所以方东美大声疾呼,东西方文化固然各具特色与优长,但是无论如何,一个民族都应该对自己的文化根底有所察识,对自己的文化精神有所传承。以此为基础,才有可能真正理解、汲取人类一切优秀文明成果。他认为:"如果要使东西方互相了解,先应当观念正确,生活在自己的国家民族中,有真正的东方心态,再去研究西方。……我们承受中国的文化传统,应当在这种优美的精神传统中,先自己立定脚跟,

---

[①]　方东美:《原始儒家道家哲学》,台北:黎明文化事业股份有限公司,1983 年版,第 1—2 页。

[②]　方东美:《原始儒家道家哲学》,第 38 页。

再在自己的立场上发扬内在的宝贵生命和创造精神,然后培养成内在的智慧,虚心反省自己的优劣,再原原本本地去看西方文化,以取法乎上,得乎其中。"①

据此,方东美自觉地以中国传统文化为立场,通过古今中西的文化比较与诠释,将传统民族文化的精神与价值重现彰显,进而为中国文化在世界文化之林谋求应有之地。这一理想和追求始终贯穿于他的学术生涯。对于方东美而言,比较、通约中西文化,首先要对中国传统文化进行价值准衡,具体就是要突显出中国文化相对于西方文化的优越性,其有效方式莫过于凝练出中国文化固有的、西方文化无法媲美的显著特征。正如方东美回顾自己在美国的讲学时所述:"十五年前完成《中国人生观》一书后,我怀着一个单纯的目的——以中国的和谐智慧挑战西方为无情的二元对立问题所困的分裂思维方式——到美国几个大学访问、讲学。"②基于此,他历史地选择了具有高度圆融思维特征的华严宗哲学。

第一节 方东美对华严思想的重视与推崇

方东美的佛学研究,始于南京执教期间,受当时学界研习唯识氛围之影响,他最早接触的也是佛教唯识学经典,先后研读过唯识一代宗师窥基的《成唯识论述记》、高丽太贤的《成唯识论学记》,以及唯识二十论、唯识三十论等唯识经典。对此他强调,尽管自己阅读了上述大量唯识经典,但始终不敢轻易谈论佛学,生怕自己未能读懂而错解、误谈。

一、方东美的华严际会

方东美系统研习佛学,缘于卢沟桥事变后随中央大学迁往重庆之际,因所藏之书沉没长江而无书可读,所以闲暇之际只好去重庆郊外的寺庙借阅佛典,"避乱渝州后,一时藏书尽丢,乃集中全力潜心于佛典之研究"③。重庆八年的沉潜,对方东美的学思历程至关重要。其间,他对佛学的研究日趋精湛圆熟,曾与熊十力多次书信往来讨论佛家名相。另外,方东美于1945 年夏,仿屈原《天问》所作的《朕问》更体现出他深谙佛学,尤其对华严经、华严宗思想已有切己体贴:

---

① 方东美:《原始儒家道家哲学》,第 4 页。
② 方东美著,匡钊译:《中国哲学之精神及其发展》前言,郑州:中州古籍出版社,2009 年版,第 1 页。
③ 转引自蒋国保《方东美思想研究》,天津:天津人民出版社,2004 年版,第 51 页。

宇宙生成,谁初造之？真宰有无,孰简料之？

大总之和,孰临照之？逻物建善,孰象效之？

形眹未起,厥初何有？昭昭冥冥,凝独无偶？

交融互摄,谁绾其纽？妙法垂象,伊谁承受？

神灵形色,孰先孰后？天运斡旋,孰左孰右？

实测大化,惟星与斗。曰乘真心,玄机是守。

同异异同,不类类丑。轮转无穷,不久能久。

齐其不齐,奥义阜阜。号物曰万,畴为之母。

变化纷奔,错落安受？廓标大空,何祛何取。

阒然无形,眇尔不朽。践迹形下,焉通象数。

大命荷负,尊若天后。缒幽发蔀,曰建万有。

高明博厚,蒙为其首。①

这首诗以叩问宇宙主宰为主旨,既有对世界万象是否具有最后、最高的统一根据的追问,又有对主宰本身为何的探寻;既有对善恶、有无、形神、幽明等对立关系的考察,又有对先后、左右等时空关系的思考;既有对同异、类丑等别异关系的辨析,又有对恒变、形器等相互转换的说明。其中"大总之和,孰临照之""交融互摄,谁绾其纽""同异异同,不类类丑"等无不是华严思想中讨论一多关系的思想话题。以"蒙为其首"为结尾,正是华严思想所强调的,宇宙本体就在万象之中而非万象之外别有一独立本体。所以说,作此《朕问》,正说明华严思想已内化于方东美的思想深处。

二、方东美讲授华严

从 1966 年 10 月开始,方东美于十年内三次讲授中国哲学,重要内容之一就是佛教华严思想。前两次均在台湾大学。第一次讲授时,方东美用四年时间把中国思想演进的基本脉络、主要内容,即先秦思想、魏晋玄学、隋唐佛学、宋明理学系统地讲授了一遍。但是讲完之后,他觉得"下一代一些青年毕业后,教这门课仍然感到困难","便再教一遍",因为比第一遍更加细致,第二次的讲授用三年时间"只讲到大乘佛学"。因此退休后,在辅仁天主教大学担任客座教授期间,第三次讲授中国哲学,但是仍然没有讲完,只讲到新儒家的张载。在此期间,从 1974 年 9 月到 1975 年 5 月,方东

---

① 方东美:《坚白精舍诗集》,北京:中华书局,2013 年版,第 347—348 页。

美用两个学期系统讲授了中国大乘佛学。他从六家七宗开始,经僧肇、道生,再到隋唐时期经由判教而起的天台宗、法相唯识宗、华严宗、三论宗等中国佛教的主干内容均给予详细的阐释,该内容后由其弟子任庆运、董策、杨士毅、谈远平等根据讲课录音整理成稿,再经杨正河、傅佩荣校订而成《中国大乘佛学》一书。此外,1975年9月到1976年6月,方东美用将近一年时间专门讲授华严宗思想,后由其学生方武根据讲课录音初录成稿,经谈远平补正,杨正河、傅佩荣等校订而成《华严宗哲学》一书。

方东美阐释佛教、华严一方面横摄中西、广征古今,他所称引和评论的西方哲学家囊括了从古希腊到近现代的主要人物,包括苏格拉底、柏拉图、亚里士多德、笛卡尔、洛克、休谟、贝克莱、孔德、斯宾塞、费希特、叔本华、尼采、莱布尼茨、康德、黑格尔、斯宾诺莎、费尔巴哈、罗素、柏格森、斯宾格勒、怀特海、海德格尔、维特根斯坦、胡塞尔、桑塔亚那等,此外还包括连哲学词典都无法查找的名气甚小的哲学家,诸如巴斯卡、顾约等,也能如数家珍、引用自如;另一方面他灵活征引诸如《奥义书》《吠陀》等印度经典,同时对佛教大小乘经典诸如《阿含经》《般若经》《解深密经》《密严经》《楞伽经》《法华经》《涅槃经》《华严经》等如数家珍、信手拈来,还有对古今中外的诗词歌赋、文学作品,如莎士比亚、萧伯纳的戏剧,泰戈尔、华兹华斯的诗,李白、杜甫的诗,司空图的《诗品》、歌德的《浮士德》,以及《镜花缘》《红楼梦》等明清小说旁征博引、运用自如。① 因此他的讲授一扫学人因佛教典籍浩瀚、名相烦琐而欲入无门之苦,"以浅显的口语表述深奥的佛学,并以中西印比较文化的观点随处阐发,毫无晦涩窒碍之感"②。正是由于方东美对佛教尤其是华严思想得心应手、驾轻就熟,所以跟随他学习的弟子遍布僧俗两界。

三、承续中国文化精神的华严思想

方东美在论及中国学术的流变时,首先强调:"今天谈哲学,根本上我们要认清:汉武帝时,原始儒家已经衰退了,汉儒所说的是经学。魏晋到六朝末年,道家哲学也衰退了,道教起而代之。"③其次,他认为这一时期正是由于异域传入的佛教与中国传统文化不断地融合与调整,从而衍生出中国古代另一学术思潮——中国大乘佛学。"在中国的文化领域里,历代都有

① 参见蒋国保《方东美思想研究》,第79页。
② 方东美:《华严宗哲学》(上册),第1页。
③ 方东美:《原始儒家道家哲学》,第7页。

很高的宗教热忱,同很高的哲学智慧,即使有时自己本位的文化暂时衰退,可是一旦受到外来文化的刺激,立刻便会融会贯通而产生另一个高度的文化发展。在这一种情况下,所以中国佛学虽传自印度,但其中有许多部分可以说已经不是印度佛学所原有的,而是有相当多的部分是表现了中国思想的特殊性,例如天台宗、华严宗与禅宗等。"①所以在方东美看来,以华严思想为代表的中国大乘佛学不仅与中国传统文化内在相契,而且它还具有承载中国文化精神,使其赓续不断的重要历史地位。

方东美指出,传统儒、道哲学的思想主旨、价值诉求等对佛教的传入与发达起到了积极的理论铺垫、思想接引的作用。换言之,当佛教传入后,依据中国传统思想的价值理念和文化精神,对自身理论进行适当的调适与必要的转化,创造出完全别异于印度佛教的中国大乘佛学,从而在中国文化处于衰退期时,以另外一种方式传承着其固有精神,华严思想堪称其中的典型。因此方东美强调,要了解华严智慧必须透过原始儒、道两家的哲学思想。比如,他认为中国哲学历来重视对超越的精神世界的无限追求,但最终的目的是为了以此点化、提升现实的经验世界,因此出世之后还要出出世,即返回现实世界,"它(中国)的哲学境界虽然由经验与现实出发,但却不为经验与现实所限制,还能突破一切现实的缺点,超脱到理想的境界;这种理想的境界并不是断线的风筝,由儒家、道家看来,一切理想的境界乃是高度真相含藏之高度价值,这种高度价值又可以回向到人间的现实世界中落实,逐渐使理想成为现实,现实成就之后又可以启发新的理想"②。同样地,在他看来华严思想一方面要求"一定要从十信、十住、十行、十回向,然后再从初地升到二地,二地升到三地,地地升进,把生命的境界一层一层提高,价值理想、价值标准也一层一层向上面发展,最后才把最高的价值理想在最美满的生命状态之下圆满实现"③。另一方面,华严思想"在十种回向里面,可以分为两大回向:第一是回向菩提,——将所有一切处在罪恶、痛苦、黑暗世界的人,均令其超脱解放,使他们的精神,均妥善的安排在最高光明的真理价值系统里面。……第二层要回向人间。因为一个获得最高智慧的人,不能停留在半空中,就像坐飞机一样,一定要回到地面上来,赤裸裸的去面临现实世界,这是回向人间。也就是说当我们面临了黑暗、痛苦、罪恶的世界时,我们应立即发出大慈大悲的心,表现出我们的慈悲愿

---

① 方东美:《华严宗哲学》(上册),第206页。
② 方东美:《原始儒家道家哲学》,第16页。
③ 方东美:《华严宗哲学》(上册),第186页。

力,肩负起拯救世界的雄心与毅力,化秽土为净土"①。从地地升进到回向
菩提与回向人间的双回向,正是方东美所谓的"具有高度发展的大乘圆教
的华严宗,其最后还有一道大关,就是把'出世'的观念也取消掉了,成为
'出出世'!"②。正因为如此,方东美才强调,华严宗的代表人物三祖法藏
虽然是龟兹人,但是并不等于华严思想属于外来文化,因为"他们来到中国
以后,到了法藏已经是第三代了,他已经完全中国化了"③。据此可见,方
东美对华严思想历史地位的重视与推崇。另外在方东美看来,华严经自从
传入中国,经过历代宗师的积极阐发,早已从单一的宗教理论转变为哲学
智慧,更是采用专业的哲学语言建构起体大思精的哲学体系。因此,当方
东美面对 20 世纪中国传统文化遭到西方文化的紧逼与蚕食,生存空间急
剧压缩的境遇,以现代学术方式揭橥华严思想的理论价值,通过比较文化
的方法,凝练、重塑中国传统文化超越历史时空的内在精神,以期在中西文
化的碰撞交流中为中国传统文化的传承与发展创造有利条件。

第二节 华严学与方东美哲学思想体系的建构与展开

华严宗是宗《华严经》,发轫于六朝、奠基于梁陈、形成于隋唐时期的
高度中国化大乘佛教。其思想以"法界缘起观"为核心,幽通深远、旨奥理
玄,与隋唐诸宗相比,精神要义呈现出"圆融无碍"的显著特征。方东美认
为,华严宗哲学的"圆融无碍"精神,是中国思想史上能够集中代表和彰显
传统文化"广大和谐"特质的理论资源。因此,他通过援佛入儒、入道,以
佛释儒、释道的方式,一方面在传统文化转型与复兴的客观要求下,对华严
思想进行富有时代意涵的吸收、融摄与发展,形成自己的哲学精神,进而铺
展、建构自己的哲学体系;另一方面,在中西文化交流的视域下,以逻辑分
析、文化比较的方法对华严思想展开符合现代学术规范的诠释和重构,以
凝练和彰显中国传统哲学的圆融和谐特性,使其可以与西方文化在同等平
台上对话、交流,在时代语境中豁显自身的固有价值。

一、方东美对华严法界缘起观的诠释与重构

华严宗法界缘起观以体用一如的思维模式,对经验世界纷纭万象的生

---

① 方东美:《华严宗哲学》(上册),第 69 页。
② 方东美:《华严宗哲学》(上册),第 198 页。
③ 方东美:《华严宗哲学》(上册),第 207 页。

灭变化展开解释与说明,旨在阐释万法能生之本体与本体所生之万法以及万法之间一际圆融的内在关系。方东美以纵(古今)、横(中西)两个坐标为视域,以区别本体论和宇宙论为线索,以比较中西文化的内涵为径路,以中国传统思想学说为资源,以对哲学境界的疏解和哲学概念的统合为方式,以阐释弘扬中国传统文化圆融和谐的特性为宗旨,对法界缘起观的内涵、特征等展开细致的诠解和重构,使其哲学本体论的意义进一步明确,在思想史上的价值及作用进一步彰显。

(一)法界缘起观

华严宗法界缘起观的主旨,是对经验世界纷纭万象的生灭变化进行哲学层面的解释与说明,所以重在阐释万法能生之本体与本体所生之万法以及万法之间的内在关联。因为它是在大乘佛学内在逻辑发展的驱动下,同时会通中国传统哲学既内在又超越的致思理路,因而结论是将二者定位为不一不异、相即不离的关系。以期在此基础上,为本宗的佛性思想、信仰思想、修行思想提供形而上的理论根据,最终达到突显《华严经》及华严宗的殊胜性这一宗趣。

因此,就华严宗思想而言,法界缘起观无疑是其整个哲学体系的基石与核心,"六相圆融""十玄无碍"等理论均是它的具体反映和表现,正如华严诸祖所言"今且就此华严一部经宗,通明法界缘起"①"言法界者,一经之玄宗,总以缘起法界不思议为宗故"②"圆教微言必穷法界"③。现代学者吕澂先生也明确指出"法藏所著《一乘教义分齐章》中,对于别教一乘的义理举出了四门:一、三性同异;二、因门六异,——这两门是构成缘起说的原理。三、十玄无碍;四、六相圆融,——这两门说明无尽缘起的内容"④。

法界缘起观的核心概念就是法界。对此,华严宗人已经进行了相应的辨析。澄观从两方面解释"界":一是指区分,"然事法名界,界则分义,无尽差别之分齐";二是指体性,"故理法名界,界即性义,无尽事法同一性故"⑤,此外宗密言"界是分义,一一差别,有分齐故;……界是性义,无尽事法,同一性故"⑥。这是认为,从经验角度看,大千世界、森罗万象是相互别异的;但若从其体性来看则是同一的。由此视角出发,宇宙万象即成为浃

---

① 〔唐〕智俨:《华严一乘十玄门》,《大藏经》第45册,第514页。
② 〔唐〕澄观:《华严法界玄镜》,《大藏经》第45册,第672页。
③ 〔唐〕法藏:《华严经旨归》,《大藏经》第45册,第592页。
④ 吕澂:《中国佛学源流略讲》,北京:中华书局,1979年版,第196页。
⑤ 〔唐〕澄观:《华严法界玄镜》,《大藏经》第45册,第672页—673页。
⑥ 〔唐〕宗密:《注华严法界观门》,《大藏经》第45册,第684页。

洽和合、融通无碍的妙境。换句话说，所谓"法界"就是指赅摄宇宙全体万物的佛智妙境，既是宇宙万物的产生根据和存在依据又是普遍众生所要证入的真如实镜，故有"法界，万象之真体、万行之本源、万德之果海"①。又有"法界者，一切众生身心之本体也。从本已来，灵明廓彻，广大虚寂，唯一真之境而已。无有形貌而森罗大千，无有边际而含容万有。昭昭于心目之间，而相不可睹。晃晃于色尘之内，而理不可分"②。

对此，方东美在华严宗的基础上也对"法界"进行了详尽的梳理。他指出"关于'法界缘起'，这个'界'字，譬如依照法藏大师同澄观大师的解释来说，有几种意义：第一种事法界的'界'字是'分'义，说明无尽差别的事项均具分齐作用；第二种理法界的'界'字是'性'义，说明无尽事法同一性故；第三种理事无碍法界的'界'字是具有'性与分'二义，这是'不坏事而无碍'的意思；第四种理事无碍法界，也是具有'性分'二义，法性融于诸事项，而使一一的事法不灭坏其相，真如体性相互融通，重重无尽"③。可见，方东美没有单纯地就法界这一概念本身进行孤立的说明，而是将其分别置于"四法界"之中，对其意义进行具体考察，这样可以使"法界"自身两方面的内容更加清楚地体现出来；其次，借助于"四法界"，可以使得"法界"两层意义之间相互关系的通透性更加明晰。正是因为法界概念本身的圆通性，才使得在此基础上发展起来的缘起理论成为华严宗圆融哲学的思想根基。

如何看待"性"与"分"的关系，也即体性与万法的关系，这就从法界过渡到缘起。对此，杜顺指出："是故见眼耳等事，即入法界缘起中也。何者？皆是无实体性也，即由无体幻相方成。以从缘生非自性有故，即由无性得成幻有，是故性相相浑融全收一际，所以见法即入大缘起法界中也。"④这就是说，从万物的生灭变化之中就可体会到法界缘起的奥义，虽说有性但性无实体，万法为相而性相镕融。此义可以通过杜顺对"空有"关系的阐释做进一步了解："缘起之法似有即空，空即不空，复还成有。有空无二，一际圆融，二见斯亡，空有无碍。何以故？真妄交映全该彻故。何者？空是不碍有之空，即空而常有；有是不碍空之有，即有而常空故。有即不有，离有边有；空即不空，离无边空。空有圆融一无二，故空有不相碍。互形夺故

① 〔唐〕裴休：《注华严法界观门序》，《大藏经》第45册，第683页。
② 〔唐〕裴休：《注华严法界观门序》，《大藏经》第45册，第683页。
③ 方东美：《华严宗哲学》（上册），第408页。
④ 〔唐〕杜顺：《华严五教止观》，《大藏经》第45册，第512页。

双离两边。故《经》云:深入缘起断诸邪见,有无二边无复余习。"①在这里,"空"对应"性";"有"对应"万法"。具体是要说明因缘和合而生之万法,从世俗经验的角度看无疑就是真实的存在,但是从抽象的本体论的角度看,这无非是本体的变现和生化,即由体起用,所以本质上是没有自性的。但是,万法没有自性却也并不影响万法在经验世界中的现实存在,因为它本身就是本体即性的具体表现。没有脱离法的性,也没有不体现性的法,所以二者是不相妨碍的。因此,如果分别执着空与有或性与法,而无视其相互间的相即相离特征,便是限于执着的偏见,是不可取的。正确的态度应该是不离有而谈空、不离空而谈有,也即要达到即有而谈空之"真空"和即空而谈有之"妙有"的境界。此外,还要认识到所谓的真空就是妙有,所谓的妙有就指真空,两者一而二、二而一。总之,法界缘起观是极力要说明实性与万相的一体具存、不一不异、相即相离的关系。

方东美对此有深刻的认识。他指出:"'法界缘起',也就是'法性缘起',也就是'无穷缘起',这是由'真如缘起'展开的,因为由真如的实体所开展的宇宙万有,是由平等真如所变现的差别的万有。而且宇宙的实相,并不是在现象之外去另求实体,要之,除了实体的真如之外并没有现象,所以真如是能缘起,而万法是所缘起,……现象即本体,……所谓举法界诸法,无非各有其本体,而万有的本体无非也是现象。"②进而,方东美对法界缘起观的发展历程及特点等展开细致说明。

首先,方东美对法界缘起观的理论渊源进行厘定。他指出,法界缘起观同其他缘起理论一样都是讨论"宇宙论或宇宙发生论诸问题"③。与历史上的缘起论相比所不同的是,它是在修正如来藏系缘起说基础上伴随佛性思想的充分发展而产生和形成的。④ 因此,方东美将法界缘起在更多时候称为"佛性缘起"。

其次,方东美对法界缘起观的内涵特征进行总结。他指出:"(法界缘起)并不是凭借一个有限的概念、有限的范畴来说明整个的世界,而是把哲学上面最初的起点,容纳到'无穷'思想体系里面,看出无穷性的美满,然后从那个地方找出一个可以解释世界,解释人生的起点——那就是佛性,

---

① 〔唐〕杜顺:《华严五教止观》,《大藏经》第45册,第511页。
② 方东美:《华严宗哲学》(下册),第388页。
③ 方东美:《华严宗哲学》(上册),第117页。
④ 参见方东美:《华严宗哲学》(上册),第117页、第408—409页及第415—416页相关内容。

法性的起点。"①同时,方东美对法界缘起观的历史地位予以强调,他认为华严宗开放圆融的哲学体系正是在华严祖师对法界缘起观不断发展和完善的基础上形成的。"其实华严宗的哲学就是从杜顺大师开始提出法界观,然后智俨大师承继而撰述十玄门,在产生一个大宗师法藏的无穷缘起,然后澄观大师在把这些观念综合起来(并且还受到禅宗的影响),不仅仅笼罩一切理性的世界,而且可以说明这个理法界才是真正能够说明一切世俗世界的事实构成。然后才能形成事事无碍法界,成立一个广大无边的、和谐的哲学体系。"②

最后,方东美对法界缘起观的理论意义予以总结。他指出,法界缘起观克服了历史上缘起理论"染净同住""善恶混杂"的局限,是一套完满具足的价值理论。对此,方东美指出,谈缘起要从三个方面入手,"就体上说体是一回事;就体上来说内在于体的用又是一回事;然后离体来说用,也就是跳出体之外来谈用,乃至于跳出用之外来谈用,再有在真如的外在环境里面来说明缘起"③。进而他通过分析唯识三性的理论缺陷,再以真如缘起进行比较,最终指出"我们不仅仅是从本体论上面论缘起,而且也是在价值论上面的一个缘起"④。

从以上方东美对法界缘起观的概念、内涵及意义的说明,我们可以将它的要义和特征概括为:大千世界、宇宙世间就是在如来藏自性清净心,即真如的根本作用下,性相融融、彼是相因、相资相待、互赅互摄、相即相入、无始无殆、重重无尽。在此基础上,华严宗才建构起自己义奥理玄、恢宏壮阔,且极具圆融特征的哲学体系。因此,当方东美面对近代中国传统文化遭受西方学术思潮的步步紧逼和压缩蚕食时,为了挽回中华民族传统文化的自尊心和自信心,经过对中西文化的深入分析与比较对勘后指出,西方文化自身具有的二元对立性不足以担负起构建世界未来文化的重任。相反,中国传统文化自身具有的圆融和谐性,不仅可以有效消解西方文化的分裂困境,而且理应成为构建未来世界文化蓝图的主干。所以,方东美将哲学的时代追求界定为,以凝练和豁显传统文化中以圆融和谐为主要特征的固有精神和与内在价值。具体则是在汲取借鉴传统儒释道文化的基础上,通过对华严法界缘起观进行境界论的诠释与本体论的重构而展开和完

---

① 方东美:《华严宗哲学》(上册),第408—409页。
② 方东美:《华严宗哲学》(上册),第413页。
③ 方东美:《华严宗哲学》(上册),第416页。
④ 方东美:《华严宗哲学》(上册),第417页。

成的。

（二）和谐境界论

方东美认为，哲学其实就是思想境界的理论化，所以哲学范畴和概念无非都是境界实质及内容的反映，因此概念之间的相互关系也正是境界特征的集中体现。对此，他说："其实如果我们以纯哲学的理论来说，所谓哲学的思想体系，就是要刻画出一种哲学的境界，然后再针对着这个境界的各种层次，作为建立一种思想体系的范畴系统。"①同时方东美也多次强调，中国古代哲学家讲哲学时历来是先讲境界，后讲方法。所以他首先对法界缘起观所彰显的哲学境界展开深入剖析，认为"华严法界观……的主要目的就是应该如何透过智慧所贯穿流行的境界，以及经由这种划分之后，到底要如何才能将它们联系起来"②。

在方东美看来，中国传统哲学所追求是一种天然的和谐境界，上层精神世界与下层现实世界是浃洽融合、自由沟通的存在状态。因为基于中国传统思想的特点，首先就是要求对现实的世界不断向上超拔和提升，使其尽可能地向宇宙精神的最高点靠近。所谓的宇宙最高点，就是人世间经验层面的所有真相、价值、艺术的根底，"支配整个宇宙中人类生活的一切"③，它是人类现实生活所产生和需要的一切秩序、道德、价值的汇集点，因而也是最高和最后的依据。同时方东美强调，这种汇集不同于柏拉图的"搬运的汇集"，指单就道德、真理、价值机械地堆砌与聚合。④ 正因为它的超越性，因而方东美也称之为"天心"，并且通过探讨《尚书》"皇极大中"的内涵对其展开细致论述。但是，对宇宙最高点的肯定、推崇和说明并不是方东美的最终目的。紧接着，他又指出中国传统文化的另一个特点，"真相与价值之最高标准固然是最高理想，但是在中国人，人是宇宙的中心。……所以哲学上的本体论、价值论之最高标准，……应以实现于人间世，为人类现实生命造福为主"⑤。这是说对宇宙中心奥秘的探索，最终是为了服务人生。因此，最高的精神世界一定要和现实人生相联系、相沟通。正

① 方东美：《华严宗哲学》（下册），第367页。
② 方东美：《华严宗哲学》（下册），第367页。
③ 方东美：《原始儒家道家哲学》，第76—77页。
④ 方东美认为西方哲学的宇宙最高点虽然也是合道德、真理、价值于一体，但是依然保持着各自的独立性，因此是合三而一，所以现实世界中具体的真善美都是最高点的经验式生成，所以称之为"搬运"；中国哲学的宇宙最高点，本身就是一个同一的整体，可以任运自如地体现道德、真理、价值等属性，因此是一而三，所以它自然是现实世界真善美存在的逻辑依据，而并非经验式的生成根据。
⑤ 方东美：《原始儒家道家哲学》，第79页。

如方东美多次强调的,不能只是一味地寻求解放、超脱至宇宙顶点。反之,还要站在新的至高点上回顾下层世界,看到下层世界的缺陷与不完满,进而在"万法平等"原则的指导下,使"顶点"的精神倾泻下来,再进一步促使下层世界逐级超升。从而上下两层世界的分隔虽然实际存在,但是可以进行顺畅的沟通与回流,其间的鸿沟会被彻底抹平而融合为一个统一和谐的有机体,绝不像西方哲学那样造成两个世界的不可逾越。这是方东美对中国传统哲学思想境界的把握和体贴,也是对自己哲学追求的描绘和擘画。

以此为视角,方东美强调,"中国华严宗的祖师们,首先将它整个宇宙论的产生程序,从事实上面将它发展的历程,在它里面的各种重要层次,所谓本体论的层次,一一地彰显出来,譬如杜顺大师所提出的华严法界观,就是顺着这一种程序,阐述真空观、理事无碍观、周遍含容观这样子的贯穿下来"[1]。言下之意,华严法界观切实有效地解决了两个世界沟通何以可能的问题,它合理地化解了两层世界的对立隔阂,将其聚拢成相待互依的统一整体,而其中的关键正在于杜顺三观中的"真空观"。对此,方东美有详细的说明。比如,他在解释理法界和事法界的关系时指出:"'真空观'本身要肯定在宇宙的层次里面有一个最高的境界,那个最高的境界就是所谓的'理法界'。而这个'理法界'正是要把这个精神提升到最高的境界里面,然后再根据光明、根据般若智慧去拟订出一个基本概念,来表达宇宙里面最上层的理性。然后把那个理性变做智慧的光明,去遍照宇宙里面的一切下层境界。"[2]因此他不断强调,法界真空观的重点就是"要想办法让它们(两层世界)能相互交澈,融通自在,交融互澈,密接连锁的通透关系"[3]。

方东美指出,真空观主要有两个方面的贡献。第一,任何相对的层次和境界都能够认识到自己的有限性而不断地向上层超升,"这才是'真空观'里面的一个根本动机"[4],上层境界就是他所论的宇宙中心、神圣精神领域。第二,真空观除了肯定追求最高的超越领域外还肯定与之相对的一切领域,"华严哲学上面所讲的'真空',它首先所要达到的目的就是为了要救'色',其次是为了救'心',然后再来拯救下层世界里面的诸含灵,这才是华严经里面所要阐释精神要向下回向的作用。它不是回向般若、回向菩提、回向佛性,而是要回向现世界、回向人间世、回向物质世界、回向心灵

<hr>

① 方东美:《华严宗哲学》(下册),第332页。
② 方东美:《华严宗哲学》(下册),第352—353页。
③ 方东美:《华严宗哲学》(下册),第353页。
④ 方东美:《华严宗哲学》(下册),第348页。

世界"①。二者相结合,真空观的旨趣就是"八面玲珑的生活于这两种世界之间(理想与现实)",即"华严真空观的思想就是要把这个哲学的根源问题,回复到最高的智慧上去,而且还要令那个智慧活用于现实世界"②。可见,方东美以中国传统哲学的境界论为依据,对华严法界观的思想境界展开细致剖析,使它的特征和内涵进一步凸显。

(三)真心统摄论

虽然方东美强调中国哲学家总是先谈境界,不谈方法。但同时他也肯定,一套哲学体系必须要有层级与核心内容,在其纷繁复杂的范畴体系中必须具备核心概念。这样的哲学,才是有生命力的哲学,才可以对宇宙人生的丰富内容进行合理的解释和说明。所以他认为,真正的哲学必须要从本体论的角度树立起贯穿两层世界,统摄宇宙全境的枢纽,"一切哲学,假使它不是虚妄的话,那么它一定会含藏有真理在里头,只不过是它必须根据一个心灵上的主宰而已。所以我们一定还要找出这个心灵的本体来,而且要拿这一个精神本体去统摄整个的宇宙"③。因此,在对法界观的"理法界"进行解释时,方东美强调"虽然哲学思想好像只是在那个地方腾云驾雾,在那个地方进行着玄想的作用,但我们可以这样说,它并不是在进行着玄想,而是要想在哲学上面产生根本概念、根本范畴,然后就以这一个根本范畴来说明理性所能够笼罩的一切可能世界"④。在此原则的指导下,方东美以"真心"概念对法界缘起观展开重塑。

方东美指出,华严法界观把差别境界融会贯通之后,使整个宇宙成为不容分割的有机整体,"这就是华严经里面所说的'一真法界'"。而其中必定存在一个具有统摄功能和地位的主宰,因此他接着说"为何会变成一个完全不可分割的整体呢?这是因为……有一个不可分割的精神主宰,在那个地方统摄一切、贯注一切、融会一切"。所谓精神主宰,方东美认为"就是华严经哲学所阐释的'真心',这个'真心'也就是涅槃经里面所讲的'佛性'"。同时,他还强调"'真心'会把它的精神体融化而贯注到整个宇宙的所有领域中"⑤。另外还有,"最高的精神理想……把整个宇宙给点化了,使他便成为 Realm of the spirit(精神领域)。那么在这个 Realm of the spirit(精神领域)中,……以真如、以佛性为主宰,因而便可以构成一个统

① 方东美:《华严宗哲学》(下册),第351—352页。
② 方东美:《华严宗哲学》(下册),第394页。
③ 方东美:《华严宗哲学》(下册),第182页。
④ 方东美:《华严宗哲学》(下册),第186页。
⑤ 方东美:《华严宗哲学》(下册),第39页。

一和谐而又庄严的'华藏世界'"①。

可见,"法性""真心""真如""佛性"这些概念就方东美看来,在华严宗哲学思想中具有共通性,正是他所强调的统摄宇宙的"精神本体""心灵主宰""心灵本体"的哲学化、范畴化、概念化。因此,对于华严宗哲学体系至关重要,华严宗追求和向往的一切可能的宇宙境界,都是通过这几个哲学概念展开的。对此他有进一步的论述:"我们就可以把'真如'、'心灵本体',从它无穷性的这一方面展开来,产生无穷的作用,……那么由真如所显的真性常住,超绝于万古而平等,所谓真如平等不增不减,这在宗教上面称之为佛性,染净诸法不能亏损;在哲学上面称之为根本性,……一切染净诸法,莫不同依于此心,此心具足无漏功德,发生利世的无穷大用,含摄一切世出世法。"②从"真如"到"佛性",到"根本性",再到"此心",通过这一系列的范畴推理,可以看出,方东美力求运用中国传统哲学中"心"的概念来阐释"真如"所具有的主宰意蕴及其主观能动性,或者说逐渐地以"心"整合、统摄华严法界观的核心概念。

方东美在解释法界时指出,"因为一真法界是诸佛众生本源的清净心,这个心是以万法为根本,而法界的体便是吾人一心的妙用,所以没有一法界不是由本心所彰显"③;此外,在解释《华严经》"世间主"时,他指出"所谓'世间主'不是单独的一个人,或一个佛,而是要使世界上面的一切存在,最后都变成为佛。而且这个佛,不仅仅是一个外在的理想,而是每一个人,都根据他内心的反省、体验,把自己从生命的中心,变作为最高的精神主体与智慧中心。在这种情况下,那么个人的生命主体都可以说是精神主体,而这个精神主体,同佛的精神主体(法身)同样的重要"④;还有,在对华严宗的"自力"性进行解释时,他指出真正的宗教都是在培养人的心灵,因为每个人的心中都具有极乐净土,每个人的身上都充满了光明与真理。所以真正的宗教都要使现实转化成为一个理想的世界,以此为前提,"在那个平等的精神领域中,我们才能真正把个别差异的心灵,转变成广大和谐的菩提心灵,即所谓的菩提心,这是大心。一旦培养出这个大心之后,再把这个心灵扩充到整个世界上"⑤。

从"法界"到"心",再到"每一个人内心的反省与体验",再到"大心",

① 方东美:《华严宗哲学》(下册),第40页。
② 方东美:《华严宗哲学》(下册),第308页。
③ 方东美:《华严宗哲学》(上册),第35页。
④ 方东美:《华严宗哲学》(上册),第33页。
⑤ 方东美:《华严宗哲学》(上册),第77页。

传统儒家思想的因素逐步加重。方东美的用意很清晰，无非是要说明，最高、最神圣的精神领域，就是内在于我们自己的生命，内在于我们的心灵，因而"宗教里面的一切神圣境界，不是等待外力来贯注，而是要靠自己的生命，根据自己的心灵，……去实践存于自己生命里面的境地"①。当然华严宗更是如此，"这个佛刹土不在彼岸、也不在身外、也不在心外，而是在众生心中，处于每个人的内在精神、内在的生命、内在的心灵中间"②。所以在方东美看来，"心"具有极重要、极关键的地位，因为它是主脑、是核心，其势用可以涵盖人类一切知能材性，"这个心有体有用。它的'体'能容能藏，包管万虑，无物不贯。它的'用'能任能行，或主于身，为形之君，或主于道，为生之本，或以贯理，神明变化，或以宅情，慈惠精诚"③。这样，他积极地以传统儒学思想对华严宗的"真心"本体论进行新的重构，从而使华严宗法界缘起观中"心"本论的地位更加突出、"心"的作用方式更加具体、"心"的影响力度更加广泛，完全将"真心"塑造为富于中国传统哲学色彩的本体论概念。

（四）特征及启示

以上是方东美对华严法界缘起观进行诠释和重构的基本过程，体现了如下两个显著特征。

第一，从信仰到理性。华严宗乃至整个大乘佛学都对信仰、修行最后所要进入的佛果境地有充分的强调和重视，认为这是佛的境地，是宇宙人生中最高、最后的秘密所在地，所有的光明、智慧都来源于此，而且最终都要汇聚于此。现实人生中的诸种磨难、阴暗、痛苦和罪恶只有通过不断地渐修顿悟证得佛果后，在佛光的普照下才可以最后消解、熔融。至此，佛果境和现世、佛与人的差别和隔阂全部摈除，化为气氛祥和、精神平等的圆满境界。这即是大乘佛学对理想境界与现实人生的融合所选取的一条基本路径。可以看出，这是一种宗教的途径，它对于宗教信仰、修持、践形都具有至关重要的作用，不容轻视。正如法藏所言："夫法界缘起，乃自在无穷。今以要门略摄为二：一者，明究竟果证义，即十佛自境界也；二者，随缘约因辩教义，即普贤境界也。初义者，圆融自在一即一切、一切即一，不可说其状相耳。如《华严经》中究竟果分国土海及十佛自体圆融义等者，即其事也，不论因陀罗及微细等，此当不可说义。"④正因为它灵明阔澈、寂寥无

---

① 方东美：《华严宗哲学》（上册），第176页。
② 方东美：《华严宗哲学》（上册），第75页。
③ 方东美：《中国人生哲学》，台北：黎明文化事业股份有限公司，1980年版，第26页。
④ 〔唐〕法藏：《华严一乘教义分齐章》，《大藏经》第45册，第502页。

涯,不可言其相状,为不可思议境地。因此华严宗对它只得随机设教,约缘起义。

方东美对此有深刻的洞察,他指出神圣的宗教领域对于宇宙人生都是必不可少的,他可以使人生活在神圣的、有价值的世界里。所以强调,真正的哲学家必须兼具宗教和哲学的两重身份;但是,方东美对于宗教途径的流弊也看得很清楚,认为宗教精神过于权威和强大,就会镇压人、凌虐人,人会被奴役、屈从于宗教精神之下,即"宗教与哲学虽然关系密切,但是两方面的实质究竟不同。从哲学的纯正智慧看起来,所谓天,是把他当作一个'宇宙的创造力'来讲。但是假使透过宗教来讲,这个说明宇宙万有根源的创造力,可以变成不是义理之天,而是主宰之天。所谓主宰之天,就是注重主宰的权利,从宗教看起来,固然一方面是创造,但是创造之后,对于它所创造的东西,就要做主宰。……假使过分着重这个主宰的力量,就变作人类精神自由的一个束缚、一个限制"①。他以现象学的谢勒(Max Scheler)为例,说明宗教思想虽然对人类精神具有重要价值,但是宗教权利如果过分扩张,扩张到无限制的程度时,就变作人类自由的一种钳制力量。显然这与他所追求的"圆融和谐"精神是相悖的。因此,即便理性的哲学说明会消解理想领域的神圣性,方东美依然采用哲学解释的路径,对法界缘起观从境界论的向度进行了哲学的诠释。

第二,从缘起到生命。方东美强调,如果要使广大和谐、价值遍布的宇宙理境得以彻底实现,就必须充分发挥"心"的作用。因此他以"心"为主体,借助中国传统儒家、道家的生命哲学对法界缘起观的系列概念进行疏解和统一。

方东美认为,中国传统哲学就是一部生命创化的哲学。以《周易》为例,他指出《周易》思想将人视为一个创造的力量、生命的力量,将宇宙视为一个生命创造不已、万化流行的统一境界,并且以反映"天地人"三才之道的"生生之德"为集中表现。他还指出,在《周易·系辞》的话语系统中,与天地相应的就是乾坤。乾、乾元代表大生之德,坤、坤元代表广生之德。天地生命合并就是一个广大悉备的天地生生之德,是一股创造的冲劲向前推进,而人处在天地之间就成为天地的枢纽,因此"一个充实完备的人格,就应该与宇宙大化冥合为一。在这个宇宙中,上为'天'的生命创造过程,下为地的生命创造过程,中间一条线代表人对于天地是上应天,下应地的人的创造过程,合并起来,每个人的生命就不仅仅是个人的生活了,而是要

---

① 方东美:《原始儒家道家哲学》,第232页。

表现一个宇宙的生命。……人是一个参赞化育者,天地宇宙的创造精神却把握在人的创造生命中"①。因此,方东美强调:"一部易学史牵涉到整个中国思想的发展,……对于周易不仅仅讲狭义的周易哲学,同时也可以讲广义的周易哲学,以周易纯粹的儒家思想来贯通佛家华严的思想。"②

另外,方东美在总结儒家哲学精神时,以《左传》所记载的"人受天地之中以生"为出发点,指出儒家的立场是生命的立场,向上可以指向精神领域,向下可以绵延到人存在的这个中心。因此,"中国人哲学思想的出发点,是要把握一个整体生命,在生命的交叉点上,把理想价值的世界——所谓的精神领域——会归到生命中心里面来,然后对于物质世界上的一切条件,一切力量,也拿生命的进程来推进,以它来维系生命,变成生命的资粮。所以儒家觉得他自己的生命中心,也就是宇宙的生命中心。"③在此基础上,方东美强调儒家生命哲学的意义在于"先把'人'的伟大气魄发扬光大起来,然后再建立一个人类所寄托的世界,把这个世界当作一个价值理想领域,然后在这个领域里面,以极大的诚心,去追求价值理想的完成实现"④。对此,他还借助《中庸》的"唯天下至诚,为能尽其性"、孟子的"尽心、知性、知天"和张载的"大其心则能体天下之物"予以说明。

从"天地人三才之道"到"人受天地之中以生"再到"生命的交叉点"等,无不体现个人的生命主体、精神主体、主观能动性,对宇宙大化流衍、世界创生不息、天地化育不已的重要作用,其核心当然就是每一个生命内心的不断充实和无限扩展,这些正是方东美对法界缘起观进行重构的理论根据。同时,这一过程也促使法界缘起观由宇宙论转向本体论。方东美认为佛教史上的业感缘起、阿赖耶缘起、如来藏缘起、真如缘起等虽然相互之间存在具体的差异,但是其共同特征都是试图为善恶混杂的经验世界提供生成论上的解释和依据,因此应属宇宙论而非本体论。"从价值观的立场看来,它(佛教诸缘起)一方面是真实价值的根源,另方面又是一切错误所杂染的根源,把这两个给摆在一起。假使硬要把它们摆在一起,就好像把本体论视之为善恶同位而变成宇宙论。"⑤在方东美看来,本体论与宇宙论的差异在于本体是集真善美于一体的光明境地,因而它是超越现实世界并且只是现实世界在逻辑上的存在依据,并非经验中的根据。因此现实世界包

---

① 方东美:《原始儒家道家哲学》,第159—160页。
② 方东美:《原始儒家道家哲学》,第161页。
③ 方东美:《原始儒家道家哲学》,第176—177页。
④ 方东美:《原始儒家道家哲学》,第175页。
⑤ 方东美:《中国大乘佛学》,第625页。

括黑暗、痛苦、罪恶等不能由它生成,如果从经验的层面讲生成,那就是宇宙论。方东美基于这样一种对本体的理解,外加他以人性本善为中国传统生命哲学的核心要义,因此通过"真心"对"真如、自性清净心"等概念进行整合,从而完成了对法界缘起观的本体论重构。

综上所述,方东美在古今、中西双重视域下,通过对华严法界缘起观的深度分析,综合吸收中国传统文化的思想资源,借鉴参照西方学术研究范式,通过揭示、阐发哲学境界,整合、重构哲学概念这两项主要内容,完成了对法界缘起观的诠解。

二、方东美对华严圆融无碍思想的继承与发展

华严宗哲学以法界缘起观为核心,其要义幽通深远、旨奥理玄,与隋唐诸宗相比较,其特征可以概括为"圆融无碍",具体以"六相圆融"和"十玄无碍"为代表。方东美以比较文化为视域,在继承传统的前提下,通过系统、翔实的逻辑分析,运用现代学术方法将华严宗圆融无碍的哲学精神发展成为一套现代哲学理论,赋予圆融无碍思想以崭新的形式,使它得以在广阔的领域里与各类文化进行交流和对话,并直观地豁显出中国传统文化固有的超越价值。

华严宗哲学的圆融无碍精神,历来备受重视。蒋维乔指出"华严宗教理在我国佛教中最为玄妙"[1];汤一介认为"华严虽为佛教一个宗派,但从思维方式上说,它却是更为中国式的,至少可以说它必然引出或归于中国式的思维方式"[2];方立天在对其理论内容、思想渊源、哲学基础进行详密的解析后指出:"华严宗的事事无碍论是中国佛教思想命题的和中国思维方式,是先秦庄子以来'齐物'思想的发展,也是着重探讨本末体用关系的魏晋玄学的发展。"[3]可见,华严宗哲学的圆融无碍精神在中国佛学史、哲学史上具有重要的地位和深远的影响。方东美以此为基础,对其继承吸收、消化发展,既赋予华严哲学以崭新的形式,又借此凝练合成自己的哲学精神。

(一)广大和谐:方东美对圆融无碍的继承

方东美在讨论华严宗哲学精神时直言:"事实上,我们可以把它们(华严宗)的含义归结到一个字上来说明——这一个字就叫做 apratihata(无

---

①　蒋维乔:《中国佛教史》,上海:上海书店出版,1989年版,第62页。
②　汤一介:《华严十玄门的哲学意义》,《中国文化研究》1995年第2期。
③　方立天:《中国佛教哲学要义》(下册),北京:中国人民大学出版社,2002年版,第703页。

碍),就是所谓'无碍',这个无碍是什么呢? 就是拿一个根本范畴,把宇宙里面千差万别的差别境界,透过一个整体的观照,而彰显出一个整体的结构,然后再把千差万别的这个差别世界,一一化成一个机体的统一。并且在机体的统一里面,对于全体与部分之间能够互相贯注,部分与部分之间也能互相贯注。"①可以说,这既是对华严宗哲学精神的概括,也是对自己哲学精神的总结。

因为方东美在阐述宇宙观、价值观和人生观的过程中,无时无刻都突显出对"通透性"的重视和强调,一方面不断地追求向上超脱和解放,另一方面无论到达何种境地都不会有丝毫的粘滞和停留。在他看来,宇宙是广大无限的有机统一体,里面包孕物质世界及精神世界的真理、道德、价值、艺术等领域,各自内部畅通无碍,相互之间又谐和共处、毫无妨碍,而且相互资应、相互涵摄、互赅互彻,彼此作用,不断地向前、向上创进提升,"整个的宇宙,包括安排在整个宇宙里面的人生,都相互形成一个不可分割的整体……就是所谓 organic unity(机体统一),是一种 organism(机体主义)"②。

进一步,方东美还指出,最高精神世界具有一个重要的属性,就是"广大和谐"。因为,宇宙万物及人生的起源和归宿,都在这神圣的,甚至是秘密的、非理性的精神世界里。所以这个精神世界、这个精神的最高点就是宇宙的真相,就是宇宙的中心,是一切至真、至善、至美的发源地。而所谓的本体、价值、道德、艺术、真善美等都只不过是这个神秘境界的展现和流露,在根源上具有同质性。对此,方东美有一段精辟地概括:"所谓'哲学的制定'(Philosophical enactment)就是说后面是一神奇奥妙的宗教领域,当它把秘密发泄了,显现在这一面的,就成为哲学思想上的本体论、价值论、道德世界、艺术领域。"③因此他认为:"宇宙的归趋与人生的归趣,就是把理性世界的一切都阅历过了,然后使精神向上提升,到达宇宙最原始的神秘世界。"④在那里精神才会得到彻底地超脱解放,进而任运洒脱、纵横驰骋,回光返照至下层世界,以最高精神为向导,提升所有的宇宙层级至最高点,在那里"连成一系"形成精神的广大平等。

方东美所强调的"广大和谐",实际上可以分为两部分进行说明。"广大",表达了他对整个宇宙世界的看法。不管是用精神和物质世界的概念来表示,还是用形上与形下世界的概念来说明,方东美对世界的层级存在

①　方东美:《华严宗哲学》(下册),第3页。
②　方东美:《华严宗哲学》(下册),第3页。
③　方东美:《原始儒家道家哲学》,第100页。
④　方东美:《原始儒家道家哲学》,第103页。

都是承认的,而且认为在每一层级里具有不同的领域、不同的范围和不同的内容。比如在上层世界里有道德、艺术、价值等;在下层世界里有无情物、有情物、生命体、自然体等。但是无论上层世界还是下层世界里的各个领域都不是截然分立的,它们都是各自世界的有机组成部分,而且两个层级世界也不存在难以逾越的鸿沟,都是整个宇宙的有机组成部分。此外,不管哪个领域都不是有限的、固定的而是无限的、无际的。整个世界是一个包罗万象、无边无际的统一整体。其中的每一部分都对全体宇宙的构成和发展具有不可或缺的作用及影响,在价值上都是同等重要的、在精神上都是相互平等的,这也就是他所谓的和谐。所以"和谐"具体就是在广大有机体的基础上,说明各个领域、部分以及层级之间的相互关系不是割裂的、分离的、对峙的,而是相互联系、相互影响、相互作用,且彼此之间没有极端的斗争与对立。虽然每一部分都有各自的特点和作用,每一领域都有各自的殊性及局限,但是彼此之间不能认定为有无价值和精神的高低贵贱。其作用从发生方式和影响效果来看虽然有直接间接、或大或小的差异与区别,但是对于有机体的构成和发展都是不可或缺的。

由此可见,方东美所谓的"广大和谐"正是对华严宗圆融无碍哲学精神的肯定和继承。正如他自己总结的,"华严宗的哲学我们可以称它为philosophy of comprehensive harmony(广大和谐的哲学)"①。因为在华严宗的思想里,"整个森罗万象的世界,绝无孤立的境界,也无孤立的思想系统存在着"②。这也是方东美反复强调的,华严宗首先是将理法界和事法界相结合形成一个不可思议的妙境,之后再采用下回向的方式将妙境之精神灵光投射到下层一切事物、所有角落、各种层级,然后将这个千差万别的世界连贯起来成为一个统一和谐的有机体。

当然,方东美之所以能如此倾心于华严宗哲学的圆融无碍精神,这与他的学术立足点是分不开的。他是在中西文化比较的过程中,站在中国传统文化的立场,以凝练传统文化的核心精神显示出传统文化的价值。他所认为的能体现和代表传统文化主要精神的,就是以原始儒家为核心还包括原始道家、墨家及后来的中国大乘佛学的华严宗哲学。所以,虽然说方东美的哲学精神是对华严宗哲学精神的继承,但这种继承是从传统儒、道两家的哲学为立场和原则的。正像他自己强调的,中国原始的儒家、道家根本就没有西方那种二元分立的弊端,本身就体现一种高度圆融和谐的精

①　方东美:《华严宗哲学》(上册),第149页。
②　方东美:《华严宗哲学》(上册),第149页。

神，只是这种固有的哲学精神在佛学完成中国化之后，突出和集中地表现在佛学思想里而已。

因为佛学本身的特点如高度的思辨性、发达的概念系统、细致严密的论证说明等，可以使其核心精神得以理论化、系统化，从而对其继承、推动和发扬也产生了极大的促进作用。方东美强调，这在华严宗哲学里表现得尤为突出。但他并未停留于此，而是通过现代学术方法对其进行重新审视和厘定，最终在原有基础上，将中国大乘佛学尤其是华严宗圆融无碍精神向前发展了一大步。

（二）交相互摄：方东美对圆融无碍的发展

方东美对华严宗哲学圆融无碍精神的发展，是通过逻辑分析和文化比较的方法实现的。方东美认为，华严宗的理论之所以能够达到中国大乘佛学的高峰，是因为它将本宗的教义和思想演变成为哲学上的重要原理——圆融无碍观。这不管是对华严宗自身还是整个世界思想史来讲，意义都非常重大。因为它可以解决中西方思想史、哲学史上由来已久的二元分立难题，"等到华严经典传入中国之后，尤其当形成华严宗的哲学，在中国有苗壮的新发展之后，那么我们便可以说，在这个宇宙里面所存在的二元对立，人生的二元对立性，乃至于一切真相、现象的对立性，negative value（负面的价值）同 positive value（正面的价值）的二元对立性，相对的价值同圆满的价值的二元对立性，都一一被化约而解除掉了"①。这是说，方东美一方面将圆融无碍视为华严宗哲学的核心精神和特点；另一方面，将它视为哲学史上举足轻重的哲学原理。

关于第一点，方东美借助对杜顺法界三观的梳理，对圆融无碍体现的哲学精神进行了具体的阐述。他认为整个华严宗哲学所要建立的妙境，所要表达的思想在法界三观里已经奠定了初型。在真空观中，主要是用"空、有"的概念将宇宙精神世界和下层世界在范畴领域、思想领域融为一体。因此，空不是断灭空、顽空，是包含了有在内的"真空"；有不是具体的、凝滞的有，是摄入了空在内的"妙有"。所以华严宗所要追求的宇宙境界即上下两层世界的有机统一和整合，首先就在思想领域里得到了实现。这里所谓的思想领域就是他经常讲的"理性""一真法界"。接着，就可以顺利地将理事对立转化为理事无碍，因为真空观的整体境界可以看成是理和事的"性"之所由，也就是将理与事这个观念从根本上化成性，因为性是一个不可分割的整体，所以理事之间的对立关系就完全化为圆融相即的关系。

---

① 方东美：《华严宗哲学》（下册），第196页。

最后,周遍含容观,就是将真空妙有之境,即理性本身的作用及作用中展开的一切活动,都当作水银泻地一样贯穿、渗透到每一事理结构中,因此现实的各种隔离纷纷被渗透,互相融贯,成为不可分割的整体,这便自然呈现出圆融无尽的关系。

关于第二点,方东美认为圆融无碍本身就是极为重要的哲学观点、哲学原理,"我们可以说,在真空观、理事无碍观、周遍含容观的三观里面所建立起来的四种宇宙论的哲学层次,在其背后,就是隐藏着一套更基本的哲学思想,这种更基本的哲学思想,就叫作'圆融无碍观'"①。在此基础上,他采用比较的方式、逻辑的方法对其进行系统剖析,使圆融无碍不仅停留在精神领域,同时也化作一套翔实细致的理论体系。

方东美强调,要想深入了解华严宗哲学的思想,"最主要的就是要先说明他的逻辑的分析方法"。而华严宗人"所使用的方法是属于概念上的分析,也就是说它是从'无碍'的这一个概念出发,把'无碍'的这一个概念,安排在逻辑的基础上面,然后再产生一种关系的逻辑"②。之所以如此,因为圆融无碍观的实质是一种"相互蕴含的关系逻辑",所表达的是"互摄性原理"。对于"互摄性原理"的提出、解释和阐发,方东美是通过将它与西方历史上的若干重要逻辑原理相比较而展开的。

首先,方东美对古希腊的亚里士多德逻辑进行了分析。他认为亚里士多德逻辑是"述词逻辑、归属逻辑",最大的特点是"取消了客体的地位",也就是不能赋予主体在思想里所设想的对象一个独立自存的地位,即任何思想的对象,只能归属于主体。对此,他解释说:"这是因为在西方的逻辑形式上是一个 subject-predicate form(主词—述词的形式),而这个 subject-predicate 中间所产生的关系,事实上面就是一种 logical predication(逻辑上的述语)。而这个 logical predication 是用 verb to be(不及物动词)来表现的,……也就说从亚里士多德以来,应用的办法,正是因为这个 logical predication 是属于不及物动词,所以它所居于的一个主体的地位上是不能够达到对象,或者就以一个对象的地位来说,它也不能够同主体联系起来。"③方东美进一步指出,即便亚里士多德意识到这个理论缺陷,为了合理克服而将逻辑述词用另外的关系即"logical attribution(逻辑的归属)"来代替,仍然于事无补。因为"其实它就是说主体仍旧保持它的地位,……对

①　方东美:《华严宗哲学》(下册),第 263 页。
②　方东美:《华严宗哲学》(下册),第 333 页。
③　方东美:《华严宗哲学》(下册),第 337 页。

于那一个对象本身并不能有一个独立自存的地位。即使我们要给它一个
独立自存的地位,也没有连带关系可以通达到它的思想领域"①。也就是
说,用逻辑归属来代替逻辑述词不能产生根本性质上的任何改变,固有的
矛盾依然无从解决。"因此到了最后便认为任何思想的对象,就只能归属
于主体,它就自然变成一种主从关系。主体是主,而对象就是由主体所设
想出来的关系,也就是形成了附属关系、依从关系,把它放到了主体里面
去,就变作是主体里面的一个属性"②。

　　因此,这种逻辑方法要想在主客体之间建立关系是非常困难的,即使
能够建立,二者之间也不是平等的地位,只能是客体从属、依附、附属于主
体,无论如何都只能是主体的一个属性,"这个 attribution 就等于什么呢?
它就是等于把两个平行的概念分成为主从的关系,然后再把客体化成为附
属于主体上面的那个东西一样,这也就是等于已经取消了那个客体的地
位"③。

　　其次,方东美就亚里士多德逻辑对近代西方的影响展开说明。他强调
亚里士多德逻辑导致笛卡尔、洛克、斯宾诺莎及巴克莱等,其哲学实质上都
丧失了"心灵的主体",都不能再称之为"唯心论"。方东美以巴克莱为例,
"譬如在巴克莱的主观唯心论,事实上面,他只是属于主体心灵在设想他自
己的状态,其最后发展的结果,对于这个主体本身也就丧失他自己所本有
的地位,最后自然会变成休谟哲学中的 representationalism(表象论)而不是
idealism(唯心论)"④。亚里士多德逻辑不仅导致客体地位的丧失,而且进
一步在近代又导致了主体地位的丧失。这种结果同样表现在康德哲学里。
在方东美看来,康德虽然力图保持心灵的主体,"但是那个主体地位在康德
的知识论本身上,并不能够建立这个主体,因为那个心灵没有法子被用来
设想它自己"⑤。之后,费希特、黑格尔对不能独立自存的主体透过"道德
理性"进行补救。但又产生新的问题,即"那么这个宇宙所剩下来的,只是
一个高耸入于无穷层次的这么一个主体而已……于是它本身在现实世界
上面,也就没有其他的存在性"⑥。

　　再次,方东美对西方近代思想给予逻辑上的改革进行梳理。他指出,

　　① 方东美:《华严宗哲学》(下册),第337页。
　　② 方东美:《华严宗哲学》(下册),第337页。
　　③ 方东美:《华严宗哲学》(下册),第338页。
　　④ 方东美:《华严宗哲学》(下册),第338页。
　　⑤ 方东美:《华严宗哲学》(下册),第338页。
　　⑥ 方东美:《华严宗哲学》(下册),第340页。

近代在总结历史的基础上"对所谓 subject-object（主客）对立的逻辑要进行改革"。这种改革是经由数学，进而通过近代几何学的关系逻辑来实现的。其特点为"真正能够透过关系的 coordinates 来肯定孤立的思想对象"。即"就由 coordinates co-existence（坐标共存）的关系来肯定他们的存在价值与存在意义"①。这是说明，如果要考察和肯定某个对象的话，不能用亚氏的"述词"和"归属"关系来看，而是"要先肯定第一项与第二项有并存的关系"。要把对象置于"相待互函"的蕴含关系中分析，即"不是把亚里斯多德的逻辑之 predication 化成为 attribution，而是把它化成为 co-relation（相待互涵关系）来设想"②。但是这种蕴含关系是非对称性的，是一种直线进程，无法回向，"近代逻辑里面所讲的 implication（蕴涵），……它是一个 asymmetrical（非对称关系）。这样一来，假使你要想证明 B 的话，你就要先找出根据来，假使要证明 C 的话，也要找出它的根据来。……在这个发展里面，它是属于一种直线的进程，它不能够回向，无法倒转过来"③；而在近代科学的发展过程中蕴含了一种与此有别的"organic relation（机体关系）"，其特征是机体里的各种关系都不是单轨、非对称和直线的而是交互错综、对称和曲线的进程。由此就构成了一个旁通的系统，也就是华严宗哲学圆融无碍观里的"相互蕴含逻辑"。

最后，方东美认为华严宗圆融无碍观的"相互蕴含逻辑"与西方两类逻辑相比较，克服了它们各自的缺陷与不足，彻底实现了宇宙本体及万象在逻辑上的沟通、平等、统一、无碍、和谐。因为它最主要的特点是"辗转"和"交互"，"从华严宗的'无碍哲学'的这一个基本概念来看时，我们要想肯定'无碍'的这一种思想概念，首先必须另外加上一个形容词，叫做 aniomia。Aniomia 这一个字具有两种意义：它的第一种意义是'辗转'，第二种意义是'交互'"④。

方东美认为，虽然近代西方逻辑比古希腊逻辑已经具备了长足的发展，但它却是一种单向度的进程，不能够掉转回头。只有"前后左右都可以扭转过来，形成一个对称的关系"⑤，才可以形成"交融互摄、密接连锁的关系"⑥。因为只有多维度的"辗转"才可以使不同时空里的相对系统之间互

①　方东美：《华严宗哲学》（下册），第 341 页。
②　方东美：《华严宗哲学》（下册），第 341 页。
③　方东美：《华严宗哲学》（下册），第 342 页。
④　方东美：《华严宗哲学》（下册），第 277 页。
⑤　方东美：《华严宗哲学》（下册），第 277 页。
⑥　方东美：《华严宗哲学》（下册），第 279 页。

相联系、互相作用成为可能，"就好像'甲'对于'乙'是如此，'乙'对于'甲'也是如此"①，这显然不同于"A implies(A 蕴涵 B)，但是我们就不能再说 B implies A(A 蕴涵 B)"②这种近代数理逻辑。因此就打破了单向、直线的程序。以种子作为因缘发生作用的主要条件，方东美指出，有种子才能令因缘产生作用，但是因缘条件并非固定产生于某地，其实质是"是要把因果次第相生的关系，变做因缘的互为条件……就是更互相应。……那么我们无论肯定那一个 entity(实体)，或任何一个本质时，我们可以说：that entity is in full accordance with A,with B,with C,with D,……even with A, the infinite(那个实体完全相应于 A、B、C、D……甚至于相应于无限)……可以说是 relation of full accordance(充分相应关系)，自然就变成为'更互相应'了"③。唯有如此，才可以发展成为"交相互摄性原理"。

　　所谓交互，也就是"互相摄入、普遍含容、能所相依、更互相应"。用华严宗的名词就是"辗转相生、互为因果、互为因缘、互为条件"等。主要内涵就是，每一个存在实体，都可以由自身转渗到万象，且他们彼此之间关系是平等相互的，"它是在一切关系项下都可以互相摄入的，因此假使我们说：A implies B(A 蕴涵 B)时，马上就可以反过来说：B implie A(B 蕴涵 A)而不只是说：B is implied in A(B 蕴涵于 A 中)"④。主要是要说明，任何一个条件可以站在自己的立场，以自己为本位涵摄其他一切条件。反之，被容纳的任何一个条件也可以用相同的方式摄受其他任何一切条件。这就是方东美强调的："一切的关系都不是单向的，而是可以'互为因缘''互为平等''互为条件''更互相应'的。因此我们才又再度产生 mutual dependence(相互依持)、mutual relevance(相互涉联)、mutual relativity(相互关系)。到了这样的地步，所以最后我们便可以说一切的关系都是这样开展，都是表现在相互平等性、相互依存性、相互起作用、相互无障碍。"⑤在此逻辑关系基础上才产生"圆融无碍"的哲学观念。

　　至此，方东美在继承传统的前提下通过系统、翔实的逻辑分析和比较文化的方法，将华严宗圆融无碍的哲学精神发展成为一套现代的哲学理论，赋予其崭新的形式，更直观地彰显自身固有的永恒与超越价值。

---

① 方东美：《华严宗哲学》(下册)，第 277 页。
② 方东美：《华严宗哲学》(下册)，第 281 页。
③ 方东美：《华严宗哲学》(下册)，第 280 页。
④ 方东美：《华严宗哲学》(下册)，第 282 页。
⑤ 方东美：《华严宗哲学》(下册)，第 282 页。

(三)圆融无碍与方东美哲学的开展

当然,方东美在继承、发展华严圆融无碍精神的同时也深受其影响。换句话说,我们认为其影响不仅集中在哲学精神的凝练上,同时对于方东美哲学体系的建构也具有重要作用,这在他的宗教观、哲学观、文化观等中均有充分的表现。

方东美在讨论世界几大宗教的信仰核心时,通过对主流的"宗一神论""尊一神论"等观点比较分析后强调,自己最推崇的是"万有在神论"。他指出,因为"万有在神论"表达的意蕴是"宇宙万有皆在神圣之中,……所谓的精神在整个宇宙中遍在一切,无所不在,……神圣的价值贯注在太空里,在山河大地里,在每人的心里,在每一存在之核心里。……山河大地皆不是无情之物,……一切自然对象都已充满了精神意义,……自然对象与精神对象结合为一体了"①。可见,在方东美看来,"万有在神论"最典型的特征是,宇宙、人生的神圣性之最后根据并非在世界万物之外另有他物,并非是高高在上、不可触摸的。相反,它无时无刻不存在于大千世界、森罗万象之中。如此,完全可以避免神与人与现实世界的分离,使有情众生和自然万物皆能分享"神圣",使世界成为一个神圣的统一体,从而浃洽和合。显然,这与他对华严宗圆融无碍哲学的分析和理解具有内在一致性。

另外,在对中国传统儒、道文化进行总结时,方东美强调儒道的文化精神在根本上是趋同的,只是各自的表现形式存在差异。在分析原始儒家精神时,方东美对"中"表现出高度的肯定和推崇。他指出"中字代表中国整个的精神。此符号代表整个宇宙全体为一大圆圈,如果站在某一方面,则成为偏见,应该贯串起来上下皆通,还须如中,使之平衡"②,"可见'中'乃中国民族精神命脉之所系"③。方东美认为中国人的宇宙不仅是个大的有机体,而且里面也维持着高度的平衡,不能固守一隅、一叶障目,不能以分立的目光看待宇宙中的差别万象,"中国却是把宇宙当作一个整体,人在宇宙中有适当的配合,可以和谐,把自然现象与人类本身贯串起来成为连续整体。中国思想……从一开始就是'机体的统一'"④。

关于道家,方东美认为,道家思想在经过庄子对老子的继承后臻于完美。因为老子不断向上超升已突显离世倾向,而庄子对此实施了积极补救,在思想领域里将精神世界与现实世界之间的对立和冲突消解殆尽,形

---

① 方东美:《原始儒家道家哲学》,第112—113页。
② 方东美:《原始儒家道家哲学》,第10页。
③ 方东美:《原始儒家道家哲学》,第57页。
④ 方东美:《原始儒家道家哲学》,第56页。

成相摄相融的新形态、新系统,即所谓实质相对性系统。"实质相对性系统(The system of Essential relativity)乃一包举万有、涵概一切之广大悉备系统,其间万物,各适其性,各得其所,绝无凌越其他任何存在者。同时,此实质相对性系统又为一交摄互融系统,其中一切存在及性相,皆彼是相需,互摄交融,绝无孤零零、赤裸裸、而可以完全单独存在者;复次,此实质相对系统且为一相依互涵系统,其间万物存在,均各自有其内在之涵德,足以产生相当重要之效果,而影响及于他物,对其性相之形成有独特之贡献者"①。

对方东美而言,不管是儒家的"中",还是道家的"实质相对性系统",无一不是强调世间万象之间不存在严格的分立和对峙,共同处于一个无所不包的机体当中,彼此间互相关联、交互作用,丝毫的分门别类、故步自封都会导致束缚不通之痼弊。所以,他才强调儒、道在面对宇宙时,不会采取孤立于世界的方式,无论站在哪个角度,视野所及尽览宇宙全体,不留死角。很显然,这里既有圆融的体现,也有对无碍的发挥。

以此为基础,方东美通过比较中西哲学,对自己的哲学观、文化观展开概括说明。方东美称中国古代哲学为"超越形而上学",因为"中国哲学……总是要透视一切境界,求里面广大的纵之而通、横之而通"②。方东美又进一步指出:"假使我们中国形上学要采取机体形上学的立场,首先对于宇宙应当了解为一整体,然后在宇宙里谈本体论、谈宇宙的真相,就要谈整体的实有界,如果我们认为宇宙真相还可以透过艺术、宗教、哲学、科学,看出它的艺术理想、道德理想、真理理想,然后就可以把真善美的最高标准同宇宙真相贯串起来,使得宇宙不但不贫乏,反而可以成为更丰富的真相系统、更丰富的价值系统。"③因此在他看来,首先,中国哲学的异彩就在于广阔无垠的机体统一观,其中包罗万象、内容丰富但相互之间又不会冲突抵牾,而是任运自由、和谐相处。用他的话就是"中国哲学在方法学上总是要把多方对立的系统化成完整的一体"。

其次,中国哲学之所以取得高度成就,还因为它的形成过程同时是包含艺术、道德、宗教等多因素在内的文化进步和发展的过程。正如他在探讨中国哲学根本义涵时所强调的:"文化总体须有高度的形上学智慧,高度的道德精神之外,还应该有艺术能力贯穿其中,以成就整体文化。"④这是说在方东美的思想视域中,哲学的进步必然伴随文化的发展,文化的发展

---

① 方东美:《原始儒家道家哲学》,第244页。
② 方东美:《原始儒家道家哲学》,第22页。
③ 方东美:《原始儒家道家哲学》,第25页。
④ 方东美:《原始儒家道家哲学》,第10页。

是精神世界的多向度繁荣。换句话说,文化发展,必须是包括哲学、价值、文学、艺术等在内的有机统一体的共时性进步。否则,缺少其中任何一方,都是有缺憾和不完美的,同时也有悖于文化的本质精神。

进一步,方东美以古希腊、中世纪、印度以及近代欧洲为例对此展开详细介绍。他指出:"在西方如果不了解希腊的诗歌、雕刻、绘画等等艺术上的发展,是不能了解哲学的,……将艺术精神与哲学智慧结合,才形成西方不朽的文化。中世纪吸收了希腊的哲学智慧,但是直到与希伯来的宗教情操结合之后,才形成中世纪宗教文化的高度精神。印度方面,如果只看他的神话文学,可能流于荒诞,但是除此之外,他还有由《奥义书》到各宗各派的哲学,这种哲学智慧与文学、诗歌皆表达在高度的宗教精神中。印度哲学与诗歌大结合,才产生印度高度的宗教与高度的哲学。近代欧洲则由艺术精神与哲学幻想结合,才形成文艺复兴的辉煌。近代西方人把精神深透到自然界,发掘其秘密,以爱美的艺术精神做引线,深透到外在的自然界中,发挥他无穷的好奇心,举凡数学与各种物质科学都有艺术精神在后推动,才形成近代的科学文化。所以十七世纪的大思想家多半同时是科学家,可见哲学不是单轨发展的。"①对此他总结道:"可见哲学智慧的形成并非单独成就的,哲学的高度发展总是与艺术上的高度精神配合,与审美的态度、求真的态度贯穿成为一体不可分割。"②由此可见,任何一种哲学的产生和繁荣都是经过与道德、艺术和科学等多种文化形态共同刺激,相互作用的结果。虽然这是方东美对文化、哲学从历时性的角度进行经验的考察,实质上正是他所理解的哲学观、文化观的反映和表达,其中对共生共荣、交相呼应等的强调和突显,无一不与华严圆融无碍哲学的实质相契合。

三、方东美对华严判教论的反思与超越

华严宗是典型的"以教立宗",通过判教的方式对佛教经典、义理学说进行反思、抉择和重整,从而确立起以"圆融"为显著特征的佛教宗派,体现出隋唐时期佛教发展的时代主题。方东美身处中西文化冲突的时代背景下,深研华严宗思想,对它的哲学精神和判教理论综合会通、纵贯古今、横摄中西,发展出别具特色的文化判教论,对中国传统文化在西方文化冲击下的传承与复兴进行了独立思考和积极回应。

判教作为中国佛教重要的立宗方式,在华严宗表现得尤为突出。从智

---

① 方东美:《原始儒家道家哲学》,第14页。
② 方东美:《原始儒家道家哲学》,第10页。

俨到法藏,再到澄观和宗密,无不借助判教的模式对内认同、对外立异。华严宗为突显本宗思想之胜义及所依《华严经》之地位而展开的判教思想,通过智俨的奠基到法藏时形成系统的判教理论,即通常所谓的"五教十宗"。"五教"是根据佛成道后的说法次序或地位的高下,将佛的说教分为五类;"十宗"是根据对宇宙人生认识的圆熟程度,将佛所说法的理论分为十种。二者相辅相成、相即不异、共同作用,①成就华严宗内容充实、体系宏大的判教理论。

对华严宗的判教理论,方东美格外推崇,他指出华严宗将佛教、佛学内的所有冲突和矛盾都容纳到广阔无垠的一真法界里,而且合理安排各自的层级、位次,但相互之间又可以和谐沟通,最终都指向最高的精神中心,在此地实现最高贵的平等。② 而这,也正是他的哲学追求。因此,方东美在华严判教论的基础上,根据时代要求,将其判教所达之结果、所体现之殊胜义、所追求之境界作为自己在新的历史条件下判教的基础,一方面凝练出自己的文化判教观,另一方面也实现了对华严判教论的时代发展。

(一)方东美的判教观

1. 判教之宗旨

华严宗的判教,尽管是以佛教发展的历史流变为基础,但主要还是通过本宗对《华严经》的理解为标准,对佛学发展过程中的重要思想学说进行理论说明和价值衡准,借此突显本宗思想地位的重要性和价值的优越性,最终是要确立自己在佛学领域中的"别教一乘"之地位。

统观华严判教论的发展历程,可以发现,从初期(智俨)到理论框架的定型期(法藏),所判之内容只局限与佛教自身的范围,不管是小乘各派还是大乘各宗都没有超出这个界限;到澄观,在继承法藏志趣的同时,倾心关注佛学与传统儒家、道家的关系,并且"运用小乘佛教的因缘论"通过"始、无始、气、非气、三世、无三世"等十个方面对"外道"即儒道二教进行驳斥。与前代比较虽然所判之范围有所扩充,但判教的主体心态没有变化,"澄观具有一种强烈的佛教本位优越论的思想倾向"③;到宗密,通过"二教之宗本、二教之异和二教之同"以及"本末之辨",对儒佛的关系进行了新的沟通和安排。从形式上较之前代在两方面取得了长足进步,但其实质仍未有显著的突破,"实际上具有在伦理情感上融会儒道而在理论高度上与之争

---

① 关于教和宗互为表里、相即不二的具体关系参见韩焕忠:《华严判教论》,济南:齐鲁书社,2014 年版,第 68 页。

② 参见方东美《中国大乘佛学》第 254—255 页。

③ 参见韩焕忠《华严判教论》第 183 页关于澄观辨析儒道的内容。

锋的意味"①。因此，华严宗的判教范围及主体性非常突出，即便随着时代的变迁所判范围逐渐扩大，但仍然是以自己的立场为视角、以优胜的心态展开判教，其宗旨依然是为本宗争取最高的统领地位，背后的动机是明确的护教目的。

　　与此不同，方东美的判教是通过对人类社会历史上几大类型文化间的相互关系进行梳理，进而为构建世界未来文化提供范导。同样，这在他所判之范围及判教时的心态有充分表现。就所判之范围而言，方东美是从世界文化的宏阔背景出发，把所有人类精神的产物都作为判释的对象，纳入他的视野对其进行衡定，因此他不仅判佛学，还判儒学，此外还判儒释道，最后还判中西印，所判之内容与范围逐级提升、不断扩延，而且呈交相辉映态势，与华严宗相比有了极大的跨越。如此一来，为各类文化的比较提供了多个平台和多重参照系，使每一类文化自身的特点可以通过多个视角彰显开来，有利于加深对特定文化的认识和理解，以及对它自身价值的客观评估。另外，方东美在判教时的心态更加开放。在判佛学时，虽然他对华严宗表现出极大的推崇，但仍然坚持华严宗所取得的成就正是在对各宗派的吸收、消化和会通的基础上产生的。在判儒释道时，与历史上非要对三家分出高低优劣不同，他认为三家都是中国传统文化不可或缺的组成部分，共同体现了中国文化的独特精神。在判中西印时，虽然认为"西方哲学不能容纳华严宗的圆融无碍思想""西方的原罪论无法向东方的人性善靠拢""二元对立是西洋哲学史上的大难题"，但本质上仍然是对中西文化自身特征的厘定，并非二者价值优劣的判断，只是要指出问题症结之所在，为二者进一步会通提供合理的可能。所以说，从所判内容和判教心态比较方东美与华严宗的判教宗旨，很显然，前者呈现出更多的开放性。

　　2. 判教之目的

　　方东美判教论蕴含的价值理想，与华严宗所追求的"一乘不共别圆"具有时代性的分际。因为方东美所追求的是精神世界与现实世界二者统一共存，在此基础上，现实世界不断地要向精神世界进取。他以中国人为例，"我们中国人的愿望就是要把人生与世界点化成为一个理想的领域，然后在那个地方从事我们人生的意义与价值的追求，……像道家及大乘佛学的一部分，me-ontology 也好，在那个地方都要表现 pure ontology must be combined with axiology，本体论、万有论要同价值论联合起来，……一定要

---

① 韩焕忠：《华严判教论》，第 221 页。

同最高的价值哲学融会贯通起来成为一个整体的系统"①。实现精神和现实二者在"价值论的探讨上的所谓 mutual importance(相互重要)"②是方东美追求的目标,因此不管他的文化判教基于何种立场,其根本宗趣无非是要表达出精神和现实同等的重要,而且是一个连贯和合、双向回流的整体。因为他坚信只有心怀此般追求、生活在如此的境地里,才可以充分完成和实现生命价值的目的。

　　方东美为何强调要追求精神地不断超升?因为在他看来,唯有如此,才能达到真善美的统一。在解释华严真空观时,他指出:"真空观里面所标示的宇宙境界,就是宇宙在超脱解放之后最高的一种精神领域。它的价值与一切真善美里面的最高价值理想所彰显的境界相契合,……它不仅仅有绝对的真善美,而且还把绝对的真善美汇集起来,形成 highest axiological unity(最高的价值统汇)。"③他反复强调"'提其神于太虚而俯之',把精神向高空里面提升"④,因为"一切的建设,事实上,它后面主宰的精神才是第一"⑤。同时,方东美也不断强调对现实要充分关注,因为现实世界是精神世界的资粮和存在的意义。所以他一再提醒,精神解放后不能停滞,要掉转方向"下回向"。由诸多层级构成的世界体系中,物质世界滋养着上面的心灵、生命、艺术、精神等世界。同时,全部有情、无情众生都含藏着生命,有其自身意义,即"世界上没有一件东西真正是死的,一切现象里边都藏着生命"⑥,"宇宙根本是普遍生命之变化流行,其中物质条件与精神现象融会贯通,而毫无隔绝。因此,我们生在世界上,不难以精神寄色相,以色相染精神,物质表现精神的意义,精神贯注物质的核心,精神与物质合在一起,如水乳交融,共同维持宇宙和人类的生命"⑦。而且,他认为这也正是中国传统哲学的整体特征,"根据中国哲学的传统,本体论也同时是价值论,一切万有存在都具有内在价值,在整个宇宙之中更没有一物缺乏意义"⑧。

　　方东美旨在说明,不管精神世界还是物质世界,对于人和宇宙都极为重要,都是生命追求高贵尊严的不可或缺因素,正所谓生命从现实出发去

①　方东美:《方东美先生演讲集》,北京:中华书局,2013 年版,第 91—92 页。
②　方东美:《华严宗哲学》(下册),第 345 页。
③　方东美:《华严宗哲学》(下册),第 322 页。
④　方东美:《方东美先生演讲集》,第 221 页。
⑤　方东美:《方东美先生演讲集》,第 236 页。
⑥　方东美:《中国人生哲学》,第 16 页。
⑦　方东美:《中国人生哲学》,第 17 页。
⑧　方东美:《中国人生哲学》,第 94 页。

追求高尚的尊严和精神的平等。因此他要求，"要把现实世界抬举到理想的价值世界上来"①。因为"所有存在不可能都是神圣的，假使要成为神圣的话，那必须是精神上的神圣"，即首先要使二者贯通成为境之中有情、情之中有境的一体，"整个的宇宙就是精神与物质的合体，甚至是精神与物质的化境"②。唯有如此，整个宇宙层级才能具有真、善、美，进而整个宇宙全境才是艺术的、道德的。在他看来，具备这样的哲学思维，才能"培养优美的情绪，使我们的生命内容日益丰富，使我们的生命意义更加完善，使我们的生命价值逐渐提高"③。正如他强调的"要形成一个伟大的哲学思想体系，必须从现实的人生、现实世界，向上层层超升，一直追求到价值高妙的领域，具有永恒的理境；而后成立一个系统的世界观，作为吾人精神上安身立命之所"④。沿着这条路径，才能实现精神的高贵和平等、才能显现生命的尊严与意义。

方东美的判教虽然以民族文化为本位，但只要有助于实现此目标，不管是哪类文化都会加以肯定和择取。尽管他对西方文化的二元对立性持否定态度，但是对它的价值追求一样推崇。在解释古希腊的"灵魂升迁"时，他由衷地发出赞叹："宇宙是一个梯形的组织，……面临了这么一个立体的世界，希腊人他就自命是什么呢？不仅仅是一个身体，……自己觉得是一种精神、是一个灵魂，……他的灵魂在生活的过程中间是向上面的精神意义、向上面的精神价值做不断地追求，然后同那个价值理想合而为一，这才是希腊的高度文化。"⑤

3. 判教之理据

方东美的判教主旨之所以呈现出更多的开放性和受摄性，判教目标之所以透露出更多的人文关怀和生命意识，根源在于他"广大和谐"的判教依据。

"广大和谐"是方东美判教的"一贯之道"，他在判佛学、判儒释道、判中西印的具体过程中将其展现得淋漓尽致。他整个哲学体系所要烘托出的精神境界呈现为一个宇宙妙境，即永恒世界和变动不居的现实世界之间互相连锁、畅通自在、浃洽和谐的有机统一境界。不管立足于此境的何处去观察，这个整体里的各种层级、各个领域都是相互关联、和谐相处的，彼

①　方东美：《科学哲学与人生》，台北：黎明文化事业股份有限公司，1978 年版，第 17 页。
②　方东美：《中国人生哲学》，第 25 页。
③　方东美：《中国人生哲学》，第 9 页。
④　方东美：《新儒家哲学十八讲》，台北：黎明文化事业股份有限公司，1983 年版，第 42 页。
⑤　方东美：《方东美先生演讲集》，第 205 页。

此之间毫无嫌隙，没有凌虐、没有对峙、没有隔阂。对这种宇宙境界的追求，必然就导引出广大和谐哲学精神的产生。从而，在判准各类思想文化的时候，从逻辑上势必要求以此为据。因此，在判佛学时，就以大小乘、各宗派通过缘起、因果等具体问题反映出的妙境所达之程度而分别进行述评。在判传统儒释道三教时，也是以此为据，认为三家的精神实质会归于一，只是所采取的路径有所差异而已。故而他没有刻意地分判三者之间地位的高下、价值的优劣，以开放的心态求其会通与综合，借以将中国哲学思想的特点、传统文化的精神豁显开来。最后在判中西印三方文化时，仍然以此为标准。在此参照系下，西方文化从总体上历史地呈现出强烈的"二元分立"特征，即"从希腊的哲学传统一直到近代欧洲的哲学传统上面，有一个基本问题。这个基本问题显然是柏拉图（Plato）所用的一个字——'Chorismos'这就是逻辑上的一种'二分法'"①。因此，他极力强调对治西方文化的最有效途径就是中国华严宗哲学的"圆融无碍精神"、中国文化的"广大和谐"思想，借此为未来的世界文化发展提出自己的思考和意见。方东美依据明确的判教标准对不同类型的文化进行判释，系统表达出他的判教主旨和价值追求。

（二）方东美的判教实践

1. 判大小乘

方东美认为，小乘佛学没有前途，应予摒弃。因为小乘佛学以业感缘起解释宇宙及世界的起源和形成，因此导致每个人生而所处的世界是业已注定的。同时，这个世界充满着罪恶、痛苦、烦恼和黑暗，并且也都是"与生俱来"的，是没有任何办法能够消除和改变的。如此一来，即使讲轮回，也只能是往复于诸种痛苦和烦恼之间。人生始终被一张巨网笼罩和压抑着，无论做怎样的努力与奋斗也无济于事，根本无法实现任何突破。因此，生命和人生都是暗淡的，无法超脱、解放和提升的。即便后来小乘佛教承认有光明解脱的境地，但那是位于彼岸的世界，与现世无关，其本质仍然是对现世持否定、鄙夷的态度。这在方东美看来是典型的二元对立。因此他认为，小乘佛学对于人的发展、生命的壮大是不够积极的。②

方东美认为大乘佛学对人生的超越和解放具有显著的意义。对此，他以三论宗、天台宗、法相唯识宗及华严宗为例，以缘起理论、佛性论、因果论

---

① 方东美：《新儒家哲学十八讲》，第36—37页。
② 参见方东美《华严宗哲学》（上册）第182—183页及《华严宗哲学》（下册）第100—101页相关内容。

以及对永恒世界的理解和追求为主要问题,以对"二元对立"的解决程度为线索,对整个大乘佛学做了概括性的评判。首先是三论宗,方东美认为三论宗从般若学、中观学、涅槃学的思想上,综合产生了真正意义上的"空"之哲学,同时坚定地确立了永恒世界的位置,从而"二元论的硬壳被打破,而佛家中道哲学阐明了不二的观念以期通向最高的精神自由"①。但缺陷在于,在超升过程中,任何层次都有其局限,因此任意执着都会重新陷入束缚,也就是他所谓的"这是一种在两个方向上延伸的直线性哲学"②。其次是天台宗,方东美认为虽然它与三论宗有很多相似的地方,但"与三论宗相反,天台宗代表了一种思辨的建设性体系,其经过曲线性的思维过程而形成一种有机哲学。天台宗围绕作为存在枢纽的绝对心灵,揭示出终极本真及其表象之诸层面,均处于发展为一综合整体的范畴构造之环状过程中"③。意思是,天台宗以"一心三观"、止观学说和佛性说为主要内容的哲学思想和体系比三论宗更为圆融连贯。但是最大的不足在于,"心具善恶"的二分混淆"使我们陷于净化罪恶的困难"④。因此这"在价值上,是极端要不得的东西"⑤。再次是关于唯识宗,方东美认为通过"五法三自性、八识二无我"及不同时代的法相学者和唯识学者的合作"完成了心之变似理论",即在知识上建立了"认识能力及其对象间相互关联的结构"⑥,也就是搭建起从此岸到彼岸的桥梁"其最终宿命指向觉悟者统一于佛性,而能使人类全体的生命获得最高的精神性"⑦。但不足是"流转还依",仍然没有跳出善恶二元同位的窠臼,将最后的归宿还是依靠到染净纠缠的阿赖耶识上。因此真正要解决此问题应当讲"流转还灭",即"把识转灭掉,……把名相分别都去除掉,……把意识中的杂染根本去掉,……把意识停止作用",然后"把意识转变了成为智慧"。就是他经常强调的要"转识成智"⑧。最后,方东美认为华严宗在诸宗的基础上,通过法界缘起、五周因果、十玄无碍等内容对上述思想之偏颇进行"纠补"和发展,从而达到了大

① 方东美著,匡钊译:《中国哲学之精神及其发展》,第162页。
② 方东美著,匡钊译:《中国哲学之精神及其发展》,第163页。
③ 方东美著,匡钊译:《中国哲学之精神及其发展》,第164页。
④ 方东美著,匡钊译:《中国哲学之精神及其发展》,第169页。
⑤ 方东美:《华严宗哲学》(上册),第431页。
⑥ 方东美著,匡钊译:《中国哲学之精神及其发展》,第209页。
⑦ 方东美著,匡钊译:《中国哲学之精神及其发展》,第211页。
⑧ 参见方东美《华严宗哲学》(上册)第448页及第376页相关内容。

乘佛学的最高"圆教"境界。① 因此,华严宗哲学在理论上彻底解决了永恒世界与生灭变化的沟通问题,将整个宇宙转化成为一个纵横皆通、理性遍在、价值充沛的和谐世界,真正体现了"广大和谐"的精神。此外,他还指出不仅是华严宗哲学,中国传统文化的内在精神都集中在这一点上。

2. 判儒释道

方东美强调,儒释道是中国传统文化的重要组成部分。早在先秦时期,以儒、道、墨为主共同发展出"兼天地、备万物"这种具有高度道德理想和精神追求的文化传统。但是历经秦汉之后,中华文化所代表的高度理想不断失坠,在此期间,佛学传入,并且以其精神与中国固有的道德精神相契合,从而在中国土壤上站稳脚跟,进而事实上承担起传续中国文化精神的重任。再经历隋唐之滥觞,彻底融入中华民族的文化血脉,深刻地影响和作用于中华文化的发展历程。正如他在阐释华严法界缘起观的意义时指出的,"我们才可以说佛教已经在中国哲学的思想领域上生了根,而且在生了根之后,再回过头来同原始的儒家、原始的道家,相互排比,如是,自然在佛学的领域上,反而最能够表现'兼天地、备万物'的精神,……由于这一种大转变,才使佛教彻底中国化了"。不但如此,而且"对于这一套彻底中国化的思想里面,我们可以说正是把西方哲学产生的根本难题,像柏拉图哲学中所产生的 chorismos(乖离)问题,彻底在理论上给予解决"②。

由此可见,方东美是以极为开放和公允的心态看待儒释道三家在中国传统文化建构和发展中的地位与作用的,并没有执意对三家进行位次高下的排列,这与对大小乘佛学的判释极为不同。对于大小乘佛学,方东美遵循佛学思想的发展轨迹,对历史上的重要宗派及其教义给予次序和地位的安排,将华严宗哲学视为佛学思想发展之最高境地,且以之作为中国大乘佛学的代表,原因在于:他以华严宗的"圆融和谐"原则为准绳,自然就有各宗相互之位次。但是对于儒释道则没有采取泾渭分明的位格界别,在于方东美认为三家的最终精神理想是一致的,即便各有别异也是枝节上的并非原则上的分歧,细说如下。

首先,从精神结构看,儒释道均贯穿上下两层世界。方东美多次强调,华严宗的精神世界是一个旁通统贯的立体结构,同时又多次强调原始儒家

---

① 方东美在论及华严法界缘起思想的形成时指出"华严思想在理论根据上深受三论宗逻辑方法学的影响",具体就是指三论宗的"破除空有,正入中道"理论;同时还指出"华严宗继承天台宗的实相缘起观点",具体指三论宗思想关于缘起是"相依相资、相互关联"的理论。参见方东美:《华严宗哲学》(下册),第451—452页。

② 方东美:《华严宗哲学》(下册),第388—389页。

的高度精神就在于"天人合德",同样是立体的统一结构,而道家同样是"天地与我并生,万物与我为一"的立体结构。

其次,从精神人格看,儒释道均要求不断地向上超升培养"光明伟大的精神人格""颠扑不破人格"①。儒家"不止是一个人而是超升的个人"因为必须以自己的生命贯通宇宙全体,才能达到"先天而天弗违,后天而奉天时"的境界,"如此广大的人格足以完成宇宙的一切生命,……所以儒家精神就是要发挥博大的生命精神,笼罩宇宙一切的一切,彻底了解之后,再安排人类生命的价值与归宿"②;佛家要对一切人生的黑暗、痛苦、烦恼、罪恶从其背后的缘起论、轮回说着手,对其有了清楚和深刻的理解后,在精神上找到解脱的路径,才能从烦恼界上升到自然界,再从自然界上升到价值界,最终获得精神之自由;③道家在方东美看来,虽然没有宗教形式,却有真正的宗教精神即"体天无为",必须如此最终才能成就"博大真人"的理想人格,进而直接与宇宙境界贯通。④

再次,从对现实人生的态度看,儒释道均强调现实世界的重要性。方东美认为儒家思想最重要的精神内容就体现在对现世的不放弃。他理解佛学精神一方面不断地向上超升寻求精神的解脱,另一方面以伟大的慈悲愿力拯救现世人生。他之所以认为庄子最能代表道家的精神,就是因为庄子扭转了老子的"出世"倾向,将其拉回现实世界。

最后,方东美以生命本体论为主干,使三教之判确立了牢固的基石。他的思路是,以儒学的"神圣领域和现实人生"两层世界、道家的"有无"两层世界及佛学的"空有"两层世界相互比较和对勘,最终以"生命本体论"为核心将三家思想中的两套理论综合为一体,形成圆熟的哲学思想。换句话说,方东美对儒释道的判释,实质上是借助三方思想的共同作用将中国哲学之精神得以彰显。

综上所述,方东美认为儒释道三教在中国传统文化中的地位和作用是同等重要的,而且通过对三教思想的凝练,贞定出中国传统文化之独特精神。从而,为中国传统文化在更广阔的平台上与西方异质文化进行比较、沟通提供了必备条件,使中国文化以积极的姿态参与未来世界文化的建设成为可能。

---

① 方东美:《原始儒家道家哲学》,第32页。
② 方东美:《原始儒家道家哲学》,第36页。
③ 参见方东美:《原始儒家道家哲学》,第36—37页。
④ 参见方东美:《原始儒家道家哲学》,第36页。

3. 判中西印

方东美指出,人类历史上的文化主要为三大类:从古希腊到近代欧洲这一系的西方文化,从原始婆罗门到佛教再到婆罗门复兴这一系的印度文化,以及渊源有自的中国文化。在三系文化中,方东美尤其关切的是中西文化的异质性。他认为二者最大的差异在于:西方文化的总体特征是"二元分立",即"西方的学术领域,始终都是在二元的这一立场中徘徊,而不得其门而入"①。反之,中国文化的特点是"圆融和谐"。因此,方东美以此为线索,通过多重视角对中西印三系文化展开比较和判定。

首先,从文化所追求的价值境界看。方东美认为,古希腊文化也能够自觉到现实经验中真善美的相对性,从而也有意识地不断向上追寻着超越彼此的共同价值领域,"柏拉图到了晚年,……他诚心向往要把观念论与实在论这两种分裂而不相容的宇宙,化成价值学上的最高统一"②。但是西方文化在超越世界和现实世界之间画上了一道不可逾越的"鸿沟"即"宇宙中分线",使二者只能隔岸向望、无法沟通,因此宇宙被分为上下两层无法弥合。正所谓"即使是在他们的心中以及他们的思想领域里面,都含有cut everything into two(把一切都剖成两橛)"③、"因此一有了宇宙的'中分线'以后,便形成了上下的二元对立性,并且就由此而构成希腊哲学的根本问题"④。

与此不同,印度早期和古代中国所追求的价值领域是一个统一的全体。早期印度的婆罗门文化中"所表现的都很少有心灵分裂症,讲宇宙时便有所谓地、空、天三界,而不是两界。但是这个三界,如果照 Ramayana(罗摩衍那)所载,都是统摄在统一的精神权力——即所谓 Mahabrahma-lo-ka(大梵天)——之下,……进而每一个人形成他的人格,而这个人格是一个统一的精神人格(梵我)。最后这个统一的精神人格 Brahman-Atman,同统一的宇宙主宰——大梵天——结合起来,变成为 Prajapati(生主),或者Brahman-Atman Atali(梵我一如)"⑤,宇宙就是统一体。只是到后来因为承受了印欧的二元对立分裂症,通过梵我一如虽然可以通达于永恒世界,但是不能关照和说明下层世界,也就是说对于解释现实世界的生灭变化无能为例,或者说无法从哲学层面将本体与现象二层世界有力结合,"他只能

---

① 方东美:《华严宗哲学》(下册),第194页。
② 方东美:《华严宗哲学》(下册),第5页。
③ 方东美:《华严宗哲学》(下册),第4页。
④ 方东美:《华严宗哲学》(下册),第5页。
⑤ 方东美:《华严宗哲学》(下册),第12—13页。

够处理永恒世界里面的问题,而对于那个宇宙中分线以下的这个现实世界上面的物体存在、生命存在,……仍然是属于无常的变化世界""就是因为在印度本身的哲学只讲本体论同超本体论,只能够讲宇宙中分线的上层永恒世界领域中的构造,对于那上面成立的各种概念,却不能够被用来说明下层世界的构成,自然就会产生疑惑的问题"①。因此,到印度佛教时,各宗派都有二元对立性存在,②这一状况最终借以佛教上的理论革命才将其克服。

而中国文化是"固有的统一整体观"。儒、道、墨皆然,"在中国的思想界里面,除掉杨朱的'为我'主义存有这一种'我执'之外,其余的像儒家、道家,甚至于像春秋战国时代的刑名诸家,他们虽然也肯定一个自我,……但是,……他有'仁德',……'慈惠',……'大全',……所以在中国哲学方面,……都有一种 sense of cosmic identification(万物同一感)"③。原因在于,中国传统文化里自然地塑造成了"天人合德""兼天地、备万物""天地与我并生,万物与我为一"的精神和性格。因此当任何一个人在面对、设想宇宙的时候,不会将自己与宇宙对象截然对立起来,即"以至于把自己当作一个孤立的、主观的、封闭的系统,而与宇宙相互隔绝起来,……对中国人来说,这两方面的生命领域上有一个对流,精神领域上是一种并存的关系,所以他未曾有与宇宙产生隔绝感……当他们面对所要肯定的、所观照的一切事物,他都能拿他自己的生命动力扩大出去,去囊括、渗透宇宙的整体,然后在从这个思想的核心里面产生一个'兼天地、备万物'的所谓中国人的精神特质"④。因此中国传统思想视宇宙为不可分割的有机整体,当然就没有西方的二元分立难题,"在中国的哲学领域中,并没有像希腊柏拉图所肯定的思想主体与所面临、所要观照的宇宙客体之间的对立感"⑤。

所以,在方东美看来,此处正是奠定三方文化总体特征的源头。尤其西方文化,"一有了宇宙的'中分线'以后,便形成了上下的二元对立性,并且就由此而构成希腊哲学的根本问题"⑥,进而对整个西方文化史产生深远的影响。也就是说,二元对立的世界观成为西方学术史难以克服的问题,"在西方的哲学里面,自始至终都是一种 subject-object entanglement(主

①　方东美:《华严宗哲学》(下册),第188—189页。
②　参见方东美:《华严宗哲学》(下册),第195页。
③　方东美:《华严宗哲学》(下册),第371页。
④　方东美:《华严宗哲学》(下册),第372页。
⑤　方东美:《华严宗哲学》(下册),第372页。
⑥　方东美:《华严宗哲学》(下册),第5页。

客纠缠),也就是主客对立的一种形式……在这一种情形之下,对于这一个问题几乎在西方绵延了将近二千五百多年,虽然曾经有许多人都设法要解决它,但是事实上一直都没有得到圆满的解决"①。在方东美看来,古希腊从柏拉图开始到亚里士多德就对此尝试解决,但所采取途径"表面是诉之于哲学,实际上还是偏向于宗教",但是由于他们固有的二分思维,仍然无济于事。

其次,从三家的宗教思想看。方东美认为,古希腊虽然将沟通上下世界的期望寄托在神身上。但是,神只是将上层世界的真善美转运到下层世界,②当然也就无法彻底地从根源上使两个世界相镕融。而且由此还产生了他们传统的"理神论"和希伯来的"超自然神论"宗教观,这种宗教观"在二元对立方面,是同古希腊哲学如出一辙的"③。原因在于,"超自然神论"虽然可以给予神明极高、至尊的地位,但是其"性恶论"却将人性降至兽性,将人性贬义到无法形容的罪恶深坑中,没有丝毫的地位和尊严。由此,神与人之间自然嵌入了不可逾越的鸿沟,正如方东美所谓"倘若他(神明)是至高无上的话,就无法把他拉到现实世界里面来,因为如果一拉到现实世界里面来,好像就是拿现实世界污染他"。所以,这仍然是典型的二元分立思维,神屈尊于人世间,当然会"有损于神的地位",因为这有悖于神的纯真至善、超越主宰的本性。④ 更为严重的是,"把人类生活的世界与天国隔绝了,一方是神圣的,一方是罪恶的"⑤;印度的宗教虽然是"尊一神论",但是印度人不是固定地只信仰、朝奉和祭祀唯一固定的神,而是因时、因地、因需而异,每个神都有自己特定的职能和范围,所以为了取得特别的目的就会随时改变祭祀对象。因此,方东美称之为"尊一神论"或"交替神教",即"事实上有许多神并存"⑥。

此处,方东美虽然没有明言印度的宗教神学观点不同于西方的"理神论",但实质上他认为这是非二元论的整体观,他举例说,印度人在战争期间祭火神、和平时祭大自在佛。从中可以看出,在印度人眼里各个领域都会有主管的神在,这当然可以引申出世间万物都有神性,且都可以作为神来看待。而这就是方东美特别推崇的中国的宗教神学观"万有在神论"。

① 方东美:《华严宗哲学》(下册),第370—371页。
② 参见方东美《华严宗哲学》(下册)第114—115页相关内容。
③ 方东美:《新儒家哲学十八讲》,第38页。
④ 参见方东美:《华严宗哲学》(下册),第434—435页。
⑤ 方东美:《原始儒家道家哲学》,第112页。
⑥ 方东美:《原始儒家道家哲学》,第111页。

就外在形式看,"万有在神论"好像是泛神论,因为既祭"人鬼山川"又祭"百物之魅",但方东美认为,事实上它的真义就是"宇宙万有皆在神圣之中"即"'若有神存,则神在万事万物之中'。所以在天上的是皇矣上帝,他的神意流露在日月星辰里,流露在山河大地里,再流露贯注在人的存在里,在草木鸟兽虫鱼的存在里。这种精神的生命可以贯注一切的一切,所以这一切的一切所构成的宇宙万有,自然贯注了神圣,而使万有皆为神圣的"①。方东美视之为"精神的民主",强调这才是真正的宗教所要取得的效果。因为任何层级、任何领域都因为神圣而在精神上平等,整个宇宙也因此神圣而和谐。这是方东美对三家宗教神学思想的判释。

再次,从哲学本体论层面看。方东美特别注重从形而上的路径研究哲学,所以当他分析、衡量一套哲学思想时,对其本体论的考察就成为重中之重,这里主要是通过对中西方两大本体论的比较展开的。方东美对二者的总体看法是:西方从希腊、中世纪一直到近代的形而上学,"总是透过二分法把完整的世界割裂成为两部分,产生其中严重的联系问题"②,方东美称之为"超绝形上学"或"超自然的形上学"。因为它的特点是,将世界和人生化成两截。以古希腊为例,上面是真善美的形而上世界,下面是物质的形而下世界,两层世界是彻底隔绝的。由此,便会导致绝对真善美的世界无法在现实世界上实现,这正是柏拉图哲学体系当中最大的困境。③ 因此方东美认为,巴门尼德、苏格拉底、柏拉图、亚里士多德等的思想体系里都存在这个问题,近代的哲学家像费希特、康德、黑格尔等都试图解决此问题,但均未成功,由此导致西方哲学的结构都是一个孤立的系统,"孤立的思想系统对于广大和谐的宇宙全体,只能有部分的理解,而不能做完满的说明"④,因此是一套"有碍"的思想。

反观中国的形而上学,方东美称之为"超越形而上学"。之所以是超越,原因在于,中国哲学的境界由经验和现实出发,但却不为此所限,而且能突破一切现实的缺点超脱到理想的境界。这种理想境界并不是断线的风筝,而是含藏高度真相与价值之领域。更重要的是,这种高度价值可以落回人世间,使理想成为现实,在现实中实现。正是他所谓的"一切超越价值的理想不是只像空气般在太空中流动,而是可以把它拿到现实的世界、现实的社会与现实的人生里,同人性配合起来,以人的努力使它一步步实

---

① 方东美:《原始儒家道家哲学》,第112页。
② 方东美:《原始儒家道家哲学》,第21页。
③ 参见方东美:《原始儒家道家哲学》,第20页。
④ 方东美:《原始儒家道家哲学》,第162页。

现。在这种情形下，形上学从不与有形世界或现实世界脱节，也绝不与现实人生脱节，而在现实人生中可以完全实现。如此，'超越形上学'在理想价值的完全实现方面看来，又一变而为'内在形上学'，一切理想价值都内在于世界的实现、人生的实现"①。这也是"超越形上学"又称为"内在形上学"的缘由。因此，中国哲学体系是一种完全不同于西方孤立系统的"旁通统贯"系统。用他的说法就是"中国所谓的不同哲学境界，最主要须能使之融会贯通，使上下层、内外层的隔阂消除，……我们要成立一种哲学思想体系时，不会把精神局限在下层世界，也不会局限在内在主观的心灵境界，总是要突破内界达于外界，突破下层透过中层达于上层"②，"中国哲学……总是要透视一切境界，求里面广大的纵之而通，横之而通，藉《周易》的名词，就是要造成一个'旁通的系统'。这是中国哲学与其他哲学最大的差异，……中国的形上学可以称之为机体形上学，注重机体的统一、思想的博大精深的各方面，而中间还求其会通、求其综合"③。

综上所述，从判大小乘佛教到判儒释道，方东美以华严判教论为基础，以更为宏阔的视域和时代的需要为指向，对佛教内部及中国传统文化进行了有意识的整合与条贯。进而他依托精神境界、宗教思想、形而上学，对中西文化的特征及差异进行了综合判释，从内容到格局，再到理想追求等，显然已实现对华严判教论的发展和超越。在此基础上，方东美强调，对于西方哲学史上存而未决的二元对立难题最成功的解决就是中国传统文化中的"圆融和谐"思想。

第三节　方东美华严思想的价值和意义

方东美以承续、发扬民族传统文化超越时空的精神价值为立场，以包容的心态、开阔的视野，对中西历史上的主流文化进行理性的分析和评价，博观约取，充分运用逻辑、概念、语言等分析哲学的方法，将具有高度形而上智慧的华严思想与西方文化成功地置于同一框架进行比较研究，以现代学术话语系统为华严思想树立起全新的解释体系，堪称典范。

首先，方东美强调逻辑分析对认识华严哲学的基础作用。虽然方东美对西方哲学史上的逻辑分析有明显的批评，但是丝毫不妨碍他对逻辑分析

---

① 方东美：《原始儒家道家哲学》，第16—17页。
② 方东美：《原始儒家道家哲学》，第22页。
③ 方东美：《原始儒家道家哲学》，第22—23页。

作用的强烈认知和推崇。因此，他明确指出，要想了解华严经当中的甚深教诲与深刻论证，必须要具备西方哲学的训练而首要的就是西方的逻辑训练。在具体讨论华严宗哲学的法界观时，他指出要以西方的"关系逻辑"来透视杜顺大师的法界观；探讨华严真空观的思想实质时，强调"要承认 logical ambiguuitby（逻辑歧义）的应用，然后才可以避免 logical contradition（逻辑的矛盾）"①；在分析十玄门的理论基础时，指出"前面我们已经将华严宗里面的几个主要论理，尤其是杜顺大师的著作大略加以叙述，……在这一方面我们特别着重在逻辑原则上的发展"②。可见，方东美对逻辑分析方法在深研华严宗哲学过程中的作用格外重视。当然他对逻辑分析的自觉不是简单地套用和机械地照搬，而是入乎其内出乎其外，是建立在深入细致地对西方哲学史上的逻辑演变理路进行具体的考察和分析的基础上，对各种历时性的逻辑思想进行审定和辨别，说明其各自的优长和局限及其相互之间的历史关联。在此基础上，他用"蕴含关系逻辑"详细阐述华严宗哲学的精神和思想实质及具体内容，将华严宗哲学的独特价值彰显出来。

其次，方东美强调核心概念在华严哲学体系中的统摄作用。方东美对概念的强调是他对逻辑分析方法重视的必然要求，正如他反复提及的，"虽然哲学思想好像只是在那个地方腾云驾雾……它并不是在进行着玄想，而是要想在哲学上面产生根本概念、根本范畴，然后就以这一个根本范畴来说明理性所能够笼罩的一切可能世界，……哲学思想不仅仅对现实世界要进行研究，即使是对一切可能存在的世界，也都能够透过哲学思想里面的概念与范畴，一一地加以说明、驾驭，甚至也能够加以把握"③。因此，他多次强调华严哲学的核心观念就是"无碍"。而且"无碍"在他看来，不仅是符号性的概念，更是包含华严宗哲学要义和精髓在内的具有场域蕴含的一个开放性、包容性极强的统摄性范畴。因此，他进一步通过中西哲学核心概念的比较，以澄澈两种哲学精神的异质性。方东美强调打破有碍哲学取得超脱解放，"首先必须要先从概念上面着手"④，并指出亚里士多德哲学最基本的概念是 substance，而且只有 substance 本身才可以独立存在，因为它"把宇宙里面的一切东西，都吞到自己的肚子里面去，然后再赋予该事物的存在。如此说来便可以确认他自己是无碍的；但是在他之外的一切事

①　方东美：《华严宗哲学》（下册），第 362 页。
②　方东美：《华严宗哲学》（下册），第 441 页。
③　方东美：《华严宗哲学》（下册），第 186 页。
④　方东美：《华严宗哲学》（下册），第 273 页。

物,都不允许有其他独立存在性,都要把它吸收进来,一切都要依靠它才能存在"①。

在此基础上,方东美指出华严宗人正是以"无碍"等核心概念为起点,将其置于整个思想体系的逻辑开端而演绎出体大思精的哲学体系的。因此,他将杜顺的思想贡献总结为"他(杜顺)在概念上面要先把'空'——顽空、断灭空——去除掉,也要把'有'——俗有——也去除掉,然后才能使'空''有'这两个概念,在思想的领域中结合起来"②。所以方东美自己才不断强调,唯有概念才可以将形而上的智慧化作系统的哲学体系,"必须要将这个差别世界里面的无穷事实、无穷事件的散沙,要在思想上面给予联系起来、贯串起来,而能落实于概念的系统里面、落实到范畴的系统里面、落实到思想的结构里面去"③。

再次,方东美重视"言意"关系在阐发哲学思想中的重要作用。当确立了适当的逻辑关系与核心概念之后,方东美特别重视与之一致的语言分析。他既强调语义分歧的严重影响因此应该予以重视和辨析,同时也要求语言的解析要与整个思想体系的逻辑关系、核心观念以及他们所包含的精神意蕴相一致。方东美在论述华严宗哲学真空观对哲学史上二元对立问题的意义时说:"在西方哲学上,……以及一直到近代都没有解决的问题,在华严宗的思想里面应该如何给予解决。……要透过哲学的语言,把'空''有'两方面的关系,重新加以说明。但是这种说明不是凭空产生的,一定要有根据,由潜藏的逻辑思想、逻辑的原则来解决这些问题。"④在进一步论"色不即空以即空故"时,方东美指出"即"字有"是"或"不是"这种逻辑述词的含义,但更有"就"或"迁就"的含义,即"契入",由此可以看出他只是一个关系的连接词,得知华严法界观里凡第一个"即"字就可以保留它的"是"与"不是",给它一个字面的诠解,第二个即字,千万不能认为是逻辑述词,而应该把他当作关系作用的符号。⑤ 由此可见,方东美对逻辑关系、核心概念、语言分析彼此间相互统一的关注。

相应地,方东美坚决反对在探索哲学思想的逻辑发展过程中,固守于语言文字的界限而无视其中的思想实质对哲学思想发展本身的重要作用。最典型的就是他对《大乘起信论》的评定。关于《大乘起信论》的真伪问题

---

① 方东美:《华严宗哲学》(下册),第274页。
② 方东美:《华严宗哲学》(下册),第64页。
③ 方东美:《华严宗哲学》(下册),第65页。
④ 方东美:《华严宗哲学》(下册),第395页。
⑤ 参见方东美:《华严宗哲学》(下册),第406—407页。

历来聚讼不一,但基本上可以肯定是中国人伪造。对此方东美也不否认,可是这丝毫不影响他对《大乘起信论》的推崇,多次就其思想对解决二元对立问题的积极作用表示肯定和重视。① 更进一步,方东美还明确指出,不能拘泥于文字的限制,相反要积极突破语言文字的理性界限挖掘其背后隐藏的意蕴。在讨论三论宗的"离四句绝百非"时,他说"把这个语言文字里面,在一切差别的层次上,都一一地给它划成种种不同的等级,……要把这个'空''有'的关系,依据一切可能的关系,都把它分辨尽了,……最后便会承认一切语言上的判断都是在论说外在的属性,……凡是透过语言文字符号等假名来解说这些问题时,对于这些问题总是无法解说的恰到好处"②,即便这些文字已经是"后设语言"而非"对象语言"③。据此可见,方东美是要"转识成智",要追求"言语道断,心行处灭"的至真、至善、至美的最高境界。

最后,方东美强调价值境界在哲学体系建构中的范导作用。方东美固然注重逻辑关系、核心概念、语言分析在建构一整套哲学体系中的积极作用,但是他绝不盲从于分析哲学的致思路径,对它的局限和弊端有着深刻地认识,具体表现在他对几何学、近代经验主义、近代心理学及近代科学的流弊进行的批判和扬弃中。方东美通过比较近代欧式与非欧式几何的空间系统后,指出"在某一个时代里,如果某一个孤立的思想系统形成了之后,还要再扩大它的应用范围,应用到不应当应用的地方,就马上会构成一种迷惑"④,这是说对分析哲学的应用限度要有高度自觉;另外,他以近代化学、物理为例,对经验主义因深受分析哲学影响而形成的"析色归空观"进行了批评,"因为 In modern physics, matter can be less and less material(在近代物理学中物的物质性递减)。最后被化成为 neutral element(中立元素)、non-material(非物质),于是物质不见了。这个在华严哲学的真空中观,就称它为'析色归空观'!这个'空'就变成为'断灭空',……'顽空'"⑤;再者,他指出近代哲学与心理学应分析哲学的方法而产生的"析心归空观",将心灵观念消除殆尽是严重的缺陷和不足。正如他所谓"在哲学的思想界里面,目前所谓的分析哲学,都是根据从简单向复杂的方面去

---

① 参见方东美:《华严宗哲学》(上册)第十四章第十二节,《华严宗哲学》(下册)第十六章第三节、第十一小节等相关内容。
② 方东美:《华严宗哲学》(下册),第415页。
③ 关于"后设语言"与"对象语言"的区分及其与哲学的关系论述具体参见方东美《华严宗哲学》(上册)第307页相关内容。
④ 方东美:《华严宗哲学》(下册),第202页。
⑤ 方东美:《华严宗哲学》(下册),第206—207页。

发展。形成了复杂'体'之后,然后再回头来,把它再化成最简单的构造单位,因此在这中间,一切都变成了凑合体"①。所以方东美总结道,近代科学以各种定律对世界进行规定,但是定律的基础又无法说明,"既非真理,亦非虚假",是中性的东西,所体现出正是所谓的价值中立,②无疑这尽是对人性的戕害,并非哲学的根本目的所在。

因此,方东美多次强调哲学的目的就是要使人性崇高化,就是要不断地向上超脱解放,追求包含真、善、美的境界。因此他经常以善财童子为例,要求凭借决心、毅力与慈悲行持去体验一切可能世界,培养生命力,使宇宙的一切可能都在他的体验下超脱解放。这也就是他说的要从宇宙论提升到合情与理的本体论,再到普通本体论,最后到超本体论。同时这也就是方东美之所以多方强调要体验华严宗哲学的"华严三昧"的禅定境界,批评现代人很难了解华严证悟性修炼的境界。他总结道:"宗教上面的修炼、证悟,一切都应该从把握、修养人之本身为出发点,完成高贵的人格才是最重要的课题。"③

由此可见,方东美正是在深谙中西文化的前提下,对其中的积极因素进行自觉地重构和整合,以西方分析哲学的路径对华严宗哲学进行诠解,使华严宗哲学呈现出更加清晰的逻辑性和层次性,进而援佛入儒,通过儒佛互动后使得中国传统哲学中的人文关怀、生生不已、广大悉备、圆融和谐等精神价值豁显出来。也正如当下学界所强调的,中国哲学的当代延续所指向的,同时是中国哲学的当代建构。这就要求在重构中国哲学的过程中,应该积极主动的吸收和借鉴分析哲学的优长之处,从而达到逻辑分析与形上智慧相结合,分析利用不同的哲学传统和智慧,扬弃在建构中国哲学过程中意义的单向度发展,最终"赋予中国哲学以现代的形态,……使之进入现代意义上的学术研究过程,而且也为其成为更广视域(世界哲学视域)中学术讨论的对象提供了前提"④。

以此为据,方东美研究华严思想的致思进路及成效才会在僧俗两界,日韩、欧美学界产生广泛影响。同样,也深刻影响着佛教华严思想在当代社会的发展走向。

---

① 方东美:《华严宗哲学》(下册),第209页。
② 参见方东美:《华严宗哲学》(下册),第209—210页。
③ 方东美:《华严宗哲学》(下册),第131页。
④ 杨国荣:《分析哲学与中国哲学》,《中国哲学史》2009年第4期。

第四章　圆善相即:牟宗三华严思想研究

牟宗三(1909—1995),字离中,山东栖霞人,与唐君毅、徐复观并称熊十力先生门下三大弟子。作为现代新儒家的重要代表人物之一,牟宗三始终以"哲学地重建中国哲学"为己任,并清晰地认识到要完成重建中国哲学特别是重建儒学的重任,必须要会通儒、释、道三家的智慧,打破三家之间的壁垒,使佛道两家的理论都为儒家服务,才能建立起他所需要的圆熟的儒家判教系统与圆教理论。

纵观牟宗三一生为学,为了护持中国哲学的慧命,捍卫儒学的价值根基,他对佛、道两家做了深刻的义理疏释和学理反思,在以儒学为本的前提下,将佛、道两家回摄进自己的学说体系中来。他认为,作为一名儒家学者,"若不能洞晓道家'无'之性格与佛家'般若'之性格之共通性,则不能解除后世儒者对于佛、老之忌讳,此一忌讳是儒家义理开发之大障碍"①。

在疏释佛家思想的过程中,牟宗三以"佛性"与"般若"作为两大抓手,直接进入佛学思想的研究与剖析,探讨了中国佛学中具有代表意义的重要宗派的基本义理、发展脉络,其中对华严与天台的着墨犹多。在牟宗三看来,"华严宗是以《华严经》为标的、以《起信论》为义理支持点而开成的"②,明确指出华严宗的立宗与《起信论》有着直接的义理联系,并在对《起信论》和华严思想的疏释中,超拔出了"一心开二门"的哲学架构和挺立了"智的直觉","解放了佛家的'执',以'一心开二门'自觉地要求建立'执的存有论'"③,最终以"一心开二门"的模式建立了两层存有论,完成了"道德形上学"哲学体系的建构。

第一节　牟宗三对华严学的研究与推重

不同于其师熊十力和其友唐君毅曾问学和师从于欧阳竟无,牟宗三对佛学的了解始于他在北大哲学系跟随熊十力学习时的一点道听途说、只言

---

① 牟宗三:《圆善论》,第481页。
② 牟宗三:《佛性与般若》,台北:学生书局,2004年版,第483页。
③ 颜炳罡:《牟宗三学术思想评传》,北京:北京图书馆出版社,1998年版,第300页。

片语。之后,随着学思的扩展和深入,牟宗三认真研读佛理,在对佛学思想的理性认知基础上,完成《佛性与般若》一书的著述,显示出了深厚的佛学造诣。

一、牟宗三对中国佛教哲学的研究与重视

时处近代佛学复兴的年代,加之师从熊十力的经历,牟宗三受到佛教哲学的影响自不必讳言。这一点,牟宗三和当时新儒家们有着共通之处,除了佛学复兴的冲击外,同当时的社会现实也有重大关联。"由于近现代中国社会深重的内忧外患、中国文化所经历的前所未有的危机,使佛教以其特有的出世理想影响了许多新儒家的人生观与价值观"①。

但与部分新儒家有浓厚的佛教情结或情怀不同,牟宗三在研究和融摄佛教哲学过程中始终抱持中立的态度和冷静的考量,这也许正是他能公正地看待佛教哲学的思想定位,更好地厘清佛学义理的原因所在。这正如他自己所言:

> 我非佛教徒。然如讲中国哲学史,依学术的立场,则不能不客观。我平视各大教,通观其同异,觉得它们是人类最高的智慧,皆足以决定生命之方向。过分贬视儒家道家,我们觉得不对,过分贬斥佛教亦同样是不对的。②

从上述一段话中,我们可以看出,牟宗三不仅能客观地看待佛教哲学,而且将其与儒道并重,牟宗三在《佛性与般若》的序里面,谈到他在梳理中国哲学史方面的三本著作,"《才性与玄理》主要地是诠表魏晋一阶段的道家玄理,《心体与性体》是诠表宋明的儒学,而本书则是诠表南北朝隋唐一阶段的佛学"③。牟宗三进一步认为这三个阶段的思想都是极难以把握的,而佛教一阶段尤其难解:

> 从中国哲学史底立场上说,这三阶段主流的思想内容都是极不容易把握的,而佛教一阶段尤难。魏晋一阶段难在零碎,无集中的文献。宋明一阶段已有集中的文献矣,而内容繁富,各家义理系统底性格不

① 徐嘉:《现代新儒家与佛学》,北京:宗教文化出版社,2007年版,第4页。
② 牟宗三:《佛性与般若》序,第5页。
③ 牟宗三:《佛性与般若》序,第1页。

易领会。佛教一阶段难在文献太多，又是外来的独立一套，名言熏习为难。即使已习惯于名言矣，而宗派繁多，义理系统之性格以及其既系统不同而又互相关联之关节亦极难把握。①

既然难解，那么应该如何才能直达其堂奥呢？牟宗三认为要以"佛性"与"般若"两个观念来作为解读的纲领。他认为后世佛学的各种义理系统的建立与展开都是从这两个纲领生发出来的。他认为：

吾人通过此纲领说明大小乘各系统之性格——既不同而又互相关联之关节。般若是共法；系统之不同关键只在佛性一问题。②

照此纲领，牟宗三在其佛教哲学专门著作《佛性与般若》中对《大智度论》《大般若经》《中论》《大涅槃经》以及龙树的有关论述中的佛性学说进行了解释与梳理，对前后期唯识学以及《起信论》、华严宗和天台宗进行了言说与义理的解读，完成了他对于佛教哲学的系统著述。

而对于这难解的佛教哲学在中国哲学史中的地位，牟宗三认为没有对佛教哲学的理解，就不能称其为全面地了解中国哲学之发展。而南北朝隋唐时期的主要思想精髓在牟宗三看来，即是佛教哲学。

吾人以为若南北朝隋唐一阶段弄不清楚，即无健全像样的中国哲学史。③

对牟宗三佛学研究于"哲学地重建中国哲学"的贡献，颜炳罡在《牟宗三学术思想评传》一书中做了如下总结：第一个贡献是牟宗三将佛学的基本问题以佛性与般若来概括；第二个贡献是牟宗三认为佛学从实质上而言，就是实践的形上学（或称为实践的存有论），而佛家的实践是一种解脱性的实践；第三个贡献是牟宗三虽然认为华严宗是由唯识学发展而来的最高形态，但是佛学在中国发展的最高最圆满的形态却是在时间上早于华严宗的天台宗；第四个贡献，牟宗三用"藏、通、别、圆、共"对佛教的所有教法系统作出新评判。最后，颜炳罡认为牟宗三的"佛学研究之最大特点是能

————————

① 牟宗三：《佛性与般若》序，第1页。
② 牟宗三：《佛性与般若》序，第3页。
③ 牟宗三：《佛性与般若》序，第6页。

相应于佛学而了解佛学,了解佛学能知佛学之短长,更为可贵的是他能化腐朽为神奇,借助佛学建立自己的哲学系统"①。可见,牟宗三得以发明新学说,建立新体系,最终得以达致逻辑意义上的圆善思想,也是得益于他对中国儒、释、道三家思想的全面理解与融会贯通。

二、牟宗三对华严学的研究与重视

牟宗三研究并重视阐发华严义理,应该说与其师熊十力有很大关系。"熊十力倾向华严等中国佛教宗派的思想态度,为其弟子牟宗三、唐君毅诸氏所继承,牟、唐后来皆深究佛学,并对华严、天台诸宗的义理大加推崇和阐发。"②在牟宗三的佛学研究中,他始终秉持华严宗与《起信论》一脉相承的看法,强调"《起信》《楞伽》《胜鬘》等真常经论毕竟是华严宗之义理纲纬"③,并反复申明"华严宗是以《华严经》为标的、以《起信论》为义理支持点而开成的。……经过前后期唯识学底发展,发展至此乃是一最后的形态"④。在其佛学专著《佛性与般若》中也设有专章讨论两者,并且章名就是《起信论与华严宗》,这些都说明,牟宗三是将《起信论》与华严宗思想合在一起看的。所以,我们谈到牟宗三的华严学研究,应该也必须将他对《起信论》和华严宗的研究都含括在内才是全面而得当的。

(一) 牟宗三对《起信论》的推重

牟宗三对《起信论》的推重源于该论重点阐发的根本思想"一心开二门"。《起信论》言"一心"即"如来藏自性清净心",具有体大、相大、用大的三大体性,可以开"二门",即真如门和生灭门,真如门融通"无执的存有界"(即康德所讲的本体界),而生灭门则与"执的存有界"(即康德所讲的现实界)相导通。而因此二门均由一心所生发,所以二者相互联系并统摄一切世间法和出世间法。牟宗三认为这样的思维模式,突出了"一心"的一体两用,是体用不二精神的具体体现。由此,牟宗三提出"一心开二门"的格局是一个"公共的模型",具有普遍的适用性,"适用于儒释道三教,甚至亦可笼罩及康德的系统"⑤。

正是如此,牟宗三对《起信论》十分重视,不仅在自己的哲学体系建构

---

① 颜炳罡:《牟宗三学术思想评传》,第11页。
② 姚彬彬:《近现代新儒家的华严思想探析》,《贵州大学学报》(社会科学版)2012年第2期。
③ 牟宗三:《心体与性体》,第536页。
④ 牟宗三:《佛性与般若》,第483页。
⑤ 牟宗三:《中国哲学十九讲》,上海:上海古籍出版社,1997年版,第281页。

中吸收了"一心开二门"的哲学架构，并且对学术史上著名的《起信论》真伪之争和内学院对《起信论》的贬斥进行了回应。

关于《起信论》的真伪问题，牟宗三认为如果纯从考据学的角度而言，可以说该论是中国人假借马鸣菩萨之名的伪作。因为该论不是直接由梵文翻译而来，但如果仅从这个角度就判定《起信论》是伪经却于义理上站不住脚。牟宗三始终认为要认定一部经、论是否是伪书，不应该只考虑考据方面的问题，更重要的是采用义理的方法，即该经论的思想是否符合佛教经论义理的发展趋向和内在理路。所以，牟宗三认为："有人说《大乘起信论》是中国人伪造的……尽管考据上可以如此说，但是《大乘起信论》的思想却并不假。它的思想乃是根据印度佛教后期的发展而来的，亦即是根据印度后期的真常经而说的。"①既然真常经不假，那么顺着其理路往下讲且讲得很深入的《起信论》就不该被斥为伪书。在此基础上，牟宗三还特别批评了仅仅因为《起信论》不是由印度传来，不是由梵文译来就斥其为伪书的态度，是佛教本身认为不可取的"分别心"在作祟。他指出印度佛教和中国佛教本就不是决然相异的二者，中国佛教是对印度佛教的发展，"这一发展是中国和尚解除了印度社会历史习气之制约，全凭经论义理而立言。彼等虽处在中国社会中，因而有所谓中国化，然而从义理上说，他们仍然是纯粹的佛教，中国的传统文化生命与智慧之方向对于他们并无多大的影响"②。有学者认为《起信论》所代表的真常心系统并不是印度佛教原有之空有二宗，所以对其多有贬斥，牟宗三反驳道："中国人讲纯粹的佛教，直称经论义理而发展，发展至圆满之境界。若谓有不同于印度原有者，那是因为印度原有者如空有两宗并不是佛教经论义理之最后阶段。这不同是继续发展的不同，不是对立的不同；而且虽有发展，亦不背于印度原有者之本质；而且其发展皆有经论作根据，并非凭空杜撰。"③

而对于内学院坚持认为《起信论》不符合佛教教义，是外道论书的观点，牟宗三认为《起信论》不是什么新发明，它谈的真如缘起、返本还源，都是真常经一系的应有之义，是根据印度佛教后期发展而来的，是有经典依据的，绝不是所谓的外道论书。并进一步批评内学院站在唯识学的角度，贬斥与己不同的宗派，否定《起信论》的做法是宗派分别心的显现，如果始终这样，是不可能看到佛教中国化的全过程的，"此亦是浅心狭志之过

---

① 牟宗三：《中国哲学十九讲》，第268—269页。
② 牟宗三：《佛性与般若》序，第4页。
③ 牟宗三：《佛性与般若》序，第5页。

也"。

（二）牟宗三对华严宗的推重

牟宗三由《起信论》进入到华严宗,认为华严宗宏阔的义理体系的"展示之入路则应求之于《起信论》,华严宗即依《起信论》之一心开二门而展示别教一乘圆教之因果法"①。此外,牟宗三还认为华严宗的"法界缘起""不变随缘随缘不变""十玄门"等思想观点都与《起信论》有紧密的联系,二者同为一系之思想。对于这一点,同样为其他佛教学者所肯定。比如吕澂就明确指出:"华严宗以'法界'为一心,又牵涉到'如来藏'的功德本具和随缘不变,其中很受《起信论》一系的思想影响。"②

同时,牟宗三在梳释佛教哲学的过程中看到,中国吸收印度空有二宗的思想继续发展到天台、华严、禅宗,已到达佛学义理的顶点,是"已至其极",了解这三家的义理系统是了解佛教哲学在中国之发展的关节所在。也就是说,只有了解和把握天台、华严、禅宗的义理系统,才能理解佛学哲学在中国是如何发展的,是如何与中国本土本有之思想进行互动、融摄的,又如何成其现有之义理规模的。而且在牟宗三看来,能够代表中国佛学思想发展顶峰的,就是与中国儒、道思想进行了充分的融合与斗争,却又充分地保持了其纯粹的佛教义理的天台、华严、禅宗三家。

基于此,牟宗三认为到了近现代,内学院从佛教内部派别的立场出发,攻击唯识之外的各宗的做法是完全不对的,特别是轻视华严诸宗的做法更不可取。他认为:"欧阳竟无先生说藏密、禅、净、天台、华严,绝口不谈;又说自台、贤宗兴,佛法之光益晦。藏密、净土,不谈可以。天台、华严、禅,如何可不谈?"③从这里,可以看出牟宗三对于中国佛教之三宗是极为看重的,认为他们在佛教思想发展史上的意义与价值应该是超过藏密、净土的。此外,他认为吕澂说天台、华严、禅三宗是俗学是宗派分别心作祟,如果这样就不能窥见中国佛教发展的全过程了。

从上所述,可以看出牟宗三对于华严宗在中国佛教哲学发展史上的价值与地位是给予充分肯定的。此外,他从对治康德哲学的学理需要出发,认为华严宗所高扬的"智的直觉"和《起信论》发其端、华严宗接着讲的"一心开二门"的哲学架构,具有重大的意义和作用。正是在这样的基础上,牟宗三在建构自己哲学体系的过程中对华严学的思想内容进行了分疏与

---

① 牟宗三:《佛性与般若》,第498页。
② 吕澂:《中国佛教源流略讲》,第354页。
③ 牟宗三:《佛性与般若》序,第6—7页。

借鉴。

第二节　华严学与牟宗三哲学思想体系的建构与展开

华严宗作为隋唐佛教大兴时建立的三大中国化佛教教派之一，其在佛教思想史上的地位不言而喻，而其地位的确立与其思想之深度是紧密相连的。

华严宗因奉《华严经》为主要经典而得其名，但从思想来源看，其众采相关经论中的思想，"吸收了唯识学、《大乘起信论》《华严经》及中观学思想等"①，再加以自己的创造，最终形成了独具特色的理论体系。华严学说包括法界观、六相圆融、十玄门之义及其判教学说。法界观说明了四法界之各自涵义及其相互关系；六相圆融则以"总、别、同、异、成、坏"六个概念的意义及其互为条件的关系显示了"一乘圆教"之圆融无碍；十玄门则由十个论点来说明何为法界缘起。而华严之判教，与天台之判教一起成为中国佛教判教理论中的双峰，比其他各家之判教都为高。

华严学在形成和成熟的过程中，与中国传统的儒、道思想有一个相互影响、相互融合的过程，基于这种互动，华严学说对后世思想发展产生了巨大影响。在佛教内部，经宗密倡导"禅教一致"的思想后，华严学在禅宗那里被吸收利用，"在禅宗的五家分灯中，对于华严宗理事方法的运用，非常普遍"②。而在佛教之外，应该说华严学对其后的宋明理学也产生了一定的影响。通读理学家们的著作，可以看到理学家们基本上都有一个出入佛老，返归六经的过程，虽说他们之后都有辟佛的倾向或行动，但是佛教思想对其各自思想形成的影响也是循迹可见的。"理学家所接触到的禅，实际上体现为华严禅，他们很可能又通过华严禅，进一步了解各种教门，特别是华严宗的思想，因此，凡是交通禅僧者，大多对华严典籍、华严思想有研究，通过这种接触，而吸取佛教的思想方法。"③

凡此种种，可见华严思想不论是在佛教哲学史还是中国哲学史中，都占有重要的地位。通过研究它，可以对中国佛教之发展脉络、发展特点了解加深，也可以对后世之哲学思想之渊源有更深层次的理解与诠释。

牟宗三看到了华严学的义理和哲学方面的价值，也认识到儒家心性论

---

① 张丽珠：《中国哲学史三十讲》，北京：北京师范大学出版社，2010 年版，第 225 页。
② 董群：《论华严禅在佛学和理学之间的中介作用》，《中国哲学史》2000 年第 2 期。
③ 董群：《论华严禅在佛学和理学之间的中介作用》，《中国哲学史》2000 年第 2 期。

与华严学特别是《起信论》之间存在的内在联系,所以他在对佛学思想进行研究与论述的过程中,在建构其"道德的形上学"的过程中,特别提拔了华严学一脉的哲学精神与意义。虽有特别的超拔之处,但是牟宗三始终认为儒家思想是优于佛道两家的思想体系,牟宗三曾提出儒家教学是太阳教的形态,而佛、道二教则是属于太阴教形态,这三教在冲荡融合中各自发挥着功用。但是,终其极,"儒是正盈,佛老是偏盈。正盈者能独显道德意识以成己成物也。偏盈者只遮显空无以求灭度或求自得也"①。所以,我们说,牟宗三对华严学的疏释与提拔是始终围绕重建中国哲学特别是儒家哲学的目标展开的。

一、牟宗三对华严学的思想梳释

华严学在牟宗三的理论体系中是《起信论》与华严宗二者皆有之的一个完整构成。从《起信论》的"一心开二门"到华严宗的"理事无碍",二者的确有着紧密的理论和逻辑联系。

《起信论》云:"摩诃衍者,总说有二种。云何为二? 一者法,二者义。所言法者,谓众生心。是心则摄一切世间法、出世间法。依于此心显示摩诃衍义。何以故? 是心真如相,即示摩诃衍体故;是心生灭因缘相,能示摩诃衍自体相用故。所言义者,则有三种。云何为三? 一者体大,谓一切法真如平等不增减故;二者相大,谓如来藏具足无量性功德故;三者用大,能生一切世间出世间善因果故,一切诸佛本所乘故,一切菩萨皆乘此法到如来地故。"②这是在向大乘信众解说具有体大、相大、用大的真常心是诸佛之所以为佛,诸菩萨之所以能至如来地,众生之所以能成佛的内在根据。牟宗三在《佛性与般若》中指出由真常心作为内在根据而可成佛的大乘法义是"一乘究竟"的法义。③

何为"一乘究竟"的法义?《起信论》以"一心开二门"的架构作了详细的解释。论云:"显示正义者,依一心法有二种门。云何为二? 一者心真如门,二者心生灭门。是二种门皆各总摄一切法。此义云何? 以是二门不相离故。"④一心是法,二门是法义所在。不过,一心虽开了二门,却不是二门各自含摄各自所对之法,而是任何一门都可以自己的方式"各总摄一切法"。真如门还灭地总摄一切法,生灭门的方式则是流转的方式。需要注

①　牟宗三:《现象与物自身》,台北:学生书局,1990年版,第455页。
②　[印]马鸣造,[南北朝]真谛译:《大乘起信论》,《大藏经》第32册,第575页。
③　详见牟宗三:《佛性与般若》,第454页。
④　[印]马鸣造,[南北朝]真谛译:《大乘起信论》,《大藏经》第32册,第576页。

意的是，心真如门还灭和总摄均是由生灭门之流转而起现的一切法。心真如不是离开心生灭还能单独存在的真如境界。所以，分别来说，有二门；圆融地说，二门不相离。

由此可见，"一心开二门"的理论模式里真如门与生灭门彼此无碍地存在着，"心真如者即是一法界底大总相而且同时亦即是一切法门之体"①，真如心与世间万千境界并无隔膜，真如能生起万法，而万法体现的就是众生的真如之心，这就是圆融之一体。

华严宗很好地发展了《起信论》之思想，该宗庞大的思想体系之建立，其中《起信论》的影响不可忽视。在《起信论》中，"事与理的这两个方面的关系都讲到了，因而最能说明'理事圆融'的道理"②，华严宗人即从这里获取养分，阐述了"理事无碍"的思想。

华严宗讲四法界，即"事法界""理法界""理事无碍法界""事事无碍法界"，其中的理事无碍法界即阐发理事无碍之思想。"理事无碍法界，具性、分义，性、分无碍故"③，理事无碍法界中涵容着具足本体的理之世界和遍照现象万有的事之世界，理事的关系是"相遍、相成、相害、相即、相非"④的，宗密认为从理看，理事不一不异，理虽广大恒在体性自足，但是理的体性都体现在事中，事征显理，事的本性是恒在之理。所以，理、事是无碍圆融的。"理就是事，因而无边理性能存在于一事之中，而理体非为小……事就是理，因而一事的本性也没有相对性局限，所以能普遍地存在于理而又不为大。"⑤华严宗的"理事无碍"说，将本体与现象、理与事很好地进行了安排与解说，达到了"理事不二，圆融一体，动静通达，即理即事"的境界。不论是"一心开二门"，还是"理事无碍"都将本体与现象在分说的基础上圆融地合为一体，也就是往上收于真如本体。

由以上之界说可以看出，牟宗三将《起信论》与华严宗思想合而论之是符合两者间的义理联系的。所以本书中谈到牟宗三对华严学的梳释，必然是涵摄着这两方面来进行的。

---

① 牟宗三：《佛性与般若》，第457页。
② 吕澂：《中国佛学源流略讲》，第200页。
③ 这是华严四祖澄观总结四法界时对理事无碍法界的论述，转引自宗密《注华严法界观门》，《大正藏》第45册，第684页。
④ 理事相遍观、理事相成观、理事相害观、理事相即观、理事相非观，是华严五祖宗密对于理事无碍的解说。
⑤ 董群：《融合的佛教——圭峰宗密的佛学思想研究》，北京：宗教文化出版社，2000年版，第284—285页。

(一)对华严学义理的解读

华严思想虽以《华严经》开宗明义,但其思想渊源绝不限于华严一经,而是对可以利用的经典都进行了注疏与发挥,经过融会和重塑,从而构成了自己的思想体系,其中,最主要的就有《大乘起信论》。

1. 对《起信论》的义理解读

佛教典籍浩如烟海,在众多的典籍中,《起信论》与中国佛学,与中国传统文化的关系极为密切,同时也是一部受到关注较多、争议很大的经典。

《起信论》相传为古印度马鸣菩萨造,现有两种译本,一为南朝梁真谛译的一卷本,一为唐代实叉难陀译的二卷本,其中以真谛译本(也称"梁译本")最为流行。与一般佛典分为序分、正宗分、流通分三部分的结构略有不同,《起信论》分为五部分,即因缘分、立义分、解释分、修行信心分和劝修利益分。在论中,作者仔细地叙说了撰论的原因,详尽地说解了大乘佛法的要义并进行了细微分析,并向信众耐心地论述了如何起信、如何修行,指明了成佛途径,最后还讲述了信仰并虔诚地修持大乘佛法所能获得的利益和功德。造论者希望通过该论能让大乘佛法宏大广传。

《起信论》以"真如缘起"说为理论基础,构建起"一心""二门""三大""四信""五行"的思想体系。"真如缘起"意指一切事物皆由真如因缘派生而来,而为了说明真如缘起而架构起来的"一心开二门"的理论模式最为重要也最为后世所看重。

对于《起信论》的哲学意义,牟宗三认为其中最重要的是"一心开二门"的架构和"本觉"思想。"一心开二门"是《起信论》要阐述的根本思想。"显示正义者,依一心法有二种门。云何为二?一者心真如门,二者心生灭门。是二种门皆各总摄一切法。此义云何?以是二门不相离故。"①一心即是"如来藏自性清净心",也即"众生心",别名"如来藏",是众生本来就具有的清静心,它通过"心真如门"与"心生灭门"相互制约而又相互联系的作用,总摄一切世间法和出世间法。"一心"具有三大意义,一曰"体大",即体性大;二曰"相大",指真如本体具足无量功德相;三曰"用大",指真如本体能生"一切世间出世间善因果故,一切诸佛本所乘故,一切菩萨皆乘此法到如来地故"②。围绕"一心""二门""三大"为脉络的大乘佛法之要义,造论者对"真如""阿赖耶识""真如""无明""熏习"等核心概念进行了深入阐释,进而展开了关于大乘佛法信仰的系统论述,认为信

---

① 〔印〕马鸣造,〔南北朝〕真谛译:《大乘起信论》,《大藏经》第32册,576页。
② 〔印〕马鸣造,〔南北朝〕真谛译:《大乘起信论》,《大藏经》第32册,575页。

仰大乘佛法分为四个方面，首先要信仰根本真如，在此基础上要信仰三宝（即佛、法、僧），有了这四种信心就有了成就佛果的根本保障。当然，仅仅是这样还不够，必须进一步地修行布施、持戒、忍辱、精进、止观五种德行。只有如此，才能最终解脱，成就佛果。

牟宗三认为，一心虽开二门，但是任何一门都可以"各总摄一切法"，只是方式不同而已。真如门以还灭的方式总摄一切法，生灭门以流转的方式起现一切法，而心真如门还灭和总摄的又均是由生灭门之流转而起现的一切法。由此可见，心真如的真如境界是不能离开心生灭单独存在的。

《起信论》所讲的"一心开二门"是以存有论的形式来具足一切法，牟宗三指明真心是对着心生灭法的空如无性、假名无实说的，只要去除生灭心中的妄念就能朗现真心。由此可说"心真如者即是一法界底大总相而且同时亦即是一切法门之体"[1]。心真如之真心是一法界大总相法门体，所以其具有空、不空两种义。牟宗三认为《起信论》言心真如空、不空是"依《胜鬘经》空如来藏与不空如来藏而说"，"空不空皆就心真如之真心说"[2]。关于真心，牟宗三还指出"此真心一方既是空，一方又是不空，空与不空融而为一，此即是中道"[3]，但《起信论》所言的真心的中道，只是天台所说的"但中"，因为这一空而又不空的真心所对应的一切法，只是随缘起现的一切法，并不性具一切法。

关于心生灭门，牟宗三说："'心生灭'是凭依此真心忽然不觉而起念，念即是生灭心。此生灭心即叫做阿赖耶识。"[4]这阿赖耶识凭依真心而起，所以"不生不灭与生灭和合"。不生不灭是它的超越真性，生灭则是其内在现实性。阿赖耶识凭依如来藏而起，起而直接缘起生死流转，所以，牟宗三认为"如来藏缘起"是"阿赖耶缘起"的方便说法，如来藏缘起生死流转是间接的，是经过曲折和跌宕的，这跌宕就是无明的插入。阿赖耶识是生死流转的直接生因，如来藏只是生死流转的凭依因。为了更明晰地解释对于生死流转而言的直接生因和凭依因，牟宗三做了"吹皱一池春水"的形象比喻，将无明比作风，由无明而起现的生死流转即是波浪，风起波浪起，风灭波浪灭，因为风和波浪都是无根的。一念昏沉，无明风动，起现生死流转，如来藏不染而染；但是，真常心本是自性清净的，所以说如来藏又是染

---

①　牟宗三：《佛性与般若》，第457页。
②　牟宗三：《佛性与般若》，第459页。
③　牟宗三：《佛性与般若》，第459页。
④　牟宗三：《佛性与般若》，第460页。

而不染的,"不染而染有生死,染而不染有还灭"①。

如来藏自性清净心为何会一念昏沉而无明风动,又如何从一念昏沉中体认其清净本性呢?《起信论》谈到了觉与不觉的问题。牟宗三认为:"所言觉或本觉是相应心真如之真心法体亦即阿赖耶之超越解性而说。所言不觉是相应阿赖耶和合识之现实迷染性而说。"②《起信论》的"本觉"论既是容易引起争议的思想内容,也是其最具中国佛教特色的创新点。近代中国佛教学者吕澂就对"本觉"学说十分关注,并认为中印两国佛学的区分之一显现在"本寂"与"本觉"二者的不同上。

"本觉"即是众生心的清净自性,它远离无明妄念,是众生之所以能最终成佛的智慧保证。本觉思想作为《起信论》基本思想,向众生阐述了本觉与成佛的关系③。这一理论建立的基础是关于宇宙万法的本体论和本原论,所以具有十分丰富的哲学意义。《起信论》的"本觉"思想不同于印度佛学中将心性二分、强调要离染才能转依的"本寂"思想,"本觉"用觉即不觉、不觉即觉这一不二的思维方式调和与消解了世间与出世间的差别,更加符合中国哲学的精神旨趣。

如何能够从不觉到本觉呢? 这就需要谈到熏习的问题了。牟宗三说,按照《起信论》的说法,要达到觉,必须由外缘和内力共同发力才可完成,其中内力才是主因,这就是"真如熏习"。《起信论》中的"真如"是真心,本身就具有一种强烈的活动力。所以在《起信论》中,"真如"不仅可以被无明熏习,从而不染而染;也可熏习无明使自身染而不染。因此,"唯识家斥'真如熏习'为不通,此由于不知双方所说真如意义不同故也"④。因为《起信论》的真如真心有能动力和内熏力,所以,牟宗三说这"无异于承认成佛有一先天的超越根据,成佛有必然性"⑤。成佛的内因是"真如自体相熏习",外因是"真如用熏习",此二者共同作用,众生得以由本觉而成佛。不过,在此处,牟宗三用他的儒学之慧识,提出《起信论》中"真如自体相熏习"不太能切合"内因"之义,因为论中对此一熏习的说法易于转为外缘的用熏习。那么该如何说呢? 牟宗三认为应该像儒家学说中孟子说舜在深

---

①　牟宗三:《佛性与般若》,第461页。

②　牟宗三:《佛性与般若》,第462页。

③　本觉与成佛之间的关系,实际上是突出了自体智慧在众生修行、证悟成佛中的重要性,因为众生要觉悟佛性,必须经由不觉到本觉,正是本觉的保证,使得众生于妄念无明中返归到真如本体。

④　牟宗三:《佛性与般若》,第463页。

⑤　牟宗三:《佛性与般若》,第463页。

山闻善言，见善行，沛然莫之能御那样，突出众生本有如来藏自性清净心，这一自性清净心随时在跃动，即使是众生身在重迷时，此心也是活泼地在跃动着，因此，一遇外缘，便一触即发。要突出自性清净心的内在动力，这样才能突出并切合其内因之义。

牟宗三对于"一心开二门"的思维架构极为重视，真如门通本体界，生灭门通现实界，最终同归于众生心这一根本范畴。"一心二门"中的众生心既有指向本体的绝对超越性，又涵含着宇宙万物和世间境界。由众生心开出的真如门和生灭门是一心的一体两用。这样的思维模式是体用不二精神的具体体现，也是《起信论》与中国传统文化交涉的结果。牟宗三认为这是可以对治康德哲学的思想武器。对于康德没有给予人以"智的直觉"，牟宗三觉得"如果吾人不承认人类这有限的存在可有智的直觉，则依康德所说的这种直觉之意义与作用，不但全部中国哲学不可能，即康德本人所讲的全部道德哲学亦会成空话。这非吾人之所能安"①。因此，牟宗三按照"一心开二门"的模式来解决在康德哲学中存在的问题，他首先按照《起信论》肯定人人具有"如来藏自性清净心"的原则，肯认人本有自由无限心，由此确立"智的直觉"。并且由自由无限心打通本体与现象两层，开出本体界和现象界，将康德的现象与物自身归于一体之两面。牟宗三认为他由此解决了在康德哲学体系中由于否认人具有"智的直觉"而导致的只开出感触界的生灭门，而未能朗现智思界的真如门的病症，并最终在对治康德哲学的过程中也完成了自身"两层存有论"的"道德形上学"哲学体系的建构。

2. 对华严宗的义理解读

牟宗三对于《起信论》的重视，使得他对于以《起信论》为义理支持点的华严宗也格外关注，并对华严宗自身的学理内容及价值进行了阐述，令华严宗的展开脉络得以清晰地展示在我们面前。

华严思想最初以华严典籍为载体，在印度发源，是大乘佛教的重要思潮之一，而后顺着西域进入中土。在华严的经论中，以《华严经·十地品》和由世亲所作专门解说此经文的《十地经论》最为受人关注。到了北魏时，《十地经论》因为其义学特征，借由北魏孝文帝的倡导和鼓励佛教义学的发展而得到了广泛传播，并由此形成了所谓"地论师"。在"地论师"中，有一部分僧人特别地看重《地论》及《华严经》，经过他们的弘法，推动了华严学说的发展。其中，以慧光为代表人物。应该说，正是由于地论师的研

---

① 牟宗三：《智的直觉与中国哲学》序，台北：商务印书馆，1993 年版，第 2 页。

究，"域外传入的华严经学和论学实现了理论形态的转变，为华严宗学说的形成奠定了基础"①。对于此一关节，牟宗三有明晰地表述，他说"华严宗原由地论师慧光系传来，原与地论摄论宗有关，原是继承初期真谛唯识学而展开"②。这说明他不仅看到地论师在华严宗形成中的作用，而且还看到华严与唯识之间有着密切的关系。

牟宗三指出"华严宗之如来藏系统是由唯识宗向超越方面进一步而转出"③，"经过前后期唯识学底发展，发展至此乃是一最后的形态。阿赖耶缘起是经验的分解或心理学意义的分解，如来藏缘起是超越的分解。顺分解之路前进，至华严宗而极，无可再进者"④。此即点明，华严宗是随顺唯识学的分解理路，经如来藏之超越分解发展而来，认为华严宗是《起信论》之如来藏缘起一系顺分解的路子而可达到的极致义理层次。

在梳理了华严宗的义理发展脉络后，牟宗三对华严宗的"海印三昧"和"法界缘起"进行了认真的考察。

"海印三昧"是佛借以示现佛国最高理想境界的状态。慧远在《大乘义章》卷一中说："《华严》《法华》《无量义》等，三昧为宗。"华严宗利用"海印三昧"说来描述佛的觉悟境界和最高禅定境界，同时又有所发挥。华严初祖杜顺总结佛教"空"之理论发展时，在《华严五教止观》中首次借"海印三昧"而提出了"华严三昧"理论，认为在空性不可分割、互融互入时，即可进入事事无碍的境界，从而也使得现象间的差别被消除。在此一境界中，世间的万事万物都被海水所印现，而被海水所印现的每一个事物同时也印现其他的所有事物。华严学者认为"海印三昧"是佛说华严时所入之三昧。在他们看来，"当佛入海印三昧时……犹如深渊大海，湛然映现一切景象一般，一切法都相即相入，相摄相容，圆融无碍。如此在海印定时客体化出现象世界、宇宙整体，是毗卢遮那佛的境界"⑤，而此一境界"是宇宙的真实本相、真实本质，是对无限差别的宇宙全部现象的最圆满、最究竟的映现"⑥。

应该说，"海印三昧"说是华严宗事事无碍说的基础，如果没有证立此一境界，那么四法界说最终无法找到圆融无碍的理论依据和境界支持。

①　魏道儒：《中国华严宗通史》，第64页。
②　牟宗三：《心体与性体》（上册），第541页。
③　牟宗三：《心体与性体》（上册），第543页。
④　牟宗三：《佛性与般若》，第483页。
⑤　方立天：《华严宗的现象圆融论》，《文史哲》1998年第5期。
⑥　方立天：《华严宗的现象圆融论》，《文史哲》1998年第5期。

　　牟宗三在研究华严学说的过程中，当然也注意到"海印三昧"说的重要性。他在论述华严经之大旨时，首先就对"海印三昧"进行了概念的界定，说这是佛说华严所依之定。为什么称"海"，是标明光大之义，同时也是因为海水清净能显现一切现象。"海印三昧"能证现果海的广大无边，所以"海印三昧"中"一切皆可以海说，世界海，众生海，诸佛海，法界海，众生业海，众生根欲海，诸佛法轮海，三世海，一切如来愿力海，一切如来神变海"①，牟宗三进一步指出"此华藏世界海乃至种种其他海可说等同于一全法界，此法界乃极高极圆者"②。正因如此，"海印三昧"也即是毗卢遮那佛之三昧，此三昧中的法界也就等于是此三昧中的法身，从佛而言是法身，从法而言是法界。也正因为此华藏世界海是最高最圆的法界，所以"一微尘中含无量，无量入于一尘中"，总之，这就是华严宗始终标举的圆满无尽、圆融无碍的境界。牟宗三依此，认为这一学说与"缘起性空""毗卢遮那佛法身"一起成为"展示法界缘起之相而为一圆满无尽圆融无碍的系统之前题"③。

　　"法界缘起"是华严宗的核心义理学说，该宗认为"《华严经》的'法界'范畴与《起信论》的'众生心'具有同等的涵义"④，也就是说，"法界"即是由"众生心"而生出的世间一切万物的本体和总相。华严宗，将"法界"分为"理""事"两个层次，至四祖澄观进一步将法界分为四类，即事法界、理法界、理事无碍法界、事事无碍法界。"缘起"是佛教的基本理论，指依一定的条件生起，凭互相依赖的关系而成立。法界缘起，由杜顺在《华严五教止观》中首先提出，其作为华严宗的根本教义，即是圆融法界的无尽缘起。就是说一真法界显现为宇宙万法，而万法又是凭依一心而起现，一即一切，一切即一，万法相入相容，缘起无尽，从而达致事事圆融、重重交参。这里实际上包含两层意思：其一，世间和出世间的一切现象，皆由真如心而起；其二，在真如心的作用下，各种现象圆融无碍。牟宗三指出华严宗正面地阐释法界缘起，是以此为前提，来说明一法融摄多法，万法可相即相入的义理。那么，对华严宗之核心理念，牟宗三从以下几个方面来解读。

　　（1）缘起因门六义

　　缘起法中，就因门说有六义，即刹那义、果俱有、待众缘、性决定、引自

---

① 牟宗三：《佛性与般若》，第486页。
② 牟宗三：《佛性与般若》，第487页。
③ 牟宗三：《佛性与般若》，第556页。
④ 潘桂明：《汉魏两晋南北朝卷》（下），《中国佛教思想史稿》第一卷，南京：江苏人民出版社，2009年版，第523页。

果、恒随转,这六义来源于《摄大乘论》,是就着其中的种子六义之说而对应提出的。此因门六义,是用来说明缘起法的相状。而在法藏看来,因门六义指的是一切缘起法所具有的六种存在状态,即空有二义、有力无力二义、待缘不待缘二义。而此六义组合后有六种可能,即空、有力、不待缘,空、有力、待缘,空、无力、待缘,有、有力、不待缘,有、有力、待缘,有、无力、待缘。而这些组合,在牟宗三看来,就是"缘起性空"的辗转引申。

(2)即、入、摄,以及一中多、多中一,一即多、多即一

在牟宗三看来,因门六义中的待缘也可以叫作"相由",是异体。不待缘可叫作"不相由",是同体。异体,是就缘起万法的相对而言,同体是就同一事体收敛地来说。也就是说,缘起的万法中,每一法都有其独立的存在意义。由此可说一中多、多中一,一即多、多即一。同体与异体的相入相容,又牵涉到法藏所说的"自"和"他"的问题,"自"是任何一个缘起法自身,"他"是其他的缘起法。对于"自"和"他",牟宗三指出"'自'即眼前这一个缘起法,或任何一个缘起法自己。'他'即任一法以外的其他法。他法不必指一个说,亦可指一切说。自他相即是就自他缘起法之自体说"①。

牟宗三接着解释道,同体与异体都可以说一中多、多中一,一即多、多即一,这就是重重无尽、圆融无碍的境界。但是这种说法也只是方便的说法,无非是般若圆融精神的发挥。而圆融和圆满和合才是华严宗所展示的无尽"法界缘起"的真义所在。

(3)十玄缘起无碍法

法,即现象,是在随缘起现随缘修行以致成佛的漫长过程中所显现的种种差别事。法藏将这些不同的现象列为十门,牟宗三在《佛性与般若》中概括为"教义,即摄三乘一乘乃至五乘等一切教义……理事,即摄一切理事……解行,即摄一切解行……因果,即摄一切因果……人法,即摄一切人法……分齐境位,即摄一切分齐境位……师弟法智,即摄一切师弟法智……主伴依正,即摄一切主伴依正……随其根欲示现,即摄一切随其根欲示现……逆顺体用自在等,即摄一切逆顺体用自在等"②。

以上所说之十种法义就是十玄缘起所依止之事。这十事在修行的过程中有所差别,不免窒碍。但在海印三昧中却是无碍无尽的,也依此即成佛法身之法界缘起。而依之前所说的即、入、摄来说,这个法界缘起就是十玄缘起。法藏在《华严一乘教义分齐章》中概括这十玄为十门,即:"一者,

---

① 牟宗三:《智的直觉与中国哲学》,第328页。
② 牟宗三:《佛性与般若》,第526—527页。

同时具足相应门。此上十义,同时相应,成一缘起,无有前后始终等别……二者,一多相容不同门。此上诸义,随一门中,即具摄前因果理事一切法门……三者,诸法相即自在门。此上诸义,一即一切,一切即一,圆融自在,无碍成耳……四者,因陀罗网境界门。此但从喻异前耳。此上诸义体相自在,隐显互现,重重无尽……五者,微细相容安立门。此上诸义于一念中具足始终、同时、别时、前后、逆顺等;一切法门于一念中炳然同时齐头显现,无不明了……六者,秘密隐显俱成门。此上诸义隐覆显了俱时成就也……七者,诸藏纯杂具德门。此上诸义或纯或杂。如前人法等,若以入门取者,即一切皆入,故名为纯。又即此入门,具含理事等一切差别法,故名为杂……八者,十世隔法异成门。此上诸义遍十世中,同时别异具足显现。以时与法不相离故……九者,唯心回转善成门。此上诸义,唯是一如来藏为自性清净心转也。但性起具德,故异三乘耳……十者,托事显法生解门。此上诸义,随托之事以显别法,谓诸理事等一切法门。"

牟宗三从上述之十事、十玄门看出,十玄缘起无碍是就着事事无碍说的。而"事事无碍必以理事无碍为根据。而理事无碍只是缘起性空一义之展转引申"[1]。

(4)六相圆融

法藏在《华严一乘教义分齐章》中写道:"总相者,一含多德故。别相者,多德非一故;别依止总,满彼总故。同相者,多义不相违故,同成一总故。异相者,多义相望,各各异故。成相者,由此诸义,缘起成故。坏相者,诸义各住自法,不移动故。"对于法藏所言之六相,牟宗三指出法藏是想借此六相来阐明"缘起性空"之义。[2] 法藏重视用六相的概念来说明整体中各种现象之间的关系。六相圆融,即是要求人们能够从总、别、同、异、成、坏等方面来看待一切世间法和出世间法,认识到事物都是处于"总别相即""同异相即""成坏相即"的圆融状态。

在六相中,牟宗三认为总相是六相说的总纲领,是在一即一切、一切即一的原则下,说明整体与部分的关系。同时,他也指出这六相都是由缘起来说的,所以没有一个是决定概念,也就是说没有一个是定相。"总"是"总而非总成其总","别"是"别而非别成其别"。因为总和别都是非决定概念,所以十玄缘起之相也是非定相。

---

① 牟宗三:《佛性与般若》,第536页。
② 参见牟宗三:《现象与物自身》,第381页。

（二）对华严学体用义的衡定

1. 对《起信论》体用义的衡定

在《佛教体用义之衡定》一文中，牟宗三由张载的话引发了对佛教体用义的考察，他经过对佛家"空"的意义的一番考量后，认为空与缘生并非体用义。顺着佛教义理的发展，有如来藏真常心系统的出现，牟宗三认为如来藏系统的真如空性与缘生之关系似乎可以说是体用关系，但是"由于其宗义之殊异（仍是佛），其体用义仍不可以无辨也"①，由此便展开了对《起信论》体用义的分析。

牟宗三首先分析了《起信论》之大义，分别从真如心、生灭门、《起信论》之阿赖耶识、觉与本觉、生灭心之因缘、生灭相、染净熏习等问题做了疏释，进而认为"由始觉即同本觉，而言觉体有智净相及不思议业相，并言觉体相有四种广大义，随而言真如熏习不断，真如自体相不断，以及三身，迤逦说来，皆表示如来藏心真如体有一种体用义"②。对于《起信论》中的体用义，牟宗三归纳为七个方面：一、法身由智净相显现，具足称性功德，这是心真如体内在的体用整一；二、"依智净能作一切胜妙境界"的不思议业相，这是心真如体对众生的体用，这是一种外在的体用，可以称作关联的体用；三、"因熏习镜"也即真如熏习，对无明有一内在熏习体用；四、缘熏习镜对众生有一外在的熏习体用；五、真如体恒常作用，真如熏习不断，这是使不觉者能渐次向觉的体用；六、真如自体相不断，即是法身常住之体用；七、真如用无断，应报身不断，法身是体，而应、报身为用之体用。

以上七种体用，牟宗三经过分析，认为其实只是两种体用的表现，这两种体用为：真如熏习体用和三身体用。而即便是这两种体用，严格来说，也只有三身体用是究竟体用义，是体用的恰当意义。为什么如此说？因为这七种体用中，第一种将法身自身定为体用，但法身自身并不能以体用而言，这只是一种性相合一；其他的几种体用，最终落脚点都是讲还灭之后法身显现从而具有应报身之用，所以"正面的真正的体用即在三身处，即法身与应报身的关系处：法身为体，应报身为用"③。

既然《起信论》中真正的体用在法身之示现为应身与报身上，那么这样的体用是何种意义的体用呢？

所谓应身，或曰化身，也可综而称之为应化身，是佛随顺众生机感而应

---

① 牟宗三：《心体与性体》（上册），第498页。
② 牟宗三：《心体与性体》（上册），第515页。
③ 牟宗三：《心体与性体》（上册），第520页。

化示现的。因为众生的机感是有缘而生，所以佛的应化也是有缘的，而这有缘而生起的具有差别分齐的色、境、界等相，是依于众生的分别事识而见现的，也就是说这些都只是业识的起现，所以实际上不能以自体自相来言说。而所谓报身，也称为佛的自受用身，这是菩萨依于业识或说转识所示现的，这是从分别事识进入到业识，已不同于并高于凡夫二乘所能见的应化身，但是终究仍在识念之中，仍然不能终究达至佛之如来法身的"如如无相"。由此可见，不管是对凡夫二乘而言的应化身，还是菩萨所见之报身，终究都是可离可灭的依识而示现的幻相。"离业识，则当下即寂，无相可见。分解地称理而谈，用既幻，则用亦可息。消用入体，则无用可说。是则体用不离亦可离"①。为什么《起信论》的体用义最终成了可离可灭之体用呢？源于佛教的主纲为"流转还灭"，万相生灭流转均是依识而示现，所以化识还心后，则前所示现的全部境界都归于还灭了。还灭而无相，则自然也无识了。所以，《起信论》的体用不是相资相待的体用，而是佛教"缘起性空，流转还灭，染净对翻，生灭不生灭对翻"②纲领下没有立体直贯的体用义。

到这里，《起信论》的体用义经过牟宗三的分析，失去了相资相待的意义，因而不符合牟宗三对于体用义的认识。可牟宗三随即又从《起信论》中找出一段似乎透显出一相资相待的体用义的话。

论云："问曰：若诸佛法身离于色相者，云何能现色相？答曰：即此法身是色体故能现于色，所谓从本已来色心不二。以色性即智故，色体无形，说名智身。以智性即色故，说名法身遍一切处。所现之身无有分齐，随心能示十方世界，无量菩萨，无量报身，无量庄严，各各差别，皆无分齐，而不相妨。此非心识分别能知，以真如自在用义故。"③

牟先生认为这段经论中"色心不二"的"真如自在用义"包含有体用义，因而牟先生又进入到这一体用义的分析。他认为《起信论》中的这段论述，是用"'从本已来色心不二'一存有论的陈述为'法身离相而又能现相'之圆融地说奠定一客观的基础"④。在这一系统中，色相是二乘菩萨凭依着业识而见的，可又不仅仅如此而见，因为法身色相除了依识而现，还是佛法身的自然示现，是真如的自在用。由于当体即真如，于是，法身与应报身不分了，虽离色相又能示现色相，虽缘起又不缘起，虽生灭又不生灭。牟

----

①　牟宗三：《心体与性体》（上册），第524页。
②　参见牟宗三：《心体与性体》（上册），第524页。
③　［印］马鸣造，［南北朝］真谛译：《大乘起信论》，《大藏经》第32册，第579页。
④　牟宗三：《心体与性体》（上册），第526页。

宗三认为这一体用是"佛教灭度教义下特别形态之体用"①,是圆融地说的体用义。

2. 对华严宗体用义的衡定

对于华严宗体用的衡定,牟宗三是随顺着整个佛家体用的论说和对以《起信论》为代表的如来藏真心一系的体用义之评判而进行和展开的。牟宗三站在儒学立场提出佛家由"空"来说的体用义比道家体用义特别,但却是不相资不相待的,是远离圣人三极大中之道的。

牟宗三认为《起信论》和华严宗所代表的如来藏之系统,是想通过佛性观念来说明成佛的超越根据,这一系统讲如来藏自性清净心的目的是要将这一超越的真心作为一切染净法的根据,这就是所谓如来藏缘起法。如来藏缘起法是就佛果而溯佛因,在其系统中,不但肯定佛教同认的自性涅槃,而且肯定自性清净心,换言之,他们不仅以真如空性所含摄的空理为佛性,而且以超越真心为佛性。这一超越佛性不仅是心理不二,还是色心不二,所以看起来,这一系统是可以说体用的,此系的体用是佛性真心为体,由佛性真心而生起的一切法为用。除此,牟宗三还说道,在《起信论》和华严宗所代表的如来藏真心系统中,似乎不仅可以说体用,甚至可以在某契机上说万象为真如清净心中所见之物。但是这个系统的体用义的真实意义到底怎么样呢?

牟宗三指出华严宗法藏用"分相门、依持门、融摄门、性德门、定义门、染净门、因果门、通局门、分齐门、建立门"十门来分别论说性起义,最后又从佛果来谈性起,认为一切皆摄于圆教性起之果法之中,性起即是体用。而法藏所言的"既行依理起,则行虚性实。虚尽实现,起唯性起,乃至果用唯是真性之用也",就是说还灭后法身显现而有应报身之用,这就是一种正面的体用义,即说法身为体,应报身为用。但是牟宗三接着指出法身自身不能算体用,因为法身不仅是真如空性之理,还是清净心,这种如来法身之自体相,是不可说体用的,所以牟宗三认为能说体用的只是法身所示现的应身与报身。进一步,牟宗三指出应身也即化身,是随众生之机感而应化出来的,这些应化出来的应身只是业识的起现,并没有自体自相可言。同时,报身是菩萨依于业识所见的,并不能到达佛如来法身之如如无相。所以,应身和报身之用只是幻相而已,是可离可灭的。由此,看出如来藏既非生灭法之体,生灭法也非如来藏之用,两者是不相资不相待的,所以这种体用是"缘起性空,流转还灭,染净对翻,生灭不生灭对翻"纲领下的体用不离而可离的体用义。如此，法藏提出了"不变随缘，随缘不变"之说。但是这种说法仍是顺众生无始已来而实然地说，既然是实然地说，所以我们不能说如来藏心是体，随缘流转是用，所以此体用仍是"缘起性空，流转还灭，染净对翻，生灭不生灭对翻"下的静态的虚系无碍之体用，是"物与虚不相资，形性天人不相待"的体用，实际上是非体用，因为如来真心之与奇诡缘起绝不是体用关系。

通过对华严学体用的衡定，牟宗三谈道，要想在佛教之虚系无碍的体用中进一步转出实理实事的性体因果的体用，在这看似圆融无碍的相资相待实则并不相资相待的体用中转出存有论意义的实体创生而贯通为一的实际意义上的相资相待，就必须要正视真实心的自律、自给的普遍法则，并以此来指导我们的行为。如此这般之后，真实心就将以道德的自律、内在德性之心性来规定了。这样，佛教的体用就转化为儒家式的切合于真实人生的体用了。所以，牟宗三衡定佛教体用义实际上是一种儒佛分判的需要，其最后归趣还是要回到儒家之体用义上。

二、牟宗三对华严学的本体诠释

牟宗三对华严学的本体诠释主要体现在他对华严学义理体系中最为重视和最为精深的"一心开二门"的理论架构进行了全面的诠释与超拔，认为此一架构由肯认人能具有"智的直觉"，可以将康德所言的现象界和物自身界导通，从而可以证立"无执的存有论"与"执的存有论"。在此基础上，牟宗三在对治康德哲学的过程中建构完成了"两层存有论"的"道德的形上学"体系。

（一）从华严说"智的直觉"的全体大用

《起信论》之"一心开二门"，确立了如来藏自性清净心作为超越性的存在之本体地位，肯定真常心是一切法的依止，不论是生死流转法还是清净无漏法都依止于超越真心而显发。由超越之真常心可以间接开出生灭门，直接开出真如门。凭依着超越真心即体即用的特性，《起信论》中之生灭门与真如门可顺利开出。反观康德哲学，由于康德虽然看到了"智的直觉"的重要性，但最终还是把"智的直觉"归属于上帝，不承认人有"智的直觉"，所以，他在谈到行动时，只能不由自主地从智思界滑向现象界，将行动限于感触界。由是，康德只能开出感触界的生灭门，却开不出智思界的清净门。所以，牟宗三说康德哲学本可以达到"一心开二门"，但最后由于康德拒绝承认人有"智的直觉"，人就只能是有限存在，而人的无限性及其对应之本体界只可处于悬空状态，所以只是"一心开一门"。由此推之，康德哲学中的人也不可能认识物自身,从而导致现象与物自身决然分离,现象界和本体界隔离不通,那么对于人类的行动而言,自由只能永远是一个设准,无条件的道德法也就永远只能是悬空之理想,从而,康德就不可能最终解决人如何会有道德的自由意志的问题。于是,康德"讲了一大套的道德理论,而真正的道德却落空了"①。所以,牟宗三认为康德把"智的直觉"归属于上帝,是只成就了"道德的神学"(或称为"道德底形上学"),而不能成就"道德的形上学"。

如何解决康德哲学中的问题,以成就康德的"道德的形上学"? 牟宗三在儒学道德理想主义立场的指导下,借取了《起信论》"一心开二门"的思维模型,肯认绝对遍在而又不离于现象的"一心"的存在,由一心之发用而确立人具有"智的直觉",为人之何以有道德的自由意志提供本体论的根据。牟宗三认为,对于康德所讲的智思体,其缺陷在于不肯认"智的直觉"的存在。康德只赋予了人以感性直觉,所以在谈到人类道德的时候,人类实际上是没有决定的自动性的。所以,"对于这智思体,若想如其为一智思体之'在其自己'而具体地朗现之,则须靠一智的直觉始可能"②。牟宗三对治康德哲学的首要任务即证立"智的直觉"是人本身就具有的。依牟宗三之见,中国传统哲学之儒释道三家均肯定人有智的直觉,即是说儒释道均肯认人本具自由无限心,只是名称不同,儒家称为"良知明觉",佛家名曰"如来藏自性清净心",而在道家即为道心。"智的直觉"是人所本有的,因为自由无限心之发用便是智的直觉。又由于具有了"智的直觉",人这一有限存在便可认识智思界,由此人便可由有限而至无限了。

而在论述"智的直觉"如何体现其全体大用的过程中,牟宗三恰恰选取了华严宗的真心系统来进行具体阐发。正如他自己所言,"智的直觉之全体大用在华严宗展示'法界缘起'上全部彰显"③。

法藏在《华严一乘教义分齐章》中讲到"十玄缘起无碍法门义"时有云:

> 夫法界缘起乃自在无穷。今以要门略摄为二:一者明究竟果证义,即十佛自境界也。二者随缘约因辨教义,即普贤境界也。
>
> 初义者,圆融自在,一即一切,一切即一,不可说其相状尔。如《华

---

① 牟宗三:《中国哲学十九讲》,第286页。
② 牟宗三:《智的直觉与中国哲学》,第207页。
③ 牟宗三:《智的直觉与中国哲学》,第445页。

严经》中，究竟果分国土海及十佛自体融义等者即其事也。不论因陀罗及微细等，此当不可说义。何以故？不与教相应故。《地论》云："因分可说，果分不可说"，即其事也。①

牟宗三在解此段文时认为，首先，"不与教相应"，只能去证其相应，这个"证"是一种体证，这里的证现实际就是有无穷尽内容的佛心的全部朗现，也即是《起信论》中所讲到的"一法界大总相法门体"。牟宗三指出这种体证是证到和证现的统一，即证到了就是证现了，不仅仅是思维中的逻辑证到，而且是断尽无明后的如来藏性的全部朗现。再进一步，牟宗三说这种"证"如果用康德的话语来说，就是"智的直觉"，也只能用"智的直觉"来说明。

其次，法藏在言说缘起法中可说之"因分"时，从以喻略示和约法广辨两方面来进行。在喻示方面，法藏就缘起法的相由不相由来言说缘起法的相即相入以及"一中多，多中一""一即多，多即一"，牟宗三认为这都是"原则上综持地说"，实际上就是华严宗所说的"一即一切，一摄一切"，这是在解说"一乘缘起无尽陀罗尼法"，"然须知此所凭藉以综说的概念皆非决定概念，故其所表示之关系亦非决定关系。此非决定关系所表示的相状亦非定相定状，此即相而无相，状而无状。此非定相定状之'缘起无尽陀罗尼法'结果只是智的直觉所相应之境"②。在约法广辨方面，牟宗三认为法藏是从教义、理事、解行、因果、人法等十义来解释所谓十玄的，由此也就是从十玄门中来解悟"缘起无尽陀罗尼法"的相状。而法藏就约法广辨方面来说的十玄和喻示所说的缘起法一样，也是用的相而无相、状而无状的方式，因为华严所说之法都是非决定义的，所以不能用绝对的语言来诠表。缘起法的这种特征只能是用"智的直觉"相应来解才能了悟其中的真谛。

最后，牟宗三认为最能示现这种"智的直觉"之非决定关系者是在华严宗所说的"六相圆融"。但在牟宗三看来，这六相都是诡谲之语，这六相是即而不即，来回相遮的辩说，这里要说的意思只能在一种不可思议的如相中来完成，而这也是只能由"智的直觉"来相应的。在华严学说中，六相圆融是由说缘起法而来，一切皆缘起，而缘起中的一缘又代表的是全缘，绝不仅仅一个缘，一缘即、摄、入一切缘为一缘。所以一缘成则全缘成，也就

---

① 〔唐〕法藏：《华严一乘教义分齐章》，《大藏经》第 45 册，第 503 页。
② 牟宗三：《智的直觉与中国哲学》，第 434 页。

是说"一成一切成,一坏一切坏"。牟宗三认为"是即来回相即来回相遮也"①。法藏总结六相时说:

> 总即一舍,别则诸缘。同即互不相违,异即诸缘各别。成即诸缘办果,坏即各住自法。

牟宗三说法藏诠释出来的六相之真谛是"总而非总成其总,别而非别成其别,同而无同成其同,异而不异成其异,不成而成即是成,成而不成即是坏。总别同异成坏俱是假名权说,非决定概念,亦非决定关系。推之,十玄即相即相入,以及一即多,多即一,等等,俱是假名说,非决定概念,亦非决定关系。故由之以示'一乘缘起陀罗尼法'之相状,实皆最后只是一如相,此唯有'智的直觉'相应。收于'究竟果证',便是不可说。不可说唯有智的直觉相应"②。

对于法藏随顺如来藏之真常心系统来讲缘起法,牟宗三认为法藏为了展示缘起法的相状,所以说了很多"奇诡的辞语",希望借着这种诡辞来朗现这种玄妙的理境。正是法藏的这种诠释显出了智的直觉的本性与作用,也就是只有智的直觉可能,华严宗讲的法界缘起才有可能,华严宗的教法方能成立。

正是在梳理法藏诠释华严教义的过程中,牟宗三得到了启发,即道德的形上学必须像华严宗从超越的真常心出发来讲缘起法而使得缘起法能得以示现一样,首先要肯定智的直觉这一超越义的本心存在,道德才成为可能,才能从本心开显、认识、直觉本体界和现象界,从而开出无执的存有论和执的存有论。所以,牟宗三说:"吾人建立超越的实有,建立基本存有论,由此可得其眉目也。"③

(二)由"一心开二门"到"道德形上学"的建立

牟宗三两层存有论的"道德形上学"的建构是在对治康德哲学的过程中,站在儒家的立场而逐步建立起来的。牟宗三认为康德哲学中本应有两层存有之体系,但因为康德把"智的直觉"归属于上帝,不承认人具有"智的直觉",所以在康德哲学里,人就只能是有限存在,而人的无限性及其对应之本体界只可处于悬空状态;由此推之,康德在谈到行动时,只能不由自

---

① 牟宗三:《智的直觉与中国哲学》,第439页。
② 牟宗三:《智的直觉与中国哲学》,第445页。
③ 牟宗三:《智的直觉与中国哲学》,第446页。

主地从智思界滑向现象界,所谓的行动只能留在也只能实现于感触界。

经过和康德哲学的比较,牟宗三认为《起信论》的"一心开二门"的架构可以打通康德哲学中的感触界与智思界,一心既通达本体界,又下达现象界,"依心生灭门,言执的存有论;依心真如门,言无执的存有论"①,从而建构起一个"执的存有论"与"无执的存有论"均得以完整打开的体系。因此,牟宗三指出"'一心开二门'的义理格局很有意义,可对治西方哲学中许多哲学问题。最直接相关的是康德的 noumena 与 phenomena 的区分,此格局可以消化康德且使之更进一步"②。而康德哲学百尺竿头更进一步的必然生发即是牟宗三的两层存有论的"道德形上学"的证立。

1. 由"一心"之遍在肯认人有"智的直觉"

康德哲学中,由于不承认人有"智的直觉",所以只能开出感触界的生灭门,却开不出智思界的清净门,只能是"一心开一门"。反观"一心开二门"的哲学架构,由于确立了如来藏自性清净心的超越性的本体地位,肯定真常心是一切法的依止,不论是生死流转法还是清净无漏法都依止于超越真心而显发。因此,凭依着超越真心即体即用的特性,生灭门与真如门可顺利开出。由此,牟宗三确立了对治康德哲学的首要任务,必须证立"智的直觉"是人本身就具有的。

牟宗三在儒学道德理想主义立场的指导下,借鉴《起信论》"一心开二门"的思维模型,肯认绝对遍在而又不离于现象的"一心"的存在,由一心之发用而确立人具有"智的直觉",为人之何以有道德的自由意志提供了本体论的根据。依牟宗三之见,中国传统哲学之儒释道三家均肯定人有智的直觉,即是说儒释道均肯认人本具自由无限心,只是名称不同。"智的直觉"是人所本有的,因为自由无限心之发用便是智的直觉。又由于具有了"智的直觉",人这一有限存在便可认识智思界,由此人便可由有限而至无限了。

确立了"智的直觉"之后,牟宗三认为要对治康德哲学,还要由自由无限心证成"本体界的存有论"和"现象界的存有论",也就是他常说的"无执的存有论"与"执的存有论",如此才能成就一个两层存有论的形上学体系,也才能真正成立名副其实的道德的形上学体系。

2. 由心真如门到无执的存有论

《起信论》中讲到的心真如门在牟宗三看来相当于康德所说的智思

---

① 牟宗三:《佛性与般若》,第456页。
② 牟宗三:《中国哲学十九讲》,第263页。

界,也就是物自身界,从此而来的存有论,牟宗三称之为无执的存有论。

《起信论》云:"心真如者,即是一法界大总相法门体。所谓心性不生不灭。一切诸法唯依妄念而有差别,若离心念,则无一切境界之相。是故一切法从本已来,离言说相,离名字相,离心缘相,毕竟平等,无有变异,不可破坏,唯是一心,故名真如。"①心真如门是如来藏自性清净心无执的存有,这一无执的存有是"一法界大总相法门体",是即内在即超越的形上本体。和心真如门一样,儒家学说中的道德心性也是一无执的存有,是一个即内在即超越的形上实体。由这一道德心性即儒家所说之良知本体的自我呈现,便能将人与宇宙万物的有对状态升进到"能所俱泯,主客相融"的境界。在这一境界,良知本体如实呈现,人凭据智的直觉便能使本体界在自由无限心的明觉活动中如实朗现,从而在实践中呈现出康德所说的上帝、灵魂不灭、自由意志、物自身等。由此,这些本体界者就不再是康德所认为的实践理性上的"公设",如此一来,"无执的存有论"依中国传统而得以证立。

那么如何具体对治康德哲学"无执的存有论"悬空的问题呢? 牟宗三从智的直觉入手,改造了康德的"超绝的形上学"。牟宗三认为依康德的说法,"形上学可分为'内在的形上学'(immanent metaphysics)与'超绝的形上学'(transcendent metaphysics)两种"②。所谓内在的形上学指的是康德哲学中的超越的分解,指向先验综合知识;超绝的形上学指向在思辨理性中无从证实的理念,这些理念相对于思辨理性,就是超绝的形上学。③在牟宗三看来,康德哲学中,超绝的形上学发展至最后,只能是"道德的神学",无条件的道德只能在上帝说法处存在,人没有智的直觉,不能呈现无条件的道德。将"一心开二门"与康德哲学互相对照,牟宗三说"《大乘起信论》的'一心开二门'是属于道德的形上学或超绝的形上学的层次。因此,此一架构亦唯有在道德的形上学或超绝的形上学中才有意义,才有贡献"④,这种意义和贡献"当然是针对康德的哲学体系而言"⑤的。为何康德的超绝的形上学发展至最后只能是"道德的神学"或"道德底形上学",而"一心开二门"的是"道德的形上学"呢? 牟宗三再次强调,是因为康德没有肯定自由无限心在人间的存在,否认人具有智的直觉。虽然康德在实

---

① [印]马鸣造,〔南北朝〕真谛译:《大乘起信论》,《大藏经》第 32 册,第 576 页。
② 牟宗三:《中国哲学十九讲》,第 281 页。
③ 详见牟宗三:《中国哲学十九讲》,第 281 页。
④ 牟宗三:《中国哲学十九讲》,第 282 页。
⑤ 牟宗三:《中国哲学十九讲》,第 282 页。

践理性中,将感触界中行动的原因归于智思界,但行动本身却是落于现象界,不能上通智思界。因此,"作为结果的行动本身,只有现象意义,而无物自身的意义"①。牟宗三认为,康德在说到这里时,既然已经将行动的原因归于智思界,就该使行动本身上通清净门,即智思界。这样,就可以解决康德一说到行动,就一下子滑到现象界,而无法开出智思界的清净门的问题。也就是说,既然有现象,就应该有物自身,现象与物自身就如同生灭门与真如门,并没有真正意义上的本体之区别,只是两种不同的呈现而已,是一物之两面。如果能赋予人的行动本身以物自身的意义,则康德的"超绝的形上学"就可以是内在而超越的,是融现象与物自身的意义于一身的,那么,即承认了人有智的直觉。如此,康德的"超绝的形上学"也就相当于牟宗三所说的"超越"的意义,是即超越即存有的,也就能将"无执的存有论"稳定下来。

3. 由心生灭门到执的存有论

心生灭门,相当于康德的现象界,牟宗三认为由此而有执的存有论。在牟宗三看来,执的存有论对应的是知性这一认知主体,实际上,知性就是一种"执",是"识心之执"。执的存有论所涉及的现象即是"由知性之执而执成的,就物之在其自己而绉起或挑起的"②。对于科学认知而言,识心之执是必要的,是具有积极意义的。因为在现实层面,人不可能最终取消自身的有限性,人既是感性而现实的有限存在,就要由"识心之执"也就是"知性主体"来面对现实生活,全面充分地认识人不断在其中活动的现象界,获取科学知识来认识世界的规律和法则,以达到征服自然改造自然的目的,从而使人类生活得更好。这就显出执的存有论对于有限存有的人而言的重要性。

相比于西方传统重视对象性认知,着力于科学知识不同,中国传统的文化统绪中没有安排好科学知识,所以没能开出"执的存有论"。中国传统哲学一开始就从生命层面讲,不仅关怀人的生命本身,而且关怀整个自然的生命,而这生命不仅仅是物质之存有的实然生命,更多的是从德性出发的人之道德心性主体之生命。这是重德,重德的后果就是中国人"从德性上关心生命这个态度根本就是从知识的态度跳出来提高一层,这是属于实践的问题"③。中国人从一开始就不同于西方人,西方人习惯从知识层

---

① 牟宗三:《中国哲学十九讲》,第283页。
② 牟宗三:《现象与物自身》序,第7页
③ 牟宗三:《中国哲学十九讲》,第44页。

面谈问题的,比如同是讨论生命这个问题,西方人总喜欢从生物学的角度发挥,而中国人需要了解的则是"如何使人类的生命实践地顺适调畅"①的问题。进一步地发展,当西方已经成立了一套成熟的科学系统时,中国的文化却始终重视的是成圣、成佛、成真人的问题,客观知识在中国传统中不可能占据最高智慧的宝座,因为即便对客观世界了解得周遍,也对成圣成佛成真人没有真实意义。

不过,虽然我们没有关于客观知识的系统,但是从上面的分析中可见,中国人只是因为不够重视才没有发展出科学一途。"中国古代之文化,分明是注重实用技术的,故传说中之圣王,都是器物的发明者。"②既是如此,牟宗三认为中国传统没有成立执的存有论以安排客观知识,就不是本能的不足,而是超过的不能。那么,如何使中国之文化系统开出执的存有论呢?牟宗三认为只要良知自我坎陷而为知性,即可开显出认知主体,成就科学知识。

4. 从对治康德哲学到"道德形上学"的建立

牟宗三经过对《起信论》的梳理与解释,抉发出其中特具普遍适用性的"一心开二门"这一公共模型,并将这一模型贯通到自己的哲学思考中。康德哲学之对治,是牟宗三将《起信论》的构架与康德体系进行了一种互动或互证,在这一过程中,他由"一心开二门"架构中真常心这一超越本体之确立,和对这"一心"的诠释,检视到康德哲学中缺乏一超越本心,也就是康德所谓"智的直觉"。所以,牟宗三特别注重超越真心的证立,由《起信论》而进至对治康德哲学,从而挺立了自己的两层存有论体系。牟宗三针对康德哲学,提出了要建立两层存有论,并在对治的过程中,详细地阐发了这一涵括在道德意义下的两层存有论,对其中的无执的存有论和执的存有论进行了规定。在这样的过程中,实际上,牟宗三也建构了自己的两层存有论的道德形上学体系。

牟宗三曾经表达过他的一生都是在配合着康德的思考来了解人类理性的问题。而他也正是在思考康德哲学体系的过程中,在结合康德哲学、西方哲学来反思反省中国哲学的过程中,建构了自身的哲学体系。

牟宗三以"一心开二门"之架构对治康德,使我们从两层存有论的意义上检视了康德哲学,不管牟氏的对治是否合理,这都是一种可贵的尝试。

---

① 牟宗三:《中国哲学十九讲》,第44页。

② 唐君毅、牟宗三、徐复观、张君劢:《为中国文化敬告世界人士宣言》,《民主评论》1958年第1期。

而在这种对治中,牟宗三始终以中国哲学之传统来进行,当然在对治中,实际上也涵含着用康德哲学来检视中国传统哲学的面向。这样的理论面向丰富与完善了中国本有之文化,使中国本有之哲学在当今这个中西交流更紧密更频繁的时代,更能显发自己的价值,也能更好地接受西方传统之挑战。这样的对治,实际上,也是牟宗三中西哲学会通的一种尝试和努力,这种会通是在确立中国传统文化之价值所在之后,进行的中西哲学间的平等之会通。所以,我们说,牟宗三对治康德哲学凸显了中国传统文化之意义与价值。

5."一心开二门"与"内圣开出新外王"

自从中国步入近代,随着西方文化涌入中国的汹汹之势,在中国知识分子中"有的人在努力介绍西洋哲学,有的人在竭力提倡中国哲学;有的人来作别的哲学之钻研,有的人在作自己的哲学之创造;有的人要会通古今,有的人要调和中外;有的人主张这种新主义,有的人宣扬那种新学说"①。其时,儒学一尊的地位已经被彻底粉碎,如何接续儒家思想之慧命,就必须先解决本儒家内圣之学如何开出民主与科学之新外王事业的问题。所以,当牟宗三自觉地承担起重建儒家之工作时,"凸显在他的学术视野中的是'外王'层面的问题,亦即如何衡定科学与民主的价值、探寻发展科学与民主的道理以及如何处理科学、民主与传统儒学的关系问题"②。

在牟宗三看来,科学与民主是儒家思想及其所强调的内圣之学到了近代之后所必然要求的。儒家之学说一直讲"内圣外王"之道,只是在之前的传统讲法中,对内圣一面关注过多,过重的理想主义倾向将内圣理解为无所不能的道德修养,总是强调从内圣中能直接开出新外王,而这种方式是根本错误的。而今,儒家最迫切的问题是解决如何从内圣之学中开出新外王(即民主和科学),完成儒学之返本开新的任务。在牟宗三的体系中,"保内圣,开外王"的方法就是将"良知坎陷"说从知识论的论域移植到外王学领域中来。这样的解决方式,用牟宗三的话语来讲就是"曲通"。

牟宗三认为科学和民主即涵盖于西方之"分解的尽理之精神"下,是"理性之架构的表现",要由儒家的内圣之学开出民主和科学,就要从中国的"综合的尽理之精神"转向西方的"分解的尽理之精神","中国文化生命虽是综合的尽理之精神,亦未尝不可再从其本源处,转折一下,开辟出分解

---

① 孙道昇:《现代中国哲学界之解剖》,转引自郭湛波《近五十年中国思想史》,上海:上海古籍出版社,2005年版,第290页。

② 郑家栋:《本体与方法——从熊十力到牟宗三》,沈阳:辽宁大学出版社,1992年版,第205页。

的尽理之精神"①。如何转?牟宗三认为这其中有一个曲折的过程,不能直通,只可曲通,这一曲通之过程就是良知之自我坎陷,也就是说"依他的看法,良知(道德心)必以'坎陷'的方式开出认识心,学会架构式的思维方式,才能开出客观的科学知识与民主制度"②。

　　不管是科学的发展还是民主制度的建立,都出于中国传统文化向来重视道德主体的树立。正是因为中国人要求自身即成一道德主体,沿着此一传统发展,"中国文化中,必当建立一纯理论的科学知识之世界……此事,正为中国文化中之道德精神求其自身之完成与升进所应有之事"③;同样的,"从中国历史文化之重道德主体之树立,即必当发展为政治上之民主制度,乃能使人真树立其道德的主体"④。正因为科学与民主之建立与道德主体树立之间的联系,牟宗三说:"须在道德理性之客观实践一面转出并肯定民主政治,且须知道德理性之能通出去,必于精神主体中转出'知性主体'以成立并肯定科学。"⑤而"良知坎陷说"既能关照良知道德主体,又能坎陷为知性主体而稳住民主与科学。本此"良知坎陷",儒家之内圣之学可经历一曲折而开出科学和民主。

　　牟宗三经由"良知坎陷说"回答并解决了"如何从内圣开出新外王"的问题。而该问题的解决,不管是从理论基础看,还是从解决的方式方法看,都与一心开二门有着紧密的联系。因为,正是在对《起信论》的研究与诠释中,牟宗三借由一心二门的架构了悟了现象界与本体界"不一不异"的关系,全面而充分地建立了两层存有论,并由此定位了中西文化,肯认了中国文化中对于执的存有论,对于科学与民主的忽略;而且正是"一心二门"架构中,如来藏自性清净心与真如门、生灭门的无碍圆融使得牟宗三受其启发、影响,从而完善了自己的"良知坎陷说",而正是借助"良知坎陷说",牟宗三完成了自己对儒家之内圣之学如何在新时期开出现代之民主与科学问题的解决。

三、牟宗三对华严判教思想的运用

　　华严宗之判教思想经由法藏至澄观而得到最终确立。澄观对中印的

---

　　①　牟宗三:《历史哲学》,台北:学生书局,1988年版,第174页。
　　②　刘述先:《牟宗三先生在当代中国哲学上的贡献》,《中国文哲研究通讯》1995年第2期。
　　③　唐君毅、牟宗三、徐复观、张君劢:《为中国文化敬告世界人士宣言》,《民主评论》1958年第1期。
　　④　唐君毅、牟宗三、徐复观、张君劢:《为中国文化敬告世界人士宣言》,《民主评论》1958年第1期。
　　⑤　牟宗三:《道德的理想主义》,台北:学生书局,1985年版,第184页。

判教学说进行了分疏，并大力弘扬并发展了法藏的判教学说，进一步丰富了五教十宗论；并在判释佛教的基础上，开始尝试对非佛教的儒道二教进行辨析。到五祖宗密时，华严判教理论始成一完备而丰富的判教体系，使判教突破佛教之范围成为三教都很重视的思想方法而被广泛关注和运用。

（一）牟宗三的判教观

1. 对"教"的界定

如何定义"教"？牟宗三认为圣人所说的内容，圣人表达出来的思想可称之为"教"。"凡足以启发人之理性并指导人通过实践以纯洁化人之生命而至其极者为教。"①这表明在牟宗三看来"教"可从实践理性之层面影响人之行为。牟宗三所说的"教"包含了所有"能启发人之理性，使人运用其理性从事于道德的实践，或解脱的实践，或纯净化或圣洁化其生命之实践，以达至最高的理想之境"②的对象，这是有别于宗教所说之教的。

2. 判教模式的特点

牟宗三判释儒释道以及耶教和康德哲学，实质上是顺华严宗密判释儒释道三教之思想逻辑历史发展而来。他在判释中西现有之文化形态的过程中，始终强调良知本心的地位和重要性。牟宗三在判教过程中，对圆教、离教等的判别，都本着一条标准来进行，这就是必须要肯定有一可"使人有限而无限"的自由无限心存在，这一无限心的存在是即存有即活动的，由这一无限智心可证人与本体界和现象界是可融通。这不能不说，多少受到了《起信论》、华严宗真心一系理论的影响。

3. 判教的目的

其一，牟宗三的判教实践是为了在判教的过程中树立一个圆教模型。在他看来，圆教有两种意义："从 round 方面说圆通无碍，而从 perfect 方面说圆满无尽、主伴具足"③，而"圆满无尽、主伴具足"才是圆教之所以成立的最重要因素所在。西方传统将上帝视为绝对无限之人格神的存在，却否定人具有"智的直觉"，隔离人神，不具备"圆满无尽、主伴具足"的圆教精神，是离教。儒释道三家都肯认智的直觉的存在，使得人之无限可以呈现出来，所以儒释道三教均是"圆满无尽、主伴具足"的圆教形态。但是，三者中，儒家圆教为最高。在《圆善论》中，牟宗三就说"圆教种种说，尼父得其实"，因为儒家由道德意识入手，认为世间一切均由道德意识这一无限智

① 牟宗三：《圆善论》，第 3 页。
② 牟宗三：《圆善论》，第 260 页。
③ 牟宗三：《中国哲学十九讲》，第 307 页。

心来润泽与调适,从而赋予一切真实之存在以价值意义。相比佛家"解心无染"的佛智和道家"无为无执"的玄智①,儒家充盈着道德意识的无限智心才是具有创生性的无限智心。所以,牟宗三提出只有儒家才是纵贯纵讲的圆教体系。由此不仅凸显了儒家在中国传统中之正宗地位,也显示了中国传统哲学是优于西方哲学的。

其二,是由判教显出一个哲学原型。牟宗三通过判教,判释出圆教,揭示出圆教中之正盈与偏盈。在此基础上,沿着正盈教的智慧方向,融摄康德,会通偏盈。牟宗三融摄康德是为了成立执的存有论,会通偏盈则是为了证立无执的存有论,顺此而成就两层存有论的哲学系统。牟宗三认为由两层存有论而成立的整一系统就是圣人圆盈教所决定的哲学原型。只有由这一圆教原型,才可最终解决圆教与圆善的问题。

(二)牟宗三的判教实践

1. 对儒家文化的判释

牟宗三对儒学的判释,主要分为两部分,一是对孔孟荀的判定,二是对宋明儒学的判定。

我们首先来看牟宗三对孔孟荀的判释。在这一判释中,牟宗三始终围绕"最成熟的智慧是主观性与客观性的统一"②来进行③,在他看来,儒、释、道三家,"惟儒家圣证自正面立根,自德性之路入。体天立极,繁兴大用,故既有主观性,亦有客观性。且真能至主客观性之统一"④,只有儒家是主客观之统一。⑤

在牟宗三看来,孔子的"仁""超越的遥契着重客体性,内在的遥契则重主体性。由客观性的着重过渡到主体性的着重,是人对天和合了解的一个大转进。而且,经此一转进,主体性与客观性取得了一个'真实的统

---

① 牟宗三认为,佛家的般若智成全一切法,但是这种成全不是创生一切法,只是不舍一切法;道家的无为无执的玄智只是保住了万物的存在,并不是创生万物。所以佛家的佛智和道家的玄智在本体论上只有作用层,只能保住万物的存在,而不能创生万物,最终只能是"纵贯横讲"。

② 牟宗三:《中国哲学的特质》,上海:上海古籍出版社,2007年版,第8页。

③ 为什么要择取这一标准呢? 这更多地决定于现实的需要。牟宗三所代表的新儒家面临着如何实现儒学现代化之任务,要实现这一任务,从而给儒学立一极,就必须从儒学之内圣之学开出科学与民主。这要求必须重视客观精神之重要性,所以必然要从儒家之本初形态中拣出客观面,以确立客观性的独立价值;但是从牟宗三自己的哲学趋向出发,他又必须以主观性来约束和指导客观性,将客观性纳入主观性麾下。所以,他将主观性与客观性统一起来对代表儒学之本初形式的孔孟荀进行判释,希望从中寻找到能体现主观性与客观性完满结合的范型。

④ 牟宗三:《才性与玄理》,台北:学生书局,1997年版,第275页。

⑤ 此处的主观性与客观性并非我们平时所说所用之主观和客观,牟宗三在这里加入了自己哲学的色彩。他认为,儒家所谈之体,含摄着本体论和宇宙论,境界论与存有论。所以儒家的体既有客观性特征,又具有主观性特征,是二者的统一。

一'，成为一个'真实的统一体'"①，这也就是说孔子之"仁"即内在即超越，既指向内在的德性，又代表着超越性的根据。通过对"仁"的分析，牟宗三认为孔子将内在道德性与外在的客观知识很好地统一起来，孔子的思想与生命形态达到了主客观的真实统一。与孔子不同，孟子处在周文疲弊时代，礼坏乐崩，为了承续中国文化生命，孟子整个的生命和学说都扬举着道德主体的价值，着重挺立主体精神，所以，孟子由内在之道德性而生发出的主体性或曰主观性特别彰显，与之相较，客观性却缺乏独立呈现的形态。荀子与孟子不同，孟子传续了孔子"仁智合一"生命形态中"仁"之一面，而荀子是顺着孔子"智"的一面发展下来的，他确立了知性主体，好像是在传统中确立了客观性，可惜"客观精神彰著矣，而本原又不足。本原不足，则客观精神即提不住而无根。礼义之统不能拉进来植根于性善，则流于'义外'，而'义外'非客观精神也"②。不过，不同于传统儒家完全否定荀子之意义的做法，牟宗三肯定了荀子高扬客观精神所带来的可能的对科学精神的护持，只是因为后继无人，所以中国传统文化中没有发展出重视或专讲客观知识与科学的一系，"荀子所开出之'知性主体'与'自然'之关系，即理解型态之表现于科学知识一面，则后来无能承之者。荀子之学一直无人讲，其精神一直无人解。此中国历史之大不幸"③。

　　综上而论，牟宗三认为孔子具有最成熟的智慧，因为他是主观性与客观性的统一，是由一心真正地开出了上接本体下连现象的二门。孟子虽然存在过于注重主观性的弊端，却仍能从主观性中生发出客观性。而荀子因为缺乏主观性的一面，所以其客观性也是立不住的。在这一判释中，我们可以看出牟宗三对于良知本心的重视，荀子因为缺乏对良知本心的关照，所以其讲出的客观性都因为主观性的旁落而立不起来。这应该说是"一心开二门"思想在判孔孟荀中的贯彻。

　　对于宋明儒学，传统上将其分为两系，一为程朱，一为陆王。牟宗三经过自己的疏通，提出了宋明儒学三系说。具体而言，他将胡五峰、刘蕺山化为一系，认为这是沿着北宋初期周敦颐经由张载再到程明道所发展起来的所谓"一本义"的圆教模型而来的，此一系以《中庸》《易传》为主，客观地讲性体，又以《论语》《孟子》为主而主观地讲心体，在工夫论方面注重"逆觉体证"；并提出"以心著性"来具体解释心性和"一本义"，这一系是圆教。

---

① 牟宗三：《中国哲学的特质》，第44页。
② 牟宗三：《荀子与名家》，台北：学生书局，1994年版，第203页。
③ 牟宗三：《历史哲学》，第128页。

牟宗三又将陆象山、王阳明化为一系,认为该系虽不是直承北宋三子的路子走下来,但也特别重视《论语》《孟子》,是"一心之朗现,一心之伸展,一心之遍润"①,是"真能相应'夫子以仁发明斯道,其言浑无罅缝,孟子十字打开,更无隐遁'而开学脉者"②,在工夫修养上,强调"逆觉体证";牟宗三将以上两系合而作为宋明儒之大宗,认为他们都是以《论语》《孟子》《中庸》《易传》为主导之学。若将两系比较,则前一系是由周、张、程发展而成的圆教模型的嫡系,而后一系却只是注重在义理和工夫上深入、扩大了孟子学。宋明儒学的第三系,是小程、朱子一系,牟宗三认为该系在确定了《大学》的主体地位的基础上,将《中庸》《易传》与《大学》合起来讲,把《中庸》《易传》里面讲到的道体、性体收缩提炼成本体论的存有,对于孔子的"仁",此系只赋予其理的意义,对于孟子的"本心",只理解为实然的心,在工夫修养方面,全幅落在"格物致知"上。牟宗三判别宋明儒的标准,是从"即存有即活动"的形而上的道德本体出发的。在牟宗三看来,胡五峰、刘蕺山以及陆王均是将道德本体理解为"即存有即活动"的,并以此成立"本体宇宙论的实体之道德底创生的直贯之系统"③,故这两系是"纵贯系统",符合先秦儒家的古义;而小程、朱子一系将道德本体理解为只存有不活动,所以只是"横摄系统",对于此种以荀子的心态来讲孔子的仁和孟子的心性,牟宗三认为小程、朱子不是儒家之大宗,而是"别子为宗"。④

2. 对儒释道三教的判释

牟宗三认为,佛教可分为五教:即藏教(也就是小乘教)、通教、始别教、终别教及圆教。其中,空有两宗是通教,华严是别教,只有天台是圆教。如此看来,华严宗所依止的《起信论》也应在别教范畴中。道教里,老庄都应是圆教,只是在言诠上言,庄子"调适而上遂"的理论特色更显出圆教义。

对于中国传统之儒释道三教,牟宗三认为这三教都涵含着"慎独"⑤之义,所以能直证无限心,并以无限心为本体。因为三教都强调众生皆可直证并呈现这一自由无限心,所以,在儒释道三教中,众生都具有智的直觉,皆可成为无限的存有。当然,我们要正确理解牟宗三所说人之能够成为无限,是从价值上判断,是一种即有限而无限,不是说人已经完全脱离了有限

---

① 牟宗三:《心体与性体》(上册),第41页。
② 牟宗三:《心体与性体》(上册),第40页。
③ 牟宗三:《心体与性体》(上册),第51页。
④ 关于三系之划分,参见《心体与性体》(上册),第36—52页。
⑤ 关于"慎独",牟宗三指出,慎独是儒家的说法,在佛教称为修止观,而道家则说致虚守静。

性,而成为一种决绝之无限存有。毕竟,人是有其真实存有之肉身的,有真实之肉身,就必然受到现实世界之束缚,所以,牟宗三所说之无限,是"不毁弃感性而转化了感性,使它完全从心"①的无限。在牟宗三看来,依中国文化之传统,三教都可以通过自己的道德实践朗现众生从本已来即具有之自由无限心,所以,三教都是圆盈教。

不过,需要注意的是,虽然牟宗三肯定儒释道三教都是圆盈教,但是这三家圆盈教之间还存在正盈与偏盈的判别。儒家因可以"独显道德意识以成己成物"②,所以是圆盈教中的正盈;同时,在儒家之正盈教中还存有内部之区分,牟宗三认为周濂溪、张横渠、程明道以及胡五峰、刘蕺山和陆、王是圆的正盈,而小程、朱子是不圆的正盈,标准是看其理论系统是否达到心理之同一。与此对应,佛道二教"只遮显空无以求灭度或求自得"③,没有达至极圆的境地,所以是偏盈。

3. 对耶教和西方传统文化的判释

牟宗三对耶教和西方传统之文化的判别,同样是本着是否承认人具有智的直觉来判定的。这依然显现出华严学"一心开二门"架构的影响。

牟宗三认为在西方耶教传统中,智的直觉只属于上帝,上帝能了知物自身界,是无限的存有。而人是不可能拥有智的直觉的,耶稣虽以人之有限生命而成为无限的上帝的化身,但是,这种由有限而达至无限的可能的原因还是归于上帝,而人作为有限之存有是无能为力的。所以,人和上帝有着严格区分。正因于此,西方将耶稣视为神,而不看成人。在西方之传统中,有限与无限决然分离,人只能信仰超越而外在的上帝,却不能以上帝为体。像中国传统中人之由有限而到达无限的路径在西方传统中就是一条死胡同,人永远无法上达天德而达致"天人合德"。因此,西方传统中,人神是隔离的,"众生无可以通过自己的实践,以与于上达天德之份,此即隔绝了众生底生命之无限性;而上帝只成了一客观的存在,遂亦不能彰其具体而真实的作用,在吾生命中彰其成德之作用"④。

由此,牟宗三判定,西方之耶教只能是离教,离教中没有人具有自由无限性的可能性存有,所以无限只能是上帝那样的人格神。相应离教而言,康德虽不承认人具有智的直觉,但已然察觉智的直觉的重要性,不过遗憾的是限于西方传统,他的哲学里没有透显无限心,而将意志自由、灵魂不

① 牟宗三:《现象与物自身》,第467页。
② 牟宗三:《现象与物自身》,第455页。
③ 牟宗三:《现象与物自身》,第455页。
④ 牟宗三:《现象与物自身》,第469页。

灭、上帝存有都视为一种设准。由此,牟宗三将康德的思想判定为近于正盈。

(三)牟宗三判教论的归趣

牟宗三判教的目的之一是为了从人类之所有文化系统中显出真正的圆教之型范,而真正的所思是为了解决他一直思考着的关于圆善如何解决的问题,牟宗三认为是圆教的观念启发了他关于圆善问题之解决的思考与实践。

康德把西方哲学传统中已有的却很久没有谈论的"圆善"问题重新接续起来讲,并尽力地想用肯定上帝存有的方式来达到"圆善"。"圆善"即是德福一致。在康德看来,要真正地达到德福一致,只有肯定上帝存在,才能使德福和谐统一有一根据。但是,牟宗三经过梳理分析指出,康德哲学顺西方基督教传统将上帝定义为"人格化的无限性的个体存有"①,这是人的一种情识作用,不具有绝对意义,所以有其虚幻性存在。那么,由这一虚幻性的上帝来保证"圆善"之成立与存在,"圆善"也成为虚幻性的。所以,牟宗三认为康德关于"圆善"所以可能之条件的阐发是"有问题的,不能使人坦然明白"②。而"圆善"问题又是哲学发展的极致,是必须要解决的问题。那么,既然不能像康德一样依西方之基督教的方式来解决,是否可以从中国传统文化中寻找到解决之道呢?牟宗三对此做了肯定的回答。

牟宗三认为中国传统的儒释道三教都肯认人具有自由无限心,而且此自由无限心是理性决定的,都是从实践理性的层面而言的,"毫不涉及思辨理性之虚构"③,并不像西方传统那样是人格化的,与人绝然隔离的神才具有的,不像康德系统中那样是情识作用所决定的。牟宗三进一步指出由这一自由无限心,可以开启德福一致圆满之机,但是德福一致的真实可能性则需要在圆教系统中实现,"德福一致之真实可能只有在圆教下始可说也"④。需要注意的是,这里的圆教更多意义上指的是儒家所讲的纵贯纵讲之圆教形态,这一圆教形态有一"竖立的宗骨",即是仁心仁体的创生性。在圆教系统中,儒家之自由无限心即仁心仁体如如作用,一方面可上致天理,一方面又可观照现实之世界,终而统一起康德所说的"目的王国"与"自然王国",也就是使德、福一致的问题得到了解决。由此,牟宗三总

---

①　牟宗三:《圆善论》,第237页。
②　牟宗三:《圆善论》,第237页。
③　牟宗三:《圆善论》,第249页。
④　牟宗三:《圆善论》,第258页。

结强调:"圆教成则圆善明。"①

第三节　牟宗三华严思想的价值与意义

一、牟宗三华严学研究之所得

(一)彰显传统文化价值

牟宗三面对满目疮痍的文化现状,面对民族精神信仰的坍塌,选择的是竭尽己力重建中国哲学,特别是重建儒学传统,从而让整个民族重新燃起对本土文化、对儒家文化的信仰,最后复归到本有的文化与精神中去。"中国文化,从其发展的表现上说,它是一种独特的文化系统。它有它的独特性与根源性……中华民族是最具有原初性的民族。惟其是一个原初的民族,所以它才能独特地根源地运用其心灵。这种独特地根源地运用其心灵,我们叫它是这个民族的'特有的文化生命'"②。而对于此一特有的文化生命,牟宗三认为中国传统中之儒释道三家中的任何一家都很好地体现了这一特色,而对于他个人而言,他所要做的就是重建文化传统,彰显其价值与意义。所以,牟氏研究华严思想始终以义理为进路,他试图以这样的方式展示中国文化中佛家一系所含有的价值和义理方面的意涵。这和他研究佛学的进路与态度是一致的。他曾说:"中国吸收佛教,顺印度已有之空有两宗继续发展,发展至天台、华严、禅,已至其极,故中国已往之吸收亦尽于此。吾人以此顶点为标准,返溯东流一代圣教,展示其教义发展之关节,即为南北朝隋唐一阶段佛教哲学史之主要课题。史迹与版本文献值考据无甚关重要也。重要者是在义理之了解。"③

(二)梳理华严发展脉络

在进入到华严一派之讨论之前,牟氏就点明他要进行的佛教研究是佛教哲学的研究,这一研究的目的是要形成完备的中国哲学史。而他对于佛教研究的思想总结,主要诉诸《佛性与般若》一书,其余散见于他书。他认为所有佛教派别,不论是小乘、大乘,空宗、有宗,还是具体的各家各派,实

---

① 牟宗三:《圆善论》,第324页。
② 牟宗三:《哲学智慧与中国哲学的未来》,《中国哲学的特质》,台北:中华文化出版事业社,1954年版,第148页。
③ 牟宗三:《佛性与般若》序,第4页。

际上都没有疏离"般若"这一核心要旨。般若是佛教所追求的终极智慧,是认识一切事物和万物本源的辨识智慧,这是一切佛教派别所共同信仰的法则。在共法的统摄下,由于各派各家对于佛性问题认识的分别,所以出现了不同的佛教派别。所以,般若是决定一种思想是否属于佛教的原则,而佛性则是区分佛教内部不同派别的标准。正是看到了此一特性,所以牟宗三研究佛教思想的纲领就是佛性与般若。而对于佛教中国化的说法,牟宗三认为,根本无所谓中国化,中国佛教就是印度佛教之延续,中国佛教只是印度佛教在中国的继续发展。从义理上看,中国的佛教仍是纯粹的佛教,佛教并没有因为到了中国而发生特质上的改变。如果非要说不同,那么中国佛教比之印度佛教,只是继续发展的不同,绝不是对立的不同,从未背离印度佛教原有之本质。

所以,不论是天台、华严,还是禅宗,这三个所谓的中国化佛教派别,究其实,都是印度佛教在中国的继续发展而已,并不是在中土凭空产生的,都是有其印度佛教渊源的。在对中观、瑜伽行和如来藏真心三系进行了阐述后,牟宗三即进入到对华严的爬梳中。他认为华严宗的义理架构是以《起信论》为主的如来藏真心系统,而如来藏思想是唯识学发展的最后形态,是分解式说法的终极,是一超越的分解,而华严宗的学说发展的主要议题则是一切法的根源问题。牟氏认为,华严宗以如来藏自性清净心为中心,收摄中观及唯识两大思想,负责说明一切法的最后根源。而对于其他人极为看重的"法界缘起"思想,不过是"缘起性空"的辗转引申,目的只是要说明佛法身法界的圆融无碍。所以,牟氏认为虽然华严宗的教法系统极为精妙,但由于其所本是如来藏真心系统,而且其所根据的"缘起性空"是佛教各家都秉持的通说,所以从华严宗所因的如来藏系统判释,华严宗的思想"曲径迂回,所因处拙",是不圆满的,不是真正的圆教,未能超越"终别教"的范围。

(三)评析法界缘起理论

对于华严宗的"法界缘起"思想,牟宗三说:"尽管法界缘起从正面讲,还是缘起法,……华严宗讲光明遍照佛,这个佛法身所显的一真法界就是法界缘起。既然成法界,界就是类的意思,法界就是法类,既然有一大堆法在那里,那么这些法就是缘起法,一切佛之法身也要显这些法。"①所以,牟氏认为华严宗以"法界缘起"为前提来讲一法融摄多法,说到底,还是没有跳脱出"缘起性空"之理,不过是对"缘起性空"的引申,其所谓的法,也无

---

① 牟宗三:《四因说演讲录》,台北:鹅湖出版社,1997年版,第125—126页。

非是无自性的缘起法。"华严宗的东西要说了解很容易了解,口头禅:'一摄一切,一切摄一','一中多,多中一',老实说,这些话头都是'缘起性空'一句话的展转引申"①,华严宗要说的"多得很,玄得很,其实一句一句讲,皆不过是'缘起性空'一句话"②。

牟宗三对被视为华严宗之核心理论的"法界缘起"做如此评定,其结论是法界缘起不过是华严宗人为了展现法界无尽的一种文学式的神秘性的表述,并非是一种根本理论的必要。所以,在牟宗三看来,华严宗"既是以如来藏为中心思想,则一切的理与事,其实都可以在理事无碍法界中得到说明,这会使得直接由事法界中说明事事无碍的努力成了添足之说"③。

实际上,不论牟宗三对于法界缘起的分析是否得当,这都是他从自己的理路出发,融摄佛教思想所要走的必经之路。而他对华严思想的梳理中所显示出的思想特色,也从侧面印证了他虽不辟佛,也不否定佛教的价值,并且承认佛教对中国文化有深远的影响,但不以佛教为中国哲学的主流,并且认为儒家思想对于佛教而言是更为高级圆融的体系,所以对佛教义理有其自己的判断。

（四）建构"道德形上学"体系

牟宗三在研究和诠释华严学的过程中,通过将"一心开二门"的架构融摄进自己的哲学架构,并以此来会通中西方哲学,特别是对治康德哲学,由此而建立了自己的两层存有论的"道德形上学"体系。

从融摄方面看,牟氏将华严学思想中契合于自己的思想成果进行了有机转化,从而站在儒学为宗的立场进行充分地吸收与发挥。他以对《起信论》和华严学的爬梳为基础,将"一心开二门"的思维模式抉发出来而成为一个哲学思维的"有普遍性的公共的模型",以此对治康德哲学并充实圆满了自己的哲学体系,建立了自己的道德形上学的两层存有论,通过吸取佛家哲学的资源展开了自己的理论创见。

在会通方面,牟宗三会通儒佛道三家,彰显传统文化之精髓,并以此为基石完成了自己的哲学创造。在疏解华严学的过程中,牟宗三认识到如来藏真常经一系所强调的"一切众生悉有佛性"或"一切众生皆可成佛"的思想,与《孟子》强调的"人人皆可以为尧舜","人人皆有圣性"的思想有心态上的相似处,所以,他提出"一心开二门"的思维方式可以作为中国儒释道

---

① 牟宗三:《四因说演讲录》,第165页。
② 牟宗三:《四因说演讲录》,第165页。
③ 林建勋:《牟宗三先生对华严宗圆教观点的商榷》,《应华学报》2006年第1期。

三教思维方式的共同特征。

当然,这种会通同样体现在中西文化方面。牟宗三在其《中西哲学之会通十四讲》中就有《一心开二门:中国哲学对于智思界是积极的,对于感触界是消极的(就成立知识言);西方哲学则反是》一讲,将"一心开二门"作为会通中西哲学的媒介。牟宗三用"一心"开出"心真如门"和"心生灭门"来关照中西文化两个传统,认为中国文化证实了"心真如门",却忽略了"生灭门"一面;而西方文化使"生灭门"落实了,却使得"真如门"一路悬空了。所以,牟宗三以康德哲学为基点,从《起信论》中抉发出"一心开二门"架构,并用此一架构来消化康德哲学中的不圆满与不足之处。由此使得中国哲学更充实,更往前推进。蔡仁厚评价牟宗三先生这一学思努力"融摄儒道佛三教之精髓,打通中西哲学之隔阂,再以创辟性之诠释,赋予'一心开二门'以新的意义与功能。此步工作,实已为中西哲学开显一条交会融通的坦途"①。

二、关于牟宗三华严学研究的反思

在肯定牟宗三的华严学研究之所得的同时,我们应该看到学界中也有不少学者对此提出了异议。如林建勋就指出"牟先生对华严宗圆教的理论描述,是个很大的误解,因此不但如来藏思想是否为华严宗圆教的中心义理这点需要再商榷,牟先生判天台与华严孰为最后最圆满的圆教之说,势必要再重新衡定"②。林氏认为牟宗三先生把法藏的"法界缘起"仅仅解读为是"缘起性空"的引申是一种误读,而牟先生将如来藏系统看作是华严宗的理论基点,并将《起信论》视为华严圆教的基本骨干是不对的。如若是这样的话,那么就会带来一系列的问题,如"法藏为什么将之判在终教而不将之判为圆教?如果终教与圆教还是有分别的,那么其主要分野在那里?真正的圆教是指什么?其与终教的关系又是什么?圆教与终教之间尚有一顿教,顿教与圆、终二教的关系又是什么?"③。通过对牟宗三华严学研究的梳理,我们看到作为勇于造道的哲学巨匠,牟宗三在华严学的解读过程中,苦心孤诣,全副身心都倾注到其义理和哲学架构的梳理中,企图从这样的梳理中寻求到其中可能会对融摄中西、重建传统有所裨益的成分。而在这样的梳理中,必然带有哲学家的裁量和衡断,也因由此会带来

---

① 蔡仁厚:《牟宗三先生对哲学慧命的疏通与开发——牟先生铸造学术新词之意涵述解》,《孔子研究》1999 年第 1 期。
② 林建勋:《牟宗三先生对华严宗圆教观点的商榷》,《应华学报》2006 年第 1 期。
③ 林建勋:《牟宗三先生对华严宗圆教观点的商榷》,《应华学报》2006 年第 1 期。

或多或少的争议,但我们首先要肯定牟宗三的睿识卓见,值得我们认真揣摩和学习。不过,对于学界关心的若干理论问题,涉及牟氏哲学思想与华严学的关系,我们有必要作出回应和反思。

(一)关于华严宗的理论来源的反思

林建勋认为牟宗三将如来藏系统和《起信论》视为华严宗的理论基点和基本骨干是不对的。关于这一点,我们从牟宗三哲学体系中的解释和阐述来看,其间存在着义理上的发展循进关系是确定无疑的,在学界也是为大多数学者所认可的。如劳思光就认为天台、华严、禅宗三支,虽"教义各殊,然皆属真常一系。……华严立说乃唯识一支之发展(此处言'唯识'是广义),其自创之新义实皆近真常之教",又说天台、华严、禅宗这三宗"皆重主体性,就中国所出之佛教著作而言,先此唯有《大乘起信论》与此三宗主旨较近"①。这与牟宗三认为华严宗是顺唯识一系分解之理路发展至其极,是属于如来藏之真常心一系的判断近似。方立天指出:"《大乘起信论》奠基于真如心的佛三身理论,尤其是法身说,影响深远,成为了天台、华严诸宗佛身论的立论根柢。"②这也从另一个角度指明了华严与《起信论》在理论发展上的承继关系。凡此种种,都印证了华严与真常经、《起信论》间的联系,说明牟宗三的判断是基于义理上的衡定,不是完全出自自己的臆断。

(二)关于牟宗三分天台、华严高下之说的反思

牟宗三在自己的著作中多次提到,华严宗的思想是不圆满的,不是真正的圆教,未能超越"终别教"的范围,而天台宗却是真正的圆教系统,通过天台的判教系统可以把握中国佛教中的各个义理系统之间的差异和关连。由此牟宗三说他渐渐特别欣赏天台,但须注意的是牟宗三也明确他的这种欣赏不是偏见,不是非要说一个高下,而是"一种主观的感受。主观的感受不能不与个人的生命气质有关"③。既然不是非要说一个高下,我们就不能借由这种契合自身生命气质的主观感受来判定说牟宗三就特别重视天台而轻视华严,并经此而说牟宗三的佛学是带有天台宗标志的研究了。甚而依据牟氏所言,否定其哲学思想与华严学的内在关系和研究价值。我们认为这些观点都不足取。

检视牟宗三的佛学研究和哲学体系,其中虽然用天台的圆教串联了很

---

① 劳思光:《新编中国哲学史》(二),北京:生活·读书·新知三联书店,2015年版,第232页。
② 方立天:《中国佛教哲学要义》,第190页。
③ 牟宗三:《佛性与般若》序,第7页。

多的理论,但是在他建构其自身哲学体系的过程中,华严一系的真常心思想和"一心开二门"的架构才是真正起着框架作用的系统,他自己也常用"一心开二门"来表述自己的哲学系统。没有对"一心"的诠释和确立,没有对"二门"的梳理和诠表,就没有对治康德的实践,也不会由此而建立两层存有论的"道德形上学"。如果从这个角度来看,牟宗三的哲学受华严学的影响是极为深刻且确定无疑的,他的哲学创构也可以说是华严式的。从这个方向出发,或许我们对于牟宗三的哲学解读又会有新的理解和认识。

第五章　心通九境:唐君毅华严思想研究

唐君毅生活在中西方文化激烈碰撞与融合的时代。在此背景下,唐君毅自觉立足于中国传统文化,成功搭建起"心通九境"①的哲学体系,融会贯通中西方各家的哲学思想。

在他建构"心通九境"体系的过程中,借鉴并运用华严宗的哲学方法是其一大特色。也可以说,在唐君毅的思想深处,与华严宗哲学思想有特别的契合之处,并有意地把它们化入自己的思想中,劳思光先生称唐君毅的哲学是"华严哲学"是恰如其分的。唐君毅华严哲学可粗略分为三个阶段。第一阶段可看作是唐君毅对佛学的关注阶段,这个时候还没有看出对华严宗哲学思想的偏爱;第二个是对华严宗哲学的推重阶段,唐君毅宗华严的思想倾向已经十分明显,业已自觉吸收借鉴华严宗思想;第三是他《生命存在与心灵境界》的完成阶段,"心通九境"哲学体系的建立也标志着唐君毅华严哲学的正式形成。

第一节　唐君毅华严思想的形成

一、唐君毅的佛学因缘

佛学是现代新儒家哲学的一个极其重要的思想来源。现代新儒家代表人物如梁漱溟、熊十力、方东美与牟宗三等不仅借鉴西方人文主义学者的生命哲学,也以会通儒、佛为自己的思想进路。唐君毅也循此一进路。唐君毅在佛学上造诣深厚。在《中国哲学原论·原道篇》中,专辟第三篇论佛学,其对佛教思想史以及诸家理论的分析鞭辟入里,十分精到。并且在他构建的"心通九境"的体系中,他把我法二空境的佛家境界判为第八境,仅次于儒家的天德流行境,由此可见一斑。唐氏之学问,从根上讲,始

---

① "心通九境"亦称"心灵九境"。"心灵九境"为唐君毅正式用语,"心通九境"是研究者对唐君毅哲学思想的概括,为学术界所认同。目前较早使用"心通九境"一语是唐君毅的弟子李杜1974年在《唐君毅先生与台湾儒学》一文中提到,此时唐君毅尚未完成《生命存在与心灵境界》一书。

源于生命,后得于师承和习得。①

唐君毅学问思想宏富,理论建树超卓,弟子李杜在挽词中给予了高度评价:

> 博通于古今中外,取远取近,独尊孔孟,开新儒学;
> 兼究乎老释耶回,希天希圣,同存朱陆,为百世师。②

唐君毅自己也曾多次剖白心迹,认为学问是从自家生命性情而来。1974年,退休前的唐君毅给自己的学生做讲座的时候,谈到了学问发端的问题。他说:"做学问有一部份也不完全是从时代来的,而是由个人性格生活出来的。由自己性格来的东西,它不管时代的倾向。"③同时在《生命存在与心灵境界》的"后序"中,他认为自家的哲学是从生命真实的体验中体贴出来的,而不完全由读书得来。即如他所说:"吾初感哲学问题,亦初非由读书而得。"④学问得之于性格和体验的方式决定了唐君毅独立特行的治学路径。

唐君毅敏感多思的性格以及早慧让他对宇宙、人生以及人性有深刻的体会,这种深刻的体会给予他对中国佛学有更多的契会。但也常常让年少时的他感到莫名的惆怅、失落和烦恼,以及心灵的空虚。他十七岁所作《感怀》诗说:

> 残照映疏林,暮鸦啼乱枝,徘徊芳草径,我心悲已凄。
> 忆我幼年时,事事萦我思,犹忆二三岁,敏慧世所奇。
> 亲朋交口赞,所成未可期,日月随节易,童年背我驰。
> 感事戕我心,处世触藩篱,心伤不能复,藩篱焉可越。
> 怆然望前途,抚膺徒踟躅,临渊羡鳏龙,登高渐鸿鹄。
> 有志随流水,此心如槁木,得失乌足计,死生犹梦觉。
> 旦暮数十年,何为自束缚,不如饮美酒,寄情满樽渌。⑤

①　参见何一:《唐君毅学术渊源探析》,《攀枝花学院学报》2011年第4期。
②　唐端正:《年谱、著述年表、先人著述》,《唐君毅全集》(卷29),台北:学生书局,1990年版,第238页。
③　唐君毅:《民国初年的学风与我学哲学的经过》,《鹅湖月刊》1979年第46期。
④　唐君毅:《生命存在与心灵境界》,北京:中国社会科学出版社,2006年版,第669页。
⑤　唐君毅:《日记》(上),《唐君毅全集》(卷27),台北:学生书局,1988年版,第236页。

诗中的"心悲""此心如槁木""死生犹梦觉"等语是其心境烦乱与思想之动荡的写照,也是他浓厚的宗教情怀的彰显。

唐君毅还认为佛教在拔除众生的苦痛和烦恼上具有巨大的作用。"佛家之根本精神,在对有情之生命心灵中之苦痛、染污、迷妄、罪恶等,一切负价值之事物,原于生命心灵之自觉或不自觉之执著,封闭者,最能认识真切。而于此动大悲愿,求加以超化解脱之道。……又佛家深信生命心灵之存在与活动,不限于当生,而有无尽之前程,在凡则业力不失,在圣则功德无尽。此二者皆非儒者所重,亦非儒者所能反对,此即佛之立根处不可拔者也。"①唐君毅在自己著作中毫无保留地肯定佛教、佛学,也与他对佛学了解很深有关。少年时他曾与映佛法师为友;进入北大后曾听梁漱溟关于东西方文化及其哲学的讲座,一度受到其佛学人生观的影响;在南京,则听受了熊十力《新唯识论》的讲座,与支那内学院欧阳竟无过从甚密,学习唯识学,欧阳先生甚至要传以衣钵,唐君毅亦有"如我身而可分,我愿分我身之一为欧阳先生之弟子"②之语,可见其学思经历中深受佛学思想的滋养。唐君毅认为:"人类思想中,重苦难、重智慧、亦重悲愿者,唯佛教能充类至尽。"③唐君毅也因此由对佛学的关注渐渐转向对佛学中华严宗哲学的认可与推重。

二、唐君毅对华严思想的推重

作为汉传大乘佛教最后形成的宗派之一,华严宗思想是印度大乘中观、唯识和如来藏教佛教思想的集大成者,代表着大乘佛教思想的巅峰。该宗以"法界缘起"观为核心教义,认为宇宙万法、有为无为、色心缘起时,互相依持,相即相入,圆融无碍,如因陀罗网,重重无尽;并用四法界、六相、十玄等法门,来阐明无尽缘起的意义,其理论包括四法界、六相、十玄门等。唐君毅认为:

> 华严宗本其四法界、十玄、六相之论,以展示"无尽法界,性海圆融,缘起无碍,相即相入",如因陀罗网重重之无际;"微细相容,主伴无尽,十十法门,各摄法界",而依之成观,则可以拓学者之心量,以致

---

① 唐君毅:《中国哲学原论·原道篇(三)》,《唐君毅全集》(卷16),台北:学生书局,1988年版,第419页。

② 唐君毅:《我与宗教徒》,《民主评论》1954年第22期。

③ 唐君毅:《中国人文精神之发展》,《唐君毅全集》(卷6),台北:学生书局,1989年版,第354页。

广大;由华严之教观以通于禅,以直契一念之中之"昭昭不昧,了了常知"之灵知,则可以导人于极高明。①

唐君毅力赞华严是学术界公认的事实,唐君毅自己也未曾讳言过。劳思光就在文章中回忆道,当年唐君毅曾与他讨论能否用华严宗的方法来讲儒学的问题。可见唐君毅对华严哲学的推崇与收摄是他身边的朋友所共知的。华严宗带有浓厚圆融的思想体系,且阔大涵容的文化胸怀,甚为唐君毅所推重。唐氏有一比喻:"吾意法相唯识如佛学中之荀学,般若如老庄,天台如佛家之《中庸》,华严如佛家之《易》教,道生之顿悟及惠能之言本心即佛,则佛家中之孟学也。"②《易经》为群经之首、设教之书,《易》教者,喻"华严宗则是极高明而致广大"③之谓,唐君毅如此比喻,足见其对华严宗思想之推崇。而且唐君毅在自己撰著的《中国哲学原论》中对华严哲学的探讨给予很大的比重和篇幅,在系统梳理和论述华严宗思想渊源的基础上,唐君毅认为华严宗哲学可以代表中国佛学发展的极致。

唐君毅运用华严宗思想搭建其自己的哲学系统,故其哲学有"华严哲学"之称。我们会发现,从唐君毅整个学思历程看,他对于华严宗思想的推重与借鉴已可确定无疑。但是在其开始形成自己思想体系的前期,大概在到香港之前,我们并没有发现唐君毅对华严宗有多大兴趣。这个问题需从唐君毅自身的求学致思历程来找答案。唐君毅的学思历程迥异一般学者,"有才情而能精思"的唐君毅把对宇宙人生的领悟贯注到自己的生命和学问中。另外从他整个人生的学思视角看,唐君毅是一个先思而后学的人,他的学问是从自家对宇宙人生之真理之原始性的体贴得到的,从一点一滴的生命中流出来的。在这一点上,他与熊十力、牟宗三都不相同,更像梁漱溟。他的致知起步,不是先由某位先哲的思路契入,感而遂通,打开自家智识,调适上达,形成自己的主张。恰恰相反,他是首先由一个世界终结的问题,触发他的情思,仿佛是禅家所谓的吞了块热铁,为此而感,为此而悲,为此而悟。"生"对"死"的挣脱,成为他一切求知的动力。因此尽管他早年泛滥于中西百家,但他无意成为哪一家的私淑,他急惶于世界将毁之前生命存在的意义的求解,一切先哲在他的寻索之下,都成为唐氏的"历块过都"。因此唐君毅与华严宗思想之间更像是一种"发现"与"被发现"的关

① 唐君毅:《中国哲学原论·原性篇》,北京:中国社会科学出版社,2005年版,第181页。
② 唐君毅:《中国哲学原论·原道篇(一)》,《唐君毅全集》(卷14),台北:学生书局,1988年版,第20页。
③ 唐君毅:《中国哲学原论·原道篇(三)》,《唐君毅全集》(卷16),第326页。

系,华严宗哲学的特质冥冥中投契了唐君毅的思想,从而佐助唐君毅构建起自己的思想体系,使两者达到难得的圆满遇合。

如果我们继续追问一下,唐君毅为何如此钟情于华严宗哲学呢? 这又是一个需要深入探讨的问题。

首先是华严宗"性起"说与唐君毅的"道德自我"有契合之处。[①] 所谓"性起",即真如自性随缘能生起一切诸法。就生佛关系言,指一切众生无不具足如来智慧,只要称性而起,便可做佛;就佛性与万法的关系言,指一切诸法都是佛性的体现,离佛性之外,更无一法。唐君毅关于"道德自我"——或称为"生命存在""精神实在"等——的建构,与华严宗的"性起"之论大致相通。了解了这一点,也就明白唐君毅弃天台宗的"性具"说而就"性起"说的缘由了。

其次,华严宗和唐君毅"心通九境"的哲学构建,在圆融旨趣与融合方法上有共同之处。华严宗是佛学传入中国后实现本土化的佛学教派。从思维方式上看,是中国式的,其圆融精神与中国哲学思维在融通性上具有一致性,是这种融通性的集大成者。唐君毅构建出的"心通九境"的哲学体系,有着与华严宗同样的旨趣。

再次,华严宗所向往的"华藏世界"与唐君毅所追求的"理想的人文世界"有相合的地方。《华严经》中所塑造的佛国净土就是"华藏世界",也叫"华藏庄严世界海""莲华藏世界"等。这是卢舍那佛所居之处,也是他教化的整个世界,这个世界是由卢舍那佛修菩萨行而创造出来的。华藏世界包罗万象,无所不有但又井然有序;从各个组成部分上讲"悉自在",不受束缚,在于它由卢舍那佛法身统一起来。华藏世界也称"法界","法界不可坏",即华藏世界不可坏。华严宗所描述的华藏世界是与唐君毅一生所追求的志业——建立起尽善尽美的理想的人文世界——相投契的。正如他在《理想的人文世界》中所描述的那样:"我们理想的世界,理想的社会,则是一切人均努力成为有德者,成为以仁心互相涵盖,心与心交光互映的社会。"而"个人德性,即是社会存在之根据,重视人之德性必崇敬圣贤"。[②]在本质上,此种理想与华藏世界相同,即社会、个人是一个大的统一机体,都以道德成就为依归,而后依报世界庄严。进一步来讲,唐君毅思想与华严思想的合辙可以说是机体主义上的感应。

①　李玉芳、张云江、李丽晓:《唐君毅钟情于华严宗哲学之原因初探》,《宜宾学院学报》2006年第11期。

②　唐君毅:《理想的人文世界》,项维新、刘福增主编:《中国哲学思想论集》,台北:牧童出版社,1978年版,第260页。

所以，唐君毅宗华严尽管还有更多方面的原因，但在根本点上我们可以认定，他宗华严的实质是为了宗儒家的心性之学，在仁心、本心的本体论方向上，综摄诸家文化，冶中西文化于一炉，而且他吸收的华严宗判教之法也就是以"仁心"（即良知）为标准的判教法。

三、唐君毅华严哲学的理论定位

唐君毅"心通九境"哲学体系的建立，则标志着其华严哲学的正式完成。"心通九境"理论在《生命存在与心灵境界》一书中得到了系统的阐述。其书由唐君毅修编改稿十年乃成，是他一生从事哲学思考和人生感悟的结晶。郑家栋评价此书说："从内容上看，哲思独运，义理圆融，融古今中西于一体，堪称博大精深之作。"①书中把生命心灵的活动表现为九层境界，九境前三境是客观三境，中三境是主观三境，后三境为超主客观三境，但最后不同层阶、领域之境仍是同一心灵的活动。因此关于九境的全部说明可概括为"心通九境"，乃唐氏借用《起信论》中之体、相、用三分，以明心灵观照的客观对象和心灵自身的主观活动不同的体、相、用。

唐君毅的哲学思想借鉴华严宗之处颇多。其思想本体论所立的本体——"道德自我"就有借鉴华严"性起"说的地方。依华严宗判教法，唐君毅建立自己的判教观，并搭建起"心通九境"的哲学体系。另外，唐君毅华严哲学的境界观方面与华严宗的圆融精神有相同的旨趣。但总的来说，唐君毅对华严宗哲学的融摄更多地体现在思维模式与精神气质的层面。

正如劳思光所追述的："牟宗三先生和我们在一起闲谈，常常说笑话。他有一次说，唐先生的论文不管讲什么问题，最后总是一个大团圆，是大团圆的文章。我就笑了，我说他的背后有一个根据，就是一摄一切，一切摄一的华严宗的观点，……这个大团圆背后所显现的理论的意义就是他广义地运用华严宗的方法。"②

唐君毅广义地运用华严宗的方法正是与华严宗思维模式与精神气质层面相呼应的具体体现。因此，唐君毅华严哲学最大的特征表现为圆融旨趣，即借助华严宗之"一即一切，一切即一"——现象世界的每一事物皆是"真心"之全体——的思想方法构造出圆融无碍的"心通九境"的哲学体系，使宇宙万物以及中西印文化均能各安其位，井然有序而不相违逆。因

---

① 郑家栋：《现代新儒家概论》附录，南宁：广西人民出版社，1990 年版，第 336 页。
② 劳思光：《从唐君毅中国哲学的取向看中国哲学的未来》，《中国哲学与文化》第八辑（唐君毅与中国哲学研究），桂林：广西师范大学出版社，2010 年版，第 22 页。

此,劳思光先生认为唐君毅的华严哲学呈现的圆融旨趣是一种"大综合"的意识的体现,也正是这种"大综合"的意识引发后来学者对唐君毅思想截然不同的评价。

从唐君毅"心通九境"体系的构建对华严宗思想的吸收借鉴已能看出其目的不在于对中西印思想文化的大加批判,而在于尽量融摄会通,使其各归其位,各显其能,因此则不可避免地使其思想的批判性不足。如他说:"吾人正当聚孔子、释迦、耶稣、穆罕默德,与无数圣贤于一堂,以相揖让,而供之于中国之新宇宙。吾人又知一切含宗教精神之训示,皆可促进吾人所向往之宗教精神之树立,奈何其可排斥之哉?"①

第二节　唐君毅华严哲学体系的建构与展开

一、唐君毅华严哲学的本体论

唐君毅于抗战时期出版的《道德自我之建立》一书,最早提出了"道德自我"(或称"心之本体")的概念,"道德自我"亦首次作为唐君毅哲学思想中的本体被使用。"道德自我"在其后来的书中又有"道德理性""内在超越""精神实在""本心""仁体""生命存在"或"生命心灵"等称谓,不同称谓各有其侧重,但实质是相同的。那么,《道德自我之建立》在心之本体外为何又提出"道德自我"这一概念呢?因为他指认"道德自我"不是孤悬于现实世界之外的超验实在,而是与人的肉体以及现实生活发生着真实的联系。如此,心之本体就落实到了实实在在的真实生活中。又因为人本身是一个精神性的存在,所以道德自我的本质也偏向于心之本体的一面。从唐君毅的著作中,我们可以清晰看到他从道德自我到生命存在(或心灵)②的一个思想转进的历程,具体表现在晚年多谈生命存在,其晚年巨著《生命存在与心灵境界》就是以此命名。

唐君毅对华严宗思想的借鉴与融摄,是他建构儒家道德理想主义形上体系中非常重要的一环。首先华严宗"三界唯心"与唐君毅的"宇宙唯心"是可以相互照应的关系,都重视"心"这个本体。其次,在证明和契会"道德自我"这个心之本体后,唐君毅继续论证了"道德自我"的分殊表现,即

---

① 唐君毅:《中国文化之精神价值》,第541页。
② 唐君毅认为言生命或存在或心灵,三者可为互说。"凡所以说生命或存在或心灵者,皆可互说,而此三名所表者,亦可说为一实。"参见《生命存在与心灵境界》导论,第3页。

体用关系问题,此节主要选取文化观方面予以讨论。

(一)"道德自我"的内涵

华严宗以《华严经》为宗经,其对"心"的本质、作用问题十分重视,在《华严经》中多有论及。其中《华严经·十地品》提出的"三界虚妄,但是心作"命题,可以概括《华严经》的主旨。《十地品》云:"三界虚妄,但是心作。十二缘分,是皆依心。所以者何?随事生欲心,是心即是识;事是行,行诳心,故名无明;识所依处名名色。"①简而言之,就是"三界唯心"。

由于《华严经》各品形成的时代和地区不同,论述的问题也各有侧重,对"心"的论述亦有相互抵牾矛盾之处。相对来说,《华严经》中《夜摩天宫菩萨说偈品》的一首长偈对心学体系的许多特征有较集中的体现:

> 心如工画师,画种种五阴;
> 一切世间中,无法而不造。
> 如心佛亦尔,如佛众生然;
> 心佛及众生,是三无差别。
> 诸佛悉了知,一切从心转;
> 若能如是解,彼人见真佛。
> 心亦非是身,身亦非是心;
> 作一切佛事,自在未曾有。
> 若人欲求知,三世一切佛;
> 应当如是观,心造诸如来。②

这首长偈对"心"的描述有三方面的含义,也是《华严经》心学体系的三方面内容或三个特点:

第一,心是世间的本源。首先,作为众生具体存在形态的"五阴"是"心"所创造的。这与"三界虚妄,但是心作"看问题的角度不同,但是表达了同样的意思。推而广之,一切世界诸法也都由"心"所创造。依此说法进一步说,连诸佛亦是由心创造。"心佛及众生,是三无差别",则肯定了心佛众生了无差别。唐君毅认为:"吾人众生之真心,原即佛所证之真心;心佛众生,乃三无差别。然此中佛与众生心之所以无差别,又更宜由佛与

---

① 〔晋〕佛驮跋陀罗:《大方广佛华严经》(卷25),《大藏经》第9册,第558页。
② 〔晋〕佛驮跋陀罗:《大方广佛华严经》(卷10),《大藏经》第9册,第465—466页。

众生心,同以此空寂之灵知为性而见。"①此空寂灵知之性,是吾人当下所具有的,也是当下可证知的。就如水的湿性,一触可知。华严宗密教人本此灵知,以求直接与佛之真心相契合,此即摄禅宗顿悟法门以诠教,故后世华严与禅颇有不解之缘。另外,心佛众生虽然有"无差别"的特点,"心"毕竟处于主导地位,是心创造了包括众生和佛在内的世间万法。因此,"心"不仅是世间的本源,同时也是世间一种现象,有其虚妄不实的一面。

第二,"心"具有沟通世间和出世间的功能。"诸佛悉了知,一切从心转。若能如是解,是人见真佛",此句揭示了第二层含义。此处"真佛"是与"心佛及众生"中的应化佛相对而言,指的是《华严经》中至真的卢舍那佛。"真佛"不属于世间现象,属于出世间,属于解脱的彼岸。只要向着内心世界寻求解脱,走修心道路,就能"见"到真佛。因此,通过修心达到心的转变,是成佛之路,所以心有沟通世间与出世间的功能。但是,"见真佛"并不意味着"真佛"由"心"所创造。既然称"见",仍然是把"真佛"作为主体"心"相对存在的外在崇拜对象了。

第三,心具有成为出世间本源的倾向或萌芽,即最后结论"心造诸如来"。"诸如来"可以概括世间的一切应化佛,而所有应化佛之总和就等于卢舍那佛。所以,"心造诸如来"已经具有了卢舍那佛也是由心所造的意义。问题在于,《华严经》始终没有明言卢舍那佛是"心"所创造。因此,"心"具有成为出世间本源的倾向,这在华严宗逐渐禅化中表现得更为明显。

总结以上华严宗的真心思想②,华严宗以一念之心上契佛眼所见之大缘起法,故名之为"三界唯心"。"三界"者,在华严宗中特指的是法界、心界、众生界。③ "三界唯心"就是指"心"是诸法本源,一切诸法为心所创造;因为心具有沟通世间与出世间的功能,所以向内修心即是成佛之路。在后来华严宗思想禅化的过程中,澄观明确地提出了"法界"即是"一心"的思想,"然其法界,非界非不界,非法非不法,无名相中强为立名,是曰无障碍法界。寂寥虚旷,冲深包博,总该万有,即是一心"④。五祖宗密亦指出:

① 唐君毅:《中国哲学原论·原性篇》,《唐君毅全集》(卷13),台北:学生书局,1989年版,第283页。
② 华严宗"真心思想"为唐君毅弟子霍韬晦语,见于《中国哲学原论·原道篇》导读部分。
③ 〔晋〕一行:《大毗卢遮那成佛经疏》(卷3),《大藏经》第39册,第610页。
④ 〔晋〕澄观:《华严经行愿品疏》,见西义雄、玉城康四郎监修,日本国书刊行会出版《新纂续藏经》卷5,第62页。

"所说诸法,是全一心之诸法;一心,是全诸法之一心。"①

华严宗之"三界唯心"说与唐君毅对"道德自我"(或谓"道德理性""心之本体""内在超越"等)之理路颇为相似,唐君毅自己亦有"宇宙唯心"之认识。他写道:"你的心可以包罗宇宙,而知你可以代'神'工作,而重新建设宇宙,同时完成你心之本性的要求。……所谓现实的宇宙,只是你的心完成和实现其本性之材料。这是我们所谓宇宙唯心的意义。"②唐君毅认为心之本体是一实然存在,只存在心之本体而不存在物质本体。人亦是一精神的存在物,而人生之本在心,心不仅是自身的主宰,亦是宇宙的主宰。内求于心,就能够实现自己精神的不断超越,成就"仁者浑然与物同体"的天德流行境界。

1. 人生之本在心

人生问题,是唐君毅早年思索最多的问题,尔后别有所重,但终其一生都未中断过。在唐君毅看来,人生的根本在于一个"心"字,人生的根本问题就是心(内在精神)的问题。在《道德自我之建立》一书中,唐君毅用"道德自我"来指代心之本体。

首先,唐君毅区分了物质和精神何者为人的本质的问题。唐君毅认为,人总可以从两个方面来看,一方面从外部看,人就是时空中的存在物。人的身体无非是十四种元素的复合物,它存在于空间,与外物相对而存在;身体会存在于过去,它只存在于现在,未来是否存在则无法保障,因时间而随物流转。然而另一方面从内部看,则人当下即是一精神的存在。唐君毅解释说:"人闭目试想他之自己是谁?人都可以发现他之自己,乃是一经验之主体,活动之主体。他所谓'我'从来不会被他视为物质,因物质必须有形色可见,然而莫有人能指出他所谓我之形色。他所谓我,只是那一切经验之主体,一切活动之主体。"③因为人之身体总在时空之中,受时空限制而永不得自由。而精神是可以超越时空的存在,不是有限,因为它要求无限。它要求无限,表示它要求自由。精神要求自由,表示它不愿不自由,要否定着不自由,否定来自身体和外物所要加诸它的种种限制。因此唐君毅认为人的本质是精神、是自由、是无限的,而非有限、非不自由。

其次,在心身关系上唐君毅认为"心统帅身"而不是"身统帅心","以心统身,理乃自真"。首先是指心能超越时空的限制而身则不能。在物质

---

① 〔晋〕宗密:《禅源诸诠集都序》,《大藏经》第48册,第407页。
② 唐君毅:《人生之体验》,《唐君毅全集》(卷1),台北:学生书局,1989年版,第170页。
③ 唐君毅:《道德自我之建立》,《唐君毅全集》(卷1),台北:学生书局,1985年版,第139页。

的空间中，一切物质的排列有它的次序，只能纵横排列。而在心里，这些不同的物质却可以自由组合和拼接。在现实的时间里，过去了的东西不能回来，未来的不能提前到来。而在心里，人既可以重新生活于他的"过去"，也可以提前生活在他的"未来"。既可以回忆几十年前的旧游，也可以设想十几年后的将来。其次，心能融合万物，而身则不能。人思念远方的亲人，则他的心就在亲人身上；看到天上的变幻白云，心就在白云之中；听到松涛的澎湃，他的心就在松涛里面。再次，心能开辟出思想之境界，而身则不能。心能由第一回想进到第二回想，可再由第二回想入到第三回想。比如从梧桐一叶之落而知秋之将至；由秋之将至而知枫叶将红；再由枫叶将红到游客渐多。思想可以自由往来，以至无穷，从而开辟出繁多的思想境界。人们只要能够有足够的想象力，尽可以展开想象的翅膀，将感触到的一切尽意地裁剪和融和，从而构建丰富多姿的世界，无穷无尽的宇宙。此外，心还能够自我认识，而身则不能。心能够以它自己为对象，在它内部自由地活动。你爱，你能够知道自己在爱，还能爱你所爱；你恨，你能够知道自己在恨，还能恨你所恨。你哭，你笑皆是如此。在心的自我认识中，一面是主观的，另一面是客观的。因此，心兼有内外两重世界。这两种世界可以自由转化，以至无穷。这一切，当然是十四种元素组成的身体无法做到的。唐君毅进而确定说："人的一切活动，都可说是精神活动。"[1]身体对于精神来说只是一负性的存在，或者说消极的存在。离开了心或者说精神，身体之存在则毫无意义。在这一点来说，唐君毅的思想与华严宗的"三界唯心"论在根底上是颇为相似的。

再次，唐君毅对心之本体的证明和体会。唐君毅的这种证明和体会是通过笛卡尔式的普遍怀疑来完成的。唐君毅首先经"我思"的普遍怀疑来否定现实世界的真实性，由世界的非真实性得以反证"我思"的真实性，正如笛卡尔一样，由此普遍怀疑而确认起于一念自反的"我"是真实存在的。

> 这当前现实世界可是真实的？如果它是绝对真实，何以会引起我这问题？我开始去反省我何以会有此问题。我即发现：在这问题之下，它便有是真实或不真实之两种可能。它也许真实，也许不真实。我进一步的思想马上告诉我，这当前之现实世界决不是真实的。它是虚幻、是妄、是梦境。[2]

---

[1] 唐君毅：《道德自我之建立》，《唐君毅全集》（卷1），第142页。

[2] 唐君毅：《道德自我之建立》，《唐君毅全集》（卷1），第94页。

此处所讲的非真实性指的是现实实有的事物的虚幻性,而不是对现在实有的事物的否定。这就如佛教里"空"的概念,"空"并不是完全的无,而是不真实的有。唐君毅证明现实世界非真实性,用的是时间的纵向比较法。

> 现实世界中的一切事物是在时间中流转,是无常、如梦、如幻,是非真实的。一切存在者必须消灭,时间之流水,如在送一切万物向消灭的路上走。一切的花,一切的光,一切的爱,一切人生的事业,一切我们所喜欢之事物,均必化为空无。这似是我反复的对现实世界的思维之最后的结论。①

由时光消逝、一去不返的无奈,唐君毅认清了此虚幻可悲的现实世界,遂发出"上无所蒂,下无所根"的大悲情。于是他发出了和叔本华几乎一样的慨叹:"人生的一切努力算什么,不过向死之礁石前进而已。人生的一切享受,无论精神的物质的,算什么,一切被赐予的,在死时均须一一被索回。"②由此进而唐君毅坚定认为,现实世界是一残酷可悲之世界,是"不仁"且"不善"的,"现实世界永远是一自杀其所生的过程"。

> 我从时间中之一切事物之流转,及其必需消灭上,我知道了,此现实世界根本是无情的。天心好生,同时即好杀。现实世界,永远是一自杀其所生的过程。……每一段时间,都是以前的一段时间之否定,人生每一种活动之开始,都是建筑在过去有意义有价值的活动之消灭上面。……然而时间之流水便似在永远不断的创造此可悲的事界,而现实始终本是表现于时间中。所以现实世界,永远是在本质上令人感到各种可悲的世界。③

唐君毅对残酷可悲的现实世界的否定与怀疑,一下子便触通到佛教徒的心境上。不过他并没有因为此佛家心境而得出消沉出世的结论,而是更加激发了他的向上之感,积极参入到现实世界的修行之中,以证得心之本

---

① 唐君毅:《道德自我之建立》,《唐君毅全集》(卷1),第98页。
② 唐君毅:《道德自我之建立》,《唐君毅全集》(卷1),第98页。
③ 唐君毅:《道德自我之建立》,《唐君毅全集》(卷1),第99—100页。

体的存在。那么,面对现实世界的虚幻不实,我们为什么会感受到痛苦呢?
这是因为我们渴望着真实、完满与至善。于是对现实世界残忍不仁的否
定,对真实、完满与善的渴望就成为道德心灵得以肯定的基点,也让道德心
灵或者说心之本体具有了超越性。

最后,唐君毅认为心之本体具有恒常、真实、至善、完满的特点。唐君
毅对心之本体特点的认识,与儒者的"天"、老子的"道"(或"常道")以及
佛家的"真如"在本性上有着高度的一致性,即真实性、恒常性和超越性。
唐君毅指出,现实存在的一切都具有不真实的特性,它们会随时间流逝的
过程而渐近消亡。只有心之本体才是超临于时空之上,所以心之本体是永
恒的、最真实的。可是心本体本不可见,它如何能超临时空之上呢?唐君
毅从人的思想方面予以证明。他指出,由心之思想,我们可思想无限的时
间和空间。我们虽然不能把无穷宇宙,无尽时空尽呈现于眼前,但思想本
身也不会停滞于任何有限的时空上。由此便说明心之本体是超临在时空
之上的。"我的思想可与无限的时空,平等的延展,而在延展的过程中,时
空永只为思想之所经度。"①

心本体的恒常性和真实性得到充分地证明之后,唐君毅以此观照宇宙
间的一切生灭变化。唐君毅由对现实世界虚幻性、残酷性的不满,推论出
心之本体的至善。"超越现实世界之'心之本体',必具无尽之善;无尽之
善,都从它流出。"②只有至善的心本体才会不满于此残酷世界的存在,要
求建立一个完满至善的世界。另外,心之本体也必定是完满的。因为只有
完满的心之本体才会具有最广阔的涵摄性,如此无限时间和空间才会为心
本体所涵摄与超临。

唐君毅通过论证心之本体恒常、真实、至善、完满的特点,那么"道德自
我"也具有恒常、真实、至善、完满的特点。

2. 心之本体即现实世界之本体

心之本体作为形而上的存在,被唐君毅赋予了"创生实体"的内涵,这
与中国哲学中所谓"天""道"等本体范畴,构成了一脉相承的关系,既突出
了本体的恒常性、真实性和超越性,也体现了生生不已的特性。唐君毅一
方面由"体验式的诠释"角度分析了他人与我的心之本体其实无二,人我
共同的心之本体都是至善的,他在现实世界中即表现为我们普遍的道德心
理,这说明心之本体的存在是由我所设定;另一方面,唐君毅并没有陷在唯

①　唐君毅:《道德自我之建立》,《唐君毅全集》(卷1),第103页。
②　唐君毅:《道德自我之建立》,《唐君毅全集》(卷1),第109页。

我论的圈套里,证明了我与他人在现实世界中都是平等的存在者,彼此超越的心之本体在现实之上是相合的。他认为:

> 心之本体即人我共同的心之本体,即现实世界之本体,因现实世界都为他所涵盖。心之本体,即世界之主宰,即神。"有物先天地,无形本寂寥,能为万象主,不逐四时凋。"我现在了解心之本体之伟大,纯粹能觉之伟大。我印证了陈白沙所说"人只争个觉,才一觉便我大而物小。物有尽而我无穷"。然而纯粹能觉是我所固有,我只要一觉,他便在。从今我对于现实世界之一切生灭,当不复重视,因为我了解我心之本体确确实实是现实世界的主宰,我即是神的化身。

人我共有的心之本体的涵盖性、统摄性以及超越性,是现实世界的本体,是宇宙的主宰,这是因为人类的能觉即思维能力具有无限性和超越性,能够涵天盖地,主宰万物。一方面,心之本体的恒常性、完满性等特点决定了心本体必然是超越于宇宙和现实世界之上的超验存在;另一方面,人我共有的心之本体又确确实实落实在人类的能觉之中,以待心灵主体去发现,去实现,成为"神"的化身。从这个意义来理解"宇宙唯心",我就是"神",我就是宇宙的主宰。

另外,心之本体如何成为现实世界之主宰,这不得不涉及心之本体的功能,也就是心之本体的涵盖性、统摄性以及超越性的来源,即此能觉具有"破除限"的本性能力。

人的身体是一有限的存在,唐君毅是如何证成心之本体为无限的呢?唐君毅认为心之本体的无限是因为它可以破除"我"的有限上见。心之本体"破除限"的本性则要求它必定是超越于现实之上,具有超越性。心之本体"破除限"的本性与超越现实的特性,使形上的本体因此与现实世界紧密地联系起来,但这种紧密地联系是体现在心之本体是无限的基础上的。心之本体超临于"我"之上,也超临于现实世界之上,有最大的涵摄性。所以说,心之本体本是无限。但此无限表现的不是积极的无限,而是必须在有限身体的基础上去"破除限"。

> 它之所以为无限,即在于它之要破除我之有限的关节上。它之为超越的,即在于它使我要求超越现实的关节上。[1]

---

[1]　唐君毅:《道德自我之建立》,《唐君毅全集》(卷1),第118—119页。

由此，唐君毅把有限与无限紧密联结起来，心之本体与现实世界也联结起来，是一种对立与统一的存在关系。心之本体超越于现实世界之上，与现实世界其实二分，是形上本体与形下世界的关系。但是心本体不是绝对孤立的存在，而是与现实世界发生紧密地联系，心之本体存在于现实世界之中。所以人们不能抛离现实世界中人的创造，人的文化以及人的生命进程来谈本体。① 这与现代新儒家中熊十力、梁漱溟、贺麟以及牟宗三等人的观点是一致的。他们从中国传统哲学中得到启示，认为本体不仅仅是一种恒常、完满的超验存在，超越于万物之上，为万物之本，同时也是存在于万事万物之中，不能脱离现实事物而存在的。唐君毅"心之本体即现实世界的主宰"的观点也是从这方面来理解的。之后唐君毅在此基础上建立的道德哲学、人生哲学、文化哲学等都源自于此。

唐君毅通过论证心之本体的特征和与现实世界的关系，标志着"道德自我"的本体地位的确立。唐君毅的"宇宙唯心"的心本体论通过反思以及"体验式的诠释"建立了起来，它明显的带有中国哲学的特色，与华严宗的真心思想也完成了理路的对接和榫合。

（二）"道德自我"的分殊

唐君毅在心之本体外为何又提出"道德自我"这一概念呢？因为他认为"道德自我"在形上层面不仅与心之本体发生密切联系，在现实中也与人的肉体紧密结合。并且"道德自我"通过身体的中介，使心之本体可以与现实世界产生真实的联系，让心之本体落实到实实在在的真实生活中。又因为人本身是一个精神性的存在，所以道德自我的本质也偏向于心之本体的一面。因此，"道德自我"不是死的本体，而是活的本体，这就不得不落实到现实的世界中来，也即本节所讨论的"道德自我"的分殊问题。

"道德自我"（或"心之本体""道德理性"等）的建立以及展开与华严宗"性起"说密切相关。所谓"性起"，即真如自性随缘能生起一切诸法。就生佛关系言，指一切众生无不具足如来智慧，只要称性而起，便可做佛；就佛性与万法的关系言，指一切诸法都是佛性的体现，离佛性之外，更无一法。"性起"之名始源于晋译《华严经》中"宝王如来性起品"，后经华严诸祖师的显发，遂成为与天台宗齐名的一路教门。

---

① 见李维武：《现代新儒学重建本体论的贡献与困境》，《新儒家评论》（第一辑），北京：中国广播电视出版社，1994年版，第96页。

1. 文化是"道德自我"的分殊表现

自己自觉地支配自己,以超越现实自我,这是唐君毅理解的道德生活的本质。与现实自我相对来说的就是"道德自我"(或称为道德理性)①,而"道德自我"之根源,即形上的心之本体,乃是将道德自我向上推出去说,以指出其高卓与尊严,然后再以之肯定并主宰形下的现实世界。

另一方面,心之本体为一充内形外之真实言,也名为精神实在。"道德自我"与精神实在都是心之本体之一侧重,但实质都为一。"道德自我"本身即是无限,但由自身渗贯入有限之现实世界中,而成各种学问,而宇宙万物也无不内涵精神实在而得以显现,此正与华严宗性起思想理路相似,或有借鉴之处。文化领域是唐君毅着力最多,取得成果最丰的领域。所谓文化,在他那里有广义和狭义之分。广义的文化是人的精神活动的表现,包括人的社会活动,政治活动,以及生产技术活动。凡是对自然和社会有所改变的行为,都可称为文化。狭义讲,文化则专指哲学、伦理、道德、文学等,以及人们的日常风俗习惯都可以算是文化的一部分。不过这指的是狭义方面。唐君毅在论述文化观时,着重强调前一义;而在论中西文化时,则侧重于后一义。唐君毅的文化观就是基于广义文化的理解建立的,也可被称为"心化"的文化观。与马克思主义所主张的以社会人的物质生活资料的生产和再生产活动为基础的文化观不同。唐君毅把文化活动的本质视为精神的活动,视为道德主体的客体化(现实化)与现实存在的主体化(理想化)的统一,外化与内化的统一。②

人的一切活动都可以说是精神活动,文化当然也是精神活动的表现或创造。也就是把文化活动的本质视为一种精神活动,不同的精神表现于现实世界,乃使现实世界染上不同的理想意义的光辉而产生分殊。比如经济、政治、文化、道德、宗教、军事等多种内容和形式的文化活动,它们都有各自的领域和方向。唐君毅在把人们对文化的关注引申到"精神活动的表现或创造"之后,更进一步向内反省,推本溯源,指出人的精神活动不过是一种形上的精神实在的发用,这形上的精神实在可被称作"本心""仁体""精神自我""超越自我"或者"道德自我",因此,"人类的一切文化活动,均统属于一道德自我或精神自我、超越自我,而为其分殊之表现"。唐君毅进一步指出:

---

① "道德自我"是唐君毅最早运用的核心概念,在论述文化观里又多用道德理性,两者其实质都是一样的,可混用。

② 郭齐勇:《论唐君毅的文化哲学》,《求是学刊》1993年第4期。

一切文化活动之所以能存在,皆依于一道德自我,为之支持。一切文化活动,皆不自觉的,或超自觉的,表现一道德价值。道德自我是一,是本,是涵摄一切文化理想的。文化活动是多,是末,是成就文明之现实的。①

一切文化活动都会体现一定的道德价值。所以,道德自我与文化活动之间是一与多,本与末的关系。

唐君毅在这里论述的"道德自我"与文化活动的一多、本末关系,借鉴的正是华严宗的"性起"之说。华严宗"性起"的"依性而起"之义,在这里对应的正是一切文化活动皆依"道德自我"而起,是"道德自我"的分殊表现。对应于"性起"说的生佛关系,一切文化活动也无不具有道德价值;对应于佛性与万法的关系,一切文化活动离开了"道德自我"这个本体,也就不是文化活动了。另外,从本体与现象的关系言,文化是道德自我的分殊表现;就现象对本体的联系看,文化活动无不内在于道德自我之中。从这个意义上来说,唐君毅"道德自我"与文化之间的关系完满诠释了华严宗"性起"说的思想。

2. 文化的地位与兴衰皆依于本心

文化是道德自我的分殊表现这一命题的确立,为唐君毅解决文化何以存在,文化如何存在这个基本问题提供了方向。他的基本思路是,文化因人的精神表现而存在,并由道德自我或精神自我或超越自我所发出,一切文化活动各相独立而又统摄于道德自我,是道德自我的分殊表现。唐君毅顺此思路认为,文化之兴衰理所当然也要依于本心,精神上升或下堕是文化兴衰的根本原因。

唐君毅论述了文化的地位问题。唐君毅认为,自然事物的进化是由植物、动物再到人心及文化的历程排列的。这一进化过程,"正是由物体之相外在而变化无常,超越至植物生命之有常而据一点,以四达其生命;由植物生命之胶结,而超越至动物之本能直觉光辉之外透;由动物之依本能以求生存,超越至依经验以生存,再由经验中刺激反应之连结之开解,而超越至交替之反应之生起;人则由动物经验之无内外之分别,超越至有内外界划分,而归于人之自觉其别于自然,并以其精神理想主宰自然"②。此一进化

① 唐君毅:《文化意识与道德理性》,《唐君毅全集》(卷20),台北:学生书局,1986年版,第5—6页。

② 唐君毅:《文化意识与道德理性》,《唐君毅全集》(卷20),第652页。

至人自觉其精神能主宰自然而区别人与自然的历程,唐君毅视作进化之必然,由此而认定自然之进化就在于将其自身置位于精神或人之下。顺此推论,因文化是人的精神活动的表现或创造,是道德理性的分殊表现,依据人的超越的"本心"而有的,故文化生命位于自然世界之上,它超越自然世界,涵盖、规范自然世界,也因此在宇宙中占有至高无上的地位。换言之,文化的至高无上地位是源于人的精神、人的本心本性的至高无上;文化至高无上的价值,源于人的本心本性的主宰性和超越性。

不过,以上的只是推理而非有所实证。那么,如何来证实呢?唐君毅认为这必须在个人的精神之内,亦即向内的、精神的实证。其论证的要点在确知一切文化活动皆不受自然本能欲望交替反映与联想等自然心理之决定,而恒依于一精神理想以生,即恒依于超越的精神自我或本心得以存在——既超越自然的本能欲望以涵盖的理性化人的欲望,又须超越个体自我的偏狭,涵摄起包括他人与我在内的宇宙间的万事万物。另外,唐君毅还从具体的文化生活体验去说明他的这一精神实证,例如家庭生活的本性,是超越涵盖人的性本能;人的生产技术活动或社会经济之本性,是超越涵盖人的求食、利用物体以求生存的本能;人的政治活动之本能;政治活动之本性,是涵盖人的求权力之本能;宗教活动,则是皈依宇宙万物人生中的至神,以超升现实世界的苦痛、丑伪、罪恶,而光荣理想世界的真善美;人的活动,则是实现真善美于人之自身,以完成人之人格,并通过人之人格以散布理想的光辉和道德自我或超越自我的光辉,使现实世界成为理想世界,成为超越的道德自我、精神自我或神的具体的客观表现。在唐君毅看来,以上这些即"皆依于吾人之超越的精神自我之不自限而无限之精神而生之文化,而皆可由之以直透宇宙之形上本源者"[1]。这个形上本源就是人的道德自我或精神自我或超越自我,亦即人的"本心",它能裁成自然世界并建立人文世界。

因此,最后回到文化兴衰之道的问题上,唐君毅认为具体的文化都可能衰亡。只有在它自觉体现无限的精神即"本心"时,才能永葆青春,即文化"不毁之道无他,即凡所成之末皆返于本,而末皆为本,斯可致生生之不已"[2]。人的精神向上,则合理性的理想昭于心而形于外,视别人的生命也同样充满精神,从而敬之以礼,待之以诚,又以其生命精神洋溢于自然界,而视自然界为生命流行的境界。此时人们皆努力于文化的创造而轻忽文

---

[1]　唐君毅:《文化意识与道德理性》,《唐君毅全集》(卷20),第654页。
[2]　唐君毅:《文化意识与道德理性》,《唐君毅全集》(卷20),第670页。

化的享受。人类文化之所以衰亡,也是由于人的精神本身的原因。而不在它以外的原因。他总结了精神本身导致文化衰亡的四种情况:一是滋生享受文化成果的意识,掩蔽了创造文化的精神;二是社会分工的发展,阻隔了人们彼此的相知,造成人们只从形式上接受前代文化,而日益丢失了了解它的精神意义;三是文化分门别类的发展,即知识学科的细分使人蔽于所习,而抹杀别人和他种文化的价值;四是由不同文化部门的意气之争,发展为政治范围内的争名、争位、争权、争势以致动用武力。

那么,针对文化衰亡的救助之道何在呢? 其衰亡是不可避免的吗? 唐君毅认为,文化的衰亡是可以挽救的。挽救之道在于向上提起自己的精神。或者叫立本以持末,返本以成末,"本"即指本心。意思是说,以自己的精神去主宰文化,使自己的文化不离根本。他认为人的精神或道德理性不能只存于心而不显于文化。只存在于心而不显于文化,精神则不能持久。但文化不能一味地只向外表现,而必须知道其根本在于人心。如果偏离这一根本,就会导致自身的衰亡。因此,"人能使精神一直向上提起,则一切皆由精神主宰,何弊之不可救?"①

唐君毅还认为,中国文化正是这种向上提起精神而使文化保持不衰的典范。中国文化的精神在于立本以持末,求绝乱源于先机,以拨乱反正,长治久安,着实高于世界任何民族之文化。中国历史文化之所以较为深远悠久,其道理就在于此。当然,中国文化本身亦有其缺陷,它未能成就人文世界的多途发展,所以没有西方文化那样的丰富多彩,但中国文化能时时注意于文化本身,时时向上提起其精神,也是世界其他各民族文化所没有的。

二、唐君毅华严哲学的判教论

唐君毅认为"心体"含有非常丰富的创生意义,后来他把"道德自我"推扩为生命存在心灵的原因也正在于此。再由生命心灵的多层次、多向度地展开为宏大的"心通九境"哲学体系。在唐君毅看来,通过"道德自我"的不断分殊形成了道德观念、审美情趣、科学追求、宗教信仰等诸方面,由此形成了整个的文化意识宇宙。但是这些文化意识的活动在生命心灵中又表现为不同层次的境界,依此心境关系为判教观,建立其包含中西印各家文化的圆融的哲学体系。

唐君毅根据生命心灵的全幅活动构建的"心通九境"的哲学体系,则是借助华严宗的判教法构建起来的。唐君毅华严哲学的判教观以及判教

---

① 唐君毅:《文化意识与道德理性》,《唐君毅全集》(卷20),第671页。

实践都离不开对华严宗判教的融摄和发挥。唐君毅把心境关系作为自己的判教观,把道德宗教作为自己的判教实践。

(一) 判教观

华严宗基于判教基础上的理论深刻的融通性和包容性以及以境界、教义分高下的判教方式对唐君毅有巨大的启发,这是一个不争的事实,唐氏本人亦承认这一点。如他所言:"由此而吾乃有会于中国佛家之判教之论,于佛经之一一说为最胜之义,而似相异相反之言,莫不可会而通之,以见其义之未尝相碍。"①其恢宏圆融的"心通九境"的哲学体系就是在其影响下构建起来的。

1. 对华严宗判教的融摄

所谓判教,也作教判,或是教相判释。是指根据本宗经典判别其他各宗的义理和境界高下,以调和诸家思想,显示自家为高。判教之目的,意在调和诸教派间义理,把本宗派判为最圆满,以确立本教派的正统性。判教亦有严格的程序,大致分为构造体系、评析教理、归判境界三层。

华严宗的判教理论是中国诸家宗派中最为成熟的判教体系之一。华严宗的教理体系在建立上较其他宗派有一个难以比拟的优势,即印度佛教思想(大乘与小乘,大乘之中观、唯识以及如来藏教)在其成立时就已经被中国佛教界所了知,这为华严宗的成立提供了非常丰富的理论资源。这一点在华严的判教理论中也有展现。

唐君毅在建立自己思想体系时,不得不运用判教的方法。唐君毅所面临的文化世界,呈现的是几千年来中西方各家不同的文化图景。从中国的先秦诸子以下就有两千多年的学术思想流变,西方的学术思想则更是端绪繁杂,各种宗教、科学、哲学思想相互交织。要在这些广博浩瀚的文化海洋上架起一座坚固畅通的桥梁,正如蔡仁厚说的:"正需要一个新的判教来别同异、定位序,以建立综摄融通的基准和规则。"②判教可以对各种文化思想的境界予以梳理与融摄,以建立一个连贯且有条理的系统,使中西方各家思想形成一有层次、次序的体系。唐君毅"心通九境"的哲学体系正是借助华严判教法建立起来的。

唐君毅的判教工作借鉴了华严宗判教的融通性和包容性的思想。具体来说,唐君毅在进行判教工作时,面临两个问题。一个是如何涵盖更多的内容;二是如何保证判教时的公平、公正。于前一个问题,即是融通性的

① 唐君毅:《生命存在与心灵境界》,第 677 页。
② 蔡仁厚:《新儒家的精神方向》,台北:学生书局,1982 年版,第 304 页。

问题。后一个问题,唐君毅以"同情之理解"的态度对待各家文化,尽量不带偏见地了解各家文化之所长,即是包容性的问题。

首先,就融通性上来说,唐君毅的判教在内容上无疑是极其具有涵盖性的。他没有偏于言中国之哲学、宗教,文化,而是涵盖了世界各国的哲学、宗教与文化。"心通九境"哲学体系中的九境,所对应的几乎涵盖了世界各科目的知识、活动。社会科学、自然科学、哲学、宗教以及文学艺术类都在其判教的视野下。但其视野上的广阔性之创新精神确实受到了华严宗判教的影响。如此繁杂与矛盾的各家思想,最后都被高明广大的"大心灵"融通统摄起来,形成一有层次、种类、次序的体系。唐君毅油然生起一股超越的自信:"一切说不同义理之语,无不可在一观点下成立。若分其言之种类层位,而次序对学者之问题,而当机说之,无不可使人得益,而亦皆无不可说为最胜。"①让唐君毅有此自信的原因是宇宙万物与人之心灵无不感通,则成种种知识与活动,本体已立,则种种知识、活动,无论是哪一学派,哪一种思想,无论是相互矛盾,还是有冲突的,无不可与生命心灵中产生会悟,用判教的方式予以融会贯通。

其次,关于包容性。吴有能认为:"华严宗的哲学能够使不同的境界同时收摄在层层无尽的境界里,但却并没有(在)以否定个体性的条件下,将一切(都)收摄在最后一个精神实在里面,这一点与唐先生论学的气质很相近。"②这说明唐君毅在包容性方面与华严宗是一脉相承的。儒家在宗密之前都被判入"人天乘","即承认儒佛可以调和,不过(儒家)是佛教中层位最低者,虽有利世道人心,但不能得究竟"③。宗密在《原人论》中虽然也把儒家"元气生人"说在理论上批驳一通,把儒家判入人天教,但是在其《会通本末》一章中试图会通儒家与一乘显性教。宗密在书中强调"元气亦从心之所变,属前转识所现之境"。儒家圣人但凭本心立身行事,而不穷究本身所从来,这其实属于儒家所说的一种"权"法。可以看出,宗密在对待儒家之态度上,是抱着"同情之理解"的。在对待两种不同的文化体系上的判教时,此种尊重而客观,"同情之理解"的态度才是值得提倡的。唐君毅的"心通九境"的哲学体系就有此种雍容大度的胸襟,予各家思想无不会通。比如对于各家各派的最高存在都予以充分的肯定,唐君毅称它们

---

① 唐君毅:《生命存在与心灵境界》,第677页。
② 吴有能:《从多元文化的视点论新儒学的当代相干性——以唐君毅先生的判教观为中心》,祝瑞开编:《儒学与21世纪中国——构建、发展"当代新儒学"》,上海:学林出版社,2001年版,第365页。
③ 王仲尧:《隋唐佛教判教思想研究》,成都:巴蜀书社,2000年版,第169页。

是"名异实同",最后皆指向一超世间的绝对真实者而已,名称不过是"道路上之指标"。

> 对此超主客而统主客之形上的绝对真实,东西之哲学、宗教、道德等思想中,有种种名说之。如东西思想中之天、帝、元、真宰、太极、太虚、太和、道体、太一、至无、至寂静者、梵天、真如、如来藏、至真实者、有一切者、绝对者、完全者、至大者、至微者、无限者、永恒者、最究竟者、最根源者、至美至善者、绝对公正者、为一切爱,一切德之本原者。此诸名之义,虽不同,然其所指向,为一超主客而统主客之形上实在,则无不同。①

唐君毅在肯定世界各宗教的终极关怀的共通性的同时,也为他判别各家各派思想的境界和教义奠定了基础。

那么,既然各家各派的最高存在都指向这一超主客而统主客的形上实在,各家各派思想之矛盾冲突又是如何产生的呢? 这是因为人的生命心灵表现出来的方向和深度不同。唐君毅认为,生命心灵作为思想之根源本身是不具有内在矛盾的。矛盾之所以产生,皆由于人的心灵自陷于某一方向和深度,那么他就只能知道此一方面和层次的义理,对于其他方面的义理就无法了解。如果我们不能善会他人的方向和深度,就难免产生矛盾和冲突。所以,一切冲突与矛盾都是源于人们主观局限的结果。在中国几千年的文化发展史上,各宗各派,各种思潮此起彼伏,充满了对立和冲突。比如,儒释道三教思想各不相同;孔、孟、老、韩诸子间思想也不相同;天台、华严、禅宗同为佛宗,也是彼此不同;即使是看起来在同一学派中的,彼此在思想上也会有种种差别。不过这些在唐君毅看来,所谓各种思想的不同只是生命心灵的方向和深度有差别而已,其内在实质都统摄于"心通九境"的体系。只要我们能克服个人思想的局限,就能把一切思想在生命心灵境界中加以融会贯通。不论任何方向与深度的思想观点都能在心灵的层位上各得其所,各安其位,彼此无碍,和衷共济。

不得不说,唐君毅"心通九境"哲学体系的融通性与包容性的特点,是建立在他的心本体——生命心灵之上的,心灵之"居内而通外以合内外"正是此融通性和包容性的基础。

---

① 唐君毅:《生命存在与心灵境界》,第397页。

2. 心境关系

生命心灵对其世界或境界的关系,简称为心境关系。心境关系正是唐君毅华严哲学的判教观。

所谓境,在唐君毅"心通九境"的思想体系中,即指境界。唐君毅认为,境界一名,初出自庄子之言境。佛家唯识宗以所缘为境界依。所缘即心之所对、所现,即指境界为心之所对,心之所现,既含客观现象,又涵主观意象。唐君毅所说的境,它包含物而又不同于物,因此境义广而物义狭。它与物的区别是物在境中,而境不必在物中,物实而境兼虚与实。如云浮在太虚以成境,即兼虚实。但境不一定是浑然一体之境,境有种种,互有界限,故境界连用。心灵之"心",偏自主于内说,"灵"则偏自虚灵而能通外说,合"心""灵"为一名,则在"言心灵有居内而通外以合内外之种种义说"。①

唐君毅认为,心境关系是一种感通关系。感是感应,通指通达。心境互相感应而通达,心既可感通于境,境亦可以感通于心。"境与心之感通相应者,即谓有何境,必有何心与之俱起,而有何心起,亦必有何境与之俱起。此初不关境在心内或心外,亦不关境之真妄。"②因此,心境"俱存俱在""俱开俱辟""俱进俱退""俱存俱息"。唐君毅用开门见山来比喻此种关系,此山虽然先于我而存在,但是正因为我开门见到此山此境,而此山此境与我俱存俱在。此一思想与王阳明之"花树理论"何其相似,确然是对中国传统心性论的继承和发展。在他看来,中国儒者不说上帝造万物,也不言心反映境,而只言天地开辟万物生,只说乾坤阴阳幽明之理,这都意味着心境相即不离。他虽然主张心境相即不相离,但是在实际的论述中,却常常倾向于以心生境,而不是以生感境。以心感境不能尽唐君毅所谓感通之义。

境为心所感通与境为心所变现又有不同。唐君毅认为,心所变现者,自是心之所通及。若言境为心所变现,则境便全摄于心,或唯有心而无境,如此便无心与境相互为用,相感相涵之义。"此主体之心,通及客体之境时,此境即自呈现其'性相'于此心。此中,境亦可说有呈现其性相之'活动'或'用',而后此境与其性相,方得呈现以'存在'于心;而通于境之心,亦必因此而自变为以'呈现此境之性相',为其'性相'之心,此心又必有此自变之'活动'或'用',乃有此所变成之心之呈现以'存在'。故此中有心

---

①　唐君毅:《生命存在与心灵境界》,第 2 页。
②　唐君毅:《生命存在与心灵境界》,第 3 页。

境相互为用之义,不能只言心变现境。又言心变现境,恒是就特定境,而言其为此心之所通。然心之所通,不限于特定境,乃恒超于此特定境,以别有所通,而永不滞于此所通。如飞鸿踏雪泥,飞鸿不留于其指爪之所在。故只言心变现境,纵至于言一切境,皆心所变现,仍是滞辞。"①

唐君毅认为,生命心灵感通境的方式不同,相应而起的境也就不同,有种类、次序、层位的不同,即有横观、顺观和纵观的不同。横观是生命心灵活动往来于内外左右向,观的是种类;顺观是生命心灵活动之往来于前后之次序,在观次序;纵观是生命心灵往来活动于上下向,观的是层位。他说:"心灵活动与其所对境之种种,有互相并立之种种,有依次序先后生起之种种,有高下层位不同之种种。此互相并立之种种,可称为横观心灵活动之种种;有依次序先后生起之种种,可称为顺观心灵活动之种种;有高下层位不同之种种,可称为纵观心灵活动之种种。"②他把这种横观、顺观、纵观叫作"生命心灵活动的三道路或三方向",或"心灵生命之三意向或三志向"。下面一图就是"心通九境"系统中的内容:(根据《生命存在与心灵境界》第22—26页绘制)

三向	九境	界位	内容	层位
客观境	万物散殊境	个体界	关于个体事物的史地知识、个体自求生存,保其个体之欲望,关于个体主义的知识论、形而上学和人生哲学等	觉他而不自觉、知他而不自知境　属于知识类
	依类成化境	类界	无生物类、生物类、人类等关于类的知识,人的求自延其种类的生殖欲望,及其成家成民族之事,人类的职业分化及活动等	
	功能序运境	因果界 目的、手段界	以研究事物因果关系为中心的自然科学和社会科学之知识,如物理学、生理学、纯粹社会科学等之理论,以及应用科学,还有专论因果的知识论,人的功名事业心,功利主义哲学等	

---

① 唐君毅:《生命存在与心灵境界》,第3页。
② 唐君毅:《生命存在与心灵境界》,第5页。

续表

三向	九境	界位	内容	层位
主观境	感觉互摄境	心身关系与时空界	关于心身关系、感觉、记忆、想象与时空关系的知识论或唯神论、泛心论等形而上学，一切重人与其感觉境相适应以求生存的人生哲学，及陈述人类经验的语言等	自觉境属于知识类
	观照凌虚境	纯相界意义界	一切人对纯相、纯意义直观的现象学，如对文字意义之知，对自然、文学艺术中的审美之知，数学几何学对形数关系之知，逻辑中对命题真妄关系之知，哲学中对宇宙人生意义之知，人纯欣赏观照的人生态度等，此境偏于审美心理	
	道德实践境	德行界	人本道德的良心，所指的一般的道德观念，本而有之的伦理学、道德学知识，人的道德行为生活，道德人格的形成以及相关的哲学、形而上学、人生观念等	
超主客观境	归向一神境	神界	一神教所言的超主客而统主客的"神"境。	超自觉境智慧类
	我法二空境	法界	佛教之观一切法界一切法相之类之义，同见其性空为其法性，以破人对主客我法相的执着	
	天德流行境	性命界	儒教尽主观之性，以立客观之命，而通主客，以成此性命之用之流行之大序，通主客、天人、物我，以超主客之分	

（二）判教实践

唐君毅依心境关系判种种活动为九境，形成"心通九境"的哲学体系。

本节讨论唐君毅的判教实践，选取后三境作为判教对象，能更能把握他的精神取向。"心通九境"的后三境依次为归向一神境、我法二空境和天德流行境，相对应的宗教依次指向一神教、佛教和儒教。显而易见，唐君毅认为儒教之尽性立命即是九境之最高明的境界。

那么,唐君毅作出此判教的标准何在,有何根据呢?唐君毅认为,任一宗教的教义,以及上帝的话都不能作为标准来判断各种宗教的高下偏全。这一判教的标准必须是超越一切判断之上,而永不能成为被判断者,良知正是此一标准。[①] 诚如他所说:"依良知为标准,我们可说一切高级宗教中之超越信仰,皆出自人之求至善至真圆满无限永恒之生命之要求,求拔除一切罪恶与苦痛之要求,赏善罚恶以实现永恒的正义之要求,因而是人所当有的。"[②]唐氏在《生命存在与心灵境界·后序》中说:"吾人于上列诸章,乃以尽性立命境为据,以通摄其余诸境。"[③]而尽性立命,即是要依据当然之性理,在境上皆见"于人有所命之天命所在"。唐君毅的性理,即是和"道德自我"或者生命心灵一体相关的概念,即所谓道德良知。良知一方面内在于人的本心本性,另一方面也是"天"赋予人的天心天性,天人之间相互感通,即"人之本心本性即天心天性"或尽心知性知天之谓。

故此可见,唐君毅是在人心与天心相通的意义上确立良知的判断标准的,其目的是在人的内心道德意识的开发中去融通各种宗教的价值。同时唐君毅认为一切高级宗教的最高实在,如阿拉、上帝、梵天等在终极意义上与良知通而为一,而不相离。因此,才能依此良知为标准判别各宗教之高下偏全,而宗教良知的发展充量是其依据。例如,"讲由修行所证之超世间的果德,基督教不如佛教。但基督教要上帝之国来到人间,故基督徒更重在世间作谋社会福利之事业。此则佛教不如基督教"[④]。所谓宗教良知,即是把人性宗教融合神性宗教在终极意义上建立道德与宗教的内在联系,也即依据儒家的天人合一的思想,透过人的道德主体性去理解天的超越性,同时也使人的道德主体获得超越意义。这种儒者式的认识,也正如唐君毅在《为中国文化敬告世界人士宣言》中所阐明的:"中国民族之宗教性的超越感情,及宗教精神,因与其所重之伦理道德,同来源于一本之文化,而与其伦理道德之精神,遂合一而不可分。"[⑤]把中国之儒教判为最高明,原因正源于此。

一神教,即是认为只有一个神存在并对它崇拜的宗教,犹太教、基督

　　① 单波:《心通九境——唐君毅哲学的精神空间》,第192页。
　　② 唐君毅:《人文精神之重建》,《唐君毅全集》(卷5),第589页。
　　③ 唐君毅:《生命存在与心灵境界》,第661页。
　　④ 唐君毅:《人文精神之重建》,《唐君毅全集》(卷5),第582—583页。
　　⑤ 唐君毅、牟宗三、徐复观、张君劢:《为中国文化敬告世界人士宣言》,《民主评论》1958年第1期。

教、伊斯兰教都是典型的一神教。一神教最重要的概念是上帝,上帝是全知全能的神,但是上帝又是看不见摸不到的。唐君毅解释上帝的存在,认为上帝是由人类心灵的超化而成的。他认为在社会生活中的人我之间,原有人我的道德心灵结成的统一的精神存在。因为人们生活的封闭与限制,未对此作深切的反省,这就对此统一的精神实在(上帝),难于知其存在。但是,在遭受大灾大难时,如战争、地震、洪水,人们就会彼此团结起来,就可以体验到这种统一的精神实在的存在。他说:"此时,人即在主观上各有万众一心之感,而在客观上亦可说实有此一心之存于万众,而人同时可觉此万众之一心之所为,存于天地,而足感动天地。"①存于万众的"心灵"超临于万众之上而又不离于万众,而被同时真实地感知,仿佛此普遍心灵或神灵置身吾之左右。人的这种客观化、普遍化后的心灵精神,加以人格化,赋予特定的名称,即是上帝。

唐君毅所谓的我法二空境,是指生命心灵依其超越的活动,视一切精神世界和物质世界都是空幻所成之境,这即是佛家的境界。因此,佛家的思想,包括因缘义,因果报应义,无量世界义,三世义以及普度众生义,都完全是出于生命心灵活动的自然要求。比如唐君毅认为佛家的因缘观念是因为佛学理论用他在观照凌虚境中所说的"是A类者即是A类"的逻辑原则,以论世间一切因果关系的结果。而所谓的逻辑原则,又只是心灵活动的观照功能。这样,他就把佛家的因缘理论完全归结为心灵的原因。又如唐君毅认为佛家的因果报应理论,这是中外人心皆有赏善罚恶的自然要求趋向,这种共同趋向是仁心的固有之理。这样,佛学因果报应理论的形成,自然归于主观心灵的要求。无量世界义,三世义以及普度众生义,也都是心灵活动的结果。

"九境"之最高境界——天德流行境,是生命心灵依其超越的活动,向往于儒家所说的天人合德所成之境。乃是于人德之成就中,同时见天德之流行。唐君毅又把天德流行境称为尽性立命境。在人而言,人们从事道德实践,成就己身人格世界的过程,即尽性立命的过程。从天而言,即是天德流行大化的过程。在儒家视域下"天"的概念并不仅仅指自然天的涵义,更多的是指含有精神生命的实在,精神生命的实在之理则名之为天理。人生而具有此理则为性,故人性即天性,人心即天心,人情即天情。人之修德,成就人性,即是天德流行。唐君毅认为这是由儒家独特的观天命的出发点决定的。这样出发点的根本之处就在于人感知事物的性相时,把这种

---

① 唐君毅:《生命存在与心灵境界》,第432页。

性相看成是天命的表现,把这种性相的变化流行,看成是天命在此流行。所以天德流行境是天与人相互感通与互动的结果,它不纯粹表现为天,也不全表现为人,这即是中国哲学一直所崇尚的天人合德或天人合一的观天命路径。也正因为这天人合一的观天命路向,使儒家形成了天人合德的思想。

因为只有在同为宗教的基础上,一神教、佛教与儒教的境界高下才能有所判别。而对于儒家是否为一宗教,唐君毅的答案是肯定的。但他同时认为,儒学有别于一神教、佛教,不是一般之宗教。

总之,唐君毅"心通九境"的哲学体系,所涵内容广大,在融摄华严宗判教法的基础上,将东西方历史上诸多的文化形态融贯其中,对中西印的哲学思想亦大力吸收,最终皈依于儒家思想。

三、唐君毅华严哲学的境界论

唐君毅华严哲学在圆融旨趣上与华严宗思想是一脉相承的。所谓的圆融旨趣,即一切相对之义理皆可圆融无碍地为"一心"所统摄,各安其位,形成一连贯而有序的系统。在圆融旨趣之上,唐君毅又进一步提出了道德宗教境界的概念,展现其以道德代宗教的精神旨趣。

(一)唐君毅对华严宗圆融精神的继承

唐君毅认为,华严宗的圆融精神在"六相圆融"等理论中得到体现和证明。"六相"的名目最早见于《十地经》:"诸地所净,生诸道法:总相,别相,同相,异相,成相,坏相。"①但没有为此做出解说。关于"六相"义,则是说此缘起法之合多为一,而一多相摄入,而相即,以圆融不相碍之相状。法藏在《华严五教章》中有一个集中地论述和总结:

> 总即一舍,别即诸缘;同即互不相违,异即诸缘各别;成即诸缘办果,坏即各住自法。别为颂曰:一即具多名总相,多即非一是别相;多类自同成于总,各体别异现于同;一多缘起理妙成,坏住自法常不作。唯智境界非事识,以此方便会一乘。②

法藏把"六相"义以房子与橡、瓦之喻形象地表示出来。"总相"是整体(房子)、是"一","别相"即是部分(诸缘,指橡、瓦)、是"多"。那么,总

---

① 〔北魏〕吉迦夜(译):《佛说大方广菩萨十地经》,《大藏经》第 10 册,第 378 页。
② 〔唐〕法藏:《华严一乘教义分齐章》,《大藏经》第 45 册,第 508 页。

与别的关系就是,如果没有部分,也就不会存在整体。总与别的关系就是,"若无别者,总义不成,由无别者,即无总故。此义云何? 本以别成总,由无别故,总不成也。是故别者,即以总成别也"。这就叫"以别成总"。另一方面,没有整体,也就没有部分,因为部分只有在整体存在的前提下才是部分,这叫"以总成别"。以此可看出,整体与部分之间相互联系、相互制约与相互依存的关系。

在六相中"总别"关系是其中最为重要的关系,其他"同异""成坏"均从总别之中引发出来。"同"指构成整体的各个部分有同一性(互不相违),"异"指构成整体的各个部分有差异(诸缘各别)。同一性与差异性是一个事物的两个方面,"同"与"异"之间也是相即的关系。各个部分是构成整体的必要条件(诸缘办果),叫作"成相";各个部分保持自己特有的性质(各住自法),而这些特有性质与整体(舍)形成对立(常不作),叫作"坏相"。成相、坏相也是一个事物的两个方面,彼此亦是"相即"的关系。

法藏设"六相义"说的目的,是为了证明华严宗是一乘圆满之教,法界缘起,圆融无碍。此要告诫人们在看待万事万物时,从总别、同异、成坏三方面去认识每一事物,万事万物都处在"总别相即""同异相即""成坏相即"的圆融状态。

唐君毅的"心通九境"哲学体系深通华严宗哲学的圆融精神。他说:"吾亦以为思想义理之土地,真得清平景象,一切相对之义理,亦当无不可相望而相销,以归于中正圆融,更无圭角。"[1]可看出唐君毅于一切义理皆可融通的自信,其中有借于华严宗"六相圆融"理论的地方。唐君毅认为,东西方文化之间、传统与现代之间、科学与宗教之间并不存在不可逾越的鸿沟,各种文化现象其实都是生命存在之于心灵的观照,人同此心,心同此理,一切文化都是本体之心的发用流行,因此由"一心"而统摄,"心"与"境"圆融无碍,体用相即。

唐君毅极力融合世间与出世间之一切差别万相于"心通九境"体系,把一切差别万相最终归于"一心"之统摄。此"一"与"多"的关系与"六相"义十分相近,即是把差别的万相只用一种关系范畴加以统摄起来,形成圆融且贯通的体系,在这条体系内把一多问题给以融会贯通。只是唐君毅把种种差别万相融于九种境界中,用心灵的伸屈、开阖,消息之不同方向予以感通。其实诸多境界只是生命心灵的种种感通,此一生命心灵亦由诸多境界随之显现。"此九境之所以成,与其贯通之所以有,乃在人生命心灵活

---

[1]　唐君毅:《生命存在与心灵境界》,第27页。

动,有一伸一屈以成进退,一开一阖以成出入,一消一息以成升降。"①

"心通九境"体系其实说来只是心境关系,即生命心灵与诸多境界之间的关系。唐君毅认为,心灵与境界之间是感通的关系,心境可以互相感应而通达,心境"俱存俱在""俱开俱辟""俱进俱退""俱存俱息"。一方面,心可以感通于境。如开门见山之喻,此山虽或先有,但如此之境之山,是由我开门乃见。另一方面,境也可以感通于心。正是因为有如此之境之山,才能被我开门所看见,如果没有此山,开门亦不可见。从这两方面看,心境亦是"总别相即"。因此,生命心灵涵摄所有的境界和世界,而所有的世界和境界活动也皆依存于生命心灵之中。世间与出世间的一切知识、学问、境界等都被统摄在生命心灵与境界的关系范畴下来解决,化博为约而又化约为博,此地转进、展开,构成一连贯有条理的"心通九境"体系,这个体系自然呈现出相即相入的圆融旨趣。

(二)唐君毅华严哲学的道德宗教境界

唐君毅十分确信儒学亦具有宗教性,并一生坚持。牟宗三曾评价:"道德宗教之体验,并世为唐君毅先生为精湛。"②由唐君毅主笔起草的《为中国文化敬告世界人士宣言》中,唐君毅就是把儒学做了宗教性的诠解。那么,首先判别是否为一宗教者,要看是否有其信仰。唐君毅在《宣言》中认为,儒学也有自己的信仰,只是此信仰不同于西方。儒学所立之信仰主要是依于自身的道德本心,而不是外在地树立一个需要顶礼膜拜的崇拜对象。儒学与西方信仰之不同,一个在于内,一个置于外。换言之,儒教之信仰是信仰者自觉自信其内心一超越的实在,也就是道德自我,或谓良知仁性;而一神教、佛教等特重外部有一超越实在的信仰。不过唐君毅又进而指出,儒教与其他的宗教都存在一个共同特征,那就是都重视为信仰之人解决心灵的安身立命之所,使心灵有所依傍。唐君毅通过扩大此信仰的内涵以及在"人的安身立命"的大视野之下来谈宗教,确认儒教是成立的。另外,凡是一宗教皆有其教义,儒教也不例外。其他宗教中的最高超越者表现为上帝、梵心、佛性等,而对儒教而言,则是形而上的绝对实在——"天"。儒教所讲的"天"不是纯从自然界的意义来讲,而是将之作为具有生命的精神实在。在唐君毅看来,"天"是与"上帝""梵心""佛性"属于同一层面的最高实在。在个人与超越者的相关联方面,正如孟子提出的尽心

---

①　李明:《现代新儒家人生境界说同异比较——以冯友兰、方东美、唐君毅为中心》,《陕西师范大学学报》(哲学社会科学版)2010 年第 2 期。

②　牟宗三:《生命的学问》,第 72 页。

知性知天的求证路数。即通过不断的道德实践活动尽我的道德本心以体证具有生命的精神实在——"天"的存在。如此"天"便内在于仁心仁性中，天人相通相合，人亦具有了"天性"。"就其内在于我，而为我之仁心仁性仁德，使我之生命、我之精神、我之人格之得日生而日成以言，则天心、天性、天德之全，又皆属于我而未尝外溢，以成就我之特殊性与主观性。"①故而，儒教也同其他宗教一样有其教义，即"人之本心本性即天心天性"的天人合德之教。天人合德即决定了儒教不仅注重个人道德的内在性，也同样重视其外在的超越性。最后，儒教亦有其宗教的仪式——三祭，即祭天地、祭祖宗、祭圣贤。三祭中的所祭祀者，都是一超现实的存在，唐君毅认为祭祀时祈求的都是人的生命精神的伸展。"以达于超现实之已逝世的祖宗圣贤，及整个之天地，而顺承、尊戴、祖宗圣贤及天地之德。则此中明有一求价值之实现与生发之超越的圆满悠久之要求之呈现，乃视死者亡而若存，如来格生者，以敬终如始，而致悠久，使天地与人，交感相通，而圆满天人之关系。则此三祭之中，明含有今人所说宗教之意义。"②所以，唐君毅确信儒家是一宗教，且比一神教、佛教更要高明的宗教。

唐君毅认为儒教高于其他宗教的根本原因，在于儒教能包含和容纳其它宗教。因为一神教、佛教都是处变之教，而儒教则是安常处顺之教。一神教认为人有原罪，耶稣化身为人类赎罪，即是为人治病；佛教以人有苦痛烦恼与执障，而佛祖以大慈大悲之心，普度有情众生，亦是为人治病。相比于其他两教，儒教专为生命心灵患病轻的人或没有大病的人设置，其教义也在于由日用常行着手而致高明与广大的境界，而不是以拔除心灵的病患为第一要务。有病当然要治，而最重要的还是在于防病，使之不病。药物固然是病人所需要，日用常行之饮食更不可少。所以，三教虽可相资为用，"然若言直依人之生命存在之本性，而立一'顺以成之'之大中至善之教，则唯儒者之教，足以当之"③。

从教义上说，一神教之皈依上帝的教义，相当于儒教中之祭天之义，佛家之普度众生则相当于儒教之祭地之义。但一神教、佛教却没有儒教之祭祖宗圣贤之义，故儒教可以涵摄一神教与佛教，而它们不能来涵摄儒教。唐君毅指出："以儒者言祭圣贤忠烈之义，观耶稣释迦，亦是圣贤，则视人之拜耶稣释迦，亦视之为祭圣贤之一事耳。故其教，亦儒者之礼教之一端。

① 唐君毅:《中国文化之精神价值》,台北:正中书局,1979 年版,第 453 页。
② 唐君毅:《中国人文精神之发展》,《唐君毅全集》(卷6),第 375 页。
③ 唐君毅:《生命存在与心灵境界》,第 521 页。

然以基督教视孔子与释迦,则犹是有罪之人;以佛教视孔子与耶稣,亦是未度众生之一。故此二教必不能相容,与儒者之教,亦不能相容。然儒者则能并加以包涵,以成其道并行而不悖之大教,此则非二教之所能及者。"①在唐君毅看来,也正因为儒教有这样涵天涵地的涵摄精神,所以在中国历史上,没有宗教战争;而在西方历史上,却不乏宗教战争。因此,在境界上儒教较其他宗教为高。当然,唐君毅也认为,从总体上说,"则万法尚一如,一切教亦平等无差别,心诚信之,固无须再分其高下,唯辨其或为自始行于中正之途,或初为救心灵生命病患而补偏救弊之教,而力求为日常饮食者与为药物者,相资为用,以养人之生命与心灵,斯亦可矣"②。

此外,唐君毅也注重境界的超越性。唐君毅认为九境之间的关系是可以相互进退、开阖、转易的。所以,即使是高明的境界如果不注意修养保持也会滑落到低的境界上去;而层次低的境界如果能够注重自己的道德修养和思维锻炼,也会得到境界地拔高。九境之转易、上下,就像一个圆环,无有终始,不知其端。这就叫"肠一日而九回,魂须臾而九迁"。所以只有时时提起自己的精神,不断寻求当前境界的超越,而不使滑落才算圆满。所以要对境界的不断超越有无限的追求。最终让九境圆融圆转,达到无不能通之境。"人之达于此无不能通之境,其关键,唯在人有所通时,不滞于所通以成执障。"③

第三节　唐君毅华严哲学的现代意义

唐君毅生活的时代正是新旧交替的时代,也是中西方思想文化激烈碰撞的时代,那个时代的思想家都面临着共同的问题,即对待传统文化的态度问题以及如何调和中西方不同的文明的问题。唐君毅融摄和借鉴华严宗思想创建出属于自己的华严哲学,在给出我们答案的同时,对于当今时代也有重要的启示意义。

一、时代意义

中华民族有五千年的文明,此悠久的文明孕育和涵养了中华民族的精神和气质。抛离中国传统文化谈中华民族自立自强于世界民族之林就如

---

① 唐君毅:《生命存在与心灵境界》,第522页。
② 唐君毅:《生命存在与心灵境界》,第522页。
③ 唐君毅:《生命存在与心灵境界》,第658页。

浮沙建塔，纯是不切实际的幻想。自中国被打开国门以来，中国人不仅面临着西方思想的不断冲击，也面临着自身失掉文化自信的尴尬。五四新文化运动提出了"德先生"（Democracy）、"赛先生"（Science）的口号，对中国的传统文化持否定乃至全然否定的态度，唐君毅是不赞同的。唐君毅认为中国传统文化里确实有一些陈规陋习，但他们根本忽视了中国文化中的"大本大原"，而妄加抨击，割裂先秦诸子学、儒释道三教的文化内涵，以及宋明理学的精髓，如此糟践中国文化实在令人痛心。对传统的舍离也必然导致民族精神的疏远，使得中国人当不得中国人，更遑论要做现代世界中的中国人呢？中华民族的自立自强更是无从谈起。所以五四新文化运动以来，某些知识分子对本民族文化表现极度不自信，对西方文化则是卑躬羡慕的态度，且大都从功利主义的目的出发，以致引进的文化大都在皮毛上做工夫，且多有水土不服。

唐君毅认为，西方的学术文化未必比中国的高明。西方近代的学术，"只是高卓而未必高明，伟大而未必广大，深厚而未必博厚，细密而未必精微"①。究其原因，在于西方近代学术文化遥承希腊赫拉克利特重变化的矛盾斗争思想，相信具体事物之变都是一矛盾的历程，而不知宇宙之根本，不是矛盾斗争而是协调中和之仁。如果"内外之相杀为宇宙之道，则将无一物存在之可能，而宇宙早已消灭。故宇宙之不灭，万物之存在，即证天道之必以生道为本，仁道为本"②。西方的学术思想，只抓住了自然社会相对的一面，或事物之表象，而中国文化则抓住了自然社会绝对的一面，揭示了万事万物皆统摄于仁的本质特征。所以，中国之传统文化不可丢失，不可毁弃。

另外，唐君毅虽然认为中国文化本源已足，没有欠缺，但是也并不讳言中国文化缺少分门别类地发展的细致性。这种文化的缺点，在古代尚不明显，至近代则为凸出。唐君毅因此认为，中国文化要立足于本民族的文化成果，融摄西方文化的长处为己用，兼容并蓄，由内圣开出外王之道。其具体的措施即是依本成末与返本开新。本末的关系问题，也就是内圣外王的关系问题。我们在学习西方的长处，充量多途地发展自己的不同领域，或者说，由内圣开出外王之道，"以真实建立一多方面表现客观精神之人文世界"，但他又强调，此必须"反自中国文化精神之本源上立根基"。③

① 唐君毅：《人文精神之重建》，《唐君毅全集》（卷5），第242页。
② 唐君毅：《生命存在与心灵境界》，第622页。
③ 唐君毅：《中国文化之精神价值》，第491页。

二、理论意义

华严宗是思想理论最为丰富的佛学宗派之一,其理论是在融通其他宗派义理的基础上形成的,这就决定了华严宗思想具有很大的包容性。唐君毅融摄最有包容性的华严宗,并以"心灵""仁心"为依据,以横观、顺观、纵观为三种观法,开显出依次从客观境、主观境到超主客观境的九种境界来,展现出中国文化博大精深、兼容并蓄的品格。唐君毅华严哲学的圆融会通、两行并育,亦即我们所讲的包容性和开放性,这给当前中华民族走向世界,中华文明融入世界提供了一个蓝本。

世界文化与文明多种多样,包含了对立和冲突。在当今时代,和平与发展是时代的主流,在文化上也讲求在求同存异与相互尊重的基础上建立世界文化的大家庭。在这一方面,中国文化一直以来都有文化包容的传统。先秦诸子之思想彼此有差异但又能相互包容并吸收,佛教初入中国能与中国文化很好地互动交流,以致完全成为中国文化里不可分割的一部分,中国文化的包容性还体现在对待其他外来文化能够予以尊重并融入自己的文化中。唐君毅"心通九境"的哲学体系正是对中国文化包容性的一种回应。由唐君毅的"心通九境"思想,可以看出两条启示:一是人类彼此之间的生命心灵是可以相通的,因此人们感通的境界、见识的真理是相同的。之所以有所不同也只是换了不同的名号而已。所以,人类相异相反的各种观念、信仰、文化间的争论与争斗,只是因为依然停驻于生命心灵上的凝滞和迷惘,没有达到圆融且高明的境界罢了。

依据华严宗及唐君毅的观点,世界是统一性与差别性共存的关系,没有绝对的统一,也没有绝对的差异。世界文化如果是一元性的,没有相互的差别,那么世界文化也必走向衰退和灭亡。由于唐君毅的"心通九境"体系非常宏大,具有极大的包容性和开放性,可以容纳各种差异性思想,这就为世界范围内不同文明的交流互鉴提供了基础。

综上而言,唐君毅借鉴和运用华严宗思想构建的"心通九境"的哲学体系,也即他的华严哲学,是他本人对中国文化以及世界文化的思考,是他一生志业与思想的结晶,是一个思想丰富的宝库,其隐含的价值和意义值得我们大力挖掘和深入阐发。

结　语

华严学与现代新儒学的双向互动,是现代哲学史和思想史上具有重要影响的文化现象。

其一,华严学与现代新儒学的双向互动引发了一个新的学术话题,即儒释道三教关系史的源头问题。儒释道三教关系是中国哲学史和思想史一大事因缘,是理解中国古代思想文化的关键所在。在两汉之际,佛教传入中土以后,就形成了以儒为主、以佛道为辅的思想格局。三教关系在很大程度上决定了汉代以后的中国哲学及思想的基本特点和发展路向。习近平总书记指出:"佛教产生于古代印度,但传入中国后,经过长期演化,佛教同中国儒家文化和道家文化融合发展,最终形成了具有中国特色的佛教文化,给中国人的宗教信仰、哲学观念、文学艺术、礼仪习俗等留下了深刻影响。中国唐代玄奘西行取经,历尽磨难,体现的是中国人学习域外文化的坚韧精神。……中国人根据中华文化发展了佛教思想,形成了独特的佛教理论,而且使佛教从中国传播到了日本、韩国、东南亚等地。"魏晋玄学、隋唐佛学、宋明理学以及明清实学都是三教各自的发展与三教关系长期互动融合的结果,魏晋有"玄佛合流",隋唐有"三教鼎立",宋明有"出入释老,返归六经",明清之际则有"大辟异端,走出理学"之实学转向。

从源头讲,儒释道三教关系究竟从何处开始呢?"三"教关系顾名思义,讨论"三"者的关系。"三"者何时出现,何时具备,即有"三教关系"之发生。但究其实质,有"三"必有"二","三"中涵摄"二",先有"二"后有"三"。"一"不能独自发生关系,只有"二"者之间才会建立联系,"二"者关系也是"三"者关系中的构成要素,"三"者关系内在涵摄了诸种"二"者关系。即便是汉代以后,真正的"三"教共时在场互动的现象倒颇为鲜见,所谓的"三"教关系仍然是不同层面、不同领域、不同阶段的"二"教关系的体现,或以佛解老,或以佛释儒,或援道入儒,或佛玄合会,如上种种的"二"教关系集合起来,方构成全幅的"三"教关系图景。因此,在先秦时期,儒家和道家学派创立,各自有了学术思想文化上的交集互动,如孔子问礼于老聃,即可以认定为儒道关系之发生,"三"教关系之缘起。

华严学与现代新儒学的双向互动还带来了第二个学术话题,即儒释道三教关系在近代是否依然存续?是否随着新文化运动而趋于分崩离析?

从下限而言,学界一般以 1919 年为现代的开端,在新文化运动的冲击下,古代学术形态趋于解体。在儒学方面,所谓的"反孔废经"标志着传统经学的没落和瓦解;在佛教方面,清末民初"庙产兴学"造成寺庙财产被损毁、侵占,僧尼被勒令大量还俗,传统佛教面临着严峻的危机和挑战;在道教方面,有清一代对道教实行日趋严格的限制政策,防范"妖道惑众",造成道教的政治地位不断下降,道教思想也缺乏创新,其社会影响愈益式微。因此,有观点认为,进入近现代以后,伴随着儒释道三教各自的理论困境,发展受到阻碍甚或陷入停滞,传统儒释道三教关系就消失了,为中西马关系所取代。

我们认为,这一观点难以成立。儒释道三教面临的挑战是传统文化在进入近现代后必然经历的思想阵痛,儒释道三教也在积极探索其现代转型的途径和方式。于是,由杨文会开始,佛教开始了革新复兴,成为晚清思想界的一股伏流;由梁漱溟开始,儒学有新的转向,重建六艺纲维,赓续精神血脉,反思现代文明;由陈撄宁开始,道教学者重新整理道教典籍,开展仙学丹道的新探索,致力于道教复兴。

所以,儒释道三教在近代并未消失,三教关系依然存在。近现代三教关系是古代三教关系的延续和转型,具备了新的历史特点,融合了新的时代内容,建构了新的理论体系。

其二,华严学与现代新儒学的双向互动为华严学的复兴和转型提供了新契机,现代新儒家对华严学的重视和推进构成了 20 世纪华严学重要的组成部分。换言之,如果认为华严学的研究因其宗教属性仅局限于佛教内部,那是一种狭隘的学术史观。华严学具有宗教和哲学二重属性,在佛教内部,体现为"华严宗学",以华严宗的宗经、注疏、高僧、寺院、法统、宗风等为核心内容,从而建立了华严宗教理体系;超越于佛教体系之外,华严学对儒道文化也产生深远影响,注重义理化和思辨化,体现为"华严哲学",以话语体系、论述方式、思想命题和精神境界为核心内容,建构了具有广泛意义的理论形态。因此,现代佛教在"华严宗学"层面有重要的发展,如杨文会的"教宗贤首,行在弥陀",月霞法师的"教弘贤首,禅继南宗",应慈法师的"宗承临济,教秉华严"等主张,月霞、应慈、智光等法师创办华严大学、清凉学院、法界学院以及华严莲社等教育机构,以"昌明佛教、研究华严教义、兼授大乘经论、养成布教人才、挽为世运"为宗旨,还注重华严典籍的整理、刊刻和流通,如杨文会从日本引进华严注疏,徐蔚如汇校诸本,李圆净、黄幼希、蒋维乔襄助重编《华严疏钞会本》等,使华严宗在近现代形成了复兴的趋势。

而现代新儒家在"华严哲学"层面则进行了深入地研究，如对《华严经》及其注疏地整理，对《大乘起信论》地辨析与开发，对华严学的本体论、认识论、价值论及境界论等地阐发，还有"以佛解儒"的诠释学方法等都令人耳目一新，富有原创性。现代新儒家的"华严哲学"理应视为 20 世纪华严学重要的理论创获，值得高度关注。

其三，华严学与现代新儒学的双向互动为现代新儒学的思潮崛起和理论建构提供了思想资源。现代新儒家"援佛入儒""以佛解儒""会通儒佛"，在西学背景下，重新梳理与建构传统哲学的理论体系与思想格局，例如马一浮的"六艺论"、熊十力的"新唯识论"抑或牟宗三的"道德的形上学"等，在宋代理学"援佛入儒"的基础上，呈现出新的阶段性特点，儒学与佛学内在的理论活力和思维潜能被进一步激活和放大，其中华严学更受到现代新儒家的普遍重视和接引运用，产生了深远的学术影响。

我们从"华严哲学"的层面，能够更为清晰认识和把握近现代三教关系的实质。现代新儒学充分吸收和运用华严学思想，有力地推动和深化了新儒学的学理建构，主要表现在以下三个方面：

一、心性形上学

作为中国化的佛教宗派，华严宗对心性问题极为重视。华严宗所谓的"心"是真心、清净心、本觉真心、如来藏自性清净心，对于《华严经》的"心、佛及众生，是三无差别"，华严宗据此认为心、佛、众生三者同是自性清净圆明体。

澄观强调："至道本乎其心，心性本无住。"又称："心心作佛，无一心而非佛心。"宗密运用《大乘起信论》《圆觉经》进一步发展了华严心性论，强调真心即佛性，以圆觉为基点为儒释道三教的融合作了心性论的准备。宋志明认为法藏的哲学思路，不再是印度式的真俗对立，而是中国式的天人合一；不再是印度式的条分缕析，而是中国式的整体综合；不再是向往彼岸世界，而是聚焦此岸世界。"按照法藏的法界缘起说，诸佛与众生的关系，不再是对立的关系，而是同在的关系。诸佛不在虚幻的彼岸世界，就在此岸世界之中，就在众生之中。诸佛与众生交彻，净土与秽土熔融，彼岸世界与此岸世界相即相入，生死即涅槃，烦恼即菩提。法藏已把印度式的出世的佛教，改造为中国式的入世的佛教，开启了中国特有的人生佛教或人间佛教的发展方向。"①

---

① 宋志明：《论佛教与国学的融通》，《江汉论坛》2011 年第 9 期。

现代新儒家在儒佛会通的基础上,挺立了儒家的心性形上学。马一浮建构了"六艺形上学",他认为:"教相多门,各有分齐,语其宗极,唯是一心。"①这是对佛教各宗派作心性论的衡准和判释。他还认为"六艺统摄于一心",又称"六艺是自心本具之理",显示了六艺与心性的紧密联系,表明心性乃是六艺价值系统的内在依据和本体根基。1932 年熊十力出版《新唯识论》(文言文本),提出了自己的"新唯识学"体系,建构了"唯识形上学"。熊十力不仅邀请马一浮为之作序,而且肯定马氏对该书的理论观点有重要贡献。他指出,马氏对《明心》章"多有资助",如"《明心上》谈意识转化处,《明心下》不放逸数,及结尾一段文字,尤多采纳一浮意思"。《明心》上下两章篇幅约四万字,几占全书的一半,可见熊十力对心性问题的重视。马一浮在序言中充分肯定了熊十力的理论建树,指出熊氏的学术旨趣是"平章华梵",将其比拟为佛教史上的龙树、道生、僧肇、玄奘、窥基等高僧大德。

乌以风记载了这段学术佳缘:"熊子真先生著《新唯识论》,至《明心》章觉下笔甚难,以风因以此意告先生。先生曰:心诚不易说。……所谓寂然不动,随感而应,兼体、用而言也。若只以感应言心,则是说了一半,见其变易、生灭一边,而不见其不变易、不生灭一边。"②马一浮认为,熊氏觉得《明心》章"下笔甚难",关键就在于他对心性本体只见其"变"而未能"变中见常",亦即只见其"用"而未见其"体"。这就彰显了熊、马在心性问题上的第一个重要分歧,即以变为体还是以常为体?在马一浮看来,"深于知化,长于语变"是熊氏的特点,也是他的缺点,马一浮认为不应"以变易为体",而应"变中见常"。"(熊十力)此说在哲学上可以自成一家言,然非究竟了义。变易即是不易,于变易中见不易,换言之,于迁流中见不迁流,于生灭中见不生灭,方是究竟之谈。……若以变易为体,正是颠倒见,其过非小。"熊、马在心性问题上的第二个重要分歧是,创性还是复性?对于熊氏的"创性"观点,马一浮认为本体恒常具足亦即无变化无亏欠,对于本体不可着力,不能亦不必"创成"与"扩充",所能致力者只是阻碍本体流行的习气障蔽,"蔽去自能复其初",只能以"减法"为主,其目的不是"创性"而是"复性"。

我们注意到,建构心性形上学的现代新儒家大都与华严学有密切的思想联系。类似冯友兰的"新理学"立场的学者与华严学则相对疏远。牟宗

---

① 马一浮:《马一浮集》(第一册),第 526 页。
② 乌以风:《问学私记》,《马一浮集》(第三册),第 1142—1143 页。

三记载了熊十力与冯友兰关于"良知"本体讨论的另一则佳话："有一次，冯友兰往访熊先生于二道桥。那时冯氏《中国哲学史》已出版。熊先生和他谈这谈那，并随时指点说：'这当然是你所不赞同的。'最后又提到'你说良知是个假定。这怎么可以说是假定。良知是真真实实的，而且是个呈现，这须要直下自觉，直下肯定。'……良知是真实，是呈现，这在当时，是从所未闻的。这霹雳一声，真是振聋发聩，把人的觉悟提升到宋明儒者的层次。"①

熊、马的心性之辨和熊、冯的良知之辨从正反两个方面体现了儒佛的心性论会通趋势，进而豁显了儒家的心性价值观。这一路向在 20 世纪 50 年代的《文化宣言》中得到了进一步揭示。

由唐君毅、牟宗三、徐复观、张君劢四人于 1958 年元旦联署发表《为中国文化敬告世界人士宣言》，这篇 4 万字的长文由唐君毅执笔起草，主旨是宣说现代新儒家对中国学术研究及中国文化与世界文化前途之共同认识，在 20 世纪中国哲学史和文化史上具有里程碑的意义。该文开宗明义，指出心性之学是中国学术思想之核心，肯定心性之学是道德实践的基础，是"天人合一"（天人合德）思想的根据，不了解心性之学，即不了解中国文化和哲学。"此心性之学，乃中国文化之神髓所在，……乃通于人之生活之内与外及人与天之枢纽所在，亦即通贯社会之伦理礼法、内心修养、宗教精神，及形而上学等而一者。"②联署的四位学者中，唐君毅建构了"心灵九境"的形上学，牟宗三则建构了道德形上学。

"内在超越"是心性形上学的核心问题。在佛教中，"此岸"是指属于人的生活世界；"彼岸"是指超越于人的生活世界之上的精神世界。"东方人造罪念佛求生西方，西方人造罪念佛求生何国？凡愚不了自性，不识身中净土，愿东愿西，悟人在处一般。"（《坛经·决疑品》）慧能认为"佛法在世间，不离世间觉，离世觅菩提，恰如求兔角"（《坛经·般若品》），反对离开世间空谈佛法。他指出："若欲修行，在家亦得，不由在寺。在家能行，如东方人心善；在寺不修，如西方人心恶。"（《坛经·决疑品》）因此，成佛无问西东，事关迷悟，迷则地狱，悟则净土。修行不拘在家出家，心地清净则在家能行，习气增上出家枉然。佛教的"内在超越"指向与现代新儒学心性形上学的方向是一致的。

---

① 牟宗三：《我与熊十力先生》，《生命的学问》，第 108 页。

② 唐君毅、牟宗三、徐复观、张君劢：《为中国文化敬告世界人士宣言》，《民主评论》1958 年第 1 期。

现代新儒家的心性形上学不仅涵摄"超越"的层面,而且包含"内在"的层面。换言之,心性不仅是超越的,而且是内在的,是"既超越又内在"的。所谓"内在",是在日用伦常中肯定现世人生的价值,肯定人具有自我完善的根据和能力,无需来自天国的拯救和佛陀的解脱;所谓"超越",是以价值理想为引导,以此确定人生意义和形上追求,并作为评判人性完善的基本尺度。正如李祥俊所强调:"内在超越是现代新儒学提出的关于儒学宗教性、超越性的一个重要概念,这一概念出现于中西学术文化冲突融合的大背景之下,是儒学现代转化的一个重要尝试。"①

以西学为参照,现代新儒家对中国哲学的独特性有异乎寻常的敏锐,"内在超越"即是其中一个重要的方面。熊十力肯定:"中国哲学有一种特别精神,即其为学也,根本注重体认的方法。体认者,能觉人所觉,浑然一体而不可分,所谓内外、物我、一异,种种差别相都不可得。唯其如此,故在中国哲学中,无有像西洋形而上学以宇宙实体当作外界存在的物事而推穷之者。"②又如方东美所言:"'超越形上学'在价值理想的完全实现方面看来,又一变而为'内在形上学'。"③牟宗三也认为:"天道高高在上,有超越的意义。天道贯注于人身之时,又内在于人而为人的性,这时天道又是内在的(Immanent)。因此,我们可以康德喜用的字眼,说天道一方面是超越的(Transcendent),另一方面又是内在的(Immanent 与 Transcendent 是相反字)。天道既超越又内在,此时可谓兼具宗教与道德的意味,宗教重超越义,而道德重内在义。"④

现代新儒家学习基督教文明的外在超越思想,重新审视和发现了中国哲学独特的内在超越之路,揭示了中国文化的心性论价值,在现代学术意义上重建了心性形上学,对于现代中国学术之成立作出了重要贡献。

二、文化判教论

如前所述,判教本是佛教内部对各宗派的地位和价值作判释的一种方法,后来逐渐发展为对外来的佛教文化和中土的儒道文化的地位和价值作判释的一种方法。在西方文化强势影响下,现代新儒家自觉地运用佛教理论并发展为一种文化判教理论,尝试对中西文化的地位与价值作出判释,

---

① 李祥俊:《儒学内在超越的信念基础与现实意义辨析》,《南京大学学报》(哲社版)2019年第5期。
② 熊十力:《十力语要》卷二《答马格里尼》,《熊十力全集》第4卷,第198—199页。
③ 方东美:《原始儒家道家哲学》,第17页。
④ 牟宗三:《中国哲学的特质》,第21—22页。

为传统文化寻找出路,照亮未来。判教具有两个特点:一是各派的学说、教理、宗经都被统摄在佛教思想的总体架构下,只是因为佛在不同时间、地点,根据不同根机的受众,从缘起教,临机施设,故而产生差异,但不管差异有多大,仍然皆为佛说,具有各自独立的价值和意义,不是自相矛盾,而是互为补充的,这就保证了佛教思想的统一性和完整性;二是以本宗的理论为参照标准,对各宗派作系统的判别,明序统,定高下,辨权实,分小大,别偏圆,断浅深,而确立己说为最崇高、最圆满、最优越的教理。

判教方法在中国佛教中的广泛运用,是由两个历史条件所决定的。一是文化交流的现实需要。在三藏经典被大规模传译入中国后,经文互有出入,疏释各见仁智,义理纷执异同,对于大乘与小乘,空宗与有宗,学者和僧侣难以判别优劣高下,莫衷一是,但在中国文化语境下,为了缓解与中土传统文化的紧张,同时也出于传播、阐扬统一性佛教的便利,所以在佛说的整体框架内分疏、排列、归置众说,而有判教之必要。二是印度佛教中的判教渊源。大小乘之分,空有宗之别即是简单的分判。印度佛教经典中包含有丰富的判教思想,《法华经》判大小二乘,开权显实;《楞伽经》分顿、渐二教;《涅槃经》则把佛教喻为从牛、乳、酪、酥、熟酥到醍醐等五味(五时)的发展过程;《解深密经》也判佛教为有、空、中三时,《大智度论》分"显露"和"秘密"两种,等等,这些都对中国僧人的判教观和判教实践产生了重大影响,故有判教之可能。

华严宗以《华严经》为宗经,判五教十宗。按佛教理论发展的时间顺序,分为五教,即小乘教、大乘始教、大乘终教、大乘顿教和一乘圆教。从佛说的不同义理特点,分为十宗,即我法俱有宗、法有我无宗、法无去来宗、现通假实宗、俗妄真实宗、诸法但名宗、一切皆空宗、真德不空宗、相想俱绝宗和圆明具德宗。

华严五祖宗密,方开始将本土儒家、道家道教与佛教合在一起判教,他把各种思想判摄为三个部分,六个层次。第一部分为迷执之教,即儒道;第二为偏浅之教,不了义教,包括人天教、小乘教、大乘法相教和大乘破相教;第三为直显真源教,了义教,具体指以菏泽禅解释的华严宗。由此构成六个层次:儒道、人天教、小乘教、大乘法相教、大乘破相教和一乘显性教。董群对宗密的判教作了深入的研究,他认为宗密大大推进了中国判教理论地发展,"从而使其判教不仅是传统的佛教史观,也是更广泛的文化观,或者说是中印思想史观,因此可以说,宗密的判教达到了中国判教理论的最高阶段,包罗的范围最广,融合的特色最明"①。

现代新儒家极为重视佛教的判教方法,由此形成系统的文化判教论。梁漱溟认为,"五四"时期的中西文化论争只是简单地就文化表象加以论列,诸如李大钊所谓东洋文明主"静"、西洋文明主"动"的说法,仅为一种平列的开示,应该存在一种因果相属的讲明和一个更深彻更明醒的说法,这就是文化的贯串统率的共同源泉。因此,他在其名著《东西文化及其哲学》中以"意欲"为中心,判别出三种不同的人生态度,展开为三种不同价值取向的文化形态。西方文化意欲向前,运用理智,着眼于外界物质;中国文化意欲持中,运用直觉,着眼于内在生命;印度文化意欲向后,运用感知,着眼于无生本体。梁认为世界文化的发展呈现为这三种文化形态的次第性演变,而最近的未来将是中国文化的复兴。② 可见,他继承了佛家的判教传统,以"意欲"为共同标准,肯定三种文化形态的独特价值,并将其统一为历时性的发展过程,都是不可或缺,而且标示东方文化为最高。

熊十力颇质疑于梁氏的判教,指出梁并不真正懂得西方文化。因为西方文化渊源于二希,即希腊文化的理智和希伯来文化的感情,二者都不识心体,不彻心源,故既理智又不理智(感情不从心体流露即为妄情)。于是熊归宗《周易》,以"本心"(性智)为标准,析异观通,舍短融长,展开了对中西文化的判教。以三教言,儒释道之学的根极处在识见本性,但"道家顾返于虚无,佛氏乃趣于寂灭,其为道虽不同,要在游心于现实世界之外,极呈空想。此二氏之病"③。以中西言,"性智"乃"本心"之异名,不待外求,是"本心"在实证境界的觉悟,而"量智"是"性"之显发,极辨物析理、思察推征之能事,据此,他认为西方文化专尚思辨,一任量智,但因其非是性智显发之量智,故逐物而不返;中华学术体证性智,长于修养而短于思辨,而且他认为东西文化应当互补融合,是性智和量智的圆融统一。本于儒家而判的结论是"游乎西洋,清思明辨;游乎印度佛法,荡一切执;归乎吾儒,默与道契。三方者备,而学大成"④。

基于儒学立场,马一浮将六艺之道作为判教的依据,佛教存在显性、破相二宗,而儒家纯为显性,老子只是破相,佛氏大乘圆教是与儒家相应的,在此意义上,"儒佛周孔,等是闲名"⑤。关于中西文化,马指出西方文化从

① 董群:《融合的佛教——圭峰宗密的佛学思想研究》,第51页。
② 参见梁漱溟:《东西文化及其哲学》,第76—80页。
③ 熊十力:《明心篇》,《熊十力全集》第七卷,第224页。
④ 熊十力:《印行十力丛书记》,《熊十力全集》(第四卷),第3页。
⑤ 马一浮:《马一浮集》(第三册),第1054页。

希腊演变而来,其学无不以分析为能事,故是二体之学;中土圣贤之学,道理只是一贯,体用一源,显微无间,故是不二之学。以权实判,则中国以权说显真教,西方以权说为实体。当然,马补充指出,六艺是人心本具之道,西方假使有圣人出,行出来的也将是六艺之道,只是名言不同罢了。

唐君毅自认"吾乃有会于中国佛家之判教之论,于佛经之一一说为最胜之义,而似相异相反之言,莫不可会而通之,以见其义之未尝相碍"①。本着此种融会观通的精神,他考察了佛教中国化的历史进程,指出华严宗标志着印度佛教的"法性"为主导向中国化佛教的"心性"为主导的转换,这就极大地丰富了传统心性学说的内容。以此心性为依据,按照不同的心灵活动,他创造性地提出了"心灵九境"的宏大判教体系,前三境为万物散殊境、依类成化境、功能序运境,属于客观境界;中三境为感觉互摄境、观照凌虚境、道德实践境,属于主观境界;后三境为归向一神境、我法二空境、天德流行境,属于超主客观境界。九境次第升进,展现心灵自我超越渐趋圆满的过程,其中后三境分别代表了基督教、佛教和儒教,在他看来,此一判教架构涵摄中、印、西三大文化系统,而以儒家文化之"天德流行"为最高境界。

同样,牟宗三透过佛教史的角度切入,他指出:"中国吸收佛教,其中义理纷然,判教即是一大学问,能判之而彰显圆教之何所是即是一大智慧。"②由此他认为智颛、荆溪、知礼等古德是不可多得的大哲学家,对于中国传统文化的影响是十分深远的。在借鉴吸收佛门判教经验的基础上,直透孔孟所开辟的本源,以之为评判的标准,他承认:"吾以此智慧(佛教之判教——引者注)为准,先疏通向、郭之注庄而确立道家之圆教,次疏通儒学之发展至王学之四有四无,由之再回归于明道一本与胡五峰之同体异用,而确立儒家之圆教。圆教的确立,用于圆善,则圆善之圆满而真实的解决即可得矣,此则不同于康德之解答而有进于康德者。"③因为康德受基督教哲学的局限,将圆善之解决归于上帝信仰,显示了其道德哲学的不彻底性。所以就中西言,西方文化(以基督教为代表)是离教,中国文化能够消除主客、能所的对立,故为圆盈之教;具体就三教言,佛、道为偏盈,儒家正是至圣圆满的正盈之教。

而具有诗人哲学家之气质的方东美则十分欣赏华严宗体系的旁通统

---

① 见《唐君毅先生纪念集·唐君毅先生的心路历程》,转引自方克立、李锦全主编:《现代新儒学研究论集》(二),北京:中国社会科学出版社,1991年版,第254页。

② 牟宗三:《圆善论》,第3页。

③ 牟宗三:《圆善论》,第3页。

贯性，所以特别标示华严宗为隋唐佛学代表，赞扬"其主要理论系统极能显扬中国人在哲学智慧上所发挥之广大和谐性"①，显然这也包括了富有圆融特质的华严判教理论。进而，他指出在华严经的宗教境界里，包蕴着一个对现实世界的极大愿望，即这个世界不仅仅是一个低层的物质结构，它已经把所有的物质结构都提升到生命存在的层面，从而彰显神妙智用。所以方便以"生命"为人类社会的核心，认为一切文化、学术、伦理，以及社会制度的思潮都集中于此。生命是突飞猛进的历程，生命每前进一步，学术思想亦跟进一步，决不落后。"生命是思想的根身，思想是生命的符号。在人类历史上，生命与思想常相眷恋，须臾不离。"②据此，方判中国四大思想传统：儒家、道家、佛学、新儒家，都存在着一个共同的预设，就是积极肯定生命的价值，认为哲学的智慧是从伟大精神人格中流露出来的。儒家侧重于文化创造的历时性把握，因而是"时际人"（Time-man）；道家逍遥于诗意审美的自由空间，因而是"太空人"（Space-man）；小乘佛学看到轮回的无常，大乘佛学追求涅槃的永恒，大小乘融合而铸成佛家真正的精神，因而是"交替忘怀的时空人"（Space-time man with an alternative sense of forgetting）；宋明理学主张宇宙和生命的配合，体验天人合一的境界，因而是"兼综的时空人"（Concurrent space-time man）。判诸中西文化，方认为希腊人以实智照理，起如实慧，演为契理文化，要在援理证真；欧洲人以方便应机，生方便慧，演为尚能文化，要在驰情入幻；中国以妙性知化，成平等慧，演为妙性文化，要在挈幻归真。通过上述的分析、比较，方氏肯定中国文化的精髓在于允持厥中，保全大和，故能尽生灵之本性，合内外之圣道，赞天地之化育，参天地之神工，充分完成道德自我的最高境界。方氏充满信心地预言，在中国文化"广大和谐"的基本原则指导下，"当创造性超越破坏性时，和谐也同时盖过了纷争，那时所存的，乃是根据高贵人性而完成生命理想的精神大凯旋"③。

现代新儒家的文化判教论与佛教的判教论基本立场是一致的，即属于弱势文明史观，持保守立场，特点是求同。当佛教刚传入中土时，面对悠久强势的儒道文化，必然会坚守自身的文化立场，并积极融入儒道文化。当西学挟坚船利炮进入中国时，传统文化遭遇到三千年未有之大变局，也必然选择坚守本位文化，并将原有的佛道及西方文化糅合为一个体系，既有

①　方东美：《生生之德》，台北：黎明文化事业股份有限公司，1979年版，第311页。
②　方东美：《科学哲学与人生》，台北：黎明文化事业股份有限公司，1978年版，第138页。
③　方东美：《中国人的人生观》，《方东美集》，北京：群言出版社，1993年版，第172页。

利于强化民族自信,又有助于融入世界潮流。

但"文明冲突论"与此不同,属于强势文明史观,持进攻立场,特点是求异。1993年,美国政治学家塞缪尔·亨廷顿提出"文明冲突论"。认为文明间的冲突将会取代意识形态与其他形式的冲突而表现为最主要的冲突形式。于是他断定新世纪的冲突根源将不再侧重于意识形态或经济,而文化将是截然分隔人类和引起冲突的主要原因,并且未来最重要的冲突将发生在文明间的断层线上。占据优势地位和文化霸权的西方世界试图重构国际秩序,为此就要寻找并消灭有可能发起挑战的其他文明形态和政治力量,其目的是通过冲突的方式改变文明版图和力量对比。

站在新的历史起点上,我们既不以消灭异己为目的,也不以文化守成为姿态,而是立足平等、互鉴、对话、包容建构新时代的文明史观。正如习近平总书记指出的那样:"我们要树立平等、互鉴、对话、包容的文明观,以文明交流超越文明隔阂,以文明互鉴超越文明冲突,以文明共存超越文明优越。"

三、圆融价值观

中华民族有自己独特的价值观,中华文明有自己独特的价值理念。张岱年先生指出:"中国传统哲学的核心部分是价值观。"①习近平总书记指出:"我们生而为中国人,最根本的是我们有中国人的独特精神世界,有百姓日用而不觉的价值观。"对于现代新儒家而言,心性形上学是理论基础,文化判教论是理论方法,而圆融会通则是其价值观的体现。

《中阿含经》中说:"佛言:莫求欲乐、极下贱业,为凡夫行;亦莫求自身苦行,至苦非圣行,无义相应。离此二边,则有中道。成眼成智,自在成定;趣智趣觉,趣于涅槃。"(《中阿含经·根本分别品·拘楼瘦无诤经》)所谓中道,意味着不落两边、超越对立;所谓圆融,意味着圆满具足,融通无碍。中道圆融,是佛教的根本精神、核心理念之一。如前所述,华严学提倡"六相圆融""十玄无碍",推崇圆融境界,在大乘佛教中最富有圆融精神。圆融作为中国佛教独特的范畴,极大地促进了佛教中国化的历史进程。而现代新儒家对圆融统一精神极为重视。

当新文化运动如摧枯拉朽般破坏和解构传统儒学的时候,整个社会在政权形式层面可称为"天崩地解",而在价值观层面则属于"礼崩乐坏",社会面临着道德价值和伦理秩序的重建。丹尼尔·贝尔曾经指出:"一旦社

---

①　张岱年:《文化与哲学》,北京:中国人民大学出版社,2006年版,第264页。

会失去了超验纽带的维系,或者说当它不能继续为它的品格构造、工作和文化提供某种'终极意义'时,这个制度就会发生动荡。"①现代新儒家的深心大愿就是要重建儒家的价值观,恢复对儒家道统的权威与信仰,安顿现代人的焦虑和困顿。

马一浮注意到,"老氏言有无,释氏言空有,儒家言微显,皆以不二为宗趣。"②这里的"不二"实际上既是指对立面的彼此综合,又是对双方的超越,摆脱了内在的片面性和对立性,从而转生为新的形态。"不二"的逻辑内涵表现为,既相破又相成,既对立又融通,既包含又超越,而且这种圆融会通的理论宗趣在儒释道三家都有体现。有弟子问澄观《华严悬谈》相即相入的体用思想。马一浮是这样解释的:"'相即'明即体是用,'相入'是摄用归体,总显体用不二,非有别也。又摄、入无碍,本华严家常谈。'相即'义同相摄,'即''入'二门,义同摄、入。应知如一即一切,即是一摄一切,一切入一义。亦同于一切入一也。"③因此,马一浮理解的"不二"深得华严宗"一即一切,一切即一"的理论精髓。乌以风通过对其师的学思经历的反观也得出了相似的结论:"先生早年治考据,欲从张之洞所编《书目》入手求为学门径。旋悟其非,即行舍去。继而致力西学,又悟其专尚知解,无关身心受用。体究多年,始转向老庄和释氏之学,求安身立命之地。用力既久,一旦贯通,方知释老之学,亦有得有失。而亲切简易,发明心性义理贯彻圆融全得无失者,莫如六经,于是治学始以六经为主。"④贺麟认为:"马先生兼有中国正统儒者所应具备之诗教、礼教、理学三种学养,可谓为代表传统中国文化的仅存的硕果。其格物穷理,解释经典,讲学立教,一本程朱,而其返本心性,怵习复性则接近陆、王之守约。他尤其能卓有识度,灼见大义,圆融会通,了无滞碍。"⑤这是极为准确和精辟的见解。

熊十力肯定自己《新唯识论》体系"以体用不二立宗"。"体用不二"构成了他哲学体系的基本架构,他从心物现象的分析中抽绎出真实本体——"本心",以"本心"为体,以物质世界为用。然后在"翕辟成变"的能动变化过程中,一方面以"本心"解释世界,通过翕的势用建构出物质世界;另一方面,又通过辟的势用把物质世界复归于"本心"本体,这样就完成了其

---

①　[美]丹尼尔·贝尔:《资本主义文化矛盾》,北京:生活·读书·新知三联书店,1989年版,第67页。

②　马一浮:《书札·熊十力五》,《马一浮集》(第二册),第526页。

③　马一浮:《尔雅台答问续编》卷二,《马一浮集》(第一册),第616页。

④　乌以风:《马一浮先生学赞》,第32页。

⑤　贺麟:《五十年来的中国哲学》,第16页。

"体用不二"的本体论系统。熊十力对此架构极为重视,这不仅是他哲学体系的内在逻辑,而且表征着其根本的哲学信条,"本体现象不二,道器不二,天人不二,心物不二,理欲不二,动静不二,知行不二,德慧知识不二,成己成物不二"①。熊十力常用华严宗的"海水"与"众沤"之喻象征体用关系。他指出:"譬如大海水自起变动而成为众沤。(众沤以比喻用,大海水以比喻体。)汝道大海水、众沤是二否?"②大海水澎湃汹涌而为众沤,叫作从体其用;众沤汇聚为大海水,叫做摄用归体。众沤与大海水是二与不二的关系,水波交彻,理事圆融,众沤由大海水充盈集聚,于一一沤中即现象而见本体,大海水又具于众沤之中,本体与现象浑融无二。

　　方东美将华严宗哲学的精神实质概括为"无碍",就是在整个宇宙的有机构成里,全体与部分之间能够互相统一,部分与部分之间也能互相统一。方东美所谓的"广大和谐"正是对华严宗圆融无碍哲学精神的肯定和继承。正如他自己总结的"华严宗的哲学我们可以称它为 philosophy of comprehensive harmony(广大和谐的哲学)"③。他指出"中字代表中国整个的精神。此符号代表整个宇宙全体为一大圆圈,如果站在某一方面,则成为偏见,应该贯串起来上下皆通,还须如中,使之平衡"④、"可见'中'乃中国民族精神命脉之所系"⑤。方东美认为中国人的宇宙是一个大的有机体,保持着高度的平衡,人在宇宙中有适当的配合,可以将自然现象与人类本身贯穿起来成为和谐、连续的整体。

　　在牟宗三看来,儒释道三家均肯定人有智的直觉,即是说儒释道均肯认人本具自由无限心,只是名称不同,儒家称为"良知明觉",佛家名曰"如来藏自性清净心",而在道家即为道心。"智的直觉"是人所本有的,因为自由无限心之发用便是智的直觉。又由于具有了"智的直觉",人这一有限存在便可认识智思界,由此人便可由有限而至无限了。牟宗三将华严学"一心开二门"的理论架构予以全面的发挥,指认此一架构由人所具有的"智的直觉",可以将康德所言的现象界和物自身界导通,从而可以证立"无执的存有论"与"执的存有论",由此完成"两层存有论"的"道德的形上学"体系。蔡仁厚对此评论道:"(牟宗三)融摄儒道佛三教之精髓,打通中西哲学之隔阂,再以创辟性之诠释,赋予'一心开二门'以新的意义与功

①　熊十力:《原儒》序,《熊十力全集》第六卷,第312—313页。
②　熊十力:《体用论》,《熊十力全集》第七卷,第36页。
③　方东美:《华严宗哲学》(上册),第149页。
④　方东美:《原始儒家道家哲学》,第10页。
⑤　方东美:《原始儒家道家哲学》,第57页。

能。此步工作,实已为中西哲学开显一条交会融通的坦途。"①

　　唐君毅建构的"心通九境"体系也标榜圆融统一精神。唐君毅哲学最大的特征表现为圆融旨趣,即借助华严宗之"一即一切,一切即一"——现象世界的每一事物皆是"真心"之全体——的思想方法构造出圆融无碍的"心通九境"的哲学体系,使宇宙万物以及中西印文化均能各安其位,井然有序而不相害。由此,劳思光一针见血地指出,唐君毅的哲学本质上就是"华严哲学","华严哲学"呈现的圆融旨趣是一种"大综合"的意识地体现,也正因为这种"大综合"的意识引发后来学者对唐君毅思想截然不同的评价。

　　现代新儒家所提倡的圆融价值观,既表现为哲学体系的圆满具足、逻辑自洽,又表现为人生理想的体用不二、圆融无碍,更表现为社会发展的兼容会通、中道和谐。

---

　　① 蔡仁厚:《牟宗三先生对哲学慧命的疏通与开发——牟先生铸造学术新词之意涵述解》,《孔子研究》1999 年第 1 期。

附录　金忠烈华严学思想述要

内容摘要：作为韩国当代著名学者,金忠烈的华严学思想具有突出的代表性和典范性。他的思想体系包括三个组成部分：首先,生命意识构成了金忠烈华严学的核心理念;其次,"构造哲学"成为金忠烈华严学的理论定位;最后,圆融会通是金忠烈华严学的价值向度。金忠烈的华严学思想是其学术体系的重要组成部分,也构成了现代华严学发展进程中不可忽视的重要环节,具有积极的思想价值。

关键词：金忠烈;华严学;韩国

金忠烈教授(1931—2008)是当代韩国著名学者,20世纪60年代就读于台湾大学哲学系,师事方东美先生,获哲学博士学位,历任中国文化大学哲学系教授、台湾大学哲学系客座教授、高丽大学教授,兼任韩国哲学会副会长、韩国中国哲学研究会会长。其主要著作有:《时空与人生》《天人和谐论》《高丽儒学思想史》《中国哲学散稿》《东洋思想散稿》《韩国儒学史》《中国哲学史》《儒学伦理讲义》《老庄哲学讲义》等。金教授精思深悟,独出机杼,对中韩哲学有深入地研究,被汤一介先生赞为"韩国学术界的一把手",被陈来教授誉为"当代韩国研究中国哲学最著名的学者"。

华严学是金忠烈学术思想的重要组成部分,他在对华严学进行深入研究的基础上,进一步弘扬了华严学的理论内涵与现代价值。

一、生命意识:金忠烈华严学的核心理念

从师承关系看,金忠烈师事桐城方东美先生十年,久受熏炙,而方氏乃为学界多数学者赞同的现代新儒学第二个阶段——"港台新儒学"的代表人物。港台新儒家抱持"花果飘零"的文化心态,致力于教育事业,培养了一批文化传人。方东美将生命本体化,指出宇宙是生命流行的境界,莫非生命之德的彰显,而人之所以为人,就是因为其生命中贯注了精神的意义、价值、使命和理想,通过理性、哲学、宗教的发展,把物质世界提升到生命的价值领域。作为承继方氏学术衣钵的韩国传人,金忠烈指出"方师精通古今中外之哲学、宗教、艺术,而终以中国原始儒家为本",自己长期随侍左

右，"从学中国哲学精神之演变步骤及其品质"，在撰述中偶有所得、发明旨趣，"即自先生之讲学中启发得来者"。① 在金氏的著述中，随处可见乃师的思想影响，不仅在脚注中列明摘自方先生的讲课笔记、专著论文，而且承袭其哲学命题、范畴的讨论，如"生命哲学"的思辨、"共命慧"的把握、"时空"的观念，甚至是诗意的"冥想"等，都具有极强烈的方氏风格和印记。

在金忠烈华严学思想中，对生命意识的贞定与张扬具有重要的理论地位。金忠烈提出："任何宗教或哲学，它所着想的根本对象，必须是以人生为鹄的。要不然，人类自己所创造的一切文化，它虽出于人之生命力量，精神智慧，但其功能在于人生自己，不仅没有好处，反而因它受束缚，丧失理性之光明与意志之自由。"②他还指出："哲学本以生命体为其维生保存而生具的本能为起点，经过闻思修的不断努力，而将本能化为智慧，随之把有限小我拓宽为无限大我，使能统观大全、同感一体的大化作用者。"③《时空与人生》鲜明的生命意识也得到了编辑者的认同，该书的简介说："书中一脉贯注，生命的自觉性与创造精神。故或可谓'生命哲学'。"

在《时空与人生》的"自序"中，金氏首先从时空两个方面阐述了生命意识，并以《华严经》义理印证之。他指出："'一摄一切，一切摄一'。天下何事何物，是孤立单成？……我生也才鲁，而能不堕无明，得闻思修者，全依于人类文化之共命慧。然则此书之写就，事虽微小，何尝不是摄一切于一？既为缘成事，是亦世界海之一沤沫矣。"④从时间上看，生命意识是对生命存在绵延的把握，人在历史长河中如何安顿自身，认识当下，思考未来。在他看来，"生命是从悠远的过去走向渺茫的未来的线索，在间于过去与未来之际而作继往开来的枢纽。"⑤他进一步引用《六十华严·十地品》说明："过去无量劫，安置未来今，未来无量劫，回置过去世，非长亦非短，解脱人所行，多劫不乖刹那，初成岂妨复际。"而从空间上来说，生命意识是对生命境域展开的把握，个体生命总是全体中的一部分，通过主伴因果的联系，而形成全体世界，因此生命"既个体同时是全体，全体也不离个体，而成为'一即一切，一切即一'的联系体"⑥。以华严证之，则是："一中解无量，

---

① 金忠烈：《时空与人生》自序，台北：华冈出版有限公司，1970年版，第1页。
② 金忠烈：《时空与人生》，第251页。
③ 金忠烈：《天人和谐论——中国先哲有关天人学说之研究》，文化大学博士论文，1974年，第140页。
④ 金忠烈：《时空与人生》自序，第1页。
⑤ 金忠烈：《时空与人生》，第4页。
⑥ 金忠烈：《时空与人生》，第7页。

无量中解一,了彼互生起,当成无所异。"一切的一切,关键在于投入因果主伴的联系核心。生命贵在充实自身,再投入到广大的和谐之中,而以健康的人生观投射到社会。以华严证之,则是:"摄末必须从胜……如海摄百江,必先摄善江,次摄大河,次摄小河,次摄沟洫。……一毫之善无不皆摄。"在他看来,正因为包罗万象,方为充实,充实才有光辉,才能大而化之。一己以统摄一切来充实其内在,各个一己,又把各自充实表露于社会大我上。这是与方东美对"生命"的诠解相似的,方氏亦从"时""空"纵横交错的视域把握生命,既"原其始",又"要其终",凸显其创化不已、大化流行的内在本性和精神境界。①

其次,他运用华严重重无尽如天网帝珠的譬喻来论证生命意识的圆融与和谐。他指出,社会与小我好似网与网眼的关系,社会是网,小我是网眼,由万千个网眼织成一网,所以小我之一网眼如不完善,必会影响波及其邻而终至全网的破损。故一个人在行动以前,应考虑自利利他的方法,这就是佛法中所谓的"大慈悲"。他指出:"华严思想,把这全体与个体关系,以一室千灯、芥子瓶及因帝罗网比喻。……故华严是以圆融和谐为生命。各小异在全体上显大同,而此大同,非是抹杀个性的混合,是充分表现个性的调和。……如此重重交叠,无尽缘起,则这世界是何等地美满?"②所以,个人的社会价值在于作出富有意义的贡献,参与全体的联系,而获致和谐、秩序、创新、永恒。既要反对那种无个性的混合,又要抵制违反全体性的个体,应当赞成有利于全体的个人主义和助长个性的全体主义,才能具备明确而坚定的人生自觉。

再次,金忠烈认为生命意识的豁显在全球化时代具有极为重要的现实意义,展现了和谐圆融的华严精神。在他看来,20世纪可以说是科技昌明的时代,却未可言是文化繁荣的时代。因为当科学成为了信仰,人类文化即走向了片面和极端,科学与人文之间逐渐扩大的鸿沟更加凸显了"人性之分裂、人物之对立"的现代性困境。他所诊断的20世纪文化病象是:人与自然的对立,情感与理智的相悖,精神与物质的失衡,礼仪与音乐的不醇,个体与全体的乖戾。这是西方科学文化大行其道的时代,物欲横流而人为物役,科技昌明而人性遮蔽。总而言之,20世纪的文化,"是一失去平衡的文化,分裂而未知和合的文化。其最大原因当归人性埋没于物性,而意义与价值拆散为平面化、中立化。故只有平面之广度,而无艺术美之高

---

① 参见方东美:《中国人生哲学》,第37—38页。
② 金忠烈:《时空与人生》,第10—11页。

度,道德善之深度"①。面对关系人类命运的重大问题,他以华严学圆融和谐、相容该摄的理念为依据开出了自己的文化处方:一是天人合一,主张人生与自然之浃化;二是情理圆融,肯定情感与理智之交得;三是心物兼顾,突出精神与物质之俱进;四是礼乐同登,高扬礼节与乐教之并兴;五是一多相容,强调个人与全体之互摄。他断言,在西方文明出现危机之后,东方文化开始愈来愈受到重视,中国哲学的价值必然获得应有的尊重。基于人生与自然是文化的两大主体的深刻认识,他的《天人和谐论》的撰述宗旨即是"从天人学说寻求较明瞭的概念体系为要领,并以中国哲学的精神与范型,衡量文化之优劣,指出可能挽救现代文明危机的要方和旨归"②,致力于人与自然的"调和与相参"。

二、构造哲学:金忠烈华严学的体系定位

金忠烈对传统儒释道三教之学有一基本的判断,即三教都是"法自然"之学,而各有特色,如老子哲学构成了"法自然的无为论",儒家易庸哲学构成了"法自然的创进论",特别是华严哲学构成了"法自然的构造论"。

首先,就理论性质而言,金氏认为包括华严学在内的大乘佛学是哲学而宗教,即先哲学后宗教。在他看来:"凡是广大悉备的哲学体系中,少不了宗教情操;同时高度宗教的建立上,更少不了哲学理论的支持。"③而中华大乘佛学恰恰是符合兼具哲学与宗教两重属性、呈现高度智慧的理论体系。因为结合了印度佛教和中土思想传统,一方面,能把情绪的愿望提升到智慧的哲理上去;另一方面,从依他宗教的信仰变为自力慧解的宗教,在博大精深的哲学理论上体现出悲天悯人的宗教精神。这样,通过"信""解""行""证"的实践程序,依靠人的自身智慧成就解脱之道,从而断除烦恼,进入广大圆融的无碍境界。这也是和方东美很相似的。方东美认为,佛教既是一种很高级的宗教,又具有深厚的哲学理念,其中蕴藏着高深幽玄的哲学理念,是从佛学的宗教实践中所体验出来的境界。尤其是华严宗更充分地表现出这种亦宗教、亦哲学的理论特色。④ 金忠烈重视佛学甚于佛教,重视智慧甚于修证,亦即通过大乘佛学的哲学义理层面的揭示和展

---

① 金忠烈:《时空与人生》,第34页。
② 金忠烈:《天人和谐论——中国先哲有关天人学说之研究》,第1页。
③ 金忠烈:《时空与人生》,第111页。
④ 参见方东美:《华严宗哲学》(上册),第2页。

开,强调把握佛教哲学性的逻辑思辨和体系建构。①

其次,就历史渊源而言,华严学涵盖了"缘起论"和"实相论"两大系统和儒、道两大思想,实为中国大乘佛学的理论顶峰。所谓"缘起论",就是在时间的流变过程上说明宇宙万物之所以生灭变化的秩序法则等的论究,以现代哲学语言表述即是宇宙论;所谓"实相论",就是在空间延续存在上的究竟原因和真实存在,以现代哲学语言表述即是本体论。举例来说,世亲系的法相宗可称为"缘起论",龙树系的三论宗可称为"实相论"。但历史上二者往往并非截然分明,而是交错掺杂的关系。金氏认为,华严宗在历史渊源上言,属于世亲系统,但在其几近湮灭之时,因龙树所作的阐述获得新的发展,故而又与龙树有极深的因缘。因此《华严经》与龙树、世亲两大系统都有关系,实相论和缘起论实难分别。"自贤首、法藏大成华严一宗以来,其教义理论上不能看出时间性的缘起论,这点应指称为实相论,但实相论上又讲出非时间性的缘起论,即是'法界缘起论'故或可说是'实相论的缘起观'。"②从佛学中国化的历史进程来说,佛学在东传之初,依托道家,后融汇儒学,从而形成了独立的形式和完整的系统,尤其是华严学构成中国大乘佛学理论发展的顶点。"因此研究华严宗,不可不知儒、道思想的精要,尤其对庄子的精神更要透入了解,然后也要知道印度龙树思想的中心。"③隋唐时代,佛教演变为高度的哲学智慧,又不丧失儒、道的根本精神。通由佛学中国化的历史流变,可见华严学在内的中国佛学乃是中国民族智慧的奇葩。具体而言,华严宗在唯心论方面继承了天台宗思想,始而回真向俗,终而从俗向真,以彻底的分析建构自由平等和谐圆融的境界。其四法界中,事法界既有天台之假,亦有儒家之崇有;理法界既有天台之空,亦有道家之崇无;理事无碍法界既有天台之中道,亦有庄子之齐物论;事事无碍法界既有庄子之逍遥游(艺术境界),亦有孟子之居天下之广居(道德境界)。由此可见,华严学"乃体用兼备,性相一如,周遍圆融之心物一元论,也是情(艺术)理(道德)一元论。华严最后归之于普贤行愿,是不仅重在思想上之统一,而尤重视知行之一致。……故华严不仅为融摄空有与中道之哲学,更展开无穷解放性。艺术之美,道德之善,知识之真合而为一的知行哲学,其系统层层向上,范围之转转扩大。寻流溯源,即可知其集

---

　　①　金忠烈指出,即使是"不立文字"的禅宗,也属于大乘佛法,未尝不可以学问的立场来研究,重视其思维历程与理论系统。(《时空与人生》,第223页。)

　　②　金忠烈:《时空与人生》,第115页。

　　③　金忠烈:《时空与人生》,第116页。

中国千余年学术思想之精华"①。

再次,就体系定位而言,华严宗代表了一种圆满的"构造哲学"体系。大乘佛学中能够作为哲学典范的莫过于华严宗。所以,方东美对华严宗哲学是极为推崇的,誉之为"广大和谐"的哲学。他十分欣赏华严宗体系的旁通统贯性,特别标示华严宗为隋唐佛学的代表,赞扬"其主要理论系统极能显扬中国人在哲学智慧上所发挥之广大和谐性"②。这种"广大和谐"实代表了中国文化的精髓。他充满信心地预言:在中国文化"广大和谐"的基本原则指导下,"当创造性超越破坏性时,和谐也同时盖过了纷争,那时所存的,乃是根据高贵人性而完成生命理想的精神大凯旋"③。方东美认为华严宗"把整个的世界当作一个有机体的统一,在各种层次所具有的'事',就是要说明宇宙里面的深刻之'理',而这个'理'路则必须渗透到宇宙万象的各种层次里去,在宇宙万物的里面,宇宙万事的里面。如此一来,才把一切万有的差别性、对立性、矛盾性等多元的世界,都能综合贯串起来,成为一个广大和谐的体系。所以华严宗的哲学,我们可以称它为 philosophy of comprehensive harmony(广大和谐的哲学)"。④

基于对华严宗精神实质的把握,金忠烈发展了方东美的思路,视华严宗为一种系统圆满的"构造哲学"。因为,对华严宗来说,其理论特点是"运用不思而中的超脱慧解,把万法之缘起分析且综合之后,予以统一地建筑出和谐美满的宇宙系统"⑤,颇类似法藏在《华严一乘教义分齐章》中以屋舍构造譬喻的统摄结构。

这种构造哲学在法界观上体现得尤为典型。金忠烈指出,佛教诸派对于宇宙论的研究分为两种:一是从宇宙本体做说明的称为实相论;二是从现象考察的称为缘起论。本体与现象是非二非异、相互表里的关系。原始佛教认为宇宙万有的生起缘于业力之感召,故有"业感缘起"说;唯识宗主张一切万有皆由阿赖耶识所变现,故有"阿赖耶缘起"说;《大乘起信论》肯定一心开二门,以生灭门示现现象之无常幻有,以真如门确证本体之真实不虚,故有"真如缘起"论。以上用四法界来说,仅相当于前三个层次,尚未通达事事无碍法界。华严宗认为现象界中的任何一事一物悉收真理的全体,包括了法界的全部。任何现象皆是佛教真理的显

① 金忠烈:《时空与人生》,第132—133页。
② 方东美:《生生之德》,第311页。
③ 方东美:《中国人的人生观》,《方东美集》,第172页。
④ 方东美:《华严宗哲学》(上册),第149页。
⑤ 金忠烈:《时空与人生》,第156—157页。

现,法界全部的统摄,故有"法界缘起"说。他指出:"华严宗思想,从一心法界,展开能缘起,所缘起,而描绘出圆融无碍的无尽法界缘起,具有井然有序的完整系统。"①这样的华严世界就超越了一般宗教容易造成的武断和迷信。

"一即一切,一切即一"是华严宗法界缘起的根本原理。从"一即一切"来看,"一"是分析构造的根本存在,"一"遍及"一切"时,"一切"是由"一"来统摄;从"一切即一"来看,无数的"一"构成"一切"时,而为统摄圆融的"全一"。"一"与"一切",彼此互为先后因果,互为主伴隐显,无尽重重的关系。因此整个的宇宙系统是无数的单位构造而成的最大无外,最完满无缺的体系。在此无限大的统一体中,含有无数的小一,小一中又有无数的小一。万法千象,都是纯粹存在的一一缘起所生成的。"是由法尔而有的万法,经过互相之间的因缘条件而显现的结构型,也是统摄体。"②"一之力量深透一切之一切;一切之功能与一之力用互为融通。"③如此,可以称得上"一即一切,一切即一","一入一切,一切入一","一摄一切,一切摄一"的圆融无碍的构造哲学。

在这里,金忠烈力求运用现代哲学范畴对"一"与"一切"之间重重无尽关系予以新的规定和诠释,豁显华严宗哲学的构造性特征。他指出,其他哲学或就理以名事,或即事而显理,而华严宗独辟蹊径,从法界层层探索再以解脱精神来肯定万有存在。从分析的角度可以说"一即一切,一切即一";而从综合的角度,也可以说"一入一切,一切入一",表现为异同相由之理,相即相入之理,无尽缘起之理,圆融无碍之理。也即"把分析世界给予互相关系性而结构法的说明,无数的'法',各己担任一角而综合功能来缘起不相悖不相害的圆融体系"。④"一切即一"的一,又成为一切而更即入更大的一,然一切现象,从根本上言又不离真如,因为其现象即是真如的实体,一切皆为真如实在的显现。换言之,无相为相,是真如活动的波澜显现,因此举一则一切张,一之理即是万法之理,万法之理即是一法之理。总别同异成坏六相互为圆融,一多大小彼此无碍,重重统摄而和谐共流,而均不出一心法界。

---

① 金忠烈:《时空与人生》,第141页。
② 金忠烈:《时空与人生》,第158页。
③ 金忠烈:《时空与人生》,第162页。
④ 金忠烈:《时空与人生》,第152页。

三、圆融会通：金忠烈华严学的价值向度

从学术宗趣看，金先生虽学贯三教，融通诸家，却坚持了方东美"以儒为本"的立场和"儒佛会通"的方向。方东美曾经这样评价自己的学术思想："在家学传统上我是儒家；在性情上，我是道家；在宗教启示上，我是佛教徒；在方法训练上，我则是属于西方的。"①宣示了其学术思想的广博性和兼容性，但其根本的立场是儒学，即"以中国原始儒家为本"，这是很清楚明白的。现代新儒家如梁漱溟、熊十力、马一浮等皆采取"以儒摄佛，以佛证儒"的路径，甚至经历了一个弘扬正信、研读释典的治学阶段，以佛学来充实、诠释儒学。这是现代新儒学"以儒摄佛，以佛证儒"的理论资源的拓展，在一定意义上丰富了"接着讲"（冯友兰语）的思想蕴含。金忠烈的华严学思想具有强烈的入世精神和现实关怀，对当下的文化与人生有切近的分析、睿智的观察和精辟的见解，以大乘佛学的精髓来辅助、诠释儒学，可谓与现代新儒家的学术宗趣是一脉相承的。②

在行文中，金忠烈对儒佛经典如数家珍，随手拈来，而有妙喻深契。金氏指出，儒家所谓"道并行而不相悖，万物并育而不相害"，是对圆融境界一种浩荡的解释。道是理，万物是事，理外无事，事外无理，非一非异，无二无别。佛家了知理事的圆融无碍。"无数的一与一所发射的功能，体自空寂无障碍，无限制。无一微尘所发出的作用，因无障碍限制，故能遍全一切。以理无碍，事无碍，事事无碍。故能一切世界为圆融无碍。"③遍全者，即一微尘辐射的功能；统摄者，即由功能圆融成浑一的全体。因此华严世界中之一微尘是健全的实体，从无数的差别世界予以和谐协和者，是为世界海。"一毛一尘皆真如实相，万法千象皆实体存在。法界无碍，缘起重重，故结构成的世界是本自圆融，即是'不相悖，亦不相害'。"④

从文明对话看，金忠烈认为中韩文化会通调和从而促进了韩国主体性文化的建立。杜维明曾经指出儒学呈现出从中国到东亚，再到世界的三期发展格局，全球化时代的危机和问题应通过文明的对话加以协商解决。金

---

① 方东美：《Chinese Philosophy：Its Spirits and Development》，台北：联经出版事业公司，1981年版，第525页。
② 例如《天人和谐论》的参考文献中包含了李通玄、法藏、杜顺、宗密以及元晓等的华严学著作。
③ 金忠烈：《时空与人生》，第132—133页。
④ 金忠烈：《时空与人生》，第161页。

忠烈所提出的"儒教文化圈"概念同样内在包含了文明对话的历史意涵，亦即中韩两国文化在对话中得到了生成和发展。他在探讨韩民族的文化起源问题时，辨析了殷周之际发端说、秦汉之际流入说、三国时代起源说、以高句丽太学设立为起点说等观点，而金氏以"中国儒学沿流为优先判断的标准"，以韩民族主动自觉地输入或受容儒家文化为标志，正是在中韩两国的文化交流中孕育了早期的韩文化形态。"儒教也就成为推动韩国民族文化的教化理念，根植于国人意识结构与生活中。"①基于华严宗的哲学圆融性，他认为其重视和谐融通的思维方式推动了儒释道三教关系的发展，甚而对韩国文化产生了积极的影响。他指出：隋唐时代"大乘佛教中的天台宗和华严宗相继抬头，大和谐精神影响了所有的领域，连学术界和宗教界也有了会同的迹象。在这种情况下，佛教主动展开了使儒、佛、道三教摆脱对立之纠葛，会通调和，建立博大精神之文化体系的运动。……使中国的三教会通思想和新罗的调和思想融会贯通，创造了新罗的新学术文化"②。

金忠烈将韩国儒学的发展置于中华儒学的谱系和源流中，视之为一源多流的"儒教文化圈"格局。中韩日越，在受西方文化冲击以前，同为儒教国家，所形成的自然观、人生观、文化观等是大致相同的。例如，他曾指出，过去某些韩国儒学史的著作一律排斥中国儒学的背景，某些持民族主义立场的学人甚而反客为主，提出了韩国为儒学的宗主国的激进主张，这些都是与历史事实完全相背离的"荒谬"之言，对清晰、准确地研究儒学的历程造成了妨碍。他针对如上种种问题，特别撰写了《高丽儒学思想史》一书，贯穿全书的核心思想是："韩国儒学是从中原传来，而其演变，则是随中国儒学之演变而演变。"③因此，他先从发生学的角度阐明"儒"的字义、"儒"的称呼、"儒"的演变，然后考证历史，根据儒教、儒家、儒学（儒经、儒术）、儒道（宋明理学）等"儒意六变"来探讨高丽儒学思想消长的格局。这些都显示了金先生作为海东大儒的真知灼见。刘学智认为："金先生从哲学、历史学的角度对中韩两国的思想文化所做的研究十分有价值，特别是他对中国儒学在韩国思想文化史上的地位和作用所做的客观论述，从一定的意义上说有着正本清源之功。"④

① 金忠烈：《时空与人生》，第374页。
② 金忠烈：《高丽儒学思想史》，台北：东大图书股份有限公司，1992年版，第40页。
③ 金忠烈：《高丽儒学思想史》序，第1页。
④ 刘学智：《韩国当代哲学家金忠烈哲学思想述评》，《延边大学学报》（社科版）2010年第1期。

但面对社会现实,他对当代韩国文化的主体性的缺失倍感焦虑:"经过高丽、朝鲜到今天,韩国人只在仿照或追随别人的,而且也因过于固执、保守的闭锁性,落后于别国,并急促受容新的文物。换言之,韩国人未能建设学术文化的基础及持续的连系性,即独自的轨道。没有学问的自由和教育的独立,怎能期待创造独特而优秀的学术文化呢?"①所以重建文化主体性业已成为韩民族的当务之急。通过文化主体性的自觉,积极推动西方与东方、科学与人文的文明对话。对于韩民族文化而言,建立在主体性基础上的对话,不是照抄照搬,而是消化吸收、推陈出新,必须转化为"韩国的""主体的"思想,予以积极发展创新,否则谈不上平等的对话和交流。从历史上看,"三教调和思想在创造花郎五戒的过程中,还是以我国固有思想为主体。……所谓'国有玄妙之道曰风流'的玄妙之道是体,即消化器官,三教是食物。饮食摄取的养分化为血和肉时,那已经是我自己而不是他。因此,所吸取的三教思想,虽然来自中国,但毕竟是'韩国的'思想。"②尤其值得注意的是,在他看来,三教调和思想从中国模式转换为韩国模式,还意味着从理论到实践的飞跃,即与韩国的具体社会状况紧密结合起来。"在中国,三教调和思想只停留在学术理论的阶段,在行为世界中,未能现实化。只有新罗,通过圆光引进三教调和思想后,再通过国家运动付诸实行,这点足以证明新罗的伟大。"③可以说只有新罗成功地会通了三教。

在此意义上,他指出花郎五戒中的任何一戒都不能明显区别说这是佛教思想,那是儒教思想,不能划清界限地,以机械的分解组织方式探讨五戒。因为,花郎五戒不是照搬儒教五常或佛教五戒,而是经过了韩国主体文化的创造性转化,从而"创发新的学术思想"。儒教在这样的创造性转化中已经成为推动韩国民族文化的教化理念,根植于韩国人的意识结构与社会生活中。金氏指出儒教在历史上以合理的外来思想对抗韩国民族不合理的意识,并使之合理化,但是随着时代的发展,在标榜科学合理主义的西欧思想之冲击下,儒教(伦理合理主义)也受到强烈的批判而处于守势。"不知这是历史的演变,还是文化之间命运注定的冲突。现在儒教又成为韩国固有文化的一个代表思想,和西欧文明相抗衡,这是属实的。"④

综上所述,金忠烈的华严学思想是其学术体系的重要组成部分,也构成现代华严学发展进程中不可忽视的重要环节,具有积极的思想价值。

---

① 金忠烈:《高丽儒学思想史》,第151页。
② 金忠烈:《高丽儒学思想史》,第77页。
③ 金忠烈:《高丽儒学思想史》,第76页。
④ 金忠烈:《高丽儒学思想史》,第374页。

参考文献

佛学类

［1］佛驮跋陀罗译. 金刚幢菩萨十回向品第二十一之八, 大正新修大藏经第 9 册［M］. 台北:新文丰出版有限股份公司,1981.

［2］佛驮跋陀罗译. 十明品第二十四, 大藏经第 9 册.

［3］佛驮跋陀罗译. 大方广佛华严经, 大藏经第 9 册.

［4］吉迦夜译. 佛说大方广菩萨十地经, 大藏经第 10 册.

［5］马鸣造, 真谛译. 大乘起信论, 大藏经第 32 册.

［6］实叉难陀译. 大方广佛华严经, 大藏经第 10 册.

［7］一行. 大毗卢遮那成佛经疏, 大藏经第 39 册.

［8］宗密. 注华严法界观门, 大藏经第 45 册.

［9］宗密. 禅源诸诠集都序, 大藏经第 48 册.

［10］道宣. 续高僧传, 大藏经第 50 册.

［11］法藏述. 华严经探玄记, 大藏经第 35 册.

［12］法藏述. 华严经传记, 大藏经第 51 册.

［13］法藏述. 华严一乘教义分齐章, 大藏经第 45 册.

［14］法藏. 华严发菩提心章, 大藏经第 45 卷.

［15］法藏撰. 金师子章云间类解, 大藏经第 45 册.

［16］法藏. 华严发菩提心章, 大藏经第 45 册.

［17］法藏. 修华严奥旨妄尽还源观, 大藏经第 45 册.

［18］法藏. 华严游心法界记, 大藏经第 45 册.

［19］法藏. 华严探玄记, 大藏经第 35 册.

［20］法藏. 华严经旨归, 大藏经第 45 册.

［21］澄观. 华严经行愿品疏, 西义雄、玉城康四郎监修, 日本国书刊行会出版新纂续藏经第 5 卷.

［22］澄观. 华严法界玄镜, 大藏经第 45 册.

［23］杜顺. 华严五教止观, 大藏经第 45 册.

［24］杜顺说, 智俨撰. 华严一乘十玄门, 大藏经第 45 册.

［25］玄觉撰.禅宗永嘉集,大藏经第48册.

［26］慧英.大方广佛华严经感应传,大藏经第51册.

［27］智俨.华严一乘十玄门,大藏经第45册.

［28］裴休.注华严法界观门序,大藏经第45册.

［29］太虚大师全书编委会编辑［M］.太虚大师全书,北京:宗教文化出版社,2005.

现代新儒学类

［1］梁漱溟.东西文化及其哲学［M］.北京:商务印书馆,2011.

［2］梁漱溟.梁漱溟学术论著自选集［M］.北京:北京师范学院出版社,1992.

［3］熊十力著,萧萐父主编.熊十力全集［M］.武汉:湖北教育出版社,2001.

［4］熊十力.明心篇［M］.上海:龙门书局,1959.

［5］吕澂,熊十力.辨佛学根本问题,中国哲学(第十一辑)［M］.北京:人民出版社,1984.

［6］冯友兰.新知言,三松堂全集(第五卷)［M］.郑州:河南人民出版社,2001.

［7］冯友兰.新原人,三松堂全集(第四卷)［M］.郑州:河南人民出版社,2001.

［8］马一浮.马一浮集［M］.杭州:浙江古籍出版社、浙江教育出版社,1996.

［9］陆宝千整理.马一浮先生遗稿初编［M］.台北:广文书局,1992.

［10］郑家栋.现代新儒家概论［M］.南宁:广西人民出版社,1990.

［11］方东美.科学哲学与人生［M］.台北:黎明文化事业股份有限公司,1978.

［12］方东美.原始儒家道家哲学［M］.台北:黎明文化事业股份有限公司,1983.

［13］方东美.新儒家哲学十八讲［M］.台北:黎明文化事业股份有限公司,1983.

［14］方东美.华严宗哲学［M］.台北:黎明文化事业股份有限公司,1981.

［15］方东美著,匡钊译.中国哲学之精神及其发展［M］.郑州:中州古

籍出版社,2009.

[16]方东美.坚白精舍诗集[M].北京:中华书局,2013.

[17]方东美.中国大乘佛学[M].台北:黎明文化事业股份有限公司,1984.

[18]方东美.中国人生哲学[M].台北:黎明文化事业股份有限公司,1980.

[19]方东美.方东美先生演讲集[M].北京:中华书局,2013.

[20]方东美. *Chinese Philosophy*:*Its Spirits and Development*[M].台北:联经出版事业公司,1981.

[21]牟宗三.心体与性体[M].上海:上海古籍出版社,1999.

[22]牟宗三.生命的学问[M].桂林:广西师范大学出版社,2005.

[23]牟宗三.圆善论[M].台北:联经出版社,2003.

[24]牟宗三.佛性与般若[M].台北:学生书局,2004.

[25]牟宗三.中国哲学十九讲[M].上海:上海古籍出版社,1997.

[26]牟宗三.中国哲学的特质[M].上海:上海古籍出版社,2007.

[27]牟宗三.才性与玄理[M].台北:学生书局,1997.

[28]牟宗三.荀子与名家[M].台北:学生书局,1994.

[29]牟宗三.四因说演讲录[M].台北:鹅湖出版社,1997.

[30]牟宗三.现象与物自身[M].台北:学生书局,1990.

[31]牟宗三.智的直觉与中国哲学[M].台北:商务印书馆,1993.

[32]牟宗三.历史哲学[M].台北:学生书局,1988.

[33]牟宗三.道德的理想主义[M].台北:学生书局,1985.

[34]张君劢.新儒家思想史[M].北京:中国人民大学出版社,2006.

[35]张君劢,丁文江等.科学与人生观[M].济南:山东人民出版社,1997.

[36]唐君毅.唐君毅全集[M].台北:学生书局,1988.

[37]唐君毅.民国初年的学风与我学哲学的经过[J].鹅湖月刊,1979(46).

[38]唐君毅.生命存在与心灵境界[M].北京:中国社会科学出版社,2006.

[39]唐君毅.中国文化之精神价值[M].台北:正中书局,1979.

[40]唐君毅.我与宗教徒[J].民主评论,1954(22).

[41]唐君毅.理想的人文世界,载于项维新、刘福增主编中国哲学思想论集[M].台北:牧童出版社,1978.

[42]唐君毅,牟宗三,徐复观,张君劢.为中国文化敬告世界人士宣言[J].民主评论,1958(1).

[43]徐复观.学术与政治之间,徐复观全集[M].北京:九州出版社,2014.

[44]蔡仁厚.新儒家的精神方向[M].台北:学生书局,1982.

研究类

专 著

[1]班固.汉书[M].北京:中华书局,1962.

[2]陆九渊.陆九渊集[M].北京:中华书局,1980.

[3]黄宗羲.宋元学案[M].北京:中华书局,1986.

[4]谢幼伟.现代哲学名著评述[M].台北:正中书局,1947.

[5]皮锡瑞.经学历史[M].北京:中华书局,1959.

[6]金忠烈.时空与人生[M].台北:华冈出版有限公司,1970.

[7]金忠烈.高丽儒学思想史[M].台北:东大图书股份有限公司,1992.

[8]吕澂.中国佛学源流略讲[M].北京:中华书局,1979.

[9]任继愈.中国佛教史[M].北京:中国社会科学出版社,1985.

[10]任继愈.汉唐佛教思想论集[M].北京:人民出版社,1998.

[11]蒋维乔.中国佛教史[M].上海:上海书店出版,1989.

[12]丹尼尔·贝尔.资本主义文化矛盾[M].北京:生活·读书·新知三联书店,1989.

[13]郑家栋.本体与方法——从熊十力到牟宗三[M].沈阳:辽宁大学出版社,1992.

[14]郑家栋.断裂中的传统[M].北京:中国社会科学出版社,2001.

[15]钱穆.中国文化史导论(修订本)[M].北京:商务印书馆,1994.

[16]方克立,李锦全主编.现代新儒学研究论集(二)[M].北京:中国社会科学出版社,1991.

[17]方克立,李锦全主编.现代新儒家学案[M].北京:中国社会科学出版社,1995.

[18]郭齐勇.天地间一个读书人——熊十力传[M].上海:上海文艺出版社,1996年版

［19］郭齐勇.现当代新儒学思潮研究［M］.北京:人民出版社,2017.

［20］颜炳罡.牟宗三学术思想评传［M］.北京:北京图书馆出版社,1998.

［21］丁为祥.熊十力学术思想评传［M］.北京:北京图书馆出版社,1999.

［22］李学勤主编.礼记正义［M］.北京:北京大学出版社,1999.

［23］王仲尧.隋唐佛教判教思想研究［M］.成都:巴蜀书社,2000.

［24］王寿南主编.中国历代思想家［M］.北京:九州出版社,2000.

［25］董群.融合的佛教——圭峰宗密的佛学思想研究［M］.北京:宗教文化出版社,2000.

［26］祝瑞开主编.儒学与21世纪中国——构建、发展"当代新儒学"［M］.上海:学林出版社,2001.

［27］冯友兰.中国哲学简史,三松堂全集(第六卷)［M］.郑州:河南人民出版社,2001.

［28］贺麟.五十年来的中国哲学［M］.北京:商务印书馆,2002.

［29］方立天.中国佛教哲学要义［M］.北京:中国人民大学出版社,2002.

［30］蒋国保.方东美思想研究［M］.天津:天津人民出版社,2004.

［31］陈鹏.现代新儒学研究［M］.福州:福建人民出版社,2004.

［32］郭湛波.近五十年中国思想史［M］.上海:上海古籍出版社,2005.

［33］张岱年.文化与哲学［M］.北京:中国人民大学出版社,2006.

［34］康有为撰,姜义华编校.康有为全集［M］.北京:中国人民大学出版社,2007.

［35］徐嘉.现代新儒家与佛学［M］.北京:宗教文化出版社,2007.

［36］苏树华.中国佛学各宗要义［M］.北京:中华书局,2007.

［37］魏道儒.中国华严宗通史［M］.南京:凤凰出版社,2008.

［38］潘桂明.中国佛教思想史稿［M］.南京:江苏人民出版社,2009.

［39］陈永革.马一浮思想新探［M］.上海:上海古籍出版社,2010.

［40］程志华.熊十力哲学研究——"新唯识论"之理论体系［M］.北京:人民出版社,2013.

［41］宋志明.熊十力评传［M］.南昌:百花洲文艺出版社,2014.

［42］宋志明.贺麟评传［M］.北京:中国青年出版社,2017.

［43］韩焕忠.天台判教论［M］.成都:巴蜀书社,2005.

［44］韩焕忠.华严判教论［M］.济南:齐鲁书社,2014.

[45]劳思光.新编中国哲学史[M].北京:三联书店,2015.

[46]徐建勇.现代性与新儒家[M].北京:人民出版社,2019.

论 文

[1]孙道升.现代中国哲学界之解剖[J].国闻周报,1935(45).

[2]周通旦.读《新唯识论》[J].哲学评论,1954(4).

[3]金忠烈.天人和谐论——中国先哲有关天人学说之研究[D].文化大学博士论文,1974.

[4]游有维.华严宗的起源、传承、演变与复兴[J].法音,1986(5).

[5]方克立,李锦全主编.现代新儒学研究论集[M].北京:中国社会科学出版社,1991.

[6]郭齐勇.论唐君毅的文化哲学[J].求是学刊,1993(4).

[7]李维武.现代新儒学重建本体论的贡献与困境,新儒家评论(第一辑)[M].北京:中国广播电视出版社,1994.

[8]汤一介.华严十玄门的哲学意义[J].中国文化研究,1995(2).

[9]刘述先.牟宗三先生在当代中国哲学上的贡献[J].中国文哲研究通讯,1995(2).

[10]姚卫群.华严宗与般若中观思想[J].中华文化论坛,1996(4).

[11]方立天.华严宗的现象圆融论[J].文史哲,1998(5).

[12]蔡仁厚.牟宗三先生对哲学慧命的疏通与开发——牟先生铸造学术新词之意涵述解[J].孔子研究,1999(1).

[13]董群.论华严禅在佛学和理学之间的中介作用[J].中国哲学史,2000(2).

[14]刘梦溪."花开正满枝"——马一浮的佛禅境界和方外诸友[J].文艺研究,2005(7).

[15]张云江.心通九境:唐君毅与华严宗[D].四川大学硕士论文,2005.

[16]郑大华.马一浮新儒学思想研探[J].中国文化研究,2006(4).

[17]林建勋.牟宗三先生对华严宗圆教观点的商榷[J].应华学报,2006(1).

[18]李玉芳,张云江,李丽晓.唐君毅钟情于华严宗哲学之原因初探[J].宜宾学院学报,2006(11).

[19]郭齐勇.熊十力对佛教唯识学的批评[J].世界宗教研究,2007(2).

[20]杨国荣.分析哲学与中国哲学[J].思想与文化,2009(1).

[21]劳思光.从唐君毅中国哲学的取向看中国哲学的未来,中国哲学与文化(第八辑:唐君毅与中国哲学研究)[M].桂林:广西师范大学出版社,2010.

[22]何一.唐君毅学术渊源探析[J].攀枝花学院学报,2011(4).

[23]李明.现代新儒家人生境界说同异比较——以冯友兰、方东美、唐君毅为中心[J].陕西师范大学学报(哲学社会科学版),2010(2).

[24]刘学智.韩国当代哲学家金忠烈哲学思想述评[J].延边大学学报(社科版),2010(1).

[25]宋志明.论佛教与国学的融通[J].江汉论坛,2011(9).

[26]姚彬彬.近现代新儒家的华严思想探析[J].贵州大学学报(社会科学版,2012(2).

[27]韩焕忠.太虚大师的华严思想[J].2013华严专宗国际学术研讨会论文集.

[28]韩焕忠.马一浮对儒家经典的华严学解读[J].中国文化,2019(2).

[29]李祥俊.儒学内在超越的信念基础与现实意义辨析[J].南京大学学报,2019(5).

后　记

　　本书系国家社科基金后期资助课题的结项成果,经过课题组的通力合作,终于顺利通过结项鉴定,即将付梓,我深感欣慰。课题虽立项于 2016 年,但对此的思考在我博士毕业后就开始了。在从事马一浮研究时,我注意到华严学和现代新儒学的关系是理解马一浮哲学思想体系的一大关键,因此有意识地搜集相关研究资料,了解学术前沿问题。2011 年我出版了《理学与现代新儒学》,侧重于梳理程朱理学、陆王心学、张王气学为主要内容的理学思潮如何发展为新理学、新心学、新气学为主要内容的现代新儒学思潮,认为现代新儒学相对于宋明理学来说,是儒学理论形态、学术核心话题和经典解释文本的超越和转换,体现了对文化危机的反思、意义世界的追求和终极关怀的指向,这是一种纵向的研究路线。而本课题则注重儒佛比较的横向研究路线,希望从"援佛入儒"的角度深化和拓展现代新儒学的研究。

　　本课题由我主持制定研究大纲,具体分工如下:导论和第三章由刘峰撰写,第一章、结语和附录《金忠烈华严学思想述要》由许宁撰写,第二章由王格撰写,第四章由孙雪雷撰写,第五章由周尧撰写。我对全书进行了统稿和润色。宋志明教授一直关心本课题的研究进展,现征得他的同意,将宋老师的《论佛教与国学的融通》一文作为本书的代序。课题历经多年,参与本书写作的同志已各在一方,事业卓然有成。刘峰博士现任教于西北大学,已出版专著《华严宗思想与文化》;孙雪雷博士任教于贵州民族大学,从事张之洞哲学和少数民族哲学研究;王格同志任职于西安电子科技大学党委宣传部,在新媒体领域开展得风生水起;周尧同志则在南方致力于国学教育地传播和普及。愿本书的出版能唤起当时共同研究的回忆与欢愉。

　　衷心感谢国家社科基金匿名评审专家富有启示性的修改意见,为本书的质量提供了可靠的保证。同时感谢陕西人民出版社关宁编辑的细致周到的工作。

许　宁

2021 年 10 月 18 日